華蓥之子

脚踏武侯

周继辰

范林 著

团结出版社

图书在版编目（ＣＩＰ）数据

　　华容之子：刘公武传 / 范林著 . -- 北京：团结出
版社 , 2023.4（2023.7 重印）
　　ISBN 978-7-5126-9941-0

　　Ⅰ . ①华… Ⅱ . ①范… Ⅲ . ①刘公武（1903-1988）
－传记 Ⅳ . ① K827=7

　　中国版本图书馆 CIP 数据核字 (2022) 第 232559 号

出　　版：团结出版社
　　　　　（北京市东城区东皇城根南街 84 号　邮编：100006）
电　　话：（010）65228880　65244790（出版社）
　　　　　（010）65238766　85113874　65133603（发行部）
　　　　　（010）65133603（邮购）
网　　址：http://www.tjpress.com
E-mail：zb65244790@vip.163.com
　　　　　tjcbsfxb@163.com（发行部邮购）
经　　销：全国新华书店
印　　装：三河市东方印刷有限公司

开　　本：170mm×240mm　　16 开
印　　张：34.25
字　　数：536 千字
版　　次：2023 年 4 月　第 1 版
印　　次：2023 年 7 月　第 2 次印刷

书　　号：978-7-5126-9941-0
定　　价：108.00 元

1926 年初，复旦大学湖南同学会同仁合影，后排左三为刘公武

1929 年在新加坡，赴德前夕。前排右一为雷立品，右二刘公武，右三刘开国；后排左一为杨任严，左二胥书昶

李汉贞（刘公武母亲，1871—1929）　　　秦刘氏（秦俊吾母亲，1870—1928）

1931 年，刘公武、秦俊吾结婚照。
摄于新加坡牛顿街

1932 年，在新加坡华侨中学任校长时摄影留念

1937 年，中央陆军军官学校武汉分校政训科全体教官职员合影。前排右四为刘公武

1936 年，刘公武在中央军校时的照片

1937 年 9 月，刘公武参加武汉抗敌宣传委员会领导工作，在汉口中山公园担任广播员，曾宣传过平型关大捷伟大胜利

1940 年，刘公武担任武冈县长时的单人照

1946 年，刘公武任湖南省政府秘书长
时的照片

1955 年，大儿子刘顿从南京军事学院回家探亲时的全家福
后排：刘鄂、刘祁、刘平、刘顿、刘力、刘岗、刘佐
前排：刘晓、秦俊吾、刘南、刘公武、刘园

1962 年，刘公武赴北京参加中央社会
主义学院第四期学习

1973 年 10 月，刘公武参观文庙留影

1985 年，刘公武（前排右二）与湖南省人民政府省长刘正（前排右一）、省政协副主席佟英（前排右三）等在省参事室新春茶话会上

1985 年，黄埔同学会第一次大会在北京中南海举行，第二排左八为刘公武

序　言

郑建邦

　　刘公武先生是湖南岳阳人，是我十分尊敬的民革前辈、知名爱国人士、湖南和平起义的重要参加者。

　　公武先生在风云激荡、跌宕起伏的人生中，坚贞爱国、追求进步。他青年时求学复旦大学，当选为复旦大学学生会执行委员长，组织参加著名的"五卅"爱国运动，被校方以"危险分子"之名勒令退学回到原籍华容。北伐时，他被选为华容县执行委员常务主席，和何长工等共产党员在华容县掀起轰轰烈烈的农民运动，毛泽东同志在《湖南农民运动考察报告》中曾给予高度评价。遭反动当局通缉后，他先赴九江任国民革命军总政治部《革命军日报》编辑，继远走南洋谋生。后留学德国、再振铎南洋华侨中学。九一八事变后，他携妻儿回国，参加察哈尔抗日同盟军，辗转塞北抗战。全面抗战爆发后，任黄埔军校二分校政治部少将主任，培养教育鼓舞莘莘学子奔赴抗日前线、共御外侮，"八千弟子持军令，万里河山吊国殇"，为赢得中国人民抗战胜利作出了积极贡献。

　　公武先生是著名爱国人士，一生爱国爱民，追求光明。中华人民共和国成立前曾任湖南省武冈县县长、湖南省政府委员兼秘书长、省民政厅厅长、国民党中央监察委员等职，他关注民生，广行善政，卓有政声。1949年任"湖南各界争取和平联合会"常务委员兼总干事，积极组织参加湖南和平解放运动，和湖南各界人士联名通电响应程潜、陈明仁起义，并作为湖南方面和平解放谈判代表团代表参加谈判，迎接解放军进入长沙，为湖南和平解放做出了重要贡献。

公武先生是民革湖南省委领导人，德高望重。曾任全国政协委员、民革中央委员、湖南省人民政府参事室副主任、湖南省政协常委、民革湖南省委副主委、名誉副主委等职，始终坚持中国共产党的领导，坦荡豁达，敦厚仁爱，尽忠职守，任劳任怨。中共的十一届三中全会以后，他积极参政议政，提出许多提案、意见、建议，得到当地党委政府的重视和采纳。他特别关心祖国统一大业，八十多岁高龄仍劳碌奔波，帮助"三胞"亲友排忧解难，做了大量联络工作。公武先生直到生命最后一天，仍在病床上接见远道来访的台湾同胞，寄托对国家统一的深切期望。高风亮节，值得后人景仰和学习。

大道之行，天下为公。湖南浯溪有铭：公者千古，私者一时。大贤已往，民有去思。今天，先辈们所为之奋斗的理想不仅已经实现，而且发扬光大。值此公武先生诞辰120周年之际，我们更加深切地缅怀，慎终追远，薪火相传，盛德日新！感而言之，以为纪念。

（作者系全国人大常委会副委员长、民革中央主席）

2023年3月

引 言

范 林

在不断行走的人生旅途中，每个人都会遇到与"走不走""怎么走""朝哪里走"相关的"节点"，其中有些"节点"，也可称为"新起点""转折点"。

有的"节点"，是对人的性格和意志的挑战，决定前进、后退，还是原地不动。有的"节点"，是对人格和操守的考验，决定贪婪、知足，还是自奋。

所有决定着人前行方向、利益取舍、事业成败，乃至生死抉择的纷繁复杂的"节点"，都让"有心人"犹豫彷徨，踟蹰徘徊，如独行于迷茫十字路口，企盼指点导引，抑或如飘浮于浩瀚沧海，祈望安抵彼岸。而对于"无心者"而言，则可能对机遇视而不见，对挑战听之任之，随波漂流，生死由天。

生命中关键"节点"的前后，也许美丽，是坦途，是沃野千里的阳关大道，花团锦簇，姹紫嫣红；跨过去，也许苦难，是峭崖，是坎坷艰辛的崎岖险径，深壑万仞，步步惊心；再跨过去，也许欢欣，是风平浪静的碧波清流，绿瓦红墙；可是，再跨过去，也许又是悲伤，是摧桅折楫的险滩暗礁，狂风恶浪……

正是由这些纷繁"节点"串连而成的人生，最终构成生命的芜杂风景。或荒漠苍凉，迷茫无助；或华灯温馨，赏心悦目；或生死攸关，进退两难；或欢声满堂，喜乐相和。人生跌宕，莫过如此。尤其身处动荡乱世，身不由己之时，唯有深厚的学识、广博的见识、真诚的性格、顽强的意志、健康的人格，

/引言   1

诸端集于一身，方能临危不乱，处变不惊，从而在关键时刻，作出跨越每一个"节点"的适宜判断。

一个人的自身品质，只是跨越"节点"所需的主观因素，而是否能够顺利跨过那些关键性"节点"，还必然要受到诸如社会环境、家庭状况、人际关系等众多客观要素的制约或推动，并且，主观因素与客观要素之间的内在关联程度，也发挥着至关重要的影响。所以，跨越人生诸多重要"节点"，还需要真诚援手的朋友、悉心导引的师长、亲睦互爱的家庭，再加上风云激荡的时势、堪尽才智的目标，这样，这些"节点"，才有了点点皆能闪光的可能，一个闪耀着灿烂光晕的绮丽人生光环，便可由此而粲然若星辰。

本书主人公刘公武，其人生旅途，历经沧桑剧变，凄风苦雨，锤炼出顽强意志，尤其走进社会，搏浪于尘世风云，热血喷涌，无畏强横，振臂高呼，挺身头阵。他总能以真诚与信任示人，注重完善自身修为，夯实个人才智，积累人脉资源，因是，其于生命旅程每一"节点"，无不以诚信坦荡相对，纵览时势，认真辨识，悉心权衡，谨慎抉择。一旦作出选择，便全心投入，稳扎稳打，步步为营；一旦认准方向，便殚精竭虑，步履坚定，从不后退，"众人皆醉我独醒"，将审度时势与发挥才干，把握在"人赞我足"的适度状态，从而串起了他璀璨瑰丽的人生光环，成为后生晚辈皆可效法的前辈贤达，处世楷模。

纵观刘公武的人生历程，他曾遇到无数"节点"。从 20 世纪初年孕育于华容"刘复兴号"老板娘李汉贞母胎那一天起，到 86 岁抱病临终，他历经清朝、中华民国、中华人民共和国，三个迥然不同的时代。一生中，他遇到了各种不能自觉的、自觉的，无法选择的、可选的，千千万万个"节点"，而他所遇的那些异乎常人的"节点"，则决定了他独特的人生轨迹，在或然的具象中，在历史长河的波光里，形成了独具色彩的"闪亮人生光环"。

刘公武的大哥刘幼林，是华容县城刘氏家族在清末走出的第一个大学生，他毕业于省城高等师范学堂，跟随黄兴革命并加入同盟会，却在 1909 年，即刘公武六岁时，不幸染病离世，被人誉为少年英豪，他在刘公武心目中形象高大，仿佛一个顶天立地的英雄。

比刘公武大五岁的同乡好友白瑜，率先入读"新学"，接受新思想。少年刘公武非常钦佩白瑜，他以白瑜为求学标杆，为言行楷模，而白瑜对刘公武，亦如待亲人，诸多关照，提携有加。1919年，尚在湖南一师与毛泽东一同求学的白瑜等人，发起驱逐军阀张敬尧的"驱张运动"，这深刻地影响了十六岁的刘公武，其就读的明德中学因众多师生参加"驱张运动"而被迫关门，刘公武听从白瑜建议，转学到省立一中（今长沙市一中前身）。这成为刘公武人生的第一个重大"节点"。这一节点的特征，就是在少年刘公武的心中，种下了"无畏强权""反抗邪恶"的种子。

1926年，五卅惨案发生时，正值国共合作期间，刘公武在上海复旦大学担任学生会主席，国民党党员白瑜、共产党党员欧阳悟，深深地影响了刘公武，他带领数千同学上街游行，发表演讲，控诉帝国主义恃强凌弱、草菅人命的罪行，他因此被学校列为"激进分子"而开除了学籍，此时，刘公武没有选择继续读书，而是回乡与欧阳悟、蔡协民、何坤（何长工）等人，一起投身到了轰轰烈烈的大革命运动之中。这段时间里，从可以选择"两耳不闻窗外事"的埋头读书，到涉身带头上街游行，执管党务，投身农运，可称为刘公武人生历程中的第二大关键"节点"。

1927年9月逃亡到新加坡，因为有了在复旦大学期间挺身头阵、反抗强权这一令人瞩目的"壮举"，刘公武受到复旦同学和华容老乡的热情关照，获得了赖以维持生计的中学英文教师工作。而这，并非刘公武的人生目标，在教学中，他逐渐发现了自己知识储备的不足，社会见识的缺失，于是，就有了1929年春，刘公武恳求"刘复兴号"众兄弟支持他前往德国留学、继续深造的选择。在德国留学期间，他结识了各派政治人物，尤其受到旅欧的中国共产党早期活动人士成仿吾等人的影响，为后来不断遇到中国共产党人士埋下伏笔。后来，"刘复兴号"破产，刘公武被切断留学所需经济来源，被迫终止学业东归，此时他对政治道路的选择，多了几分犹豫彷徨。

1931 年春，刘公武东归，途经新加坡，获得著名爱国侨领陈嘉庚赏识，被聘担任新加坡华侨中学第七任校长。仅半年多时间，踌躇满志的刘公武便爱情事业"双丰收"，且其新婚妻子正欲计划前往英国留学。未料此际，九一八事变发生了！满腔激愤的刘公武，毅然决定，放弃新加坡优裕温馨、儒雅清幽的生活，回国参加抗日救亡运动。这一决定，当为刘公武人生旅途中第三大关键性"节点"。

1933 年春回国后，得白瑜相助，安妥家眷，邀友同赴北平，始办工厂图"实业救国"，后投冯玉祥以求"武装救国"，得冯玉祥赏识，委之以"上校教官"之职，无奈时势不济，中途而废，竟生茫然失措、不知所向之惶惑。

1933 年 10 月，迷茫中的刘公武独自来到南京，投奔少时好友、已任国民政府军委会官员的白瑜，悉心求教。白瑜与之促膝交心，真情抚慰，解读时局，阐明大义，嗣后，向"黄埔三杰"之一、岳阳老乡贺衷寒推荐刘公武，贺衷寒与刘公武一番交流之后，认可刘公武才识，便安排刘公武在南京担任中央陆军军官学校（黄埔军校）政治教官。

然后，从庐山中校教官、上校总教官，再到武汉升任少将政治部主任，潜心教学而不善逢迎的刘公武，自从军到升任少将职衔，仅用了四年时间，可谓"火箭式"上升，此中，全靠其学识才干。

1937 年 7 月，日本发动全面侵华战争。1938 年春，刘公武率领中央军校武汉分校（黄埔二分校）新生，从武汉行军开往湖南邵阳的武冈县，创办黄埔军校武冈分校，任少将政治部主任、武冈县县长，再到西南游干班，辗转湖南祁阳、江西修水，依然担任政治部主任，直到 1943 年 1 月奉命赴重庆参加中训团"高级班"，前后将近十年。在刘公武的政治教官生涯中，他为培养抗日战场指挥人才呕心沥血，竭尽精诚，成就了一段别样的"闪亮人生"。

而此前白瑜的举荐、贺衷寒的认可，可谓刘公武人生旅途第四个关键性"节点"。

重庆"高训"期间，刘公武以其优于常人的才干，深得国民党中央教育委员会主委段锡朋和中央训练团教育长王东原赏识，先留校任教务组长，而后王东原奉调任湖北省主席、湖南省主席，皆携刘公武同理省政，而时时委之以重任。1948年"行宪国大"之后，竞选"副总统"失败的程潜，与一众湖南官僚赶走省主席王东原，取而代之，辞去湖南省政府秘书长的刘公武，看清了局势，国民政府所有军政人员面临着"去"与"留"的重大抉择。最终，刘公武选择了跟随程潜、陈明仁在湖南开展和平运动。此则成为刘公武人生旅途的第五大"节点"。

中华人民共和国成立后，刘公武为国家建设、社会发展、民生福祉、祖国统一，尽其所能而努力付出，别无二心。

无论纷纭乱世、战争年代，还是艰苦岁月、和平时期，真诚坦荡、光明磊落、包容大度、与人为善的开阔胸怀，始终都是刘公武处世为人所秉持的基本心态。

做人当如刘公武。亲人，朋友，同事，师长，领导，皆可近之、处之，亲之、爱之，谅之、容之，扶之、帮之。尊卑淡泊，荣辱如一，锱铢可匮，得舍不计，和光同尘，地阔天高。此岂非中共一贯倡导之统一战线之全部内涵乎？

改革开放春风浩荡，年届八十的刘公武抖擞精神，重新焕发青春，在生命的最后十年中，他把为国为民"发挥余热"做到了极致。读者诸君请看书中详情，于此不赘。

2023年5月11日，是刘公武先生诞辰120周年纪念日，斯人已逝三十四载，满襟情怀尚存人间，让我们跟随刘公武先生一生所走过的脚印，去巡游那消弭的红尘浊世，去感受那曾经的激荡风云，去领略那先辈的血马莽苍，去体味那奋斗者的豪迈情怀，且愿刘公武先生用生命"节点"串成的闪亮光环，能为后生晚辈的人生旅程，平添几分璀璨与瑰丽。

目　录

第三章　抗战时期（上）
重返星岛逢佳偶，察北抗倭坠迷途

第四章　抗战时期（中）
军校教官奉才智，武冈县长施宏图

第五章　抗战时期（下）

赣湘训军两载余，渝鄂襄事三年多

第六章　战后重建
省府膺职秘书长，全心辅佐王主席

第七章　和平运动
倾情故土迎解放，致力和平举红旗

第八章　参事生涯
淡泊荣禄求低调，醇郁情怀建诤言

第一章　清末民初

世替时更开胜景，神清气爽沐新风

一、家道身世

天下纷乱，生于皇朝之末

1903年，清光绪二十九年。

这年 5 月 11 日，洞庭湖西北，处于湖南省最北端的水岸重镇华容县城关镇，坐落于南街"刘复兴号"的老板刘子岑（cén，1865—1912）夫人李汉贞（1871—1929），生下了他们的第五个儿子：刘公武。

这一年，清朝政府首次设立"商部"，并出台了一系列鼓励产业发展的政策，修铁路、挖矿山、兴办实业，力图工农商齐头并进，同时提出"商之本在工，工之本在农，非先振兴农务，则始基不立，工商亦无认为资"。从 1903 年起，社会经济迅速发展，一连几年都呈现出盎然生机。

经历了第一次、第二次鸦片战争，太平天国，甲午战争，义和团之乱，再到八国联军侵华，清王朝内忧外患，被内乱闹得鸡犬不宁，被列强揍得鼻青脸肿。究其深层原因，乃西方资本主义现代商业意识的平等互惠和契约观念，与中国传统小农意识的目光短浅和妄自尊大之间，发生了不断碰撞。半个多世纪血的教训，清王朝终于长见识了。有了国家政策的扶持，各行各业飞速发展，铁路公路码头等基础设施建设也很快得到相应配套，京汉铁路的通车与长江航运的畅通，使得物资与资金的流通逐步繁荣，给社会带来了活力。

刘公武的父亲，"刘复兴号"老板刘子岑，这时候的生意也是做得风生水起，逐渐在华容、南县、岳阳一带，成了知名商号。

"刘复兴号"做的是南杂百货，吃穿住用，万民所需，哪样好做做哪样。唯有兢兢业业，一步一个脚印，方可求得扎稳根基，长足发展。刘子岑恪守着自己的生意经，心无旁骛。

一大家子嗷嗷待哺，刘子岑担子不轻，他本就吃得苦，耐得劳，下武汉，跑岳阳，进货出货一人扛着，起早贪黑，夜以继日，能够自己跑的不叫伙计，能省就省。

妻子李汉贞比刘子岑小六岁，十六岁就跟刘子岑结了婚，丈夫跑生意去了，她住在店里，一边帮着伙计照看生意，一边伺候着这一大群孩子。一日三餐、衣服浆洗，都是李汉贞自己干，平时担心的就是孩子顽皮打架，此外，因华容河就在店子前面不远，热天一到，稍不留神蹦蹦跳跳的孩子们扑通就往河里钻，还好河水不太深，水流也很平缓，河边就是街道，街坊多、行人多，可是孩子小，太顽皮，大人们也怕出事。

老五刘公武出生时，老大刘幼林十五岁，老二刘巨楼十二岁，老三刘晃九岁，三兄弟都在读私塾，有老大照看着。老四刘福林才两岁多，一个人在店里玩。这刚来到世上的老五，长得跟几个哥哥有点不一样，胖乎乎的像个洋娃娃，甚是可爱，后来长大了还真像个欧洲人，根据遗传学原理推断，他的祖上四代以内，肯定有欧陆异族血缘，赶巧在刘子岑儿子刘公武身上显现出来，这是题外话。

尽管家务事冗杂繁重，李汉贞也不请丫鬟，自己带着孩子。自小啥事都自己干的人，倘若有人把自己的事干了去，是不会习惯的。

做生意图生活的老百姓，谁都希望自己生存的环境总能太平、安宁，最不济图个温饱，也可保大家相安无事。可是，自甲午战争之后到八国联军入侵之时，日益式微的清王朝面临的国际国内形势，已然乱成一锅粥，大清在政治、经济、文化、宗教等各个领域，几乎完全处于无序状态。

没多久，被八国联军吓得落荒而逃的老佛爷慈禧太后，回到京城，痛定思痛，还真的针对诸多顽弊，出台了不少全新政策法令，欲图朝着"宪政体制改革"方向努力。于是，全国各行各业包括政治、经济、贸易，工业、农业、教育，乃至军事建设、社会管理，都开始趋向良好状态发展，为清朝末年本已日益衰微的王朝带来了几分生气，老百姓的日子似乎日感升平安详。

天时地利，创荣"刘复兴号"

当时的华容这地界，绝对是湘北地区名副其实的鱼米之乡，黄金宝地，湘楚商贸门户，并且历史文化底蕴相当深厚，历史上"章华台""华容道"等诸多典故皆源于此。

华容县西北和整个北边，与湖北的石首、监利交界，除了东北部有一片丘陵，大部分地域都是平畴万亩，为长江、洞庭湖千百年冲积形成。土地肥沃，气候温润，粮食作物把种子撒地里就长得苗壮肥美。20 世纪五六十年代兴起的湖南省大型国营农场"钱粮湖农场"，整个都是老华容的地盘，有钱又有粮！

清末民初，在铁路公路网络形成之前，商贸、交通，主要依赖水路船运，来实现物资流通和人员往来。华容北临长江，东靠洞庭湖，从湘北、湘中到整个湘西北一大片，前往当时中国商贸重镇武汉，华容就是一个必经的交通枢纽，人流物流集散之地。入长江，可达武汉、九江、南京、上海，洞庭连天下，湘资沅澧汇于一湖，湘省之内，四通八达。

华容县城有一条河叫华容河，东西向横穿县城，虽然整条河都只有六十多公里长，河面最宽处也就百十来米，却连接长江和洞庭湖，贯通湖北石首和湖南华容，成为流域内两座县城水道航运和农田灌溉的经济命脉。现在地图上都标注"华容河"，而过去，湖北石首那边叫调弦河，华容这边则叫华容河，华容县城到洞庭湖这一段又被叫作沱江。

华容河是一条很神奇的内陆河。说它神奇，就在于你总分不清它哪头是上游，哪头是下游。一般的河流是越到上游河道越窄，越到下游水面越开阔，可华容河像个两头蛇，两头都一般宽，只是如今连接长江的调弦口建了堤防，原来的河面都成了河滩，河面就显得窄了。连接洞庭湖这边，建了大水闸，水面依然很开阔。

20 世纪 50 年代以前，每当长江水位高涨时，洪水可以从长江的调弦口进入华容河，流向洞庭湖，起到为长江分洪的作用，只是华容河防洪做得差，每到长江涨洪水，沿河城乡就成泽国，老百姓苦不堪言。当长江水位下降，石首那边调弦河流向长江，华容这边华容河则依旧流向洞庭湖。华容河水面平缓，整条河流几乎没有什么落差，风平浪静，便于帆船和小型机动船航行。

可如今的华容河，却成了一个只是有着河流形状的水库。调弦口被阻断，一个已经废弃的小闸口堵塞了与长江的联通，沿河一线洪水也就涨得少了，不过，也完全起不到为长江泄洪的作用了。而洞庭湖这边，则在20世纪50年代末期为了围湖造田生产粮食，在华容河河口的旗杆嘴修建了一个六门闸，把华容河堵起来，形成了一个几十公里长的有点奇特的水库。

"刘复兴号"起初在华容县城南街，那是刘子岑于1884年创业初起的地方。1916年，十六岁的老四刘福林在东正街开了"刘复兴绸缎庄"。1922年，刘子岑去世十年之后，刘家兄弟为了"刘复兴号"扩大规模，把东正街这个门面进行了扩充，把南街的门面全部搬到了东正街，新老店铺相距也就三五百米，都紧傍着华容河，泊船码头离商铺门口不远。

从"刘复兴号"旁边的华容河开船，往东下洞庭，东可去岳阳，北可到武汉，南可沿湘江往长沙、湘潭、衡阳乃至广西，沿资江可达邵阳，而往西顺沅水可到怀化，乃至贵州。还可以扬帆驶船往西转北经调弦河，出湖北石首地界，从调弦口入长江，顺江而下去汉口，以至上海。在铁路公路还处于初起阶段之时，水路畅通的地方就是经济发达的商贸口岸。

华容就是这样一个地方，彼时的"刘复兴号"就有了这些"天时地利"。

清末，湖南街边商铺一角

这里顺便说说清政府在20世纪初年推出的一系列"兴国之举"，对于经济繁荣，民生改善，带来了十分积极的效果。当时，清政府对于内政外交方面的政策和策略，反省了甲午败战、义和拳乱、庚子失京的痛楚，在某种程度上借鉴了戊戌变法康有为等一众人提出的改良和革新主张，虽然统治者有着自己既定的目标和方向，但客观上给社会经济和民生福祉以及对外交往，确实带来了日益向好的发展趋势。"刘复兴号"作为活跃于华容商界的企业，当然是地方上率先的受益者了。

刘子岑艰难而曲折的经商创业生涯，以及家教谨严、重学尊德的家道作风，对于子女们的成长，营造了一种富于精神营养的优裕环境。

刘子岑一岁时，母亲就去世了，八岁时父亲又英年早逝，子岑成了孤儿，跟随鳏居的叔父刘志清过着清苦的生活，读了两三年书就辍学了。生活所迫，他十二岁就去华容城关镇当学徒，学"挑（tiāo）梭子"，也就是织渔网、补渔网，跟着师傅，肩挑着生意担子，手持织网梭子上门服务。

刘子岑没机会继续读书，常常苦于自己文化少，渴望读书识字，于是趁着学徒空闲，他拿着借来的书，偷闲自学，终于也让自己多少识得些诗书，算得些数字。但与此同时，也感受到了不入学堂专事学业与凭着微薄的根底艰苦自学的诸端无奈。

学会织网手艺之后，刘子岑感觉这活既赚不到什么钱，穷酸的主家还经常欠账。做了事拿不回工钱，被师傅骂，刘子岑心里很不是滋味。他看到货郎挑着担子到处叫卖，当场钱货两讫，觉得自己不妨也去试试。于是，他放弃了"挑梭子"，拜了师傅学挑担货郎，当地人叫作"挑（tiāo）八根绳"。

此后，刘子岑挑着他的货郎担，摇着拨浪鼓，城镇山村，渔埠街巷，沿路叫卖，小件杂货，针头线脑，油盐酱醋，就是一个行走的杂货铺子。

行走城乡之间，有时候一出门，便可能十天半月不归家。做货郎要有三大能耐，肩能挑，腿能走，嘴能说，三者缺一不可。刘子岑机灵，又喜欢学习，自然费不了多大精神就学会做货郎了。出师之后他便自己一个人干。

货郎担挑了两三年，刘子岑学会了待人接物、处世之道，懂得了唯有童叟不欺、贫富不介，方能生意绵长。

几年下来，不仅脑瓜子更加灵泛了，嘴皮子更加利索了，身板锻炼得也较之同龄人更加孔武结实。尤其是四邻八乡认识了很多人，交了不少朋友，建立了比较广阔而深厚的人际关系，积累了丰富的人脉资源，为后来坐堂做生意打下了一般人难得具有的良好基础。

天长日久，刘子岑更深知生意难做，兴家尤难，快二十岁了老婆还没影，那时节，到这个年龄的年轻人还没成家，招人闲话，虽然他一人吃饱全家不饿，但有时候心里头也有些着急。还好他学会了持家理财，平时特别注意省吃俭用，攒下了一些资本，可这风里来雨里去的买卖，实在是太辛苦，每天赚那么几个铜板，要攒足资本能够讨上一个好老婆，成个像样的家，还真得要到猴年马月去了！于是，刘子岑又渐渐萌生了开店创业、坐堂经商的念头。

最初，十九岁的刘子岑，在华容城关镇南街租了一个门面，开了一家小小规模的染货店，请来师傅对染坊各道工艺环节操持把关，自己也跟着学。

印染的布料都是从市面上购进白棉布或麻布，然后根据客户需要染成各种颜色或花样，更多的生意则是客户自己带布来，染坊承接来料加工。

三年多下来，钱虽攒了些，但因小县城市场有限，其他地方一般都开有规模不等的染坊，染坊生意难以扩张，没有发展空间和前途。因此，刘子岑又开始开拓新的创业门路。

1887年春天，二十二岁的刘子岑，经人介绍，迎娶了盐帮船老板十六岁的女儿李汉贞。说是经人介绍，其实还是刘子岑自己看上她的，只是正规的传统程序上需要有那么个媒人而已。

李汉贞是华容本地人，其父与其诸多叔伯一道，常年在华容和武汉之间跑盐帮，李老板就此独女，视若掌上明珠，无奈那时女子地位低下，尤其平民女子还不让进学堂读书识文，李汉贞跟着父母在船上生活，风里来雨里去，水上漂浪里行，便成了一个生在船上，长在船上，地地道道的"江湖女人"，真正是还在娘肚子里就开始了"跑江湖"。

船老板夫妇养这么个宝贝女儿，带在身边，看着长得一天比一天乖巧伶俐，漂亮水灵，夫妇俩更加看得重，啥事都不要她做，可小姑娘天生就是坐不住的勤快角色，麻溜性格，没多大年纪就能够驾船使舵，挂帆系索。

尤其是李汉贞小时候，船老板老婆要给女儿裹小脚，船老板就说："裹么子裹咯，风高浪大的，一双小脚站都站不稳，那还不三天两头掉湖里去？难得

李汉贞（刘公武母亲，1871—1929）

捞人嘞。莫裹哒！"可不裹吧，又怕人闲话，于是就装模作样松松垮垮裹了一段时间，结果，当然就成了大脚婆了。船老板在武汉看到满街好多大脚婆，就跟老婆说："我女儿不怕嫁不出去，肯定有的是人要！"没料到她老婆怼了他一句："那些大脚婆都有文化好吧！我家妹子认得几个字啊？"船老板说："也是哈。早点找个人家，让她自己去读书识字吧。"

李汉贞虽未读书，可久经风浪，见多识广，人又生得机灵乖巧，貌美如花，格外招人怜爱喜欢。刘子岑常年岳阳、武汉跑货，少不得经常与船老板来往，攒下交情，同时也认识了成天在船上忙东忙西的小姑娘李汉贞，一来二去，久而久之，两人不仅熟稔（rěn）起来，还相互间生了些意思。

船老板看在眼里，想在心里，小伙子是个有能耐的人，还开染坊做点小买卖，冇得父母兄弟，单身一人，无牵无挂，待人接物也不同一般，是个理想的女婿。船老板想归想，他不可能直接跟刘子岑说"我把女儿嫁给你吧"，于是找了媒人，打探刘子岑心思，未料刘子岑早有此意，还正担心船老板不肯呢，没想到找上门来了，正中下怀！

刘子岑娶了李汉贞，就开始认真考虑换个行当来做点大事，因为，染坊气味四溢，钻鼻熏眼，染槽污水横流，伤脚伤手，如此金枝玉叶似的小娘子，刘子岑可舍不得把她搁在这破地方！

于是，刘子岑把染坊进行了适当改造，把染坊门面和后面已有的三进筒子屋前后连通，做成了杂货铺，自创店名"刘复兴"，挂起来一块大招牌。

夫妻俩男主外女主内，协力经营，几年下来，"刘复兴号"就搞得红红火火，儿子都养了四个。

刘子岑心里很是得意，这老婆太满意了！长得好看不说，还特别勤快，夫妻俩有啥事都商量着办，大多都是一拍即合。所以，刘子岑把个李汉贞宠得像个宝贝，而李汉贞是个强梁女子，丈夫如此宠着，心里自然很高兴，可她嘴上总要嗔刘子岑几句："莫搞起这么酸溜溜的咯！"

这段时间，刘子岑真个是夫唱妇随，得心应手，顺风顺水，人财两旺。

那啥大清跟倭寇在海上干仗，八国联军占了北京城，老佛爷逃得没了影……刘子岑都听说了，就是没啥感觉，生意照做，日子照过，大概也是应了那句"天高皇帝远"的俗话，你大清国跟洋人也好，跟谁也好，再玩命折腾，我小老百姓不还是吃喝拉撒睡哪样都少不了不是？

刘子岑最看不过眼的就是，北方闹义和拳那会儿，本地一些附和义和拳的地痞无赖，也装大尾巴狼，跑去教堂、医院，跟那些平日里说话和气、彬彬有礼、慈眉善目、心地实诚的洋人，找茬生事，据说岳阳还有洋人教士被他们给杀掉了。

地痞无赖们还经常出来威胁卖洋货的商家，不准卖洋货，"刘复兴号"也不得安生，常常看到那些货色来了，有人就老早打招呼，没办法，明眼一看是洋货的东西，还得赶紧藏起来，要不然，那些货色不管三七二十一，要不抢走了，要不给你砸了烧了。刘子岑去汉口进货，确实发现好多洋货都不见了，武汉那边闹得更凶。其实，老百姓只看中用不中用，才不管你洋货土货呢。

家道日兴，儿女们也一个接着一个降世。刘子岑深知缺少文化的苦楚，养育子女，再不能像自己夫妻俩，写字算数都倍感艰难，出去做生意算个账，复杂一点，就要找人帮忙，算的准不准，都得看人公道不公道了。刘子岑对此耿耿于怀，他不仅自己经常学习认些字，写些字，算些数，同时下决心要把子女培养好，无论生男生女，都得送去读书识文，读到他们彻底不想读了为止，能够培养成为有用之材的，做父母的必须千方百计为他提供条件。

到老五刘公武出生后不久，大儿子刘幼林（1888—1909）已十五岁，准备送省城长沙去读书；二儿子刘培林（字巨楼，1892—1958）十一岁，正在县城读私塾；三儿子刘晃（1894—1952）九岁，刚开始启蒙；四子刘福林（1900—1943）才两岁出头。李汉贞刚生下五儿子，坐月子期间，她不仅要操心着门面生意，帮着伙计里外忙乎，做些力所能及的事情，还有更重要的一件事，就是每天督促读书的儿子们，书背了没有，背熟了没有，字写完了没有，写得好不好，虽然自己大字不识一箩筐，但对儿子们的读书，催得比谁都勤快。

还好儿子们都很争气，不仅书读得都不错，就是玩也玩得守规矩。平时，孩子们跟街坊邻居的孩子一起去玩，李汉贞都要千叮咛万嘱咐："不要跟那些一天到晚只晓得调皮捣蛋的小家伙耍一起啊，学坏了谁都不得理你。"

有妻子跟伙计招呼着，店里不需要操心，刘子岑便可以一心一意张罗跑货的事，维持和打理各路往来主顾的关系。"刘复兴号"日渐生意兴隆，刘子岑终于在华容城创下了一份属于自己的可观产业，不说生意通四海，也算是通四方了。

刘家子女成人后，刘子岑和李汉贞夫妻俩都全力支持他们读书上进，掌握文化知识。他计划着，儿子们在华容读完小学之后，都送省城读中学，能考上大学的，刘子岑也毫不犹豫送去读大学，不想继续读书的，刘子岑也不勉强，一律带在身边，让他们学做买卖，办货理货，管账房库房，打理"刘复兴号"产业，谋划"刘复兴号"的发展扩张。

后来，刘家几个儿子也都尽心尽力，各自发挥所长，为"刘复兴号"的发展壮大，各尽其能。

老大刘幼林，在长沙湖南高等学堂毕业，成为了华容刘氏家族第一个正规学府毕业的大学生，在学校还参加了同盟会，跟着黄兴等人走上了革命道路。未料1909年夏末，二十一岁的刘幼林婚后不久，竟在华容染疫离世。少年豪杰，英年遽逝，令人扼腕叹息。后来刘公武长大懂事后了解了大哥的生平经历，心中对大哥充满了敬仰，以大哥为榜样，事事处处勉励自己，奋发上进。

四子刘福林就在二哥刘巨楼主理"刘复兴号"时，曾创办"刘复兴绸缎庄"，除了从长沙、武汉进货外，还直接去杭州、苏州与厂家直接商谈进货。

后来，二哥刘巨楼干脆就将坐镇武汉办货一干事务，交与了刘福林。

武汉是"刘复兴号"的主要办货地，华容有水路通达武汉，进出货物，唯有船运十分方便。武汉是往东经长江通南京、上海，往西到宜昌、重庆，北至青岛、天津，南下广州、香港的最大内陆航运中心和重量级商埠，自然好货集中，洋货不少，商品质量靠得住。

刘子岑虽然生意精明，为人却敦实厚道，勤勉耐劳，且讲信用，重服务，深得往来商户和顾客爱戴，他的儿子们也很争气，不仅接续发展了"刘复兴号"的产业，也将父亲的优良作风予以继承和发扬。因此，"刘复兴号"生意兴隆，顺风顺水，很快发展成为享誉华容、南县、汉寿这块区域的著名大商号。

清末民初，武汉、岳阳都有很多人知道华容有一个响当当的著名商号"刘复兴"。

父德子承，唯望诗书传家

刘公武在店里长大。在他后面，李汉贞还生了老六刘和林（1907—1931）、老七刘经纬（1909—1951）、老八刘国典（1912—1915）。

1909年夏天，李汉贞肚子里还怀着老七的时候，老大刘幼林不幸染疫离世。痛失长子，李汉贞悲伤难已！

这天，李汉贞正坐在店里独自抹泪，伤心着老大幼林英年早逝，白发人送黑发人。住在隔壁不远的堂弟李老三，带着女儿长秀过来买东西，见堂姐一脸忧伤的样子，他心里明白，这是老姐在想念儿子呢！老姐平时很喜欢长秀，李老三每次到店里买东西，就带着长秀过来。于是李老三跟姐打过招呼之后，叫六岁的长秀过去叫大姑。

长秀跑向李汉贞，嗲嗲地叫着"大姑"，李汉贞笑着把长秀揽在怀里，瞧着这眉清目秀、聪明伶俐的孩子，摸着自己挺起的肚子，心想要是生个闺女该多好！

李汉贞也不是没养闺女。1890年那会，她生了一个闺女，这时老大刘幼林才两岁多，而刘子岑正在张罗门面改造的事，忙得不亦乐乎。原来染坊里请来的南县罗师傅，是个善良厚道的人，看到刘子岑夫妇里外忙得没工夫管俩毛毛，就主动提出帮他们带养这个不到一岁的女娃。

罗师傅自己有一个四五岁的儿子了，老婆后来几年都没再生养，有时间带孩子。刘子岑夫妇觉得罗师傅是个靠得住的人，就把闺女放心地交给了罗师傅。后来很多年，两家也没少往来。罗师傅夫妇把闺女当个宝贝，干脆提出让闺女做他家童养媳算了，加上闺女也不愿意回来了，所以，这李汉贞等于给别人家养了个闺女。好在罗师傅把闺女教养得不错，让她隔三差五就回"刘复兴号"看父母亲。后来，刘公武兄弟长大后，也经常去南县大姐家玩。

这时，李老三走过来，跟李汉贞说："姐啊，你要喜欢长秀，就给你做女儿了！"

李汉贞说："做女儿还不是别人家的人？干脆给我做媳妇算了。"李汉贞摸着长秀的头发，问长秀："长秀，你喜欢我们家哪个哥哥？"

长秀每次到店里，就喜欢跟同年的公武一起玩，于是便脱口而出："我喜欢五哥哥。"

就这么一句小孩子的天真之语，让李老三当了真。十月份，李汉贞生下了七子经纬，又是一个儿子！这下，李老三觉得机会来了，于是三天两头就跟李汉贞和刘子岑说要给长秀和公武这两孩子订娃娃亲。

刘子岑知道李汉贞很喜欢长秀，自己也觉得长秀这孩子不错，虽然缺乏点大家闺秀的气质，但聪明伶俐，长得也很可爱。于是，刘子岑跟李汉贞商量之后，就答应了李老三，把这门娃娃亲定了下来。刘子岑夫妇也没那么封建，只要长秀乐意，她随时可到"刘复兴号"来，李汉贞都把她当亲闺女一样对待。

这以后，兄弟们一天到晚就拿老五开玩笑："你老婆呢！快去叫你老婆过来吃饭。"刘公武也没觉得什么不好意思，觉得一个人从小就有老婆不是啥稀罕事，渐渐地，哥哥们也觉得开这玩笑没趣了，就当长秀是自家妹妹了。

不久，辛亥革命推翻了清王朝的统治，中华民国成立。1912年初，刘子岑看着又挺起了大肚子的妻子，感觉更好的日子还在后头呢！这第八个孩子还未出生，刘子岑就给取了个响当当的名字：国典。一为纪念民国新立，二为寄托对未来的希望。

四十七岁的刘子岑，如今来说正是壮年，可那时，天下纷乱，民生艰难，打拼生活，打理生意，风雨无阻，没日没夜，无休无息，费尽心力，劳累不堪，一眼看上去，刘子岑和刚刚四十出头的妻子李汉贞，都俨然成了饱经沧桑的老头老太太！

好在天真活泼的孩子们，给夫妻俩带来了开心和希望。

老七经纬出生那年，老二刘巨楼在华容县新办的中学读完了初中，就不想读书了，想跟父亲学做生意，刘子岑也不勉强，家里生意也得有人来做，那就带着老二，让他学会了尽早出道掌柜。

老三刘晃已被送去省城读省立第一师范，成绩不错。老四福林读高小也算用功，老五公武九岁了，想要进学堂去读书，可家里还有老六和林不到五岁，老七经纬两岁多，肚子里老八快要出生了，李汉贞照顾老六老七都忙不过来，还要兼顾店里的事，所以九岁的老五和没过门的"小媳妇儿"长秀，还得帮着妈妈照看两个弟弟，以减轻李汉贞的负担。

当然，李汉贞也想到了尽快让老五进学堂念书，当时华容已有了新学，但脑子里深植传统观念的底层普通民众，要彻底接受新学还得有一个过程，而读私塾无非就是那几本书，《三字经》《百家姓》《千字文》《千家诗》（俗称"三百千千"）和《笠翁对韵》之类，都是哥哥们读过的，在家里，这些书都是现成的。老五悟性好，生来聪慧，哥哥们带着他读几遍，他自己就会了。所以，老五启蒙阶段的基础，没进学堂门，就差不多打好了。

十二岁的老四福林很喜欢五弟，每天放学回家，第一件事就是教老五读书写字，老五背出来一首诗，他比老五还高兴，"小老师"很有成就感。也就一年多的时间，老五就把那些"三百千千"背得滚瓜烂熟，老四还教老五打算盘，学加减乘除。

刘子岑回到家里，最喜欢的就是把老五叫过来，然后看着他用算盘打"六六六"，老五拿过算盘，小手抓稳，空中一扬，算盘珠子齐刷刷乖乖地整齐归位，然后，嘴里一边念念有词，小手一边飞快地扒拉算盘珠子。这时候的刘子岑，布满皱纹的脸上便笑开了花，这一天的劳累困顿，瞬间烟消云散。

尤其寒暑假一到，哥哥们都回家了，一个个都争先恐后地给老五当老师，老五进学堂之前，就把小学很多课程学完了。

刘子岑看这情形，心里既高兴，也有点不是滋味，于是隔三差五跟老五刷浆糊安心："五儿呀，你真是又聪明又能干！不进学堂比你哥还读得好！将来呀，你肯定比你的哥哥们都有出息！"老五听了老爹的赞赏，也特别高兴。刘子岑在想，等老四能去省城读书的时候，再让老五进学堂，以老五的天资，肯定不会比他的哥哥们学得差。

直到老四读中学，老五快十二岁了，刘子岑才送老五进了私塾去读书。

1912 年 7 月，老五上学前一个多月，李汉贞生下了第八个儿子，老八刘国典。可惜他三岁多染天花早夭了。

刘子岑对老三刘晃有一份特别的感情。

刘子岑叔叔刘志清，结婚不久便丧妻，没留下个后。独自过了几年，刘志清带了个养子，取名叫作刘环保，刘环保比子岑小八岁，子岑坐堂开店后不久，十五岁的环保辍了学到店里做伙计，后来也是店里独当一面的主要劳力。环保二十出头的时候，刘子岑张罗给他成了家。

未料，结婚一年多，环保就染病不治，弟嫂罗氏就这样守了寡，生活也没了着落，于是刘子岑夫妇就把她叫来，在店面上招呼生意，帮着李汉贞照看孩子，做些家务。

看着哥哥家里一大家子热热闹闹，罗氏经常一个人偷偷在一边抹眼泪，跟环保结婚一年多，也没给他留个后，心里头肯定很难受。子岑瞧着，心里也过不去，觉得弟嫂一个人也真是不容易。

1896 年春节前，子岑就跟李汉贞商量，把一岁多的老三过继给环保做继子，平时罗氏带老三的时候，经常抱着发呆，有时李汉贞想去接过来抱孩子，罗氏都下意识地躲开，所以，李汉贞觉得罗氏可能在想要这孩子。

这下好了，弟嫂罗氏有了自己的儿子，丧夫的悲痛缓和了很多，人也顿时清爽起来。

老三名义上给弟嫂罗氏当儿子，抚养方面大的开销基本上还是刘子岑在付出，毕竟弟嫂罗氏在店里做点事，进项也不充裕。

1910 年，老三考上了省立第一师范，到省城读书，这下花销更大，弟嫂罗氏肯定没法承受，刘子岑此前都想好了，老三去哪读书都不要弟嫂负担。弟嫂罗氏是个厚道的老实人，哥嫂对自己好，她在店里也就更加卖力更加勤快地干活来报答了。

真是天有不测风云，人有旦夕祸福，1911 年三伏天，罗氏染上了热病，打摆子两天就离开了人世。刘晃是个有知识文化，且孝顺懂事的孩子，养母病逝，他正在家度暑假，于是，他老老实实地给养母做孝子，在生父母的帮助下，把养母安葬妥当，便独自去了长沙，他想好了，一定要发奋读书，出人头地。

1912 年 8 月，中华民国刚刚成立不久，城市里各种社会活动特别多，帮人做事赚钱的机会也就多起来了。于是刘晃和很多同学放了暑假都没有回乡，在长沙做事，想着趁暑假打工赚点钱补贴生活，总靠着生父用血汗钱接济自己，刘晃心里过意不去。可是，眼看要开学了，赚的钱除了吃喝外，交学费还远远不够，没办法，刘晃只好搭了信回去，跟父亲要学费。

刘子岑对刘晃本就有那么一份特殊的父爱，老三是个要强的孩子，养母去世了，一直郁郁寡欢没缓过劲来，半年也没见到孩子了，刘子岑得去看看他，父子俩也好谈谈心，多少给他一点安慰鼓励。于是刘子岑带了些钱，亲自去省城给老三送学费。

没料到送完学费，还没跟儿子坐下来认真聊聊天，却不幸在长沙感染时疫，亲友紧急将他送医抢救，最后没能救过来，刘子岑不幸客死省城。

刘晃痛不欲生。

亲友们帮忙，将刘子岑遗体运回了华容，亲邻乡党闻此噩耗，皆感震惊，李汉贞更是哀痛欲绝。老二刘巨楼刚满二十岁，成了家里的顶梁柱，他强忍哀痛，为父亲举行了隆重葬礼。华容县各界人士以及与"刘复兴号"长期往来的商户的顾主，纷纷前往吊唁。子岑在华容颇享德望，倏忽间英年早逝，知悉者尽皆唏嘘不已。

此时，民国建立仅半年多，刘子岑正当壮年，早早离世，年仅四十八岁，此命其蹇（jiǎn），令人喟（kuì）叹。

刘子岑去世后，刘晃不想靠着兄弟们养活自己，他知道如果跟二哥四弟商量，他们肯定不会同意他辞学，于是自己悄悄去长沙辞了学，刘巨楼为此跟三弟好一顿生气，既然如此，没辙，就依了他，以后能帮他，再尽力去帮帮他吧。

刘晃回到华容，准备自己创业。前一年养母去世，刚过一年生父又离开了人间，刘晃觉得他们是因为太劳累不懂得注意自己身体，体质差了，才容易染病。刘晃想自己开拓门路做事赚钱，以减轻母亲和二哥、四弟的负担，让小弟弟们都能够安心读书。

于是，刘晃在华容县创立了"章华学校"，并担任校长，兴办新学，传播新思想，一直坚持数十年，被华容当地人称作"刘复兴三老板"。

刘子岑祖上这一支刘氏，称为"官刘"。

据刘氏族谱记载，"官刘"乃指发源于皇室正宗的刘家，汉景帝第九子中山靖王刘胜之后陆城侯刘桢所衍。晋唐之时，自河北涿州保定迁至江西临川宜黄县，10世纪90年代衍支庄公，唐末天佑年间庄公携家迁徙，于江西安福县金田乡前溪村安居立籍，名曰"前溪官刘"，由是，庄公为谱载刘子岑之一世先祖。

元末明初，前溪刘氏繁衍至第二十五世，为躲避战乱兵燹（huī），逃难西迁，落根于华容，至21世纪20年代，已发派繁衍至四十七世，累有六百七八十年。

华容的"官刘宗祠"有联云：安福家声远，章华门第兴。寄托了华容刘氏祖上对后世的殷切期望。从可考的刘氏家谱中，找到这样的派语：

以兹淳厚宅，衍作五行传。

忠孝绍先泽，诗书启后贤。

由此可见，刘氏祖上，对后辈传人有着"诗书启后贤"的雅望，方将此愿以派语代代相传。

刘子岑属"五"字辈，谱名右俊，号祖保，前溪官刘第四十代传人，华容官刘第八代。他的儿子们属于"行"字辈，以前溪官刘第四十一代入谱。

前溪刘氏在华容一带，世代繁衍，家门分支，逐渐散居周边，乃至尚有远徙他乡者，皆有见载于族谱。而第四十世刘子岑可详考至曾祖父，则久居华容、南县，靠山依水傍田土，以捕捞务农为生，可知其先辈虽克勤克俭，辛劳打拼，也没能在华容攒下足以传世的一点家业，且因医疗条件所囿，困苦生活所累，兄弟姐妹往往英年早逝，甚至无后为继。

刘子岑祖父刘继善，家境贫寒，耕田打鱼，靠天吃饭，无奈劳累过度，三十岁便患病去世。祖母杨氏独自抚养刘振文、刘志清、刘志芳三个儿子长大成人，受尽苦难，积劳成疾，四十五岁便撒手人寰。

刘继善长子刘振文，还有志清、志芳两个弟弟，因家计艰难，身体瘦弱，且从小就劳累不堪，先后染病即告不治。志清、志芳皆青年离世，未曾婚配，无有后人。唯刘振文育有一子刘子岑。然子岑一岁多时，二十五岁的母亲罗氏又染病身亡，子岑未满八岁，父亲刘振文仅三十三岁便染疫去世。至此，刘子岑祖父刘继善的根脉，便只留刘子岑一枝独苗。

刘子岑可谓前溪刘氏后人中之幸运儿，佼佼者。为何？

首先，他是其祖父传世之唯一根脉。其次，他育有八子四女，成人七子一女，皆后继有人，家丁兴旺，子孙满堂，可谓家门昌隆。再者，他经商创业，功成业就，名震乡里，享誉四方。

刘子岑后人，均以拥有"子岑公"如此贤能先辈而自豪，敬之仰之，尊之慕之，择风水宝地安葬，修墓立碑，镌石修文，四时奉祀，香火不断。

尤其巧合的是，子岑公墓葬所营之地，为古华容道所在的桃花山，传说关云长捉放曹之盖世义举便发生于此，桃花山面对的一座小山，有个文雅的名字，叫"童子观书"。子岑公一生为子女读书求学，可谓费尽心思，逝去后仍有观书童子永远相随，不唯夙愿得偿，且嘉祐后世，诗书传家，堪可告慰先祖。尤老五刘公武，育得七子三女，学业事业皆丰，持成昌隆之家，莫若子岑公显灵乎？

二、学生时代

天资聪颖，童年私塾开蒙

刘子岑遽然离世，倏忽间，"刘复兴号"就如天塌一般，里外大小众人，都没了主张。李汉贞整日里失魂落魄，郁郁寡欢，即使闷着头做事也是心神不宁，有时看似闭目养神，却见她眼泪双流，甚至嘴角抽搐。懂事的长秀每天都到店里来，陪着妈妈，看妈妈流泪难过了，赶紧拿小手绢给擦擦眼泪。

大家看着母亲的样子，既心痛，又无奈。孩子们都明白，母亲是个刚强的人，可是，要知道，母亲十六岁跟父亲结婚，实际上她十四五岁时，他俩就已相互心仪。母亲和父亲相爱相惜、相依相偎、同甘共苦、同床共枕二十五六年，眼看着孩子们一个个长大了，"刘复兴号"也一天天规模壮大，生意兴隆，日子一天过得比一天舒心，却天降不测，突然间天人两隔，再刚强的人，也经受不起。

刚满二十岁的老二刘巨楼，平日里跟着父亲，一般都是在一旁像个小学徒，父亲招呼做啥就做啥，接洽客户，就注意父亲怎么谈买卖，收货理货，搞清楚进出货的各道手续环节，不同货品的包装、运输、储存等，都有其中的文章。外面虽然大体上都熟悉了，而突然间要单打独斗，心里还真没个把握，尤其是对整个商号的运作管理，心里头缺乏完整概念。这些，也只有母亲李汉贞熟悉全部路数，可她一时半会儿还很难从深深的哀痛之中恢复过来。

这时，老三刘晃刚刚从长沙省立一师辞去学业回到华容，看到家里这种沉闷的局面，就跟二哥说："门面生意还是照做，外面的往来买卖，先不要着急，主顾们也能够理解，等几天吧，母亲会缓过神来的，做生意我一点都不懂，反正闲着，我在家多陪陪母亲，你们都忙自己的好了，有什么帮得上忙的叫声我。"

刘巨楼心里清楚，三弟读书多，有知识有文化，人又实诚厚道，他辞学，既有为自己脸面的原因，其实他也在为兄弟着想，为母亲着想。因此，老二信他。

老二觉得三弟说得有道理，那就过几天吧。正好趁他在家闲着，老二整理父亲遗留下来的一些生意往来账目，也有了三弟这个好帮手。

一天，刘巨楼观察着母亲，觉得神态脸色比前些天好多了，于是趁李汉贞坐在椅子上歇息的时候，巨楼赶紧过去请安，说："往来账目我都整理完了，商号各等事务，还请母亲做主才好。"李汉贞说："我现在脑子乱，我先理顺了再找你。你负责去把弟弟们的事情都安排好，读书不能耽误，老五上学的事你还得去趟私塾，跟戴先生先联系一下，老五九岁了，早该进学堂了。生意该我们的，都跑不了。"

巨楼连连点头："嗯嗯，母亲所言极是，请母亲放心！我会尽力办妥的。"

李汉贞长长地吁了一口气，看着懂事又体贴的孩子们，心里又稍稍平静许多，似乎有了几分舒心的安慰。

刘巨楼将母亲想尽快送老五进学堂的事跟老三刘晃说了，要老三去城北私塾戴巨楼先生那里联络一下。未料，老三说："这个不急，我这次辞学回乡，就是想要二哥支持我，在华容办新学，新学为主，结合旧学，目前还只是一个想法，我正打算跟哥和母亲商量这事呢。"

巨楼说："你的意思是等你办好了学校，到你学校去读？"

刘晃说："不是，办学校不还是八字没一撇吗，老五在家学得很不错，有了基础，现在我闲工夫多得是，我会继续教他，哥你放心，这事就交给我好了，我学的就是教书这一行呢。"

巨楼说："那好，反正老五读书的事，耽误不得，母亲着急呢。你要办学的事，肯定没问题，关键是你自己要想熨帖（yú tiē）了，我又不懂，你计划利索了，我会支持你的，母亲肯定也不会反对。"

尽管如此，刘晃还是去北街拜访了自己的启蒙老师，华容县城有名的私塾老师戴巨楼。办学校不是件简单的事，刘晃也想把自己的想法跟老师说说，取得老师的支持，尽管说是办新学，但也离不开旧学的很多内容，新学旧学怎么有机结合，像戴老师这样一位教了一辈子书的老先生，他的想法和意见肯定也有一定的价值。

刘晃跟先生说了自己的想法，请先生多多指教，先生也不客气，赞赏了年轻人敢想敢为、前途未可限量之后，还确实提出了一些不错的想法。

最后，戴先生说："新学注重的是科学，科学离不开传统旧学的基础。科学本身不存在有德无德，而旧学则不一样，旧学注重一个人的德养、修为，东学为体，西学为用嘛，德养修为决定了一个人所学知识的应用，看他能否行之于正道，是否造福于家国。洋人洋枪洋炮，汽车火车，是好东西，可是用来祸害别人，那就走了歪道邪道。所以，兴办新学，不能摒弃旧学，要注意相互之间的结合与渗透。"

刘晃赶忙起身作揖："先生谆谆教诲，悉心指点，学生茅塞顿开，感激不尽！"

戴先生哈哈大笑："不要客气了，等你有了具体计划咱们再细聊，我也就随便那么一说而已。别那么作古正经了，随便聊聊天。"

刘晃坐下来又跟戴先生聊了一些家常事，也说了五弟九岁了，母亲着急让他进学堂。

戴先生早闻刘家五公子天资聪颖，家中兄弟个个勤勉发奋，教导弟弟都格外用心，听说五公子虽然从未正式上过一天学，可比在他门下读了两三年书的孩子还厉害，不过，非常自负的戴老先生，还是有些将信将疑。

刘晃说："当然，若果能投到先生门下，得先生教化指点，必定……"

戴先生摇手止住，呵呵一笑："读书都靠自己，当先生的就是引一下路，聪明孩子，一点就通，愚顽迟钝，打死他都没用。我看你那想法不错，先让老五跟你学着，等你办学的事忙起来，顾不过来了，再送来也不迟。老四还在我这学着呢，也不错，他也可以帮帮你。"

就这样，刘晃一边计划并张罗着办学的事，一边给五弟当老师，到老五满十二岁时，基本上学完了私塾课程。这年，老三刘晃的"章华学校"也要开张了。

这年，母亲李汉贞把"刘复兴号"事务的打理，一并交给了老二刘巨楼。刘家"二老板"正式成为"大老板"了。老四刘福林小学毕业不想去长沙读书，于是就在县城的县立中学读初中。

一辈子忙惯了的李汉贞，即使退居二线也闲不下来，每天依然在店里忙上忙下，招呼老六、老七，她把老五上学的事就交给了老三刘晃。

刘晃带着五弟去戴巨楼先生那里拜师求学。老五读书读了不少，可毕竟还没有正儿八经地拜过先生。作为一个读老书的人，拜先生似乎应该是读书启蒙的一个必要环节，否则，就像如今的自学文凭一样，在人们习惯性的认知上，都不是进了学堂正经读过书的。

老五拜先生，既为弥补这一缺憾，也确实需要先生给予一些关键之处的提点和引导。

戴先生非常认真地对老五进行了一番全面测试，满是赞赏。只是有一点，戴先生说："缺失了吟诗作对的基本功，这是最大的不足。"

于是，戴先生建议，他带老五一年，就可以初小毕业。这一年里，对已经读过的，再温习一遍，逐篇讲讲诗文主旨要义、文辞特点，同时，还要认真学一下《幼学琼林》，不仅可以对天文地理、人物风情、历史典故有一个全面的了解，对后面学习新学也有很好的基础作用，同时，还可以把吟诗作对最基本的法则在学习过程中掌握好。戴先生说："在我这里学完这些，估计也就一年时间，所以，我带他带一年就够了，然后就可以去'经馆'读'四书五经'了。"

刘晃接受了先生的建议，嘱咐五弟，今后就好好跟着戴先生，勤学苦读。老五很认真地点头，鞠躬感谢先生指教。

老五常年在家里待着，偶尔跟小伙伴们玩玩，还没见过外面世界的大阵仗，只经常听大人们用一种崇敬的口吻说起戴巨楼这个名字，如今真尊就在眼前，虽没有想象中那么威严可畏，也难免有些害怕，有些慌乱。怀着一种对先生的崇仰之心，按照拜师礼节，十二岁的刘公武，在戴巨楼老先生这里开了蒙。

戴先生每天给刘公武按照课程安排，把先前学过的"三百千千""增广贤文"之类，进行逐句逐篇讲解，让刘公武细心理解，然后再完整复述，戴先生要求很严。

对于先前的学习，戴先生一方面给予了充分肯定，一方面语重心长地对刘公武说:"你先前学的都叫作'囫囵吞枣',课文都能背了,不等于书就读好了,你那就是小和尚念经,有口无心,很多内容都不懂具体内涵,也不知道典故、历史、人物的来龙去脉,尤其是文中几句话、一段文、一首诗词,到底能让你明白什么道理,你还是不能全部理解。我发现,你的哥哥们可能也给你讲了一些,但他们更注重的是你背不背得出来,而不是你真正懂了没有。所以啊,这些东西,你都得重新嚼一嚼其中成分,品一品其中味道,然后要都消化了,才会变成知识营养,对你如何为人处事,如何修身养性,如何朝哪个方向进一步努力,才有真正的帮助。这才是读书的最终作用。"

还有一个写字的问题。老五在哥哥们的指导下也练了几本字帖,但毕竟都是业余老师,戴先生要刘公武坐在那里写几行字,刚写了几个字,戴先生就忍不住叫他停下来,在戴先生眼里,老五这写字整个都是不符合规矩的。

戴先生说:"你写的这个字啊,光看字呢,觉得还过得去,但是作为学生,你的问题还不少。要知道,写字的规则、姿势都有讲究,你哥哥他们可能没认真督促你去做,就算你书读好了,字写不好,人家都会说你白读了,还会问,这老师怎么教的啊?写字的姿势,你看看我写字,看看同学写字,你就知道了,学学就会了,自己注意就好。练字呢,要坚持,天天都要分配一点时间来练,不要想起来就练一下,并且要盯着一种帖练,要用心,不是一笔划拉过去就了事了,从一笔一画一字的结体,到一行一段一篇的格局,都有规矩规制,一边写,脑子里要一边想,这一笔,这个字,是不是该这样写,不好看又是哪里的问题?用心就是用在这些地方。不要东一下西一下,先把楷书练好了,其他的字体,行草隶篆,就能融会贯通,一学就会。"

戴先生认真讲解,刘公武竖起耳朵仔细听着,听懂了,会意地点点头,没听懂,眼睛里就会露出一丝迷茫的神情。

戴先生有一种感觉,这孩子读书用心,看得出来是一个可塑之才,老先生教书几十年了,自认为眼光不会错,对品行好会读书的孩子,他竭尽心力,就怕自己还有什么遗漏之处。

剥茧抽丝,披沙拣金,传道解惑,诲人不倦。这就是真正的老师。

《幼学琼林》两万多字,要全文背出来,一般人确实有相当大的难度,但刘公武竟然在三个多月时间里,先生还没有全部讲解完毕的时候,就熟练地背诵出来了，随便挑一段，都背诵得流畅无阻。尤其令戴先生高兴的是，刘公武练出了一笔好楷书，宋体字写出来也跟雕版一般规规整整，后来他自己还练了行书、草书。在清末民初成长起来的老一辈人中，刘公武的书法，完全可以称之为佼佼者。

刘公武晚年时跟朋友通信说，虽然小时候《笠翁对韵》和《幼学琼林》都学完背完了，后悔的就是没有早学早练，最终，吟诗作对还是成了自己一辈子的缺憾。

跟戴先生学习这一年，十三岁的刘公武觉得比前面好几年所学的东西还要扎实有用，收获更大。戴先生治学严谨、从容儒雅、待人真诚、诲人不倦，也深深地影响了刘公武一生，可谓终身受用，且悉传后辈。

民国初年，私塾启蒙课程主要是"三百千千"，有的还有"昔时贤文，诲汝谆谆"的《增广贤文》，"天对地，雨对风，大地对长空"的《笠翁对韵》《幼学琼林》，或者在此基础上再学些唐诗宋词，加上楷书习字、珠算基础，三到四年学习时间，就相当于后来的初小毕业了。

刘公武入学晚，好在前面基础打得比较扎实，所以只用一年时间，就完成了启蒙阶段的学习，以优异的成绩完成学业，可以升入更高一级的私塾——"经馆"。

华容本地有名的"经馆"，当数城西的白顶山朱家大屋张松韵先生开办的私塾，离家有十五里路，路途远的学生可以寄宿，刘公武成了寄宿生。

向往新学，少年交朋结友

张松韵先生素以对学生严苛而闻名，每天在学生面前戒尺不离手，严肃异常。几乎每个学生都领教过这条戒尺的厉害，学生背不出书来、调皮捣蛋、对老师不敬，只要惹毛了老先生，都少不了手掌心挨上一顿板子，打得人三天三夜还握不拢手指头是经常的事。刘公武听说老师这么严厉，心里顿时毛了三分，每天都是诚惶诚恐，提心吊胆，生怕那条黑油油的戒尺会落到自己手板心上。

所谓"经馆"，就是学习传统经典古文的学馆，课程主要是"四书"的

《论语》《孟子》《大学》《中庸》，"五经"的《诗经》《尚书》《礼记》《易经》《春秋》。

虽不是每一本全部都学，可学到的课文，老师要求学生都能熟练背下来。倘若没有那种引经据典妙趣横生的讲解，一般人都会觉得这"四书""五经"枯燥乏味，味同嚼蜡。

而碰上这位张先生，实在是没有一点亲和感，讲起课来神情严肃，还咬文嚼字，管你听得懂听不懂，他一个人只管摇头晃脑自言自语般的滔滔不绝，谁读这些书，都会越读越打不起精神，甚至厌烦、害怕。

尤其是这张先生一天到晚板着脸，跟谁都欠他八吊大钱似的，握着根戒尺，在孩子们面前晃来晃去，本就活泼爱玩的孩子们，哪能提得起读书的兴趣？没有异乎常人的受虐心态，谁都会受不了。

刘公武从小就是一个守规矩的孩子，但孩子毕竟是孩子，在那种紧张状态下学习，总难免要出点差错，不是哪一段书背得不流利，甚至掉字掉句，就是哪几句文解释起来张冠李戴或文不对题，因此，也免不了隔三差五就挨上几板子。还好他学习比其他孩子认真，差错也不是怎么严重，也不是那种调皮捣蛋惹老师发毛的孩子，所以，他即使挨板子，也多半是象征性的，还没出现过把手打得伸不直指头的情况。尽管如此，挨板子毕竟总是"伤害性不大，侮辱性较强"的事情，挨过老师板子，说出去不好听都算了，自己总会有一种觉得自己有多么不争气似的感觉，想起来都难受。

比刘公武先来朱家大屋一年，老街坊欧阳家的孩子欧阳悟，他比刘公武大了两岁多，两人住一间宿舍，平时一起回家，一起来学校，性格也合得来，欧阳悟成了刘公武相处最好的小伙伴。

欧阳悟喜欢读一些课外书，常常把书带到学校来，还推荐给刘公武看，《三国演义》《水浒传》《说唐演义全传》之类小说，还有一些读起来似懂非懂的杂志，像《新青年》《大中华》，看上去被揉搓得破旧不堪了。

其实刘公武也喜欢看课外书，尤其是去世的大哥大学毕业后留下来搁家里的一些书，不管读得懂读不懂，他都几乎每本都看了，但他从不带到学校来。欧阳悟有时候推荐给他看的，他其实早已经看过了，但他不说我看过了，而是跟他说，回去你再给我看吧。然后，他拿了书两三天就还给欧阳悟，欧阳悟觉得这也太快了吧，心想这不是对付我吗？可刘公武说到书中一些章节要义，表达自己的理解，欧阳悟又特别佩服，觉得他是真看了，而且看得比自己还仔细。

由此可见，刘公武从小就养成了一种异于常人的稳重性格，从不显摆自己比谁厉害，是一个真正能够做到谦虚谨慎的那种孩子。

欧阳悟学业不算太好，有时候犟脾气来了还敢顶撞老师，这样，他挨板子不仅次数多，还经常被打得手板心红肿好几天，擦着药都哎哟哟。欧阳悟好动，坐不住，到夏天，老师有睡午觉的习惯，他就趁机拉着刘公武跑到学校后面山上去，躲在树荫下乘凉，运气不好的时候会被老师发现，自然少不了一起挨板子。

"经馆"里学业最好的要数年龄最大的同学张云襄，家里住在南堤街，他比刘公武大了整整七岁。

欧阳悟说："张云襄本来都是在家里请先生上门教的，他听说白顶山的先生很厉害，就主动来拜师，没想到，几次出对子，写同题诗，张先生都没占到上风，所以，他在这里读了这个学期就不想读了。前几天我碰到他，他说要去长沙考大学了，问我去不去，我说，我中学还冒读呢，考什么大学？这角色除了在'经馆'这一个学期，小学中学门都冒进，厉害吧！这个'经馆'，我反正待不下去了。我就问你，你走不走？"

刘公武说："张云襄我知道，像个侠客，有时候令人想起唐伯虎。至于我在这里还读不读，得跟我哥他们商量一下，不过我提出来的想法，一般他们都不会反对。"

欧阳悟说："那就好。"他越来越厌恶这个学校，想要离开这里去省城上学，"之乎者也"酸气冲天，没法跟新学比，新学科学实用，学好了才有真本事。

1918年这时节，民国政府正大力鼓励倡导年轻人读新学，几年来，颁布了一连串支持鼓励兴办教育的政策条令，全国各地早就掀起了一股"新学热潮"。因为，民国初立，国家建设急需人才，有了清朝末年西学东渐的基础，尤其是省城长沙，各类实用技术学校纷纷创立，年轻人只要聚在一起就谈论新学，谈论出国留洋，谈论白话文的应用，抨击旧学的保守，迂腐，因循守旧，古板老套，缺乏实用价值。

有一天，刘公武趁寒假在家正在看书，欧阳悟来叫他，说他堂兄欧阳曙约了几个人在一位叫罗喜闻的老师家里见面，那几个都是在武汉、长沙、岳阳这些地方读书的学生："欧阳曙听说你想去长沙读书，就要我叫你一起去见识见识，也可以顺便跟他们了解一些情况。"

这次刘公武认识了二十九岁的罗喜闻。在去罗老师家的路上，欧阳悟就兴致勃勃地给刘公武介绍了罗喜闻的传奇经历。罗喜闻清朝末年在常德湖南西路高等师范学堂毕业，在蔡锷部队当过军官，在武昌首义打过仗，跟孙中山闹过"二次革命"，跑遍了大半个中国，后来还出国去过新加坡，近几年才回来在华容县城附近的乡下教书。

听欧阳悟这么一说，刘公武觉得这个罗老师真是不同凡响，既是一个读书人，有知识有文化，又烽火硝烟，走南闯北，真正见过大世面。

正在长沙读书的何坤和白瑜、白帆兄弟，跟刘公武早就熟识，小时候就经常在一起玩。而罗老师的学生欧阳曙、刘革非，还有几个年轻人，何坤、袁芸雪、刘开国，也都知道"刘复兴"五公子，知道他会读书，他们平时少不了去"刘复兴"店里买些东西，见过五公子，只是这五公子平时不太主动接触外人，所以跟他们最多也就面熟，点头之交而已。

年轻时的白瑜

何坤像

公武悄悄问欧阳悟："张云襄怎么没来？"

欧阳悟说："叫了他，他说他没这闲工夫，要考大学呢。其实他就喜欢天马行空独往独来。"

一众年轻人尽皆精神焕发、热情洋溢之态，欧阳曙像个召集人般，跟大家招呼一下，说："大家先聊着，我先帮罗老师烧开水去。何坤，你就招呼一下各位吧。"

何坤要大家各自做一个自我介绍，名字，年龄，读书在哪个学校，住在哪里。

何坤就是后来大名鼎鼎的何长工，当时叫何坤。何坤在长沙甲种工业学校读书，夏季就要毕业了，他说，目前中国大量的实业学校，都是照搬日本欧洲的，日本也是从欧洲照搬的，还不如直接去欧洲学习，我今年毕业，我们不少同学都有去欧洲深造的想法。

半年后，何坤还真跟一帮人去法国留学了。

白瑜、白帆兄弟是华容地方绅士白谨言先生的两位公子。白家原是华容县名门望族，在华容县城关南堤后街有大宅院，到白谨言这一代，子女都冀图以读书走上仕途，对放佃收租和生意买卖没有兴趣，于是到清末，便家道逐渐破落，唯"耕读传家"的"读"这一传统，被承继下来。

白家老爷子白谨言，少年上进，满腹诗书，曾凭科考走进官场，追随梁启超、康有为参与戊戌变法运动，主张清王朝进行政治体制改革，实施君主立宪的现代化政治。维新运动失败，被迫退出官场回到家乡，以教书为生，在华容县城创办了华容第一初等小学，所聘教席多为志同道合的维新人物和革命派，华容有人笑称白老先生在华容办起了一个推翻清政府的幕府机关。

白谨言大公子白瑜比刘公武大五岁，1915年考入湖南省立第一师范，即将读第四年，经常和比他高两年的同学毛泽东一起听课，故而白瑜跟毛泽东、萧子升、蔡和森等有同窗之谊。

白瑜弟弟白帆则在长沙明德中学读初中。白帆有点腼腆内向，少言寡语。同学朋友都笑他是白瑜的跟屁虫。

白谨言对自己在维新运动中的未竟之业，总是耿耿于怀，因此，对两儿子寄托着希望，时时不忘给他们灌输一些新思想、新观念。

白家是"刘复兴号"的老主顾，在公武出生之前，白谨言就跟刘子岑熟识，因为经常一起往来武汉，或托刘子岑父子从武汉、岳阳带些书籍文房之类，两人交情渐浓，老大幼林读书那会，刘子岑碰到啥拿不定主意的事，白老先生也常常帮着操心。

白瑜早就听说"刘复兴"老板家没上学的老五读书很厉害，只是这几年去长沙读书，见面少了。欧阳悟说："他才读一年私塾呢，就想要去长沙读中学了。"

白瑜说："哦！真是厉害！我有个同学叫毛泽东的，比我高两年，他也只读了一年的小学就直接到长沙读中学了。"

刘公武说："我还有一期高小没有读完，得找个学校读完才能考中学。长沙我一点都不熟悉，以后还得你们多多关照，少不了麻烦呢。"

白瑜说："五公子不要那么客气，我们都是年轻人，随意点，街坊邻居，常来常往的，互相关照也是应该的。我父亲说，我们家一直受到你父亲母亲和你哥他们关照呢，你去长沙读最后一期高小，我帮你想想，去哪个学校合适。"

刘公武说："那太好了，我也问问三哥。"

欧阳悟说："我也准备一起去，不过我估计我爹可能不会同意，你们都是富家子弟，小学都可以去长沙读，我们家没法比。"

白瑜说："能一起去最好，暂时去不了也不要灰心，如今，长沙的各种学校越来越多，到处招学生呢，有的不要钱，还发钱。想去迟早都可以去，不着急。哎，你三哥还是我学长呢。他毕业得早，那时我还在华容读私塾。"

其实老三刘晃是在湖南一师肄业。

何坤比另几个小伙子都要读书早，所以十八岁不到，就要在长沙的学校毕业了，他正跟刘革非、袁芸雪、欧阳曙，凑一起叽叽咕咕谈得热闹，罗喜闻提着一壶水从屋里走出来："来来来，水烧好了，没别的吃，水还是有喝啊，哈哈哈。"

在这群孩子中，罗喜闻发现刘公武面目有些与众不同，他虽然不到十五岁，还在长的个子就已经超过这群孩子，一头乌发略带卷曲，鼻梁高挺，浓眉下一双有些凹陷的大眼睛，尤其是那浓眉，长在凹进的眼眶里，仅凭这一点就看起来像个洋人，且举止文雅，笑容可掬，彬彬有礼，英气逼人。相处没多会，大家都觉得这小伙子谦逊亲和，是个人缘王子。罗老师更是肯定，公武同学一表人才，将来绝非一般人物。大家哈哈大笑，弄得刘公武一脸尴尬。

罗喜闻看到这一群浑身迸发着朝气的小伙子，满心欢喜。他似乎从他们身上，看到了国家未来的希望。

大家要他说说他的传奇故事，他也不推脱，于是边说自己的经历，边将彼时所思所想予以发挥。罗喜闻说，自己一直胸怀理想，无畏生死，立志为改造中国命运，赴汤蹈火，在所不辞，但旧中国旧时代的愚昧保守，对国人影响太深，沉睡不醒的人太多太多，所以，他回乡兴学，力图让更多的孩子接受好的教育，为这个社会新生力量的诞生，贡献一份微薄之力。

罗喜闻谆谆告诫孩子们："民国新立，新的时代已经来临，新思想新文化的浪潮已经在全中国涌动，你们是这个新浪潮中的全新宠儿，要抓住这个时代的机会，学习新思想，掌握新科学，改造旧世界，唤醒沉睡的旧中国，苦难中国的繁荣强大，是你们必然的使命，是你们应有的担当，你们，一个一个的，都将成为驾驭这个时代潮头的弄潮儿！"

跟大家一样，刘公武也被罗老师一番高论扇乎得热血喷涌，他当时就在想，一定要去省城，去学新学。

他很快找到三哥刘晃，跟他说了自己的想法。三哥非常高兴，表示全力支持，刘晃说："具体的事我去跟母亲说，老二老四也会听我的，放心吧。"

于是，刘公武又去找欧阳悟，表示一起去省城的愿望可以实现了。可是，欧阳悟说他父亲不同意，要他在朱家大屋私塾把小学读完，之后再去考省城中学，他也不敢坚持，只好待这里再读一年多书。

刘公武说："我不能在这里待下去了，我感觉在这个学堂里，一天都待不下去了，读小学也去省城读完，也便于考省城的中学。"

欧阳悟说："好！你先去，我明年毕业就去长沙参加考试。白瑜他们兄弟会照顾你的，胆子大一点。"

刘公武说："怕倒是不怕什么，我母亲也说了，我从来没一个人出去过，一下可能不会习惯。我三哥是白瑜的学长，三哥很喜欢他。"

欧阳悟说："那还不错，有他照顾你，学习，生活，玩乐，都没问题了。"

对老五怎么读书的事情，母亲也不懂，当然听凭老三安排了。

李汉贞心里有件事，总觉得有点对不起老五，老五懂事之后，一直要求在店里做事的娃娃亲"老婆"长秀读书写字，可是母亲总是不高兴，意思就是女孩子读什么书，家里又不是没事做，长秀又特别听母亲的话，每次公武教她读书写字，她都像做贼一样。因此，公武对此一直耿耿于怀。

相处一起太久了，公武在心理上完全把长秀当成了妹妹，压根就不是"老婆"。尤其是母亲不让长秀读书，公武对她就有了距离越来越远的感觉。如今，也有些女孩子出去读书了，李汉贞也觉得时代不同了，应该满足孩子们的要求才好，公武对长秀的这个要求没能满足，李汉贞想起来就有些后悔，隐隐地觉得对不起孩子们。

春节过后，白瑜兄弟来到"刘复兴号"，说他们过两天就要去长沙了，问公武准备好了没有。三哥刘晃说："我先去朱家大屋跟张先生那里打个招呼，安排好章华学校的事务，我们就去长沙。"

白瑜说："三哥那么忙，你要是去长沙没别的事，那就把五弟交给我好了，我会照顾好的。"

刘晃非常高兴，说："那太好了，那就还是按咱们说好的，带五弟去一师附小读完这一期，今后就多多有劳贤弟了。"刘晃说着，向白瑜抱了抱拳。

白瑜说："三哥不要客气，尽管放心吧。"

负笈省城，初涉学潮风云

1918年2月，刘公武进入省立第一师范附设小学，完成了高小最后一个学期的学业。白瑜建议他报考明德中学，说他弟弟白帆也在明德，两人在一起互相之间有个关照。白瑜笑着说："再者说了，我去给你们送东西呀，看你们呀，也不需要跑两个地方了，多好啊。"

刘公武对白瑜充满信任，当然很高兴地接受了他的建议。刘公武以优异成绩非常轻松地考取了明德中学。

其实，明德中学创始人跟白家还有一定的渊源关系。时任校长胡元倓（tán），是与白瑜父亲白谨言一起参加维新运动的老朋友。1903年胡元倓从日本留学回国后，白手起家创办明德学堂，就去函邀请白谨言共襄兴办新学之举，白谨

明德中学胡元倓老校长

言要不是已经在华容办起了县立学校，没准也是明德的先生呢。

胡元倓是湖南新兴教育事业开拓者，明德学堂是湖南最早的新式私立中学，秉承康、梁"教育兴邦"的改良主义思想，力图储才建国，复兴民族。初创之时，曾请黄兴、张继、周震鳞、苏曼殊等革命人士来校任教，仅仅十多年时间，就熏陶了一批批三湘学子、志士名人，宁调元、陈果夫、蒋廷黻、周谷城、任弼时、周小舟等，先后都在该校就读。

蔡元培后来曾说："今观宣劳党国之同志，出于明德者甚众。"

白瑜的同窗毛泽东，1918年在一师毕业。毛泽东毕业后，曾专门到明德中学拜会胡元倓校长，了解胡先生"磨血办教育"的艰难经历之后，发出了"时务虽倒，明德方兴"的感叹。"时务"指的是谭嗣同、梁启超等人1897年在长沙兴办的时务学堂，因为宣扬维新变法，仅仅两年就被清政府以传播"阴行邪说"之名褫（chǐ）夺了办学资格。

这时的明德中学所在地，是租用靠近湘江的长沙城北左文襄祠。

而刘公武在明德中学就读，不过一年而已。1919年下学期，明德中学就停课了。引起的原因便是那一场著名的爱国青年运动：五四运动。

1919 年 5 月，巴黎和会中国外交失败，率先闻讯的北京大中学校学生，以北大的傅斯年、段锡朋等人为领袖，鼓动社会各界青年，举行罢课、罢工、罢市和游行示威活动，痛斥民国政府软弱无能，控诉帝国主义欺凌中国，号召全国人民奋起救国。这场运动，在全国各地持续了半年多时间，后来也叫作"五四风雷"。

湖南青年学生历来对于各种反强权运动，都不甘落后，这次自然也是纷纷举行声势浩大的游行示威活动，予以积极的响应和声援。

北京学生骤起五四风雷之时，新任不久的湖南省督军兼省主席张敬尧，安徽人，他对湖南情况并不了解，一上来就跟请愿游行的学生和民众耍威风，并且下令禁止学生集会游行，并派出军队镇压学生运动，甚至把军队驻扎到学校，监视师生的一切行动，扣发各个学校的津贴经费，军队的官兵经常在学校胡作非为。张敬尧一伙的斑斑劣迹，引起了各校师生和社会大众的巨大民愤。

白瑜当时是湖南省垣学生联合会主席，他受到在北京的中国学生联合会主席段锡朋影响，在湖南组织学生游行活动，声援北京五四风雷。白瑜总是提醒大家不要有任何过激举动，和平游行，和平表达诉求，但也同样遭到张敬尧军政府的无情打压。

白瑜负责的学联，毛泽东负责的新民学会，经常借明德中学场地开会，胡元倓校长尽量给予方便。

毛泽东、何叔衡等人领导新民学会，具体策划和组织了湖南"驱张运动"，他们号召全省社会各界联合起来，赶走军阀张敬尧，打出的口号是"湖南人的事情湖南人管"。

1919 年 6 月，明德中学校长胡元倓领导湖南各地公私学校联合停课，积极响应并参与"驱张运动"，刘公武和同学们也组织学生游行，并到各个私立学校联络，发动反对军阀张敬尧镇压学生运动的抗议游行或者请愿活动。

左文襄祠几乎成了"驱张运动"的总指挥部。此后过去二十八年的 1946 年，刘公武夫妇从湖北返湘，竟携家带口地住进了这个左文襄祠。可见这个地方在少年刘公武心理上，留下了某种难以忘怀的依恋情结。1947 年刘公武夫人秦俊吾择址建房，选取的就是附近不远的百善台，可见夫人也深深理解并尽可能顾及丈夫对这一片土地的眷恋之情。

张敬尧像

　　尤其他们学生在左文襄祠发动、策划、组织的这场运动，对刘公武的心理冲击乃至此后人生道路，产生了至为重要的影响。

　　而这跟白瑜、毛泽东又不无关系。

　　1919 年 6 月，毛泽东已经从湖南一师毕业一年多，与何叔衡等人一起，在长沙创办新民学会，宣扬共产主义思想。毛虽然已不是学生，但学联每次开会，他都必然到场。

　　学联主张和平请愿，毛泽东却极力主张各校全体罢课抗议。白瑜却认为，临近毕业的同学，如果分散太多精力去参加集会游行等活动，必然涉及毕业的问题，弄得最后连毕业证都拿不到，影响的还是同学自己的出路乃至基本的生活，因此主张毕业班同学不参与。

　　这样，毛泽东就跟白瑜产生了意见分歧。毛泽东领导的新民学会人多势众，还有一些激进的老师支持，一阵激烈争吵之后，白瑜最终还是同意了毛泽东的"罢学"提案。

　　白瑜婉拒了毛泽东约他赴京请愿的邀请，并把活动组织的一揽子事情，都交给了毛泽东及其组织的一班子人马。

既然罢学不上课了，白瑜就带着弟弟白帆、刘公武，准备回华容去。白瑜心想：这还是两孩子呢，都跟亲弟弟一样，不能耽误了他们的学业。

路上，白瑜跟刘公武、白帆说："既然是学生，读书永远是第一位的。这一点你们俩都要牢记。我们学生当然也应该关心国家，关注社会，不能两耳不闻窗外事，我们有满腔热情，对于不公之事，可以请愿，可以游行，但都应该和平表达，和平交涉，不是要去把社会搞乱，把政府搞垮。张敬尧固然可恶，而我们只希望政府能够体恤民情，采纳民意，改善政府工作，把国家、把社会，建设得更加文明，所有的人都能相处得更加友好，让大家的生活、学习、工作，都能处在一个安宁、和谐的环境中。你们说对不对呀？"

刘公武点点头，若有所思。

回华容待了一个多月，刘公武、白帆一起学习，刘晃、白谨言，包括白瑜，都成了临时老师，虽然长沙罢学了，而他两人的课业都没被耽误。

这年，欧阳悟考取了长沙育才中学，还没上课，就碰上罢学，他找到刘公武、白瑜兄弟，见了个面之后在长沙转了一圈，玩了几天，就独自返回了华容。

一听说刘公武回华容了，为了课业的事，欧阳悟赶紧跑去"刘复兴号"，要刘公武帮他，以不至于因为罢学而耽误课业，刘公武便把自己读过的课本全给了他。

有一天，欧阳悟来到"刘复兴号"，说张云襄被华容县政府抓起来坐牢了。刘公武大吃一惊，问怎么回事。

欧阳悟说："在旅省同学中，他年龄最大，又是湖南法政专门学校学法律的大学生，所以大家都推他做华容在长沙的旅省华容同乡会会长。"

刘公武说："是啊，我知道。他在长沙就跟老乡们揭发过华容王张巨卿勾结黑帮、为非作歹、鱼肉乡民的种种劣迹，还向省政府告状，弄得张巨卿灰头土脸，怀恨在心，我都听说了。莫非就因为这拿他？"

欧阳悟说："你听我说。这次他刚回来，他堂伯伯张巨卿，就是那个华容王，就找上门去，兴师问罪，说他忤逆子，到处胡说八道。一大堆的指责谩骂，张云襄哪里受得了啊，于是就当面给了张巨卿好一顿奚落。"

张巨卿面子上挂不住了，就跟张云襄要长辈的威风，抬手要打他。张云襄说："士可杀不可辱！你敢打我，我就请民众评理去。"

张云襄走到大街上，当着好多人的面，一条一条数落张巨卿，最后还问众人："众位乡党，这位张大人的所作所为，请你们评评理，我说错哪一条了？"

张巨卿气得要吐血。他知道张云襄是学法律的，论理肯定论不过，但总不可能说顶撞一下长辈就拿他下牢吧？可一时间又找不出理由来办他。于是，不知从哪里找来一个叛逆的罪状，说张云襄跟澧县镇守使曹荣阳串通一气，蓄意谋反。曹荣阳最近被官府拿下了，官府正在到处找同党。

曹荣阳这人吧，是个书生，经常写些不满现实的诗词，在长沙公开支持过张云襄，张云襄平时跟曹荣阳吟诗作赋也有些文墨来往，于是，张巨卿就以此为由，把张云襄抓起来投入了大牢。

刘公武说："这么回事！张云襄确实是条汉子！我得去拜访拜访他。"

欧阳悟说："我去看过他了，他好像很逍遥自在，一副无所谓的样子。"

刘公武去县衙大牢看张云襄，张云襄打着哈哈，说："老五，看什么看啊？我又不会秋后问斩！我们家这大伯看我一个人在家里生活清苦，要我住这里休养休养呢。"

刘公武非常喜欢张云襄这股豪气。

张云襄坐大牢，刘公武隔三差五就去陪他聊天。来往几次，刘公武感觉，张云襄看上去豪气干云，其实就是故意做给人看的，用以掩饰他怀才不遇的寂寞与孤独，也表达一种对这个世道的藐视与不屑。

有一回，张云襄唉声叹气，说："老五啊，说句实话，省里那书我真不想读了，读了没用，谁有权谁就是法，讲道理不清。哪一天要是出去了，我就当和尚去，远离红尘俗世，深山古庙，木鱼青灯，了此余生。"

刘公武见他满怀感慨，似乎确实情动于衷，便信以为真。于是，刘公武费尽心思，好言相劝。张云襄说："老五，你劝也没用，心如死灰，此意已决。"

刘公武帮他在外面联络各方关系，劝说云襄老兄张文辉变卖了几亩田土，凑了些银两，上下打点，张云襄坐了两个月牢就获得了释放。未料，甫一出狱，他就去了长沙，不仅继续读书，还去找罗喜闻，要跟他继续闹革命。

后来，张云襄还一时间成为罗喜闻手下宣传激进主张的一员干将，与留法勤工俭学的何坤等人积极配合，充当《海外乡谈》通讯员，反对土劣，参加"驱张运动"，表现得比前次更为坚决。

到 11 月，听说长沙有些学校复课了，于是刘公武和欧阳悟、白帆等人决定立即返回长沙。

刘公武和白帆走到左文襄祠的时候，只见大门紧闭。一打听，学校还在停课。据说是张敬尧不准明德中学复课，胡炎俅校长他们正在作各方面交涉，一边继续"驱张运动"，一边则积极争取逐步恢复学校上课。

白瑜说："明德复课不知还有不有希望，据说现在是张敬尧不让他们复课，要撤销这个学校，胡校长有些着急。我看，你俩还是转校吧。"

于是他赶紧联系了已有大部分年级复课的省立一中。学校搞了入学测验，刘公武和白帆成绩不错，这样，他俩便插班进了湖南省立一中（今长沙市一中）继续他们的中学学业。

没多久，欧阳悟也从长沙育才中学转到了省立一中。

不上课的时候，刘公武、白帆、欧阳悟三人，就成了形影不离的团体，有时候，岳阳的杨任严也参与一起，后来又加入了蒋琨。

后来，毛泽东、何叔衡他们四处动员多方力量，终于在 1920 年 6 月，"驱张运动"宣告胜利。

毛泽东毕业后没多久，就被湖南一师校长易培基聘为一师小学部主任，并且依然与何叔衡等人，发展共产主义组织，开展革命活动。实际上，毛泽东在一师附小教课几乎就是一个兼职，每月拿四十块大洋，因此生活和社交以及开展革命活动，便有了基本的经费保障。

毛泽东多次劝说白瑜参加他们的活动，白瑜总说自己不合适，予以推辞。

白瑜崇拜孙中山、黄兴、宋教仁，1920 年，他加入了国民党。

有一次，他跟刘公武、白帆在一起聊天时，谈到了 18 世纪的意大利建国三杰。白瑜认为孙中山就是中国的马志尼，黄兴就是加里波堤，宋教仁就是加富尔，可惜黄宋已死，孙中山力薄，北洋政府衰弱，如今后继乏人。中国教育如今偏重实业人才培养，中外贤哲的思想精粹，实在有赖于年轻这一代向国民传播灌输，启蒙并唤醒国民，让每一个人都能懂得民主共和，懂得国家主权和个人权利都是神圣不可侵犯的这些道理。

白瑜广读博览，知识丰富，喜欢思考，善于纵横捭阖，谈古论今，对少年刘公武世界观的初步形成，有着不可小觑的影响力。

1920年7月，白瑜从湖南一师毕业。此后一年，他先是回华容帮着父亲白谨言在县立一中打理一些教学事务，后来到长沙，与国民党人一起，开始支持赵恒惕搞"联省自治"，后来赵恒惕镇压工人罢工，制造了"黄庞惨案"，白瑜大失所望之余，寻思离开长沙另谋出路，经人介绍，他准备去新加坡教书。

临走前，白瑜专门找到白帆、刘公武和欧阳悟，反复嘱咐三位小弟："好好读书，任何耽误学业的事情，都不要去参加，一切都等到你们把书读好了再说，改造社会还有的是机会，不在这一时半会。现在社会动荡不安，政府都是'城头变幻大王旗'，何况社会上这些没有根基的组织团体呢，哪个组织哪个团体的存在，都有可能是昙花一现，所以，你们千万注意，不要听别人的鼓动，只有专心读好自己的书，才是你们最大的任务。记住没有？"

三位小弟默默点头，然后依依不舍地送走了这位大哥哥。

白瑜走了，三人顿时感觉没了主心骨。一年级的欧阳悟年龄最大，二十岁了，因家境一般，他口袋里最拮据，性格也比较急躁。三年级的白帆，快十九岁了，但他平时都是哥哥打理一应事务，遇到啥事都没有自己的主张。二年级的刘公武，刚满十八岁，性情温和稳重，为人慷慨大方，遇事不慌不忙，因此，不知不觉中，年龄最小的刘公武成了三人的主心骨。

三人读书都很用功，生活学习都互相关照，相处犹如亲兄弟。

早在1918年9月，粤汉铁路长沙到武昌就通车了，学校放假，三人回华容，从长沙坐火车到岳阳，三个多小时就到了。本来可以再从岳阳坐船到华容的，因为没有固定的班船，需要去跟船老板搭顺风船，碰到风浪都算了，碰上杀人越货的湖匪，可就成了大麻烦，况且顺风船也不是天天都有，所以，连续几年，仨小伙从岳阳回华容，从不坐船，走路！一来锻炼身体，二来锻炼意志。

那时，从岳阳走路回华容的人每天都有不少，往往都在岳阳城西的一个固定地方聚集，等凑足了十几个人，尤其是要有几个挑脚扛包的壮汉一同走，大家觉得安全感更强了，就开始出发，没有谁敢单独走，因为沿途拦路抢劫的事情经常发生。太晚了或者三两个人，都不敢走，就是花钱住一晚小旅馆，都要等到十来个人一起走。

大家结伴而行，抄近路，大约六十公里到华容，一路上要经过好几个荒无人烟的沙洲、芦苇荡，久而久之，路上自然形成一些歇脚点，累了就在歇脚点歇歇。往往到家的时候，都已经满街灯火了。

刘公武虽在三人中年龄最小，却遇事沉着稳重，脑子反应最快。

有一次在家里，吃完晚饭正坐在看书，忽听厨房传出喊里咔嚓的玻璃破碎声，紧跟着又是二嫂的尖声大叫，刘公武听见，唰地站起，几个箭步，迅速冲进厨房，见二嫂身边地上和她手臂上火苗嗖嗖地蹿起几尺高，二嫂边叫边用锅铲拍打，这时家里人都闻声赶过来，一个个手足无措。刘巨楼拿起一个盆，向厨房另一头的水缸跑过去。

说时迟，那时快，只见刘公武猛冲过去，抓起锅台边一把铁锹，大声喊道："闭上眼睛！二嫂，闭上眼睛！"接着铲起灶膛边的柴煤灰，往二嫂身上撒过去，连续三铲，就把火熄灭了。此时。刘巨楼还弯腰在水缸里舀水。见火被五弟灭了，愣那里如发呆一般。

二嫂伸着手坐在地上，惊魂未定。刘公武走过去，扶起二嫂，说："没事了，没事了。"他看到地上一盏被打碎了的煤油灯，明白是怎么回事了。

原来二嫂洗涮锅子的时候，不小心碰倒了灯台上的煤油灯，玻璃制成的灯罩、灯肚子，从她手臂上滚过去摔碎在地上，却把煤油洒在了衣服上，瞬间起火，二嫂顿时慌张，吓得大叫，随手抓起锅铲，一顿乱扑。

二嫂稍稍缓过神来，连声说："老五啊，多亏你了，要不都要烧死我了！"大家给她擦脸、拍灰，二哥刘巨楼说："好险！迟几秒钟火就上房了，那就什么都来不及了！"二哥竖起大拇指："老五，这反应，没说的，厉害！"

老五笑了笑，说："人没烧伤就好。"

长秀拿来毛巾擦着公武脸上的黑灰，说："差点把我吓死了呢！"

三哥刘晃说："五弟非等闲人也！"

老五说："三哥就别取笑我了，我都吓懵了。"

这次意外事件，让十六岁的六弟和林，还有十四岁的七弟经纬，都对五哥敬佩不已。老四福林在汉口坐庄办货，听说这事，也是赞佩有加。

1921年暑假，李老三反复催促李汉贞，赶紧给长秀完婚，了却这桩大事，李汉贞也觉得长秀已经完全出落成一个大姑娘了，成婚当年。于是，找个机会跟公武说了这事，公武心里是十二分的不情愿，但母亲对自己，对长秀，满怀着一腔慈母之爱，公武实在是不忍让母亲有半分的伤心。于是，只跟母亲说了一句："这事就全凭母亲做主好了。"

结果，长秀满十八岁的时候，跟已满十八岁三个多月的公武成了婚。

其实，即使成了婚，进了洞房，公武还一直把长秀当作亲妹妹。长秀也无奈，心想慢慢来吧。尽管成了夫妻，长秀一直都叫公武"五哥"。

白瑜经常写信给三位小弟，说形势复杂，学校里、社会上，各种组织先都不要去参加，考上大学了，再去考虑政治的事情。

三人都遵照白瑜的嘱咐，开始一段时间，还真的做到了"两耳不闻窗外事，一心只读圣贤书"。但华容很多旅省学生和其他方面老乡，都在积极参加各种团体，从事各种社会活动，像华容的吴芳、罗喜闻、欧阳曙、刘开国，岳阳的杨任严等人，经常叫公武和欧阳悟出去。欧阳悟不如刘公武稳重专一，他本来就是一个坐不稳闲不住的活泼性格，所以，渐渐地，他就成了华容旅省学生中的一个活跃分子。

先是白帆毕业走了，后来刘公武又走了，朝夕相处、青梅竹马的小伙伴，都不在身边了，欧阳悟顿感一种莫名的孤独。此时，刚刚兴起国共合作，已加入共产党的罗喜闻成了职业革命家，经常往返长沙和华容之间，他把欧阳悟介绍给在长沙担任中共湘区负责人的李维汉，欧阳悟被分配做社会主义青年团宣传发展工作，碰巧又在共产党组织里结识了不少华容老乡，于是，欧阳悟投入了国共合作形势下相对比较隐秘的中共组织活动中。

刘公武一心想要考一个好一点的大学，他觉得，三哥和白瑜反复叮嘱别去参加什么组织或者活动，有道理，学生还是先把书读好再说。欧阳悟已经是神龙见首不见尾了，刘公武便管着两个小弟杨任严和蒋琨，不让他们出去瞎跑。

岔路彷徨，恳访明人指点

从 1922 年夏开始，到 1925 年，白帆、刘公武、欧阳悟，先后从省立一中毕业，后来他们都分别考上了上海不同的大学。

1923 年夏，二十岁的刘公武毕业后，先在长沙待了一段时间，了解了一下当时湖南的几所大学，他发现，这些大学所设专业大多偏重于实业理论、技术理论等方面，大概跟湖南历来推崇的"经世致用"有很大关系，这些学科，几乎就没有自己感兴趣的。

刘公武喜欢独立思考，对新思潮充满向往。不过，他更注重从书本中去探究这些新思潮新思想的源头和影响。

当时，北洋政府对于全国各地社会上报刊上，各种纷繁复杂的言论思潮，采取一种自由放任的态度，对于青年留洋学习读书，采取鼓励支持政策。

出去得早的，很多都已学成归国。可是，有些回国留学生，或者国门都没出过只读了几本洋书的人，总喜欢打着"新思潮"的幌子，不遗余力地贩卖各种主义，各种哲学思想，各种社会改革模式，产业经济思想，外交思想，千奇百怪，令人眼花缭乱，良莠莫辨，他们各说各有理，争吵不休，甚至互相攻讦（jié），声嘶力竭，而各种组织团体如雨后春笋，遍地生长，图利图名者，更是多如牛毛。

刘公武也听说，有些从国外学习回来的人，在大学讲课就拿着自己在国外读书时的课堂笔记向学生宣讲，尤其是涉及历史、哲学、学派理论，老师自己都没理解透彻，就在课堂里一顿瞎吹，弄得听课的学生一头雾水。这种情况甚至在当时的燕京大学、清华大学、南开大学，都有不同程度的存在。当时就有人调侃那些贩卖洋理论的人"煮夹生饭"。

还有些人，留学回国之后，就忙不迭地成立这个学会，那个研究会，办这个报纸，那个刊物，开讲座，发文章，热闹非凡。刘公武也听过一些讲座，看过不少文章，听过看过之后，大多不知所云，感觉有的人故作高深，故弄玄虚，有的人则鹦鹉学舌，人云亦云，有的人则学了点皮毛，然后海阔天空自己发挥，驴唇不对马嘴。

在当时那个气氛下，很难得碰上一场对自己具有真正启发意义的演讲，或者读到一篇真正对社会经济发展或国家变革过程有着现实性引导作用的文章。

或许有些人确实对自己推崇的学派、思潮，能够真正理解深透并有着真知灼见传扬于世，但却无法提振起刘公武的兴趣。

刘公武想要了解西方国家如何能从战乱过渡到和平发展，并且逐步强大，他想去探寻其中真正的原因，譬如德国，刚刚经历第一次世界大战战败，背负着那么繁重的战败赔偿，却在几年时间里，能够迅速恢复元气，打造一种国民众望所归、国家兴盛繁荣的局面，这是一种来自何方的力量在发生作用？还有英法意，它们都走出战争的灾难没有多久，为什么能够迅速崛起，进入一种国泰民安的良好状态？

很多的问号，在刘公武的脑袋里日夜盘桓，挥之不去。

因此，刘公武寻思，至少要学好一门外语，那么，什么圣西门主义，汉密尔顿主义，马克思主义，国家社会主义，资本主义，共产主义，等等，到底每一个主义的肇始者是怎么说的，学成归来的那些人是否掺杂了自己的私货，那就只有去阅读到原著，了解到原意，才知道别人是否在故意蒙蔽，或者以其昏昏却欲使人昭昭，才能分辨谁在"煮夹生饭"，谁在贩卖"私货"或"假冒伪劣产品"。

可是，回过头来，仔细看看自己，也就学过几册简单的中学英文，充其量就是一个基本的会话水平、初始的阅读能力，要达到较高的能够自由阅读和交流的程度，非得专门学习不可。可是，去哪里学呢？或者还是先考取别的专业学科，一边学专业，一边学外语？

正在犹豫不决之际，白瑜从新加坡来信了。因为临毕业前，刘公武就把自己的一些困惑和想法，写信跟白瑜说了，请他指教。

白瑜来信正是跟他说这个问题，他要刘公武回华容，把自己当前的困惑和对未来的设想，跟白老爷子说说，也许能得到一些指点。他说，他离开国内两年了，具体的实际情况也只是听说，不如老爷子清楚。他还说，国内有人已多次邀请他回国发展，很可能过不了多久，他就会辞别新加坡回国，如果回来早，还可对面商量，要是一时半会儿回不来，也不要等他，先去找老爷子，也可以跟三哥刘晃把自己的想法说说，多方面征求意见。

白瑜在信中还说，老爷子 19 世纪末追随康梁参加维新变法和改良运动，既是社会改良主义的积极拥趸者，也是亲身参与者，虽然如今已五十多岁，可他依然有着追逐新潮的思想意识，不同于一般的老夫子，他之所以全力投身教育，就是他特别关注年轻人的成长，希望自己的思想观念能对下一代产生良好影响，尤其对北洋政府统治下的中国时局，对孙中山、胡汉民、蒋中正等国民党人在广州另立广州国民政府，老爷子都有着自己独特的见解。

刘公武决定回华容向白谨言先生当面请教，期望他能为自己指点前程。

刘公武回家后，先找了个机会，单独跟三哥说了一些自己的想法。三哥刘晃笑了笑，拍着弟弟肩膀，说："五弟啊，志向宏大固然不错，你想干啥，三哥都会支持你。只是我有些自己不太成熟的意见，提出来你也可以参考一下。"

刘公武说："当然，我就是专门来请教哥哥的，必当洗耳恭听。"

刘晃说："当今乱世，动荡不安，兵荒马乱，军阀混战，这些你一定要看清。你看啊，咱们华容，咱们湘北，多少人出去读书，留学，到如今有几个能真正成就大业，纵横天下？绝大多数最终还不是为了生存，为了成家立业，为了合家老小，在辛苦打拼？再者说了，就算成为宋教仁，政治人物，你就得有立场，有立场就会有敌人，躲得了明枪，却防不了暗箭，他最终遭人暗算英年早逝，你应该知道吧？还有，就算成为杨度，八面玲珑，左右逢源，这种性格的人，万里都挑不出一来，到如今也还是臧否不一，褒贬难定。我的意思，你要是能安下心来，跟哥一起，同心协力把学校办好，这也是咱们为一方百姓造福，奉献才情，你觉得可以吗？"

刘公武听了三哥一番高论，最终回到原点，心里既觉得有些好笑，也觉得无奈，他理解三哥的心思，但三哥在一师读书时，也许那时代在他心理上打下的烙印，跟如今时代完全不一样。

他说："多谢三哥敞开胸怀，谆谆教诲。不过，我还是有些不一样的想法，我要走出华容，走出湖南，甚至走出中国，我想去外面更广阔的世界去闯一闯，看一看，此心久矣，确难释怀，还望三哥多多理解。"

刘晃迟疑片刻，缓缓而言："嗯嗯，我能够理解。无论你走到哪里，你都是我一母同胞的亲兄弟，只要你记得家乡还有亲人惦记你，我就心满意足了，五弟任何时候有任何需要，哥能做到的，定当全力相助，不遗余力！这点你放心。"

说到这，刘晃忽然哽咽难言："老五啊，其实，哥是真的舍不得你啊！"

刘公武噙着眼泪，忍不住紧紧抱住三哥的肩膀，一字一顿说："哥，我会记得的，母亲和哥哥给我的一切，恩深似海，弟弟即使走到天涯海角，我都会记得！"

刘公武没有任何犹豫，很快就去拜访了白谨言老爷子。

白老爷子依然忙着学校事务，在他的校长办公室，老爷子热情接待了刘公武。知道了刘公武的来意，老爷子非常高兴，对刘公武赞赏有加。

白谨言说："太好了！年轻人就应该胸怀大志，放眼世界。虽说如今孙中山踞南，声言北伐，却实力有限，窃以为不如偏安一隅，渐图发展，也未尝不可，故陈炯明、赵恒惕'联省自治'之主张，孙中山应予支持，可他似乎并不买账，如此必将徒生内乱，自毁功力。尤其孙中山如今亲近俄人，实在大谬矣！亲俄者必将后患无穷，不知孙中山意欲何为。而北洋政府其实也是内外交困，无暇南顾，南北缓冲之地，唯上海南京，各路神仙，尽集于此，撮合南北之有生力量，亦正于沪宁之地形成。依我拙见，南北本应无隙，只是军阀割据，各为其政，互不服气，争权夺利，即使兵戎相见，亦唯实现大一统，谋图建国大业，毕竟军阀也好，南北也罢，皆应目标一致。唯大一统之实现，尚待时日。抑或有待尔等青年英才，有人引领国民，有人斡旋其间，南北早释怨怼，化干戈为玉帛，平兵乱于议和。绝不可民国初建我华族始得稍安，便复相互屠戮，而至生灵涂炭，民不聊生，若如此，则孙中山所拟'振兴中华'之鸿图远景，便将遥遥无期。故此，尔等青年，天降大任，道阻且长！五公子胸有宏愿，实在难得！在下以为，五公子可去上海深造。"

老先生洋洋宏论，最后终于点出主题，刘公武心中不禁嘘了一口气。

刘公武答曰："先生所言，旨及宏远，幸蒙承教，茅塞顿开，豁然开朗，学生不揣愚钝，必当刻苦努力，锲而不舍，竭尽所能，唯以不负先生深望！还请先生指点前路，学生如往上海考学，可否推荐何校可选？"

白先生笑了笑，说："以五公子所言，欲学外语，窃以为当以英语为首，欧陆各国，英语乃基础之基础，英语学好，再学法德意诸国语言，则易如反掌，得心应手。上海地道英语，当属教会学校，洋人担任教席，便可学得纯正英语。上海教会学校不少，你可自己考察之后仔细斟酌。"

刘公武闻之，深以为然。却依然浓眉紧锁，似有所思。白先生见状，问道："莫非五公子还有何疑虑？"

刘公武说："适才先生言责孙中山亲俄，学生鲁钝，不知为何。"

白先生长叹一声，摇了摇头，说："纵观俄人数百年历史，乃一部侵略扩张之罪恶史，俄人觊觎我蒙古、东北久矣，且昔有《伊犁条约》《中俄密约》《瑷珲条约》，不一而足，割我疆土逾百万平方公里，而据京师友人告知，俄人如今欲助国民党整军扩武，企图分化南北，挑起更大规模内战，并力促国民党容共合作，实则借国民党躯壳扶持其代理人。俄人狼子野心，图谋不轨，居心叵测，孙中山等人若不及早提防，日后必酿大患！共和宏愿必将毁于一旦。"

刘公武点点头，说："先生所言极是，不过情势待观，想必孙中山心明眼亮之人，应当有所防备。"

白谨言无奈地摇摇头："难说啊，难说。人生苦短，初心已远，利益之诱，心思难定，心性难持，人以妖言相惑，谁料结果如何？唯南北团结，协力同心，方为正道。可叹民国精英离心离德，各自为政，一盘散沙，唯有如黄克强、宋教仁者，摒弃私心杂念，振臂一呼则拥者风涌之人，堪当收拾乱局之领袖。黎元洪、段祺瑞之流，尽皆茫然不知所向矣！"

刘公武说："嗯嗯，是的，泱泱中华，如此乱局，确系急需一总揽全局之领袖，方能凝聚人心。先生言之有理，言之有理！学生受教匪浅！"

刘公武揖别白谨言，回家便做准备，同时，给白瑜回复了一封信，把自己跟白老爷子当面请教之详情悉数告之。

7月底，刘公武便告别母亲和兄嫂弟侄，前往岳阳转汉口。

长秀一直送公武到码头，公武上了船，长秀抹着眼泪，呜呜地哭，看着船开了，又大声喊："五哥，你要写信给我啊！"公武向她挥挥手："回去吧，回去吧，我会写的，啊。"

长秀知道五哥不喜欢她没文化，平时在"刘复兴号"做些力所能及的事，一有空就跟六弟和林、七弟经纬请教，六弟、七弟一有时间，就耐心教嫂子认字读书，加上长秀自己也很勤奋，所以，公武离开华容去上海不到两年，她就不仅能读信，还能写信了。

公武知道之后，也还真有点小感动，可是，他无论如何也没办法把长秀从妹妹的角色转变为爱人的角色。长秀呢，觉得自己只要能跟公武在一起就行了，也不奢求什么，同时，继续努力学习文化，希望自己能够给公武做的事情帮上一点点忙就满足了。李汉贞后来也一直鼓励她读书，她纳闷的是，两三年了，长秀的肚子为什么一直没动静呢？她又不好问，又怕伤了长秀的心，于是也就默默地忍着，把长秀宠着，像亲闺女。

刘公武到了汉口，立即就去找坐镇汉口主理"刘复兴号"办货事务的四哥刘福林，四哥见五弟独自忽来汉口，还以为家中有何大事发生，得知五弟欲往上海深造，高兴异常。福林说了一句："我觉得你应该带上长秀妹妹。"五弟却不置可否地一笑了事。

刘公武想先在汉口查找一些招生信息，于是，就在刘福林租住的地方住了几天，每天去街口报亭里看报纸刊登的招生广告，大致了解了上海几所教会大学招生的情况，然后初步选定美国教会资办的沪江大学英语专业。

8月初，刘公武说必须要走了，四哥塞给他一个钱袋子，公武连忙推却，说母亲和二哥都已经给他备足了盘缠。四哥说："拿着，留着备用也好，人生地不熟的，多交几个好朋友，需要钱的。"

刘福林送公武登上了去往上海的轮船。

沪上深造，扑入革命洪流

沪江大学是美国教会创办于1906年的一所综合性大学，初创时称为"上海浸会神学院"，1914年改名沪江大学，依然有着浸会背景，也就是教会定期给予学校一定额度的资助。学校以文理商专业著称于世，历经百多年风雨，成为今天的上海理工大学前身之一。

刘公武依据招生广告信息提供的地址，找到了位于黄浦江畔杨树浦的沪江大学。

此时，离入学考试还有两个多星期，他便在学校旁边找了一间小旅馆住下，根据学校考试要求进行复习，学校招收英语专业学生，基础要求比较高，大一便有英国老师用英语上课，所以，必须先由英汉皆通的老师上一年的预科，才能正式升入大一。

刘公武顺利通过入学考试，进入英语专业预科班。九月入学，他从课堂上感受到了中外教席的渊博学识，以及那种对于学生的认真负责，如果自己能成为一名老师，这些教席的精神实在堪为楷模。

只是有一点，刘公武很不习惯：凡礼拜天，学校要求学生必须参加礼拜，诵读《圣经》。一开始，刘公武怀着一种对这些也可作一定了解的心态参加了，后来熟悉一切之后，他便失去了兴趣。他自认自己是一个无神论者，参加这样的活动太浪费时间，因此在正式升入大一的时候，一到学校做礼拜，他便独自待在宿舍看书。未料，他因此被学校训诫。无奈，为了自己英语水平的提高，还得在学校学下去，他只得硬着头皮按照学校要求参加礼拜。后来他干脆在做礼拜时，换成英文版《圣经》进行诵读，一来用以提高英文能力，二来也可对《圣经》的英文原著，作一次全面了解，也许以后有机会去往欧洲留学，能有些用处。

白瑜曾在一次来信中提到：《圣经》对于欧陆有着数逾千年的影响力。我们所崇敬的革命先驱孙中山、黄兴、宋教仁便是基督徒。尤其孙中山，在他革命之初，追随与响应者几乎尽皆基督徒。辛亥革命成功之后，黄兴主动受洗而笃信上帝。也许吾弟尚有印象，我们曾经去过长沙黄兴北路一座基督堂，那里就有黄兴手书题字：耶稣圣名，敬拜宜诚，辞尊居卑，为救世人。我说这些，并非劝说吾弟信奉上帝，而是作为一个新时代向往革命追求民主共和的青年，虽则坚奉信仰自由，而对于这些，还是需要有一定的了解，需知《圣经》并非洪水猛兽，其宣扬者，并非如吾国之神鬼迷信。愚兄累赘之言，仅供吾弟细审思之。

白瑜此言，虽然犹如随口一提，但其情词恳切，对于刘公武来说，必定起到了某种启迪的作用。

刘公武语言天赋非常好，阅读理解能力亦非同一般，到大一读完时，他已经把大二大三的主要课程都学完了，英语读写以及口语能力可谓突飞猛进。

他觉得英文无非就是一个工具，而不是自己奋斗的目标，更多的相关能力，只有在今后应用当中去不断提高，加上学校对他参加礼拜的"阳奉阴违"行为，时有责备，虽曾据理力争欲求信仰自由，而学校却以在校学生必须遵守校规校纪为由予以束缚，这不免让他倍感自尊心受到极大伤害。于是，刘公武产生了转校另择专业学习的想法。

刘公武将自己的想法写信告诉已经从新加坡回国在南京读书的白瑜，白瑜复函表示：你的想法完全正确。如果已经能够做到基本无障碍阅读英文原著和交流对话，那就可以考虑转校并转专业了，根据你的脾气性格，建议你选学教育学方面专业，将来你必定会是一个好教授。

听从白瑜的建议，刘公武寻思找一个合适的大学来攻读教育学。

1925年初，刘公武突然收到平时从不写信的欧阳悟来信，说他想趁寒假到南京补习英文和其他课目，以便对付下半年前往上海参加的大学考试。因为他在1923年6月参加了长沙学生抗议六一惨案的"抬尸大游行"，被学校勒令退学。休学一年中，他奔波于长沙、华容之间，帮人做点事赚点钱，因为与诸多社会活跃人士接触和相处，他觉得自己的知识文化和思想水平有较大差距，便于次年再次上学，可是休学期间耽误了一些课业，所以写信给刘公武，就是希望他能到南京跟他见一见面，帮助他完成课业补习。

这样，在沪江大学第三个学期结束之后，一俟放假，刘公武便直奔南京，跟欧阳悟见面。两人一起去找到白瑜，三个当年的小伙伴，又海阔天空畅谈了一通。刘公武问他，学教育学，选哪个学校合适。白瑜说，他对上海的大学也不是太了解，最好自己去亲自了解。

在南京的真公祠湖南会馆，刘公武做了一个多月陪读，为欧阳悟课业的顺利完成给予了很大帮助。

在刘公武从省立一中毕业，离开长沙没多久，由于罗喜闻、吴芳（岳阳人，毛泽东在一师的同班同学）以及后来从法国归国的何坤的影响，欧阳悟开始参加共产党组织的相关活动，并加入了社会主义青年团，担任湖南省学联工农部部长，同时根据当时中共中央的决定，欧阳悟以个人名义加入了国民党。刘公武初往上海时，欧阳悟在长沙组织剧团，向群众宣传孙中山的北上宣言和"联俄、联共、扶助农工"三大政策。1924年春夏之际，他受中共湘区区委书记李维汉指派，回华容发展党团组织，帮助国民党建立区分部、县党部。

因为欧阳悟还想继续读书，向上级汇报后，获得了组织的批准。

欧阳悟有党内纪律的约束，即使再好的朋友，他也没法对刘公武说起参加中共以及诸般相关事务的经历。只告诉刘公武，因为被开除后休学，他在长沙还有一个学期的学业没有完成。

其实，刘公武并非没有察觉。吴芳在欧阳悟学习的这一个多月里，就来去匆匆地找了欧阳悟好几次，并且一来欧阳悟住处，跟刘公武招呼一声，就把欧阳悟叫了出去，两人跑到僻静地方，嘀嘀咕咕说一阵，然后吴芳跟刘公武不辞而别。刘公武知道吴芳原来就跟共产党员罗喜闻关系密切，那么，欧阳悟多半已经成为了共产党员。

但刘公武即使明知，他也不会跟欧阳悟去求证半个字。他尊重朋友，理解朋友，也因此，他才能够获得几乎所有朋友的尊重。

刘公武对欧阳悟说："都学完了，一个寒假就这么完了？"

欧阳悟哈哈一笑："不这么完了还怎么的？回家！"

刘公武说："别！也就七八天要开学了，第一，我要选一个新的学校，你得跟我去趟上海，选哪个学校你得给我参考参考。第二，学习紧张了一个多月，放松一下，咱们去趟苏州，到上海快两年了，我还没去过，也陪你玩玩。"

欧阳悟有些犹疑："这个，这，我钱都花完了，再去转一圈，家都回不了啦。"

刘公武说："我邀请你去，还要你出钱吗？别想那么多了，收拾东西，走起！"

于是两人一起，先到上海，把行李放到刘公武宿舍，然后直奔苏州。在苏州玩了两天，拙政园，狮子林，寒山寺，玄妙观，虎丘，诸多名胜风景，都留下了两位年轻人的足迹。

回到上海，刘公武要选转学的学校和专业，欧阳悟也要选考学的学校和专业，于是，两人买来各种报纸、刊物，细查招生广告，为此又忙开了。

最终，刘公武选定了复旦大学教育系，欧阳悟则选定了光华大学英文系。刘公武说："这个好！复旦，光华，《尚书》有云：日月光华，旦复旦兮。哈哈，它们本就是一起的嘛！"

刘公武顺利转入复旦大学。欧阳悟则接受了刘公武的建议，直接参加光华大学的春季招生考试，如果被录取了，也就没必要再在长沙浪费那一个学期的时间了。

上海光华大学属于美国教会资办的私立大学，当时也是一所很有名气的综合性大学。各所大学都实行学分制，春季秋季都招生。学生完成规定学分便可毕业。

刘公武极力鼓励，欧阳悟抱着试一试也未尝不可的心理，参加了光华大学的考试，竟然顺利考取。他跟刘公武说："到底还是你老成，要我啊，就非回长沙读完那一学期不可了。"

刘公武闻言大笑："土包子了吧！至少给你省了一百块光洋！以后我的伙食反正都你包了。"

于是，欧阳悟抽空回了一趟家乡，实则是向党组织报告自己的新计划，获得李维汉批准。

1925 年 3 月，欧阳悟进入了地处上海闹市中心霞飞路的光华大学就读。虽然复旦、光华两校距离比较远，但只要有机会，两人就窝在一起天南海北神聊。

刘公武进入复旦大学没多久，认识了不少湖南同学，与平时热心于政治活动的蒋宗文、潘础基建立了比较密切的关系，还成立了"复旦大学湖南同学会"。

正在上海大学读大二的袁芸雪，有一天忽然到复旦大学来找刘公武，问刘公武愿不愿意跟他一起转学去广州。

袁芸雪说，他爱好革命文学，尤其喜欢郁达夫、成仿吾他们主编的《创造》杂志，活力四射。他自己经常在报纸杂志发表作品，但还远远够不上他们创造社的水平，尽管如此，因为涉及政治，他也经常被学校当局训诫。袁芸雪感觉上海太憋闷了，到处是霉烂腐臭的气味。他说准备去广州，那里才是革命的大本营，青年人就要到革命的熔炉里去淬炼，才能实现自己的革命理想。

但刘公武认为，年轻人先当在知识和思想上同时充实自己，社会上如何，跟校园里还是有一定的距离，对自己认真读书产生不了太大影响。

袁芸雪说话，抑扬顿挫，慷慨激扬，同时也显露出一种自命不凡。尽管如此，对于此时尚未投入"革命熔炉"的刘公武来说，袁芸雪一番豪壮的言语，着实有着极大的感染力和鼓动力。

1925 年入秋之时，袁芸雪就真的去了广州，转入了中山大学，并且同时在广州国民政府的苏联总顾问鲍罗廷办公室兼任英文译员。

1925 年前后，上海尚属于北洋政府治下，而广州那边由孙中山为首的国民党人士组织起来的广州国民政府，并不被除了两广以外的一般民众认可，更不被北洋政府治下的教育机构认可。故而，国民党也好，共产党或其他党派

1926 年初，复旦大学湖南同学会同仁合影，后排左三为刘公武

也罢，北洋政府都一律禁止在大学师生中发展党员，更严格禁止师生参加任何政党团体组织开展的政治活动，甚至禁止师生公开发表涉及政治的有关文章和言论。

三月中旬，国民党领袖孙中山先生去世，全国各地遍布老同盟会、新国民党大量各阶层同人，于是到处自发开展悼念孙中山逝世的相关活动，因为很多大学学者、教授，乃至校董阶层人士，都曾追随过孙中山，对孙中山怀着某种程度的敬佩之情，因此，学生们组织或参加各种悼念活动，一般也就予以默认而不予太多干涉。这样，很多本来身份隐秘的国共活跃分子，不知不觉就让明眼人看穿了。于是，学生中公开或者半公开的政治活动便开始有了活跃的趋势。

刘公武看来，加入国民党，符合自己崇拜孙中山的心思，参加他们的活动，有助于了解社会，也有助如今后安身立命。于是，蒋宗文、潘础基两位身兼国共两党党员，即所谓"跨党"身份的同学，介绍他加入了国民党。

尽管如此，在学校是绝对不可以亮明这种党派身份的，所以，蒋宗文他们成立了一个学生学术社团，作为国民党和加入了国民党的共产党员学生在复旦大学学生中的地下组织，名叫"复旦民社"，公开的职能就是做社会调查、社

1925 年 4 月 12 日，广州 30 万人在东较场举行全省统一哀悼孙中山逝世集会

会研究，名义上说不带任何政治倾向。

复旦民社社员都是有国民党员身份的学生，其中有一部分是国共跨党籍身份，他们则还有自己另外的秘密组织，称为"中共某某支部"。其实，"民社"组织者大多是跨党身份的地下共产党员，而刘公武只是单纯的国民党党员，在跨党籍的那部分社员中，他基本上只跟蒋宗文和潘础基两位老乡保持了比较好的关系。

刘公武以其真诚待人，稳重处事，加上敏锐的思路，出色的口才，在"民社"社员中很快获得了多数人的信任和尊重，不到两个月，他就被大家推举成为了组织中的主要负责人之一。

1925 年 5 月，上海、青岛等地工人举行大规模抗议游行。因为，前两个多月，日本纱厂肆意开除和暴力对待工人，造成抗议群众伤亡，年仅二十岁的工人领袖顾正红在抗议活动中被打死，愤怒的民众要求有关方面做出明确交代，给全社会一个说法。整个抗议活动，由国民党上海执行总部策划并发起。此时作为光华大学学生的欧阳悟，就在国民党上海执行总部兼职从事地下工作。

5 月 30 日这天，数千名工人、学生、市民在上海公共租界各条大马路开始大规模游行，与租界警方发生冲突，十多人受伤，一百多人被捕。

由是引发了更大民愤，各大学校学生社团包括刘公武所在的复旦民社，当即发动学生上街声援。

下午三点，一万多以学生为主的游行群众，聚集在老闸捕房门前，高呼口号，群情激愤，要求立即释放被捕人员。未料，英国籍捕头下令开枪驱散游行群众，结果造成十三人死亡、四十多人受伤的血案，还有四十九人被捕，酿成了震惊中外的五卅惨案。

5月31日，上海工商学联合会发出号召，组织全市二十万人举行反帝示威大会，开始罢工、罢市、罢课，要求废除一切不平等条约，要求取消帝国主义在华的一切特权。一场以上海为中心的全国性反帝运动，很快波及全国，从而形成了五卅反帝运动。

复旦民社召开紧急会议，商讨进一步抗议行动：第一，发起罢课。第二，组织游行。第三，演讲谴责。刘公武当时义愤填膺，对帝国主义在中国土地上恣意横行，滥杀无辜，充满了愤怒，安排好游行抗议的具体事务，他决定自己带人上街去四处演讲。在火车站演讲时，数百人聚集，对刘公武充满激情的演讲，人群报以经久而热烈的掌声，同行的同学则向群众散发印好的传单。

欧阳悟在光华大学也参加了这一次游行抗议活动。

欧阳悟受到从苏联学习回来参与五卅运动的吴芳召唤，重新投入中共在上海组织的各种活动。10月，欧阳悟被推举担任国民党上海执行总部青年部部长，并兼职主编《钟声》杂志，宣传革命思想。同时，接受瞿秋白、蔡和森、李立三、刘少奇等共产党人的领导，发展共产党组织。

后来，欧阳悟将自己是共产党员的身份等相关情况，跟刘公武透了底，刘公武并没有太多惊奇，还开玩笑说："你本来看上去就像一个共产党。"欧阳悟说："啊？我脸上刻字了？"

刘公武加入了国民党，虽然也可以加入共产党，并且复旦民社也有人拉过他，但他觉得大家相互之间并未有何大相径庭之处，只是在一些具体事情处理的方法方式上存在不同，尤其是他与欧阳悟这个共产党员和睦亲近相处，因此没有必要同时拥有两个党派的身份。

1926年初，听从刘公武劝说，欧阳悟也转校进了复旦大学读书。

刘公武则因为在历时三个多月的五卅运动中的出色表现，于复旦大学中声名鹊起，1926年5月，复旦学生纪念五卅惨案一周年时，刘公武被推选为复旦大学学生会执行委员长，成为了名副其实的学生运动领袖。

　　早在1923年冬，白瑜因在星马组织国民党开展革命活动，被殖民当局抓捕投入大牢，不久便被驱逐出境，1924年春回到国内，在上海跟刘公武见面，两人聊了一整天，白瑜鼓励刘公武积极投身国民革命，也因此，刘公武后来转学到复旦大学不久就加入了国民党。

　　1924年5月，白瑜到国立东南大学，仅读了一年多，1925年8月便中途被广州黄埔军校招募，成为校本部校长办公室秘书，并兼任上尉编纂课员，专事校长蒋介石的演讲和公开发布的文稿整理工作，并负责编辑印刷军校学员学习的小册子。到1925年底又被黄埔军校保送去苏联莫斯科中山大学学习，直到1927年下半年国共合作破裂后，苏联驱除国民党分子，才被遣送回国。此时，刘公武也一直没有间断与白瑜的联系。

　　在与刘公武的通信往来中，白瑜不断向他灌输国民革命对于中国统一的重要意义，常常宏篇大论，尤其对于国共合作开展北伐以求完结军阀割据之乱

前排左一穿西装者为白瑜，时任黄埔军校校长办公室上尉科员

局，往往引经据典，娓娓道来，且文采飞扬，充满感情，对于刘公武影响极深。他高度评价毛泽东、蔡和森、向警予等人的能力。

作为国民党党员，既受到国民党文胆白瑜的谆谆教化，又深受欧阳悟、蒋宗文等共产党人熏染，刘公武革命热情日益高涨，如火山喷发，一扫以往低调迂腐之态。他经常组织复旦民社开展以"反军阀""反帝国主义"为主题的各种活动，发起集会，发表演讲，为北伐壮声造势，名义是反军阀，反腐败，反割据，求统一，实则矛头直指北洋政府。

1926年1月，杨任严春试考入复旦大学，也参加了复旦民社，因为他在长沙就加入了中共，入复旦不久就担任了中共复旦大学学生支部书记，成了组织学生开展各种反政府活动的活跃分子乃至领头人物。

刘公武和复旦民社的一干活跃分子，引起了学校当局的密切注意和极大反感，时任复旦大学校长郭任远多次亲自找刘公武等人谈话、训诫，却未见他们有丝毫收敛。

于是，刘公武终被复旦大学当局纳入"过激危险分子"名单，杨任严、欧阳悟也位列名单之中。

第二章 国民革命

荡污涤垢摧朽木，狂风恶浪泛中流

一、华容农运

北伐肇起，激励满怀斗志

1926 年 7 月初，学校放暑假，刘公武和欧阳悟结伴从上海返回华容。杨任严则留在上海，说要趁暑假补习英文。

他们的行程安排是，先在上海火车站乘火车，从沪宁铁路到南京，然后从南京乘江轮到汉口，再从武昌坐火车到岳阳，再找车或船回华容。

7 月正碰上丰水季节，上游还有的地方发洪水，所以逆水行舟的江轮，速度很慢，南京到汉口需要将近七十个小时，7 月 8 日下午六点登船，7 月 11 日下午四点左右才能到达汉口。沿途还要在芜湖、安庆、九江、黄石等码头停靠，上下旅客。

每到一处停靠点，都有当地报童上船叫卖新报纸，刘公武和欧阳悟将各种报纸一份不落，全都各买一份。两人一路关注着 7 月 4 日国民党中央颁布的《国民革命军北伐宣言》，把报纸上所有的文字，包括广告都要看个透，查找着有关"北伐"的任何字眼，渴望能从字里行间看到北伐的任何进展。

10 日下午船到九江，欧阳悟听见报童扯起喉咙在喊："号外号外！国民党出师北伐，十万大军进攻湖南！"他蹭地站起来，赶紧往船舱外跑。公武说："5 月份就开始喊，叶挺进攻湖南了，这次不会这么快吧？"

刘公武还在船舱看书，忽听欧阳悟在船舷大喊："公武，公武！快来，快来！打响了！打响了！"

刘公武赶快起身快步走向船舷，边走边说："孙中山都打响了两次，莫非这次是真打响了？"

欧阳悟扬起手中的报纸："唐生智率军北伐，正在向长沙进发中。9 号就出师北伐了，只是我们在船上，都得不到确切的消息。"

刘公武一把夺过"号外"，边看边说："9 号出师，你看，兵分三路呢，唐生智这是中路，从衡阳出发，哈哈，开玩笑，十万大军，唐生智到哪里去凑十万大军？他有一万大军就了不得了！"

欧阳悟说："是有点夸张，要不怎么叫'号外'呢，搞得耸人听闻一点，壮大声势嘛！你知道这叫什么吗？"

刘公武说："叫什么？"

欧阳悟说："宣传！国民党本来不懂什么叫宣传，是从苏联那里学来的。不管它，总之打响了就好！孙中山都喊了三年了，早就盼着这一天了，咱们回乡也有事情做了，你我这两个'激进危险分子'，是不是得有所作为啊？要不怎么对得起这顶高帽子啊？"

刘公武说："孙中山可不止喊三年啊。从第一次护法战争失败之后，他就没有中断过北伐的念头，一直都在霍霍磨刀，说实在的，虽说对北伐有点盼望的意思，真来了，我总觉得有些不安。"

1926 年 7 月 9 日，蒋介石正式发布出师北伐的总号令，约计十万兵力，分东、中、西、北四路，出师北伐。东路为第一军军长何应钦，参谋长叶剑英，率军进攻福建；中路由蒋介石亲自指挥第一军第一师进攻赣州、南昌；唐生智所部第八军为西路（始为中路，后西路桂军并入，故实为西路），从衡阳出发，率先挥师进攻长沙，与已进入湖南的叶挺独立团，一路向北挺进。

北路则由冯玉祥、阎锡山率军伺机进攻北京，待南方三路打下武汉、南昌、南京、上海等城市之后才开始动作。历史上，一般不把北路当作真正的北伐军，因为冯阎两个军阀，正处于观望状态，不见得真正接受蒋介石的部署。

唐生智部率先进攻长沙之时，其他各路都未发起进攻，于是，便有了 7 月 10 日下午在九江码头欧阳悟手中所谓"十万大军进攻湖南"的"号外"。

不管它十万还是几万，总之，几起几落的北伐，总算付诸实施了。刘公武和欧阳悟这两位年轻人均异常兴奋。

江轮马达轰鸣，几乎淹没大船劈开江面哗哗的水浪声，凉风习习，阵阵飘过船舷。两位年轻人实在睡不着，又爬起来，坐到船舷边听浪。

刘公武说："我总在想啊，打仗嘛，总不是好事，最终都是老百姓遭殃，一直以来我就对北伐心怀忐忑。最好是大家都能坐下来，摆事实讲道理，最好的局面当然是能够南北合作，国共不就合作了吗？白谨言老先生说得好，军阀割据，无非图谋地盘，争权夺利，而兵戎相见，以致民不聊生，此种现状，已为吾等所深恶痛绝。好不容易国共合作，却又起兵燹（xiǎn），出师北伐，刀枪相对，亦难免血流成河，尸骨成山，生灵涂炭，且相互屠戮，积怨成仇，南征北战，便将无止无休！民主共和之梦，亦将遥不可及。"

说罢，刘公武摇头叹息。

欧阳悟说："中山先生为何在北京抱憾而逝？不就是希望南北和解，协力同心，和平建国？可他成功了吗？腐朽顽固势力已然成为国家痼疾毒瘤，非刮骨疗毒，无以图新！我看你啊，读了那一年多的《圣经》，中毒不浅。"

刘公武说："这个我不认可，我的革命斗志，不亚于你。但是，我总认为，只要一个人于理于法，罪不至死，他的生命权利就不可剥夺，你想想，战事一开，当炮灰的多为平头百姓，百姓何辜？擒贼擒王，我主张多用策略，尽少发生枪炮对阵的情况，此为最妙。"

欧阳悟说："擒贼擒王，这个我赞同，可是，只要有战争，总是避免不了牺牲。"

两个年轻人你一言我一语，讨论，争执，和解，因为有着兄弟般的情谊，双方总在尽可能寻找平衡点，一直到东方露出曙光，方才觉得困意袭来。

学籍被除，农运初露锋芒

船至汉口，已是 7 月 11 日下午傍晚时分。

刚一下船，欧阳悟就跑到街边报亭买了两份当天的报纸，迫不及待地想要知道北伐军进军的情况。未料，他在翻看《申报》时，发现了一则新闻："复旦大学除名一干激进危险分子"，定睛一看，刘公武、欧阳悟、杨任严等，十多位熟悉的名字，赫然入目！

欧阳悟赶紧将此消息告知刘公武，刘公武摇摇头，只说了一句："意料之中！只可惜杨任严入学才一个学期。"

欧阳悟说："既然如此，那咱就直接奔长沙参加北伐去好了！"

刘公武说："先回华容！咱俩连枪都没摸过，还不给人添麻烦吗？"

欧阳悟说："倒也是。"

既然到了武汉，刘公武自然少不了要去看看四哥福林。

公武跟四哥说，如果长沙被北伐军攻下，下一步肯定就是武汉，而武汉是北洋军吴佩孚势力在南方最强大的地方，如果北伐军攻打过来，双方难免一场恶仗。他嘱咐四哥，尽快做好准备离开汉口。先回华容避一避，总比待在汉口要好一点。

福林说："看情况吧，如果真如你所说，我就尽早离开。既然读书读不了啦，你就好好在家待着，把长秀丢在家里不闻不问，不是个事啊，我的老弟！赶紧回去吧，先养个崽再说！"

欧阳悟说："确实！我跟他说长秀，他就跟我急眼，我都不敢提了。这回哥说你了，没脾气了吧？"

刘公武说："少凑热闹好不好？"

第二天一早，两人就告别福林，过江去武昌坐火车回了湖南。

回到华容没几天，刘公武和欧阳悟家里便收到了学校当局发送来的《除名通知》，通知称："刘公武同学因长期参加乱党之反政府活动，多次劝诫不思悔改，决定予以劝退并革除学籍，不得再返学校上课。"

三哥刘晃率先拿到这个通知，他想五弟对此应有自己的主张，只是担心世道纷乱，五弟怕是要开始赴汤蹈火的履险人生了。

母亲李汉贞不懂年轻人为啥不好好读书，却喜欢那些毛起跳起的事，她只好在一边叹气："真是搞不清你们这些年轻人想干什么，搞不懂啊。"

二哥刘巨楼看了一眼"通知"，无可奈何地对五弟说："我倒是希望你能够跟我一起做生意，可我晓得你，连这个心思都有得，弟啊，无论做什么，都要把人做好，莫做亏心事，这是关键一条！如今又是战火纷飞，兵荒马乱，我只希望你千万莫去摸枪杀人，跟你三哥当个老师过上安生日子是最好的。"

刘晃接言道："我倒是巴不得，老五怕是也有得这个心思呢。"

刘公武知道亲人们一个个都担心着他，他坐到母亲身边，拉着母亲的手，一时间默默无言，他想让大家轻松一点。"请母亲放心，我名字中虽然带个武字，但我是学文的，肯定不会去摸枪杀人，这次北伐估计也打不了多久的仗，我不离开华容了，就在母亲身边服侍老人家，可以吧？大家看住我！"

快嘴的二嫂说："要得！你从小就是自己读书自学，如今就在家里读书，把名字改成刘公文好了。长秀啊，这回一定守住他，别让他到处乱跑了，嗯。"二嫂边说边拍拍自己肚子，逗得大家一阵笑声，大家明白二嫂在说该养崽了。

长秀说："好！听嫂子的。"

1926年7月12日，北伐军攻克长沙，赶走了叶开鑫。7月25日正式成立湖南省政府，唐生智兼任省主席。

欧阳悟独自去找罗喜闻，请求党组织分派任务。罗喜闻请示湘区区委之后，获得指令，积极配合国民党湖南省党部，在华容就地开展支持北伐的革命行动。

欧阳悟了解到，目前华容中共特别支部由蔡协民担任书记，包括何坤、程学敬、陈次蕃等二十多位共产党员都加入了国民党。1925年春，按照中共湘区区委和国民党湖南省党部的指示，蔡协民、罗喜闻、吴芳、何坤等跨党人士，开始在华容发展国民党组织，成立区分部。

1926年春节后，蔡协民等人组织华容县国民党七个区分部，选出党代表，于2月中旬召开了国民党华容县第一次党代表大会，正式成立国民党华容县党部，程学敬被选任为常务委员，蔡协民任农运委员，何坤任宣传委员，陈次蕃任组织委员。国民党华容县党部这四名领导，都是跨党人士。对此，中共湘区区委认为，国民党县党部几位委员中，必须有非中共的国民党党员，才能充分体现国共合作的统一战线内涵，所以，蔡协民和罗喜闻等正在物色合适人选。

因为此时的县政权仍然由北洋政府统辖，所以，国民党县党部还是一个秘密组织，不能公开挂牌。

欧阳悟向罗喜闻介绍了刘公武的情况，认为他就是一个非常合适的人选。罗喜闻听后连连点头："嗯，能在五卅运动中冲锋打头阵的角色，肯定不错！咱们就推刘公武，不过，今后一段时间，要多给他一些相应的工作，让他在群众中树立起形象，形成良好影响。"

8月22日，北伐军拿下了岳阳，华容方面北洋军势力也被肃清。北伐军已无后顾之忧，便可挥兵进攻武汉。8月27日，北伐军攻打鄂南汀泗桥。

北伐军捷报不断传来，刘公武备受鼓舞，每天都在关注北伐的各种消息，拿着书也没心思看。

一天，一位戴着礼帽穿着长大褂的人来到"刘复兴号"，柜台里二嫂招呼道："噢哟哟，张先生来了，想要什么，我给你拿。"这位张先生取下礼帽，笑容满面："听说五弟回来了，来看看他。"

刘公武在里屋一听，是张云襄！赶紧走出来，高兴地拍手叫道："云哥，哎呀，好多年不见你了！你这什么打扮？"

张云襄拍着公武肩膀："啧啧，到底是喝过洋墨水的，西装革履，白面书生！我嘛，就是这乡村的老古董，哈哈哈！"

刘公武把张云襄邀进里屋，两人一番热闹交谈，光是聊分别这几年各自的经历就好几个小时。张云襄特别说到华容如今还是张巨卿、傅道南这一众贪官污吏把持权柄，鱼肉乡民，横行霸道，说得满腔愤恨。

刘公武说："北伐形势每天展现全新面貌，惩办这些贪官污吏，是时候了！"

张云襄说："我反正赋闲家中，逍遥自在，五弟有何行动，知会一声便是。我哪里都不去，就想看看张巨卿的下场戏在这滚滚革命洪流中，怎么个唱法！"

哥俩热热闹闹聊了好几个时辰。

后来，刘公武为如何惩办张巨卿等人，专门去找欧阳悟，想要趁北伐声势日大之机，在华容搞点大动静来。刘公武说："咱们也为北伐做点事吧。"

欧阳悟说："好啊，你有什么打算？"

刘公武说："你看，国民党县党部不过是一个党务机关，现在也差不多算公开了，北伐军节节胜利，面对华容县的北洋政府反动势力，县党部是否应该也做一个清理呢？"

欧阳悟说："是啊，应该清理。依你看，从哪里开始？"

刘公武说："县立第一小学现在不是成为了华容的革命活动基地吗，就从县立一小开始，组织一次师生'迎北伐，庆胜利'的游行活动，带动群众参加，然后游行到县议会那边，发出'解散县议会'的呼声。周易乾校长也是一个开明人士，他肯定不会反对。"

欧阳悟说："学校没问题，去年白瑜接他父亲白谨言去了广州之后，县立小学就全都是自己人了，组织游行活动必须理由充分，才能说服群众，只有群众起来了，解散县议会的号召才有力量，我肯定支持你，不过我还想听你说说你的理由。"

刘公武说："首先，华容县这个县议会，是赵恒惕四年前推行'地方自治'之后而成立的，他制造'省宪'进行'分省自治'，才需要设立'县议会'，这本身就是封建割据的产物，如今，湖南国民政府已然成立，新政府就应有新气象，国民革命，推翻这种腐朽的反动机构，则是必然之举。"

欧阳悟点点头，说："这是一个大道理，嗯，当然算一个理由，但老百姓不太懂，老百姓只知道，反正都是当官的。"

刘公武继续说："其次，议会本应是一个民意机构，能够真正代表人民的呼声，代表民众说话，可是，这个议会，却是华容王张巨卿勾结他的外甥傅道南那个由土豪劣绅组成的二酉社，操纵选举，才让傅道南当上了这个'议长'，这种作奸犯科、扼杀民意的做法，就是一种犯罪，必须追究。

其三，傅道南窃取这个'议长'之后，飞扬跋扈，横行乡里，尤其是他勾结北洋政府驻军，以协助军饷为名，擅自派捐摊款，绑架勒索，残酷搜刮，坐地分赃，中饱私囊，且经常聚集张巨卿家中，不理公务，罔顾民生，赌博作乐，恣意挥霍，民愤极大，必须缉罪！

据民众反映，傅道南一伙以筑堤防洪、修建护城官垸为名，征收亩捐，款额巨大，实则却被他们这伙人狼狈为奸，私自把持，营私舞弊，贪污挪用，吃喝玩乐，挥霍殆尽，而夏季长江洪水暴涨之时，调弦口毫无阻挡，洪水直灌沱江，老旧堤垸溃决，泛滥成灾。此事已引起群众愤怒，却敢怒而不敢言，莫可奈何！

你说，此种议会，留它作甚？"

欧阳悟一拳砸在桌子上："好！说得好！理由足够了。你看如何组织，赶紧拿出安排方案，这两天就动手。"

欧阳悟立即向罗喜闻汇报此事，获得全力支持。然后，欧阳悟亦以中共组织名义安排党员同志予以积极配合，做好群众发动工作。罗喜闻说："要搞就搞出点声势来，这是向社会公众推出公武同志的一个很好契机。"

其实，罗喜闻在欧阳悟推荐了刘公武之后，就找何坤说了，要何坤作为宣传委员，多与公武交流思想，沟通情况。譬如，可以把他在法国办《海外乡谈》揭发华容土豪劣绅罪行，回国后在长沙号召旅省学生和同乡会告发土劣为害乡里、鱼肉乡民的宗宗劣迹，向公武详尽讲述，以启发其斗志。

何坤心领神会，便在有意无意之间，找机会跟刘公武闲聊了有关的情况。未料，刘公武闻之，拍案而起，表示一定要为民众惩恶除害，讨个公道。

正当北伐军声威大震之时，华容土豪劣绅们开始敛迹。但傅道南一伙以为权势在握，仍有部分人占据着县议会，只是失去了往日的威风。

欧阳悟、罗喜闻、刘公武、何坤等人，经过认真商讨行动方案，决定举行一次声势浩大的示威游行活动。

某日下午，以县立第一小学全体学生为基本队伍，高举红旗，几个高年级学生抬着孙中山画像，从文庙出发，一路高唱《国民革命歌》："打倒列强，打倒列强，除军阀，除军阀，国民革命成功，国民革命成功，齐奋斗，齐奋斗！"不断高呼口号："打倒土豪劣绅！打倒军阀！打倒帝国主义！"浩浩荡荡的游行队伍，朝着县议会方向进发。

一路上，不断有民众加入游行队伍，声势不断壮大，歌声、口号声震天。队伍到达县议会门前，十五岁的高年级学生罗廉余（罗喜闻之子）冲出队伍，跑向县议会大门，一把将"华容县议会"的木牌摘下来，然后高高举起，摔在地上。大家拥上前去，合力将牌子踩为两段，然后蜂拥冲进大门，占据了县议会。而此时，县议会议员早已逃之夭夭。

县议会这一场所，很快便成为华容国民革命的指挥中心。这次示威游行，揭开了华容国民革命的序幕，扬起了华容这艘革命航船的风帆。

惩治土劣，搏击风口浪尖

唐生智新任湖南省主席之后，全省各地县市行政长官进行了大换血。派到华容县的新任县长李惠然，湘南嘉禾县人，看上去有些文人气质。

因为前县政府已被解散，县财产保管处处长孙少海原就与张巨卿、傅道南等人沆瀣（hàng xiè）一气，贪污敛财，积下民怨。县议会被驱散之后，他害怕被清算，躲回了老家雨霖垸。听说新任县长来了，孙少海便悄悄回到县城，趁夜拜访了李县长。有人发现了孙少海这一举动，便告诉了欧阳悟。

欧阳悟立即找到刘公武，分析孙少海此人劣迹斑斑，罪行累累，逃遁多日，忽然潜回县城夜访县长，必定来者不善。于是两人商定计谋，分头行动，准备借李县长之手，诱捕孙少海。

欧阳悟拿着李县长名片，到北门外长沙会馆孙少海住所，佯称李县长请他前往县政府商办要事，孙少海不认识书生模样的欧阳悟，以为是县长手下，对欧阳悟所言，信以为真，稍事收拾便跟着欧阳悟前往县政府。

李县长是国民党人士，刘公武在其就任时就已经拜会了他。在欧阳悟去叫孙少海时，他就来到县政府，跟李县长把孙少海敛财作恶的种种劣迹，历数无遗，李县长深感震惊。李县长说："此种土劣，必须法办！"刘公武说："一会他就来了。"

正说着，欧阳悟领着孙少海进来了。欧阳悟说："李县长，孙少海带到！"

刘公武站起身来，厉声喝道："孙少海，你可知罪？"

孙少海顿时惊慌失措，以为李县长设套捉拿他，扑通跪倒在地："县长大人饶命！在下知罪！在下知罪！"

李县长此时方觉刘公武所言不虚，也就顺势拿下了孙少海。经审问，孙少海把他伙同张巨卿、傅道南等人贪污钱财为霸一方之诸般恶行，交代得一清二楚，但有一条，那就是他的所作所为，全都是奉了张巨卿和傅道南他们的指令而为。于是，李县长只好先羁押了孙少海，准备在捉拿张巨卿等人进一步落实之后，再一起移送司法判决。

10月中旬，北伐军已在武汉庆祝胜利。北伐军第八军某营在一位章姓营长率领下，开进了华容县城。虽然大家都知道这支部队没有去参加进攻岳阳或者武昌的战斗，并且是北洋军投靠北伐军的旧货色，可是，他们毕竟打的是北伐军大旗，作为新政府，应该组织民众欢迎，同时一起庆祝武汉北伐军的重大胜利。

于是，国民党县党部决定请刘公武去跟李县长商量，举行一个"华容县民众欢迎北伐军大会"。李县长表示全力支持。县党部决定由刘公武担任会议主席，会场定在县城北门外放羊洲，要求组织县城各界人士和学生参加。后来，到会的还有城郊农民一千多人，参会人数达到四千余人，声势特别浩大。

刘公武作为大会主席致欢迎词，欢迎北伐军进驻华容，为华容国民革命保驾护航，希望军民团结一心，为建设新华容贡献力量，华容县国民党党部将作为军民沟通、合作的桥梁，做好所有的服务工作。章营长则代表北伐军驻军，表示驻军全体官兵，一定尽心尽意为保障华容人民生命财产安全，竭尽职责。

宾主在大会上向民众致辞之后，全体参会者整队游行。

庞大的游行队伍，一路高呼口号，"打倒帝国主义！""打倒军阀！""打倒土豪劣绅！""反对苛捐杂税！""反对加租加押！"沿着河堤，绕进东门，队伍到了东正街"管乾泰商号"门口，突然有几个农民冲进了这个商号。

据说有人看见了华容王张巨卿在楼上窗口向游行队伍张望，于是，一帮农民就冲上楼去，把张巨卿抓了下来。很快就给张巨卿戴上了尖尖高高的高帽子，被群众押着继续游行。

张巨卿竟被打死了！消息传到李县长那里，李县长慌了神，赶紧找章营长商量。

章营长问："这到底是谁为首的，啊！人命关天，不管他是什么人，啊！真是无法无天了，啊！打死了人，必须得有个交代，要有人负责！"

李县长说："听说这张巨卿县里省里都有他的势力，没个交待还真不好办。刘公武是这次集会游行的主席，我也只能找他，别人我也不熟啊。"

这时，刚来到县政府的张巨卿儿子张涤之在一旁说话了："李县长，章营长，我已经知道主凶是谁，主要是杨子岭农民协会会长刘岳，注滋区的特派员刘革非，还有就是那个喊喇叭的学生杨云，是他们起的事，刘革非火上浇油才要了我爹的命，这几个是主犯！我有人证，至于刘公武是不是后台老板，我有一句说一句，我不知道。我恳请你们做主，给我老爹申冤！一定要将凶手绳之以法！"

实际上，李县长、章营长都不想由这事惹一身臊。费了好大工夫，县政府安抚好了张家人等之后，李县长把章营长拉到房间里，说了羁押孙少海的事。

李县长说："孙少海把贪赃枉法的一切罪责都推到了张巨卿和傅道南身上，现在好了，死无对证，傅道南又不知逃往何方去了，关着这孙少海还不是个麻烦？县党部那帮人我可惹不起，这个孙少海，我看就交给章营长您处理吧？"

章营长是一老兵油子，知道这种土劣身上油水足，这新县长吧，又是个怕事的书生，只想当甩手掌柜，于是他一口应承："好！你就把孙少海交给我来处置。首先得从他身上找傅道南去向的线索，再去抓傅道南，然后抓到傅道南了，就能落实孙少海说的是不是事实，如果事情属实，那么，张巨卿罪大恶极，在民愤极大情况下被群众乱拳打死，法不责众，咱们大家也就都平安无事了！"

李县长觉得章营长说得在理，于是就把孙少海交给了章营长。

孙少海听说张巨卿被群众打死了，顿时吓得浑身发抖，裤子都尿湿了。章营长说："孙处长，张巨卿死了，傅道南又不知去向，我看这贪腐的事情，只有你一个负责了。"

孙少海一听，吓得扑通跪在地上，一把鼻涕一把眼泪，哀求章营长："章营长，小人冤枉啊，冤枉啊！我都是受他们指使干的，我还劝过他们，可他们怎么会听我的啊！求求章营长救救小人。"

章营长说："没办法了，你们弄得民愤极大，这几天县党部准备批斗你，我只能把你交给他们。我怎么救你啊？"

孙少海也是个老江湖，听这章营长话里有话，便从地上爬起来，附在章营长耳边，嘀嘀咕咕好一阵。

章营长说："嗯嗯，你能够帮我把傅道南抓回来，那倒是可以想想办法。我先跟李县长和县党部商量商量。"

没过几天，孙少海派人奉送了章营长一大笔银子，章营长趁夜就把他放了，并反复叮嘱孙少海，有多远跑多远。

欧阳悟和刘公武，以及县党部一众人等，听说李县长勾结章营长把孙少海放跑了，一个个气愤得不得了。找这两人论理，这俩一个老奸巨猾，一个胆小怕事，你推他，他推你，各自道理一大堆，反正就跟他俩没关系，就说孙少海被人劫走了。章营长还狡辩说："孙少海提供了一点傅道南的去向线索，我就放松了警惕，没想到他串通人半夜三更跑了个没影，为此我向诸位道歉！"

大家心里明白，这章营长银子到手了，话怎么说就随他去说了。章营长一方军头，没有铁证，谁敢公开说他拿了孙少海的银子？

蔡协民、程学敬、罗喜闻、何坤、欧阳悟、刘公武等人实在不甘心打掉牙齿往肚里吞，于是决定紧急商议方略，立即召集华容县各团体开会，决定以全县人民名义，通电声讨章营长和李县长，狼狈为奸，私放孙少海，袒护张巨卿，压制群众，阻挠革命，然后控告到省政府。结果，省政府很快就撤换了李县长，调走了章营长。

刘公武经历这一风波之后，自己也在寻思：这事啊，团防局的那帮人一定有事先谋划，要不怎么知道张巨卿就在那楼上，大家都在游行，谁会去注意路边楼上有什么人啊？并且刚捉住张巨卿，马上就戴上了早就做好了的高帽子，这次游行集会他们又一致推举自己担任主席，让自己站在风口浪尖，上了船下船就难了。刘公武越想越觉得有些蹊跷。

回过头来又一想，革命嘛，可不就是风高浪急，到处都有险滩暗礁？只要走在正道上，就没啥好怕的。刘公武自己安慰自己，尽可能不去多想。

尽管如此，刘公武此时毕竟还是年轻，不到二十四岁呢。当前国共正在明里暗里较着劲，形势难以预料，尤其自己家在华容又是地方富户，刘公武担心哪天一不小心，办错啥事了，牵连一家亲人，自己罪过就大了！尤其那天听说张巨卿在家死了，有人议论刘公武就是后台老板，刘公武也感觉事态严重，心里有些七上八下，家里人都担心得不得了。

他想，不管张巨卿犯了多大罪行，家有家规，国有国法，一顿乱拳给人往死里打，还真给打死了，这算什么事呢！就连跟张巨卿结着仇的张云襄都说，革职查办，打入大牢都可以，把人打死还是过分了。

刘公武心里疑惑，县党部这一帮人里面，就自己跟教员曹国宾两人没加入共产党，是不是谁在算计自己呢，欧阳悟？绝不可能！何坤？也不会！罗喜闻？……这天晚上，刘公武睡在床上，就这样翻来覆去，覆去翻来，怎么也睡不着，一声隔一声长吁短叹。

长秀问公武："五哥，事情都已经那样了，着急也没用啊。"

公武说："没着急，就是有点想不明白，算计我也没啥用啊！"这话刚一出口，他立刻就觉得自己在长秀面前失言了。

长秀一听，大吃一惊："啊！算计？不会吧？"

公武赶忙说："没有，没有，没谁算计，我是说，我，可能有点多想……"

从不撒谎的公武想编个借口收回话题，他都编不出口。

公武一向为人厚道真诚，对朋友那绝对是交心交肺，胸怀坦荡，要是还有人算计他，长秀绝对是第一个受不了，她紧紧抱住公武，公武想挣脱，长秀就是不放开，说："哥啊，那你还是离开华容吧，你要是不嫌弃我，我跟你走，我照顾你。躲得远远的。"

此刻，公武心里真是一团乱麻，忽然之间感觉人与人之间太复杂了，唯有自己亲人们，还有长秀，死心塌地地守着自己，护着自己，而对长秀，自己竟然这么多年都不碰她一下，真是有愧。

公武给长秀擦了一下从脸上滚下的眼泪，觉得青梅竹马的长秀才是自己最真心的体贴人，他突然冒出一句："长秀，哥对不起你！"

此后，刘公武吸取教训，总是尽可能谨慎对待每一件可能发生矛盾、冲突或误解的事情，华容县在大革命期间虽然也发生过一些过激举动，但相对湘中、湘南一些地方而言，华容的农民运动既做到了轰轰烈烈、有条不紊，也较少有滥杀无辜的情况出现。这与刘公武、蔡协民、欧阳悟、何坤、罗喜闻、徐履仁以及后来的杜修经等人，有着相对较高的思想素质和文化修养，遇事密切协商，谨慎处置，办事有章法，依程序，还是不无关系的。

捷报频传，北伐暗流涌动

咱们平时所说的"大革命"，也叫作"国民革命"，在中共党史中也称作"第一次国内革命战争"。这个时期所指的时间范围，一般是1924年1月国民党一大召开，到1927年7月，南京的蒋介石"国民政府"和武汉的汪精卫"国民政府"跟共产党彻底翻脸。

在北伐过程中，从一开始，中共就发动战区和后方民众热烈支持北伐，建立群众基础。中共广东区委领导粤港罢工委员会组织了三千余人的运输队、宣传队、卫生队随军北上。北伐军向长沙开进时，中共湘区区委发动工农群众参加带路、送信、侦察、运输、扫雷、担架、救护、慰劳、扰乱敌人后方等工作，还组织农民自卫军直接参加战斗。

毛泽东以国民党中央农民运动委员会常务委员身份，在湖南进行了深入而广泛的农村调查，毛委员脑子里渐渐浮起了把共产党工作精力转向农村的初步计划，一方面要与国民党中央据理力争，反击国民党右派势力，继续争取生存空间；另一方面党内同志更要注意掌握一定的军事力量，不要再盲目听从远在莫斯科和欧洲的那些洋教头的瞎指挥，一定要根据自己的实际制定切实的策略。

这当口，枪杆子如果完全掌握在别人手上，一旦与国民党右派势力直接发生冲突，肯定百害而无一利。毛泽东便利用目前共产党在南方各省农村的优势，注重发挥农民运动讲习所的作用，发展农民协会，组织农民武装。农民运动讲习所后来差不多成了毛泽东的"黄埔军校"。

毛泽东作为国民党中央代理宣传部长，成立国民党中央农民运动委员会农民运动讲习所，提出反对帝国主义、反对军阀的口号。在北伐进军的过程中，发动共产党人在军队政治工作和动员工农群众方面，全力以赴。

随着北伐战争的胜利推进，北伐军所到之处，军阀统治被推翻，工农群众运动立刻以空前的规模迅速高涨起来。这在湘鄂赣三省，表现得最为显著。

纵观湘鄂赣三省，首先高涨起来的也是农民运动。1926年9月，毛泽东发表《国民革命与农民运动》，指出"农民问题乃国民革命的中心问题"，认为"若无农民从乡村中奋起打倒宗法封建的地主阶级之特权，则军阀与帝国主义势力总不会根本倒塌"。同年11月，毛泽东担任中共中央农民运动委员会书记，决定以湘鄂赣豫四省的农民运动为重点，发展农民武装自卫军。

在湖南，从北伐军1926年夏进入，到1927年1月，农民协会会员从四十万人激增到二百万人，能直接领导的群众达一千万人，在湖南全体农民中，差不多有一半已经组织起来加入了农民协会。农民有了组织，便开始行动起来，发动了一场空前的农村大革命。

毛泽东写作并发表了很多指导农运的文章，他在著名的《湖南农民运动考察报告》中提出："农民的主要攻击目标是土豪劣绅，不法地主，旁及各种宗法的思想和制度，城里的贪官污吏，乡村的恶劣习惯。"在那些打倒了地主政权的地方，农民协会便成为乡村唯一的权力机关，真正做到了"一切权力归农会"。

毛泽东当时就认为：国民革命需要一个大的农村变动。辛亥革命没有这个变动，所以失败了。现在有了这个变动，乃是革命完成的重要因素。毛泽东后来在井冈山提出的关于"农村包围城市"的思想，此时显然就已经成竹于胸了。

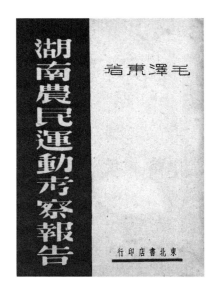
1948年东北书店出版印行的毛泽东著
《湖南农民运动考察报告》

中共华容县特别支部书记蔡协民就是首批在广州农民运动讲习所接受培训的农运干部之一。他和国民党华容县党部一班人马，在华容把农民运动开展得轰轰烈烈，如火如荼，四里八乡农民协会都挂起了牌子，汇聚了农民积极分子，在打击土豪劣绅、减租减押活动中，农民的积极性得到了空前的调动和发挥。何坤负责的团防局，按照当时中共湖南省委的指示，除了在县城直接招兵买马扩大兵力之外，在华容县各区乡也发展了相当数量的农民武装。

1926年11月底，已然在全社会公开露面的华容县国民党党部召开了国民党华容县党部第二次代表大会。"培养国民党左派，实践帮助国民党建党之诺言"，此时仍然是中共华容县特别支部的主要任务，因此，大会选举了刘公武、何坤、蔡协民、欧阳悟、廖一贯、程学敬、曹国宾为县党部执行委员，刘开国为候补委员。

刘公武作为国民党党员，被推举为县党部主持工作的常务执行委员。此时的刘公武并不明白，这实际上就是贯彻执行中共总书记陈独秀"维护国民党领导权"指示精神的结果。

县党部具体分工为：欧阳悟主管工运，蔡协民主管农运，程学敬主管组织和青运，何坤掌管地方武装、出任县团防局局长。执行委员中，只有刘公武和曹国宾两人是国民党员，其他人都是跨党党员。

他们制作了"国民党华容县党部"的大木牌子，悬挂于原县议会的大门口，这里就成了正式的"县党部"。

县党部改选之时，刚从广州回来的袁芸雪受聘担任了县党部秘书，但仅仅干了一个多月，就借故辞职去了武汉。

于是，刘公武去请张云襄，要求他帮自己打理县党部事务。张云襄说："我是一个自由主义分子，没法在你这里按时上班，不合适。"

刘公武说："云哥，我知道你不喜欢受管制，说实在话，我这里没钱，发不了工资，所以请不起人，云哥文笔了得，为人仗义，我没钱请你，也请不起哥，就算请得起，哥在我这儿也是屈才。这不是没办法？老弟觍着脸，请哥帮忙，理理文字，就因为老弟知道，哥一出手，绝对就是大手笔，这不也给老弟挣面子吗？"

张云襄立即摇手："打住打住！五弟什么时候学会油嘴滑舌了！哥答应你，有用得着我的地方，你说一我不二，好不好？唯一条件就是莫把我盯在你这里，给我自由主义分子的自由就行了。"

刘公武说："太好了！太好了！哥的大恩大德，等我有钱再报！"

"等你有钱，等着吧！"张云襄哈哈大笑，扬长而去。

于是，张云襄受聘成了县党部不需要每天报到的司书，或者说叫秘书。

因为跨党党员占主要成分，县里发展的国民党员，实际上大多是"跨党分子"，因此所谓国民党华容县党部，基本上只是一个外壳，刘公武和曹国宾虽然没有加入共产党，但他们是国民党左派，实际上就是不称作共产党的共产党。

尽管如此，中共组织依然是隐秘而不公开的，所有会议、决议、文件，都使用国民党县党部名义，蔡协民是真正主持工作的负责人，他还是国民党湖南省党部农运特派员。在蔡协民的背后，还有一个没有出面的徐履仁，他虽然养病在家，却是主持中共在华容县全面工作的负责人。

1927年2月，杜修经（1907—2007）被中共湖南省委派到华容，担任中共华容县委书记，徐履仁任县委宣传委员，蔡协民则作为县委委员担任县城特别支部书记，同时负责指导全县农运工作的开展。

国民党华容县党部日常工作由刘公武主持，这个机构虽然是公开的，但并没有来自上级或者县财政的经费预算，工作人员也没有工资，一切开支均由县党部自筹解决。刘公武主动承担了公文纸张、印刷用品、灯具灯油、日常接待等一切费用，实际上出自二哥刘巨楼和四哥刘福林主理的"刘复兴商号"的无偿赞助。

县党部工作人员，包括担任秘书工作的袁芸雪，后来的张云襄，生活费用也是各自自理，派往各区乡的农运特派员，往来城乡的人员开支，也是各人设法解决，当时有刘革非、熊迪、韩国栋、韩步湘、涂国钦、邓白等人担任区乡农运特派员，他们大多是青年学生，每个人都有自己的家庭负担，在这困难时期，大家都是满怀着一腔革命热情，倾情奉献，不计得失。

这时的县政府，没有人再进"衙门"打官司，也就没有了这笔收入，苛捐杂税说是"减"，其实是都给取消了，推翻了旧政府，新政府的各项工作都还处在无序空白状态，没有任何经费来源。

有一天，张云襄问刘公武："老五，袁芸雪干得好好的，为何突然辞职啊？"

刘公武说："唉！也不知是真的假的，他跟我说，他总听别人在背后议论他，说他曾经是孙文主义学会会员，意思就是跟国民党右派是一伙的。还有人跟他开玩笑，说你是皇亲国戚呢，讽刺他曾经挺过袁世凯。于是，袁芸雪感觉待在这没啥意思，他曾在广州给国民政府顾问鲍罗廷当过英文秘书，不是跟武汉国民政府有点渊源关系吗？所以他觉得不如离开华容去武汉，再另谋生路。"

张云襄说："哦，明白了，原来是这个庙太小了！"

刘公武说："那倒不一定咯，有些事还是多理解吧。你看，他在这里做了将近两个月，不但没拿到一分钱，还倒贴不少，又听了那么多闲言碎语，人人都要顾及面子嘛，云哥不也一样？"

张云襄说："我无所谓，本来就没有什么面子可顾的。哎，听说你给了他一笔钱，他才走是吗？"

刘公武说："给了点钱。他辞职后我以为他马上就走了，没想到几天之后在街上又碰到了他，一打听，原来他去武汉路费都没凑齐，我又再三挽留要他回来，无奈他去意已决。给县党部干了将近两个月，最后落得连路费都凑不拢，我也觉得有点对不住他，所以就给了他一笔钱，除了路费还有点生活费。他也不客气，收下之后就告辞了。"

张云襄说:"原来如此。这个人嘛,心比天高。不过我还是佩服你,大度!够朋友!我服你。"

刘公武说:"云哥就别笑话我了,你在我这也没钱啊!"

张云襄说:"我不图钱,老五我信你,你比我有前途,以后我跟你了!"

刘公武说:"哥啊,你别骂我我就烧高香了。以后如果还能跟雪哥见面,对他好点,别老是对人家阴不阴阳不阳的,看得出来,他怕你对他尖刻。多理解吧,大家都不容易。"

张云襄说:"难得,难得!有你这样的兄弟,是我张云襄的福气,听你的!不过,我跟你说啊,'刘复兴号'长期这么无偿付出,也不是个事啊,凭什么?"

刘公武说:"暂时的,以后想办法。"

刘公武心里明白,作为一方富户,总有人看着眼红,平时不小心也难免得罪个张三李四,弄不好哪个愣头青找个借口,带头把"刘复兴号"当"土豪"打了,没人帮腔说话,也是个麻烦。如今出点钱,破财消灾,哥哥们做生意也放心,这也算是一种效果吧。

现在张云襄把钱的事说出来了,自己不去想办法,也不太妥当。于是,他决定还是去找县长商量这事。

新任华容县国民政府县长湘潭人王斌,听刘公武说起经费的事,也是满脸愁云。他说:"如今是'党权高于一切',都由你们党的机构说了算,没想到你们也没有经费来源,这样的话,我们得想办法啊!总这样下去不是长久之计,县政府作为一级行政机构,迟早要进入正常运作,征兵、征粮、工农商业政策的制订和执行,教育、民政、医药和公共事业,很快都会要步入正轨,都需要资金。工作人员工资可以少一点,但不能没有,要不吃饭问题都解决不了,也没法长久维持,经费问题在特殊时期大家可以各自想办法,但总这样下去大家也承担不起。"

刘公武对王县长说起那一大堆的工作,还真没仔细去想过,听他这么一说,觉得确实是一个大问题。刘公武说:"只要是合情合理合法地去解决经费问题,县党部坚决支持,县党部也需要运转啊。我就能表这个态,具体怎么做还请王县长提出方案,然后党政一起商量,您看如何?"

王县长把自己的想法一说出来，就得到了县党部支持，当然满心欢喜。很快他就拿出了临时和长期两套方案，先用临时方案解决当前经费，再开始逐步实施长期方案，在民众能够不太感觉有负担的前提下，恢复税费缴纳，财政有了积累，县政党务相关工作才能顺利展开。

王县长的两套方案经党政两方面人士认真讨论并作修改之后，由县长发布文件，开始执行实施。

在县党部领导下，农工商等各种民众团体相继成立，廖一贯担任农民协会委员长，杨岳斌担任县总工会主席，唐景全担任县商民协会主席，罗喜闻继续担任县教育局长，周仁担任县财产保管处处长。

这样，华容县党政两条线，协同发展，到1927年春节前后，县城基本上恢复了正常状态，党政机关的基本费用也逐渐有了着落。唯有农村的农民运动，为了让贫苦农民"耕者有其田""居者有其屋"，在中共县委杜修经、蔡协民、何坤等人的具体指挥下，各区乡农民协会打土豪、分田地，各显神通，热闹非凡，土豪劣绅惶恐万状，家家是鸡飞狗跳，不得安宁。

领导华容农民运动的负责人最早是徐履仁，然后是蔡协民，开始主要是物色积极分子，然后由积极分子负责到各区乡成立农民协会，动员农民参加农协。成立农协最早的是南山陈次蕃、东山王勉之。1926年底，华容县农民协会成立，很快全县十个区上百个乡都成立了农协分会，会员发展到超十万人，加入农协的农民都尽量武装起来，土枪土铳，梭镖棍棒，都成了手中武器。每次发动集会，都是声势浩大，极为壮观。

农运潮涌，身历大浪淘沙

1927年入春，在"一切权利归农会"口号的鼓舞下，华容县农民运动达到了高潮，农民协会成为了农村唯一的权力机关。农民协会出面解决乡村所有大小问题，同时废除了苛捐杂税，禁绝了鸦片、牌赌，实行减租减息，不准退佃赁佃，农会发出的禁令，谁都不准违抗，土豪劣绅一个个胆战心惊。

不少有些地位的土豪劣绅丢下房屋土地带着家人细软逃跑了，一般都是往大城市跑，得知武汉国民党共产党就是支持打土豪劣绅的，便吓得往南京、上海跑，甚至有的干脆就往香港南洋跑。没来得及逃跑的，或者逃跑后能追到下落的，各区乡农协都在尽可能将他们捉拿归案。

何坤掌握着华容县的团防局，负责发展农民自卫军，捉拿全县城乡"大土劣"，然后送交县政府关押。对于"小土劣"则由区乡农民协会负责处置，进行罚款，要求捐款。这时的华容农村，农会的权利可谓至高无上，农协的人到处在喊：一切权利归农会！泥腿杆子们一个个都很神气。

毕竟农协搞得很急，也就鱼龙混杂，有些人还趁火打劫，于是，领导者的能力和责任就起着重要作用了。

华容城郊的农民协会委员长蔡大勋，他主持的农会搞到了"有土皆豪，无绅不劣"的程度，谷仓里都关满了抓来的人，甚至有一点水田旱土的中农，都被抓了起来。于是县农会责令他迅速改正，蔡大勋认为这会伤害农民的积极性，对县农会的指示置若罔闻，虽然在县农会一再"责令"之下，略有改善，效果总是难尽人意。刘公武觉得，虽然这只是个别情况，但影响不可小觑。

针对此类情况，刘公武召集县党部执委会商量对策，提出要遵守革命纪律，对于乱抓人、乱罚款现象，必须及时纠正。最终由于县党部不管他们的经费，也不管他们的人头，指令发下去，大多阳奉阴违，敷衍了事。

于是县农会想要采取措施提高威信，加强指令执行力，欧阳悟和刘公武对此想尽了办法，无奈收效甚微。两人觉得必须搞一场大行动，才有影响力。

后来，想到上年底章营长私放孙少海之前，被群众称为"华容首恶"的华容议长傅道南，潜逃在外，欧阳悟就想如果抓到傅道南，显示县农会的能量，县农会有了号召力，那些乱来的人应该会有所改善，有所收敛。同时也告诉大家，只有真正的大土劣，才应该是农民革命的目标。

欧阳悟说："农民运动的革命对象是为害一方的老虎豺狼，不是猫猫狗狗，如今就好比，要他去打老虎打豺狼打不着，就拿猫猫狗狗出气，这就叫搞错方向了。"

刘公武听了，哈哈大笑，说："你这个比喻倒是不错。"

在武汉的袁芸雪传话给刘公武和欧阳悟，说有人在武汉发现了傅道南。县党部就此召开会议，商议捉拿傅道南的问题，大家一致认为，华容打土豪运动轰轰烈烈，全县城乡都动员起来了，如果能够将傅道南捉拿归案，不仅能够很大程度平息民愤，同时对于下一步工作的开展，也有十分积极的意义。

欧阳悟自告奋勇，愿意只身赴汉将傅道南抓回，他向大家说出了他的计划，得到了县党部同意。

张云襄听说去抓傅道南，要求跟欧阳悟同往武汉，欧阳悟欣然应允。并且两人都表示自愿自掏腰包解决往返武汉的所有费用。

袁芸雪去了武汉以后，在武汉国民政府的老朋友介绍他去《农民日报》当编辑，有一次有华容老乡发现傅道南在武汉，就告诉了袁芸雪，袁芸雪赶紧把消息转告了刘公武和欧阳悟。

欧阳悟和张云襄迅速赶往武汉。

欧阳悟和袁芸雪经过多方打听，终于知道了傅道南躲藏在武昌的一家旅馆。于是，欧阳悟和张云襄悄悄住进了这家旅馆，选择了紧邻着傅道南的房间，每天暗中观察傅道南与什么人来往，去往哪些地方，摸清了傅道南的活动规律。

此时的武汉已经是从广州迁都过来的国民政府的天下，所以，欧阳悟将有关情况一并报告了武汉市公安局，取得了武汉市公安局的积极配合。

趁有一天傅道南与华容几个外逃土劣罗昌、孙伯助、白玖阶聚会时，公安局出动警察，一举将四人捉获。然后，欧阳悟在武汉警察协助下，将这四人直接转解到长沙进行羁押。

张云襄回到华容，便很快将此四人的各种劣迹和罪行，整理成材料，向湖南省政府审判土豪劣绅特别法庭提出控诉，刘公武则代表华容县党政部门出席长沙的法庭审判。审判长谢觉哉会见了刘公武，了解了相关的一些其他情况。经过多次提审和法庭调查，确认证据确凿，最终判决傅道南、孙伯助、罗昌三人死刑。

1927年3月12日，县党部组织了数千人的盛大集会游行，纪念先总理孙中山逝世一周年，同时，将华容几名罪行昭著的土劣带到现场，召开了控诉批判大会。

经湖南省政府批准，华容也很快挂牌成立了"审判土豪劣绅特别法庭"。县长王斌担任庭长，欧阳悟任审判长，刘公武、张云襄等人担任审判员。然

李大钊赴义前留影

后，"特别法庭"对各区乡捉拿的土豪劣绅总共一百三十多名，逐一核实罪行，进行审判。一般土劣予以罚款，或者认捐，之后予以释放，接受农协监督改造。确认有罪的土劣，则判决关押服刑，刑期长短不一。确认为罪大极恶的土劣，则羁押待判，向省特别法庭申报批准后再行处置。

4月底，奉系军阀张作霖联合上海已经与共产党彻底翻脸的蒋介石，在北京杀害了中共创始人之一李大钊。此时汪精卫武汉政府仍然表示坚决与共产党合作到底，所以对张蒋联手判杀李大钊，汪精卫认为是蒋介石对他的挑战，所以武汉国民政府和湖南、湖北国共两方面，都举行了隆重的悼念仪式和游行示威。

在县党部，刘公武看到欧阳悟神情紧绷，他知道欧阳悟有什么心事，于是说："咱们也可以组织一次悼念李大钊先生的大型活动。"

欧阳悟说："这是肯定的，我在想得弄出比较大一点的动静才好。"

刘公武说："叫他们几个一起商量一下吧。"

很快，以悼念李大钊先生为主题，华容县城举行了一万多人参加的规模空前浩大的集会游行。

游行群众举着各种大幅标语和大大小小的挽联，其中由欧阳悟书写在两条大幅白布上的"革命不怕死，怕死不革命"挽联，高举在队伍最前列，格外醒目。

游行队伍停留在县政府门前，提出请愿，要求立即枪决在押土豪劣绅。于是，县党部临时召集全体执委，与县长王斌一起召开紧急会议，会商了一个决定，即：将劣迹昭著、罪大恶极的李知杜、张松青、张执中三人，从监狱提出，由审判长欧阳悟在县政府前坪设立公堂，进行公审。审判完毕，欧阳悟当着全体群众宣布，判处此三人死刑，立即押赴刑场，执行枪决。

随后，欧阳悟又发动群众开始了大游行。

由农协会员、学生和县城群众组成的庞大队伍，跟着何坤带领团防局执刑的枪兵队，押解着三名罪犯，浩浩荡荡行进到北门外放羊洲。枪毙了罪大恶极的三名土豪之后，蔡协民向以各区乡农民协会会员为主体的游行群众，发表了慷慨激昂的演讲。

县农会一系列声势很大的行动，加上特别法庭的成立，确实在一定程度上加强了县农会的号召力和对土豪劣绅的震慑力，各区乡农会的乱象也在较大程度上得到了抑制。尤其是县农会将这一系列行动当作案例，向全县各区乡农协进行宣讲，指出农协的工作，要打的是害人的老虎豺狼，不是猫猫狗狗。经过一段时间整顿，全县农民运动逐渐出现了规范和依法实施的可喜局面。

经历很多事情之后，刘公武考虑，自己也应该加入共产党，才好开展工作。毕竟县党部大多是跨党党员，要不中共决策的很多事务他只能是旁观者，甚至就是一个纯粹的执行者。在与杜修经工作往来两三个月之后，他把自己想加入中共以便于开展工作的愿望写成私信，向杜修经作了明确表达。

杜修经在八十多岁时写的《公武同志遗事》一文中说：马日事变发生的时候，农会特派员邓白带给我一封刘公武的私信，我当即与县委宣传委员徐履仁交换了意见，我们认为，党组织原则上可以接受刘公武同志的要求，但考虑到便于县委今后工作的需要，与其接纳，不如暂时留在国民党内，对县委在华容开展工作更为有利，于是决定暂不发展刘公武同志加入中共。

杜修经报道，他准备就此先向省委汇报后，再找时间向刘公武进行解释，希望他顾全大局。未料马日事变后，局势发生了急剧变化，革命同志被迫撤离，公武同志潜逃武汉，于是便失去了联系。

刘公武见自己向杜修经写的私信没有任何答复，觉得他们可能有什么原因不愿意接纳他加入，也就没有再去考虑此事了。

农民运动中还有一个重要的内容，就是要在农村开展妇女解放运动。

中共华容县委主管农运工运工作的是蔡协民，蔡协民把主要精力放在了各区乡农协，于是县城里有关工运、妇运的工作，就请刘公武代劳了。

刘公武通过走访调查发现，华容县农运的工作都主要靠旅省的学生在做，青运、妇运就更不用说了，只有依靠有文化的学生才做得起来。而华容旅省的女生很少，即使有也极少毕业回华容，一般都趁走出华容的机会嫁到外面去了。所以，华容的妇女运动一直是刘公武这个县党部常委比较挠头的事情。

刘公武左思右想，也不知从哪里做起，他从清末民初男人剪长辫子开始反封建的联想受到启发，一直从清朝沿袭下来女人盘发髻、缠小脚这些陋习，缠小脚的陋习已经消失了，盘发髻却还是普遍现象。是否可以从破除盘发髻这个陋习开始，来发起华容的妇女运动？据说，其他很多地方做妇女解放运动也是这么开始的。

华容这里把盘发髻叫作"巴巴头"，意思就是女人头上的头发盘起来像米粮做的"巴巴"，这只是一种地方俗称，而在将其当作陋习的人眼里，则含有藐视的意味，所以就说，头发盘在头顶一大堆，像巴巴一样难看。

刘公武去找了县立小学一些年龄比较大一点的女学生，希望她们能够上街串门，给女人们宣传剪掉巴巴头的积极意义。县立小学是白谨言先生创立的倡导新学的学校，女生思想相对比较开放，还好，几个小女生很乐意去做宣传工作。结果，没想到在华容这个地方接受"剪掉巴巴头"的女人几乎没有，有想剪掉的，看别人都没剪，于是也打退堂鼓不剪了。

有一天，刘公武回家，刚进门，兄嫂和弟媳妇一窝蜂都躲起来了，就长秀站在那里傻笑。刘公武就问："发生什么事了？"长秀只顾咯咯地笑，母亲板起脸，很严肃地对公武说："都是你做的好事啊！几个女学生跑到我们家里来，说你要她们去做别人家的工作，剪掉巴巴头，可是你自己家里的女人一个个的都不剪，外面还有哪个肯剪呢？"刘公武听了，哈哈一笑，原来如此，说："不剪就莫剪嘛。"

实际上，刘公武也没觉得盘发髻有什么不好看，就是觉得麻烦了点，盘起来做事还不会像拖着长头发那样不方便。

刘公武从没去想过要单独搞个什么妇女运动，心想，男人能做什么女人一起去做就好了，除了女人做不动的事情或者不方便做的事，男人多做点，其他所有男人能做的事，女人都可以去做不就行了，没必要专门去搞什么妇女运动、女权运动，搞来搞去倒显得妇女好像是另一类人似的，大家都这么想，男女不就平等了？

读过洋书的人就是不一样，中国妇女在几千年封建传统中，被男人歧视，少文化，没地位，新时代来了，没有哪一条专门限制妇女的条规，这就是解放，妇女们多读书，多参加社会活动，别把自己当个特殊的群类，这才是关键的。至于家里，社会，都要有人去做，去管，男女分工不同，但地位平等，只有大家和谐和睦相处，家庭、社会才是完整的。

刘公武把这些观点在家里跟大家闲聊时，有意无意地说出来，兄嫂弟妹都觉得有道理，剪掉个什么巴巴头就算解放了，那就是胡扯，多读书，有文化才是关键。

有一天，刘公武在县党部料理公文，忽然来了一大群妇女，叽叽喳喳，吵吵嚷嚷，说要请愿。刘公武问她们请什么愿？一位外号叫作"统领"的，大概相当于老鸨那类人吧，只是她比较年轻一点，站出来指着另一个女人，说："这个姓高的女人，成立妇女协会，搞了一条规定，说一定得身家清白的才能入会，过去反动派时代我们被逼得没办法，如今新社会了，妇女地位都一样，她这是歧视我们，我们必须打倒她，加入妇女协会！"

那个高姓女子叫高婷，刘公武曾在县党部见过她。高婷大声说："肯定不行，她们这些人都做过土娼，不清不白，不干不净，她们要加入了，好多人都不来了，我这个工作怎么做啊？"

刘公武说："这个事情呢，大家要互相理解，首先妇女自己就要团结，不要搞内讧，这位女士说的也对，妇女地位都一样，不能有歧视。大家都是在外谋生活，不能说谁不清不白这样的话。这位高同志，具体怎么做大家的工作，我们县党部还可以和你们一起商量，总之，要解决矛盾，要团结一致。"

高婷说："我没法做工作，反正她们一加入，别人就不来了，我不可能就拉着她们几个人搞妇女协会，那还不让人给笑死了！"

争来吵去，刘公武也被她们给弄晕头了，看样子这两帮人一时半会还真没法调和。后来农村有些乡镇，妇女们自发组织起来谋求解放，都往外跑，去抢男人的事来做，这又是一种走极端，最终家里事情没人管，孩子没人带，夫妻矛盾加剧，然后妇女协会也就自然解散了。

刘公武心想：看样子，妇女解放说起来容易，做起来可能还得假以时日，操之过急是无济于事的。

二、亡命天涯

黑云压城，避乱再离故乡

1927年4月初，上海，春寒料峭。

1日，汪精卫从欧洲归国抵上海，蒋介石当晚即前往拜访。
蒋介石告之，中央监委张静江、吴稚晖、蔡元培等已发起护党救国运动，认为国共合作三年多来，共产党借国民党平台，日益坐大，且于工农中大肆发展庞大武装，企图夺取中国革命领导权，阴谋使中国变为苏联殖民地，如不立即清党，党国岌岌可危。中监委已成立"清党委员会"，列出共产党首要分子197人名单，随时准备"反共清党"工作。

汪精卫闻之，神情泰然，说："'清党'护党，理所当然，救国救民，在所不辞。应该的，应该的。"蒋闻此言，备受鼓舞。

蒋介石日记写道：

4月2日：下午会客，讨论共产党事。为本党计，非与之分裂不可也。

可是，才过了两天，蒋介石日记就有了变化：

4月5日：九时精卫兄来谈政治、党务。余见其与陈独秀联名之宣言，不胜惊异。吴稚晖面斥其附逆分子，彼似有骄矜之气也。

4月6日：上午会客后，往访精卫未晤，乃访子文，在其宅致精卫函后回署。……知精卫已起程赴汉口，乃知其不能与我合作之决心已坚，数次谈话皆是假伪也。

至此，可见当时汪精卫作为国民政府主席仍然坚持与共产党合作，且坚决反对蒋介石与国民党元老派的"清共计划"，亦可见汪在莫斯科会见斯大林时，斯大林与之当面承诺共产党将仍然维护国民党的领导权，不无关系。

4月8日，汪精卫在汉口与鲍罗廷、周恩来等人见面，他手中拿着几份电报，扬了扬，对坐在沙发上的鲍罗廷、周恩来说："回来才两天，蒋介石电报就一沓了！还在力劝我参与清共，他的那点心思我早就看透了，无非就是想独揽大权。搞打土豪分田地的工人农民武装他们害怕。"

其实，周恩来心中明白，汪精卫迟早会跟蒋介石走到一起的，只是目前因为身边共产党势力不容小觑，他得尽可能稳住局面。当然，如果能按照陈独秀的想法继续国共合作，汪精卫还是很乐意的。

此时与蒋介石已经暗通款曲的奉系军阀张作霖，4月6日在北京的苏联大使馆抓捕了李大钊等人，并发现和起获了苏联和共产国际大量秘密文件，以及中共与共产国际、苏联之间往来电报、函件总计一千多份。张作霖当即向蒋介石报告，这些文件，坐实了"共产党阴谋颠覆民国政权"，发现了共产国际给中共的指示"不能让国民革命统一中国"。

蒋介石就此再发电报给汪精卫，告知相关情况，并要求汪立即驱逐共产国际代表、国民政府总顾问鲍罗廷，蒋介石在日记里将鲍罗廷称为"鲍魔"。

汪精卫见此，不免心中大惊，却又疑惑为蒋介石故作耸人听闻之言。彼时通信不畅，难于求证。尤在非常之时，真假莫辨之事，累累皆是，汪存疑于心，未露声色。

蒋介石4月9日离开上海前往南京之前，任命白崇禧为淞沪警备总司令，嘱其联系上海青帮，解决共产党领导的工人纠察队问题。

白崇禧命令解除工人纠察队武装，"没收步枪三千支"，解散上海总工会，彻底清除共产分子。对此，上海总工会13日举行工人群众大会并进行请愿游行，遭到青帮武装分子的机枪扫射，当场死亡三百余人，被抓二百余人。白崇禧下令解散由武汉国民政府批准共产党主持成立的上海市特别临时政府、总工会和一切共产党组织，搜捕共产党员及其支持者，逮捕千余人。共产党人、上海市特别临时政府市长汪寿华被青帮杀害。

这就是著名的四一二反革命政变。

紧跟着，4月15日，广州清共，一天之间，抓捕共产党人及其支持者两千

1927 年，四一二反革命政变中，被国民党军警逮捕的革命群众

余人。然后全国各地许多城市发起了对共产党的全面讨伐、抓捕和屠杀。

汪精卫表面上对蒋介石集团抓捕屠杀中共人士甚为愤慨，认为蒋介石背叛总理革命遗志，罪不可赦。于是，他立即在武汉召开国民党中央会议，宣布永远开除蒋介石党籍，并发出通缉令，全国通缉蒋介石。

蒋介石认为汪精卫"卖党失节"，乃"政治智识不足""昏庸不堪"，终将"为共产党作嫁衣"。接着，蒋介石要求在上海的国民党右派干将们全部移师南京，4 月 18 日，在南京"另立中央"，设立南京国民政府，随时准备跟苏联翻脸了。

南京国民政府，与武汉国民政府对抗，形成被当时称为"宁汉分流"的局面。蒋介石这一"另立中央"的狂妄举动，又引起汪精卫震怒，汪精卫甚至召开军事会议，商议东征讨蒋，要严惩以蒋介石为首的反革命分子。

然而，在汪精卫的武汉国民政府中，有不少国民党官员受到蒋介石的影响，反共情绪也越来越明显。尤其是第三十五军军长何键，指使手下的第三十三团团长许克祥，于 5 月 21 日在长沙发动反革命叛乱。

这就是历史上的所谓马日事变。

外面世界发生的一切，如果不至有生命之虞，则可能很久后，华容这个偏僻小县城的人，才能得到消息。即使马日事变这种关乎国共人士生命存亡的事件，也是发生好多天之后才从长沙回来的人口中得知大概。

华容这边的严峻形势，较之武汉来得更早。

5月21日许克祥在长沙发动马日事变以后没几天，华容和石首逃逸在外的土豪劣绅便觉得反攻倒算的机会来了。6月中旬，土劣李逢春和严希贤，联系到了川军杨森部队，准备进犯华容。

何坤得到消息，带领团防局枪兵队和农民自卫军，开到石首那边的五田渡和调关一带进行防御部署，准备迎击来犯的杨森部队。他们在那边与多股敌军发生了多次战斗，据报，情况不是太乐观。

后来敌人越来越多，何坤首尾难顾，战场消息便无法及时传达至县城。幸得不断有区乡农民自卫军赶来支援，方有几次小胜。据何坤后来讲述，有一次与一百余敌军部队对阵，不仅消灭了大部分敌军，还击毙了敌军一名营长。

敌军来势汹汹，何坤带领的团防局枪兵队和农民自卫军，装备落后，缺枪少弹，且所部人员来历复杂，基本上都没打过仗，枪一响就吓得浑身筛糠，有不少逃跑和投降者。

这几天县城里都很紧张。刘公武坐镇县党部，安排各区分部随时做好撤退准备。

何坤的团防队和各路农民自卫军在与敌军的战斗中，付出了巨大牺牲，这时岳阳的敌军赶来华容，追击何坤残部，何坤立即召开会议，安排大家分头撤离。然后，独自直奔石首联络点，等待可能来联络点的同志。

西线何坤他们连续两天断了消息之后，县党部和中共华容县委感觉情况不妙，便开始了紧张的撤退部署。县长王斌则在何坤去石首那边之后，就跑得没了影。

一天上午，县城东北石山矶那边突然间响起了枪声，蔡协民、欧阳悟和刘公武他们判断，西边何坤抵抗杨森部队已经没了消息，这东边又来敌人了，华容县城绝对待不下去了。只有往南边南县方向撤退。蔡协民安排大家分头通知所有需要撤退的人，分别撤退。

刘公武立即跑往县城各个角落把由他负责通知的人都通知到。然后又跑回家中，跟母亲和长秀说一声要出去几天。

母亲把公武拉到一边，说："五儿，长秀肚子里有毛毛了！我知道你这是怎么回事，瞒我不了，大家都晓得这些日子不对头了。我只要你出去千万当心，保住自己莫出事就好。我看，你先去南县你姑姑那边躲几天。赶紧走，赶紧走，长秀我会照顾好。"

公武点点头，紧紧地抱了母亲一下："我走了！妈您多多保重！"

长秀站在里屋门口，紧咬嘴唇，眼泪唰唰地流。公武向她招了一下手，点了一下头，转身向街西县党部方向跑去。

枪声时有时无，也不知到底怎么回事，县城里乱成一团。

县党部有蔡协民回来了，欧阳悟和熊迪、韩国栋、杨岳斌刚走，他们坐小船过洞庭湖去岳阳。

蔡协民对气喘吁吁的刘公武说："我就等你了，徐履仁也去南县了，我们去那边与他会面再说下一步。"

说完，刘公武和蔡协民就往城西南跑，中午时分，跑到了麻里泗，去到大兴垸平时农民自卫军驻扎的地方一看，蔡大勋一个人坐在大树底下，摇着芭蕉扇在乘凉。

蔡大勋见刘公武和蔡协民慌慌张张跑进来，吓了一大跳。刘公武告诉他："可能敌人打进来了，县城石山矶那边响枪了，城里我们的人都撤了。你跟我们撤南边去吧。"

蔡大勋说："正好，我们去大乘寺，那边农协要通知他们。"

傍晚到了大乘寺，发现大乘区农民协会的人都在，蔡大勋跟他们说了情况之后就不准备跟刘公武他们走了。

刘公武和蔡协民去找地方借宿。蔡大勋骑了一匹马，策马飞奔，回他自己的大兴垸去了。

第二天一大早，当地农协委员长王泽普找来一只小划子，送刘公武和蔡协民去南县县城。从大乘寺这边出发，经过深深浅浅的芦苇荡，小划子划过牛屎湖，告别王泽普，两人上岸，当即直奔县城边刘公武大姑家中，准备在此暂避几日。

趁夜，两人潜入县城，分别去找可能从华容逃过来的同志。

蔡协民找到了徐履仁后，两人住到一起，然后传消息给刘公武，约定时间在南县东堤河边的洪山庙见面，商量日后行止。

大家见面后，总觉得就这样匆忙离开华容，很多工作都没有妥善布置，人员也没有作详尽的撤离安排，实在太不妥当。于是商定次日趁夜一起悄悄返回华容，准备在华容秘密坚持。

6月27日一早，刘公武被一阵急促的枪声惊醒，仔细一听，响枪的地方就在不到一里地的南县县城里。公武正想去外面打听，舅舅李玉才和四哥福林带着刘开国急匆匆地来了，还好公武没有离开，要不就碰不上了。

福林说华容回不去了，川军部队已在昨天开进了县城。6月24日，就在公武他们逃离华容县城那天，县城东北方向响枪，就是岳阳过来的何键部队，他们从洞庭湖注滋口登岸到了华容县城，后来张巨卿的儿子张涤之回到华容，带着军队到处搜捕共产党和亲共分子，团防队和自卫军的人也有被抓的，工人纠察队的欧阳洁、何雅楠已经被他们抓住杀掉了。

福林说："只有赶紧想办法往武汉那边跑，没别的出路。我和才叔送你们。"

刘公武要刘福林去城里找蔡协民和徐履仁，但因为军队进城了，两人已不知去向。

蔡协民和徐履仁那晚住在南县县城，一早听到枪声就往北跑了。一路马不停蹄跑到了石首县城，当晚在联络点见到了何坤。于是何坤安排蔡协民、徐履仁，还有先到这里的程学敬、欧阳熙，一起去调弦口坐船，往汉口躲避。

然后何坤独自一人在联络点待着，想看看还有没有没来得及撤走的同志到联络点来。等到第二天早晨，6月28日了，十多个小时都没有人再来，何坤便决定立即去调弦口坐船撤往汉口。

6月28日上午，福林和李玉才陪着公武、刘开国走小路到三仙湖，然后租了一条小船，准备过洞庭湖去岳阳。晚上船靠南大膳，有从岳阳过来的船家说，前两天有三个从华容逃往岳阳的人被驻军抓住枪毙了。

岳阳很危险，于是他们决定去城陵矶。小船包括船夫总共五个人，靠摇橹划桨走得慢，所以第二天天还没亮船夫就开船了。船靠城陵矶之后，躲在偏僻处，福林一人先上岸去打听情况。半个多时辰，福林着急忙慌地回来了。

福林告诉大家："6月24日那天，在岳阳的张涤之听说有共产党从华容逃出来，他就密报给驻军第三十五军第一师副师长兼团长周磐，周磐派人跟张涤之去岳阳火车站，在那里等着抓华容跑过来的共产党，张涤之一眼就认出欧阳悟、熊迪和韩国栋，三人不幸落入敌手。"

公武问道："杨岳斌呢？他们一路是四个人啊。"

福林说："不知道，反正他们只抓了三个人。"

刘公武一听自己亲如兄弟的欧阳悟被害，悲痛万分。

"岳阳也不能去了，太危险。"福林警告公武和刘开国。他们在船上一直等到天黑，福林找熟人借了一艘带船篷的铲子船，这种船船体宽，吃水浅，划起来快。福林和李玉才都是开这种船的老把式。他们往南绕过岳阳，在南边湖滨的黄沙湾上岸。

福林告诉公武，二哥还在武汉，可以去找他商量下一步。如果武汉形势紧张，那就要小心又小心，千万不可轻举妄动，安全第一。

公武告别了四哥福林和舅舅李玉才，趁着黑夜伸手不见五指，和刘开国朝粤汉线火车道走去。

一列从南边开过来的货车，在快进岳阳站的时候慢了下来，公武把塞着几件衣服和四哥给的盘缠的布袋子扎紧在背上，和刘开国趁机跳上火车，爬到车顶，匍匐着，一动不动。

货列在岳阳站没有停下来。月台上的一阵灯光闪过之后，列车轰隆隆穿进黑洞洞的夜幕，一直朝北开去。

6月30日凌晨将近两点的时候，车到武昌南郊，公武和刘开国从车上跳下来，找个小树林子，两人疲惫不堪地躺在地上，长长地吁了一口气。

刘开国说："公武，你说，如今这突然发生的叛乱，到底是国共翻脸，还是军阀作祟？"

刘公武说："谁知道呢，长沙许克祥、岳阳周磐，都是何键手下，何键是跟着汪精卫的，莫非何键背叛汪精卫了？或者汪精卫直接跟共产党翻脸了？可4月份蒋介石在南京上海抓共产党的时候，汪精卫还发誓不会跟共产党分手呢。还有刚投靠北伐军的杨森，他又唱的是哪一出呢？湖南叛军之乱缘起何处呢？总之，这次都是冲着共产党来的，没准汪精卫也清共了，要是这样，我这顶'亲共分子'的'帽子'肯定跑不脱，那我们在武汉也待不下去了。"

刘开国说："真让人想不明白啊，这乱的。"

刘公武说:"先别猜了,休息一会,天亮了去汉口我二哥那里,事情就清楚了。"

国共反目,孤身远涉南洋

在这"城头变幻大王旗"的年月,国共高层,左右两派,关系本就错综复杂,一言不合,就不知弄出啥事来。军队也是这样,今天跟着这个,明天又投靠那个,转过身来就让人搞不清又成了哪路神仙。

刘公武和刘开国天没亮就过了江,赶到了刘巨楼那里。

刘巨楼安顿好两人,告诉他们:"武汉好像还算太平,只听说军队要工人纠察队把枪交了,不过也还没发生什么事,就是搞不清湖南怎么会跟蒋介石一样抓共产党。总之,你们两个必须多加小心,就算不怕武汉这边发生变化,也要防备张涤之派人追你们。"

晚上,刘公武和刘开国去找袁芸雪,才知道湖南为啥会发生如此剧烈的变故。

袁芸雪说:"蔡协民、何坤、徐履仁、程学敬,还有张云襄,他们好几个人昨天一早到的汉口,华容是回不去了,反动派疯狂得很。汉口这边,目前看起来汪精卫本身还没什么大的变化,但是孙科、徐谦、谭延闿这些人就难说,手下军队总在搞事,要求共产党领导的农民自卫军和工人纠察队,都要放下武器,或者并入军队。听说中共中央和苏联顾问在跟汪精卫他们交涉这事,我估计,结果多半是凶多吉少。"

7月初,武汉暂时还算安定,刘公武和刘开国不好闲住在刘巨楼那里,都想找个事情做。他俩一起去《农民日报》找袁芸雪。

《农民日报》社社长是董必武,报社编辑记者和工作人员,大多是中共党员,本来是国民党党员的袁芸雪,这时已加入了共产党,后来在汉口跟何坤成了莫逆之交。

一晃过去一个多星期,工作没找到,刘公武跟何坤、蔡协民、徐履仁等人都见了面,并得知蔡大勋等人在华容被反动派抓住杀害了。

北伐战争时期的张发奎

何坤和蔡协民、徐履仁等人，在汉口见到了毛泽东。毛泽东说何坤在华容杀了不少土劣，这名字太打眼，反动派不会放过他，于是他给何坤改了个名字，叫作"何长工"。然后他们几个都被毛泽东设法安排进了张发奎的国民革命军第二方面军警卫团。

刘公武也想去国民革命军司令部找个文职工作，没想到见到了在复旦读书时的校友徐文台。徐文台这时在国民革命军总政治部做政治教官，寒暄一阵之后，听公武说要找事情做，便说："正好啊，有一个特别适合你的事情！"

两人一听，心想真是踏破铁鞋无觅处，得来全不费工夫啊！

徐文台说："国民革命军第二方面军张发奎、叶挺他们在忙着组织东征讨蒋，正筹备去九江办一份《革命军时报》九江前线版，急需要人，公武兄可是我们当年的学生领袖，此等小事，可愿屈就？"

公武说："啥屈就？为国民革命奉献力量，都是大事，不过，要去就是两个人了。"公武指着刘开国，笑着说："这也是个耍笔杆子的。"

徐文台说："那太好了！别说两个人，你带去的肯定都是能做事的，三五个都没问题。已经有人到九江去了，我马上就可以到总政治部去开一个介绍信，你们明天就坐船过去。今天太晚没船了。"

刘公武跟二哥刘巨楼说找到事情了。刘巨楼听说去九江，还是编什么前线版报纸，感觉五弟就要去上战场一样，特别担心。

刘巨楼说："老五啊，前线版，那就是专门配合打仗编的临时报纸咯，不是长久之计，战事一开，谁输谁赢，哪个都搞不清。不是我说丧气话，讨蒋，我看有点悬。你还是得做好几手准备，从我这里多拿点钱，要是不好做，早作打算，白瑜在蒋介石那边，你找他还靠得住一点。"

公武说："知道了，哥，放心吧。白瑜去苏联留学了，还不知回来没有，就算回来了也不知到哪里去找他。没事的，就算有事，我俩商量着办，开国不是糊涂人。"

刘开国说："二哥，我不会离开五哥的，我们会互相照应着，你就放心吧。"

这次华容那么多人被抓，被杀，事情还没过去呢，刘巨楼哪能放心啊。尽管不放心，刘巨楼还是跑进跑出，忙里忙外，把衣服、盘缠全都给他两人准备好了。

第二天一早，刘巨楼便送他俩上了去九江的轮船。

公武站在船头，一直向二哥挥着手，刘巨楼望着轮船消失在茫茫远处，还站在码头上发呆，害怕和担心，在心里交织、翻滚，他有一种莫名的后悔，后悔当年没把老五强拉着跟自己做生意。不过一切都迟了，此刻，他只能在心里默默祝福老五一切安好。

7 月 13 日，中共中央五人政治局发表了一个《宣言》，声称：目前革命已处于危机之时刻，武汉国民党中央已准备公开政变……因此，决定撤回参加国民政府的共产党员……

8 月 1 日，周恩来、刘伯承、贺龙等人发起南昌起义，起义部队迅速占领了南昌城。宋庆龄、毛泽东、林伯渠、董必武、谢晋等二十二名国民党中央委员联名在当日南昌《民国日报》发表了《中央委员宣言》，严正揭露"武汉与南京所谓党部政府，皆已成为新军阀之工具，曲解三民主义，毁弃三大政策，为总理之罪人，国民革命之罪人"。

此时刘公武正在武汉和刘开国一起找事做。华容"刘复兴号"则因为他搞农运，打土豪劣绅，受到株连而被查封，关门一个多月。

那天送老五上船去往九江之后，刘巨楼就收到了"刘复兴号"被查封的消息。他紧跟着立即赶回了华容，跟老三刘晃、老四福林一起，到处托人说情，并认了罚款，这才准予恢复营业，可"刘复兴"的生意还是遭受了很大损失。

南昌起义后，湖南省政府发出通缉令，执行汪精卫"武力清共"的指令，公开通缉逃走的共产党员和亲共分子。刘公武、刘开国、蔡协民、何坤等一大批逃离了华容的农运活跃分子，都列名于通缉令。

刘巨楼得知老五列名在通缉令上，便以返回汉口谈生意为名，赶回汉口，并带上足够的盘缠，迅速去往九江找老五。临走，母亲李汉贞反复嘱咐老二，找到老五就马上打电报回来，就说生意谈妥了。刘巨楼领命而去，李汉贞则一连几天在家坐立不安。

8月10日左右，共产党在九江的部分起义部队已经离开了，刘公武和刘开国正在茫然不知所向之时，刘巨楼找到了他们，要他俩以生意人的名义去上海，找谁谁，再从上海坐海轮去南洋，先躲避一阵再说。

同时，刘巨楼立即给福林发出"生意谈妥"的电报，告慰家人。然后给老五和刘开国整个旅程作了一个详尽规划，并一直送他们上了去上海的轮船，这才忐忑不安地返回汉口。

刘公武和刘开国从九江坐江轮到南京，为了省时间，两人又从南京改乘火车到上海，从上海坐海轮到香港，然后再乘海轮到新加坡，一路颠簸二十多天，两人终于安全抵达新加坡。

一上岸，刘公武便立即发电报给刘巨楼，在汉口等老五的远洋电报，等了二十多天，刘巨楼那颗悬了二十多天的心，才终于放下！

星马传铎，心系家国难眠

1927年9月初，刘公武和刘开国经历了近一个月栉风沐雨、踏浪搏涛的万里征程，安全抵达马来半岛南部的新加坡城。

此时的新加坡，乃马来联邦所属的一个港口城市，马来联邦是英国殖民地，主要居住的是马来人。中国从唐宋时期就有移民来此求生，明代郑和下西洋之后，华人更是大量移民定居马来半岛。20世纪二三十年代为大陆华人移民马来亚的高峰时期，据记载，仅仅 1922 年至 1939 年十七年间，中国大陆就有超过五百万人移民定居马来半岛。这些移民绝大多以两广和闽浙沿海地区种田打鱼、工匠手艺的平民为主，他们在此繁衍生息，养育后代，迫切需要文化知识的滋养，故而来自中国大陆的文化人士，在这里备受尊敬，广大华侨急需大量能够创办华人学校、传授中华文化的有识之士。

因此，1927 年下半年刘公武他们来到星马，正是这里商界、文化界兴起创办各类华人学校的黄金时期。

做生意的人往往会选择新加坡这个港口城市定居，而更多的普通平民，则需要土地耕种，用以维持基本生活，因此他们大多会选择新加坡北面，隔着狭长柔佛海峡的柔佛州，安家立业。

异国他乡，初来乍到，刘公武和刘开国两眼一抹黑。

首要大事，是维持生计，必须先找一份工作。还好这是两个受过高等教育，且经历过社会风雨洗礼的头脑灵光的年轻人，做起事来有分寸，有讲究。

他们找了一家普通的旅馆住下来，买来报纸杂志，一来熟悉地理环境，风物人情。由此，他们知道了"新加坡港"所在的这个岛叫"星岛"，大陆人习惯叫"新加坡"或者"狮城"，"星马"是星岛和马来亚合起来的简称。二来查找从上海、武汉、长沙等地近些年过来的文化知识界人士的有关信息。三来查阅招聘广告，不放过任何一条有关联的信息。

他们研究发现，从星岛到马来半岛的柔佛州，一直往北到吉隆坡、槟城，到处是华侨学校。这是一条重要线索。

刘公武记起在汉口与徐文台聊天的时候，徐文台说过有当年的好几个复旦同学，一毕业就来到星马谋生了。学教育学专业的，一般来说应该在学校谋职。于是，他们准备去著名侨领陈嘉庚创办的南洋华侨中学找找看。

第二天一早，两人按图索骥，往南洋华侨中学方向走去，一路上看到好几所华侨学校，两人便改变原计划，看到一所学校就去打听，问有没有来自上海的、江浙湘鄂的老师，没想到，在第一所华侨学校就找到了刘公武的一位复旦校友。

此人叫廖星，当年也是复旦民社的国民党员，只是他那时刚好毕业，有幸没被纳入"激进危险分子"之列，谋生过程中，几番碰壁，让他厌烦了各种政治争斗，他只想在自己的专业方面有所成就，便远赴南洋，在星岛一所华侨学校当了老师。

廖星说："上学期就有马来亚柔佛州那边一所华侨小学想聘我去当校长，前两天还来问了，我这边实在是不好告辞，于是就婉拒了。我写个信给那边校董，你赶快去找他。不过地方比较远，在柔佛州北边的昔加末，离这里有二百多公里，太偏僻了一点，这也是我拒绝的原因之一。不过，到吉隆坡只有一百多公里。"

刘开国说："不管它远近呢，公武当校长，我去当老师。"

刘公武说："确实，先找个饭碗，干了再说，管他呢，开国肯定一起去，总会有事做。"

廖星说："现在还早，可以赶得到的。从这边坐黄包车到柔佛海峡南岸兀兰码头，坐渡船过海，七八百米宽，北边到新山，再租个马车，可以在天黑之前赶到昔加末。信写好了。介绍老兄去比我强多了！哈哈，我也对他有个交代了，还得多谢老兄了！"

两人立即谢别廖星，回到旅馆取了行李，说走就走。

就这样，刘公武和刘开国去了马来半岛柔佛州的昔加末埠华侨小学，公武顺利被聘为校长，刘开国被聘为国文老师。

这地方确实太偏僻了，进来了，想出去一趟，哪怕就到最近的大一点城市马六甲，也有八九十公里远。干脆两人就哪里都懒得去，吃住都在学校，周日就在小镇里转悠转悠。

不久，刘公武接到三哥刘晃写来的信，告诉他，长秀不幸患热病去世了，连同她肚子里的孩子。

刘公武顿时头晕目眩，一阵巨大的哀痛袭上心头。长秀与自己青梅竹马，一起玩耍，一起长大，两人几乎从未红过脸，吵过架，只要他在家里，长秀总是无微不至地照顾着自己。虽然他总觉得两人更像兄妹，而不像正儿八经的夫妻，而那一份眷恋，却是任何人都无法比拟的。

为此，刘公武很长一段时间沉浸在哀伤之中，刘开国的悉心抚慰也无济于事。

干了一个学期，除了写几封往来都得万分耐心等待的书信，两人几乎就与外界断绝了关系，感觉太憋闷。再者，教一群小学生，实在也用不着复旦大学和湖南大学毕业的大学生，且还是满怀着一肚子革命热情的年轻热血之士。

刘公武和刘开国商量着，帮着学校安排好接班人后，他俩必须离开这里。

廖星也觉得刘公武他们俩去昔加末只是权宜之计，于是，在廖星的帮助下，刘开国去了星岛一家华侨女子小学当校长。刘公武不愿意再教小学，去马六甲城南边不远的麻坡华侨中学谋了一个英语老师的职位。

两人在昔加末干了半年就离开了，各奔前程。

这时已经是 1928 年春天。

在莫斯科中山大学读书的白瑜，因国共合作破裂，在刘公武亡命天涯之时，被苏联"遣送回国"。就在这个春天，他被安排到南京中央军校做政治教官。

宁汉合流后，国民政府定都南京，蒋介石将党政军大权独揽于一身。汪精卫又借口赴欧洲"养病"去了。

1928 年 4 月，蒋介石重开北伐，6 月 8 日北伐军开进北京，北洋政府统治宣告结束。此后不久，根据孙中山当年制定的"军政、训政、宪政"革命三段论，国民政府宣告"军政时期"结束，进入"训政时期"。

这期间的 6 月 4 日，东北发生了日本人炸死奉系军阀张作霖的"皇姑屯事件"，导致张作霖之子张学良很快倒向蒋介石南京国民政府，故而蒋介石 6 月 8 日再次挥师北伐，便有了张学良的配合而得以顺利进驻北京。

张作霖作为北京民国政府的大将军，被日本人暗害，必然引起海外华人的激烈反应，华侨们也从"皇姑屯事件"看出，日本人企图全面占领东北的野心愈加猖狂。海外爱国华人游行集会，发出"赶走日本人""打倒日本帝国主义"的强烈呼声。

此时，集党政军大权于一身的蒋介石决定，1929 年春天召开国民党第三次全国代表大会，为了压制党内因北伐后裁军引起的一片反对之声，蒋介石把持着代表产生权，超过三分之二的三大代表，都由蒋介石的御用代表组成。于是，就这一次"圈定代表"事件，蒋介石就把国民党原来的左右两派大佬都得罪个精光。而对于当时全国呼吁"把日本人赶出东北"的呼声，蒋介石当然不予理睬。一时间，蒋介石成了国民党内一班人反对独裁专制的活靶子。

1929年，国民党第三次全国代表大会开幕式

　　许多国民党人出于对蒋介石的失望，远走海外，星马也成了海外国民党的重要活动基地。

　　海外国民党人士吸取过去教训，为防止共产党渗透，他们在海外旅居者中登记国民党党员时，也搞"清党登记"。

　　刘公武也登记了海外国民党党员，常常与同仁们讨论安国强国大计。而刘公武原来是国民党左派，始终都是与共产党员在一起共事工作，他还喜欢在给中学生上课的时候，对于帝国主义的领土扩张、殖民掠夺等行为，多有指责批判言辞，特别是针对日本人在东北的强盗行为，刘公武更是表达了无比愤怒的谴责，以此激发学生爱国热情。故而，刘公武诸多言行，让人联想起共产国际和中国共产党的"打倒帝国主义"的口号。于是，就有人将他举报。

　　英国殖民政府将刘公武抓捕入狱，然后进行调查，结果查无实证，坐了三天大牢，刘公武就被麻坡华侨中学校董会作保释放。

　　刘公武回到学校时，他的学生欢呼雀跃，热烈欢迎刘老师回到讲台。

　　刘公武对待教学非常认真，深受学生爱戴。但是，他真正的心思却不在于教书。他总在思索着国家的兴盛、民族的崛起等一类宏大主题。可他思来想去，总有一种找不着边际的茫然感。一战以后，欧洲各国迅速崛起，尤其德意两国不仅遭受过战争的摧残，也背上过战后赔偿的沉重包袱，可十多年过去，他们又很快迈进了"强国"的行列，他渴望去探索其中的奥秘，去寻求其中可能存在的适合于自己祖国"安国、治国、强国"的道路。

每天夜晚，躺在床上，他想念亲人，想念家乡，想念朋友。更多的时候，脑子里却不断翻腾着各种纷繁复杂的思绪，让他经常久久不能入睡。

刘公武经常写信给母亲和哥哥们，也写信给在长沙读书的和林、经纬两弟弟。1929年春节后，刘公武在给哥哥们的信中，提出了想去德国留学的想法，希望得到哥哥们的支持。

对此，刘巨楼、刘晃、刘福林，六弟刘和林，还有母亲李汉贞，一起进行了商量。刘巨楼发了几句牢骚，说老五不听他的，也没干点实事，给家里带来麻烦倒是不少，搞得如今"刘复兴"的生意也大不如前了。

那次刘公武逃离华容后，"刘复兴商号"因为出了个"亲共分子"刘公武，而被查封一个多月，被罚巨款，元气大伤。重新开张后，因为县城里好几个曾经被县党部和农协整过的土劣，跟"刘复兴"是同行，也开着大商号，他们经常使坏排挤"刘复兴"，因此，刘巨楼兄弟的生意做得很艰难。

尽管如此，刘巨楼也只是发了几句牢骚。四哥刘福林则表示全力支持，三哥刘晃家庭负担比较重，福林说三哥就算了。李汉贞则说："只要老五不是拿钱去做坏事，兄弟间能支持就多支持点吧。"李汉贞长叹一声，再不吱声。

儿子们知道，长秀的事让母亲一直都过不去，母亲总在念叨，悔不该的，就是不应该让长秀回娘家去。

正是刘公武避难去南洋刚到新加坡的时候，长秀挺着大肚子，五十八岁的李汉贞，因为一辈子太劳累，不仅衰老得快，落下病痛也多，在店里在家里她都没法照顾长秀。长秀就说，她娘反正在家闲着，就回娘家由她娘照顾好了，李汉贞觉得也行吧。可是，长秀的妊娠反应一直很强烈，她娘认为女儿得了火病，自己抓了药熬给长秀吃，没想到，长秀吃了两副药之后，不仅吐食吐水，连血都吐出来了。一天晚上，长秀突然一口血喷出来，之后，昏厥过去，再没醒来。

这件事带来的巨大哀伤，让李汉贞身体一下子垮下去就没恢复过来，她一

1929 年在新加坡，赴德前夕。前排右一为雷立品，右二刘公武，右三刘开国；后排左一为杨任严，左二为胥书昶

直责怨自己，没把老五媳妇照顾好，对不起老五。天下善良厚道的母亲，其伟大莫若如此！

刘晃写信告诉老五时，怕老五怨怼，就没说这些，后来老五回国之后兄弟们闲谈之中才告诉他的。

四哥福林后来负担了刘公武留学德国的大部分费用，他要老五如果缺钱就告诉他，不要跟老二和老三说了。因此，刘公武在德国留学时收到的钱，全都是四哥从汉口寄给他的。

刘公武在马来半岛柔佛州教书的一年半时间里，曹国宾和袁芸雪也先后来到南洋。曹国宾比刘公武大六岁，1917 年从湖南一师毕业后就去印度尼西亚留学了，1926 年才回国，在华容跟刘公武一起共事。他对星马很熟悉，熟人朋友多，1928 年从国内一过来就被聘为马来亚怡宝中学校长。其实他对教书没有一点兴趣，早就想去欧洲留学，听刘公武也打定主意了，说："我们走的时候，跟朋友们要做个暂时告别吧？"

刘公武说："好啊。"

刘公武想邀袁芸雪、刘开国一同去欧洲，可袁芸雪这时在柔佛州丰盛港华侨小学刚做了一个学期的校长，顺风顺水的，他说："那次逃出武汉，我就改名换姓，在华东各地漂泊了将近一年，到这里好不容易安定下来了，再不想漂泊了。"

倒是刘开国爽快，说："我去不了，不过你们走之前，我来负责举行欢送仪式，把咱们几个老乡和五哥的同学，都邀请过来到我这里聚一聚，五哥给我那么多关照，也好趁机表达一下老弟的感谢之情。"

临行前，公武的复旦同学澧县人雷立品提出一起去合个影，公武说："我就叫上刘开国，你看还有谁。"于是雷立品叫来了杨任严、胥书昶，五个人一起去照相馆合了个影。

告别了星马一众朋友，1929年1月下旬，刘公武和曹国宾结伴，登上了从新加坡开往欧洲的海轮。这年的春节，他们就在茫茫印度洋的海轮上，与一群漂洋过海的陌生人一起度过。

留学德国，两年不倦求索

刘公武和曹国宾搭乘的这艘海轮，是一艘从新加坡往返法国马赛的邮轮，一个单程便需要二十天以上。

因为邮轮客货兼运，大宗货物的等候，加上海洋气候变幻莫测，同样一个单程，停靠时间和航行时间都不尽相同，一万海里以上单程之间，经常相差十天半月都是常事。因此，百年前的人们办事，很多时间都消耗在旅途中。

船过印度洋，进入亚丁湾，将要经过红海的时候，这艘法国邮轮停靠在法国殖民地吉布提港口。船员通知旅客，轮船将在此港停靠一天，各位旅客可以上岸作短途观光或者购物。实际上，多数情况下这不是在等什么，而是殖民者为了带动当地经济而采取的一种手段，就如今天各地的旅游，故意让游客把更多的时间消耗在土特产商场一样。

刘公武和曹国宾准备下船去看看。曹国宾说："以后咱们也可以说到过非洲了。"

走出船舱，船舷边围着一群白人在大呼小叫。只见一个白人向海里抛出两枚银币，岸边几个黑人男孩便立即一个猛子扎进水中，一会便有小黑孩嘴里衔着银币踩着水挥动双手。船舷边的白人们便哄起一阵喝彩。

"走吧，别看了，耍猴呢。"刘公武拉了曹国宾一把。

上岸后，路两旁参差错落一些摆地摊的，卖水果的，卖当地一些花花绿绿纺织品的，还有支起摊子，挂着琳琅满目的各种银器的，只是那满地尘土，一阵风过，便尘雾弥漫，可这些人似乎都不当回事。

两人走近一个千疮百孔的布棚子，很多包头扎脑的黑人在吃东西，显然，这里穆斯林不少。棚子里面，苍蝇乱飞，怪味刺鼻，曹国宾走到旁边就赶紧走开了。

曹国宾说："看样子吉布提够穷的，法国人在这里搞殖民地，也不给当地人建个市场，不像话。"

刘公武说："市场肯定建在城镇里面，首先考虑的是方便权势者。估计这些摆摊的人，在这里还算是活得比较好的呢。"

正说着，脚步稍稍落后的曹国宾，被一个黑人男子拦住，向他伸出黑乎乎的大手掌。曹国宾知道这人向他讨钱，他对着这黑人狠狠瞪了一眼，做出一副凶相，然后继续往前走。

曹国宾赶上刘公武："他怎么不问你要钱啊？你长得像白人，白人才是有钱人呢。"说着，跟刘公武并排继续往前边走边看。

刘公武正要取笑他，曹国宾突然猛地向前一趔趄，差点扑倒在地。刘公武立马扶住他，然后转头一看，是刚才讨钱的黑人男子推了曹国宾一把，然后他就飞快地跑开了。

刘公武说："你欺负他了吧？哪个民族的穷人都是人，有自己的尊严，不可欺负的。你给他一个银毫子不就完了？"

曹国宾站稳身子，说："唉！就瞪了他一眼，船上不是有人说了吗，在这公众场合不能给他们钱，你一给，马上就会围上来一大堆。"

刘公武哈哈大笑："那你也别瞪他呀，这叫作有仇必报。你记住，什么样的人都不是好惹的，异国他乡，更不可轻易得罪人。"

曹国宾哭笑不得："你都成哲学家了。"

海轮驶过狭长的红海，经苏伊士运河进入地中海，2月中旬才到法国马赛港。两人在马赛玩了两天。曹国宾说："我去瑞士，补好哲学课和政治学课再跟你玩。要我说，老弟就别去德国了，去瑞士吧。"刘公武说："我早就选好柏林大学了，不变了。"

1931 年，刘公武于柏林皇家公园摄影留念

于是，曹国宾进了瑞士的圣加伦大学。他毕业后一直做国民政府外交官，1949 年之前一直在国际联盟中国代表团任书记，相当于现在的驻联合国代表。1949 年去台，曾被派驻美国旧金山、西雅图等地担任领事。80 年代老年时与刘公武有过书信往来，谈论两岸统一诸等大事。

刘公武则前往德国柏林大学，先在德语学院学习语言，兼听政治经济学课程。半年后德语结业，转入柏林大学政治专科学院政治经济系继续学习。

刚进政治学院，一次上公共课，听教授讲欧洲政治思想史，他听到坐在旁边不远的一个中等个头的年轻人说话带着湖南腔，便在下课前递过去一张纸条：你好！老乡，如有空，课后一晤可否？那人看了纸条后，朝刘公武善意一笑，抬起右手做了一个 ok 的手势。刘公武笑着点头，翘起左手大拇指表示致意。

课后，两人走出教室，找草坪树荫下僻静处坐下，分别做了自我介绍。

此人叫夏乘，从法国巴黎过来，湖南新化人，他说只是学校旁听生，旁听政治学院一些课程，想要深入了解欧洲政治思想史、世界哲学史。

初次见面，相互之间不太了解，自然都不会说太多身世经历。然一来二去，逐渐熟稔，交谈愈深，刘公武觉得夏乘稳重而深沉，同时博学多才，令人敬佩。

看上去，夏乘是一个值得信赖的人，刘公武向他提起了自己在国民革命中所经历的许多事，如何到的星马，然后当老师，又为什么要来这边留学，其真诚而恳切的态度，让夏乘消除了对刘公武的疑虑。夏乘认定这是一个富于热情、追求革命的年轻人。

可是，夏乘从来不说自己的身世，刘公武也从不问他。

夏乘说他在柏林组织了一个中国语言组，翻译一些思想、哲学著作，大多有关马克思主义思想理论。夏乘经常叫刘公武参加中国语言组和德国共产党开展的一些活动，有时还参加德国民众的示威游行。

没过多久，夏乘要胡兰畦（1901—1994）和郭则沉（1906—1973）组织留学生中的进步分子学习马克思主义思想。开始的时候零零散散几个人，其中还有两个十五六岁的"小同学"，一个叫章文晋（1914—1991），浙江人，一个叫张崿（1913—1938），四川人，各种活动都有这两个"小同学"活跃的身影，他们有时也去柏林大学旁听哲学或者政治学课程。

在柏林留学的中国学生不少，在最初几个人影响下，参加学习的人逐渐多起来，当有了十几个人的时候，夏乘就主持成立了"马克思主义学习小组"，对外叫作弗德斯，就是体育爱好者小组的意思，后来最多发展到二十几个人，主要由胡兰畦和郭则沉负责召集和确定每次学习内容。

这个小组每个星期聚会学习一次，学习的地方也不固定，往往是周六或者周日，夏乘带领大家，名义上是出去开展晒太阳、游泳、登山、野炊等户外活动，走出去之后，觉得哪里方便就在哪里住下，有时候在山坡上、草坪里、树荫下，有时候在农场里，在农民家，偶然也在宿舍里，主要是学习马克思主义理论，或者听演讲，开展讨论，交流学习心得。

夏乘也给大家讲课，《左派幼稚病》《共产党宣言》，是他主讲过的两个主要课程。

学习小组中，至于谁是共产党，谁是国民党，或者无党派，相互之间即使能够猜得出来，大家也从来不说。

有一次，夏乘带来一个北平的留学生，叫李连山，后来有人告诉刘公武，他是冯玉祥的大舅子。李连山比较爽直，说话没多少遮拦，倒是跟不太轻易说话的刘公武很谈得来。

后来刘公武得知，李连山和郭则沉都是杨虎城推荐到德国留学的。参加过一段时间学习之后，李连山私下对刘公武说："这个学习小组，就是一个共产党的外围组织，除了夏乘和一两个组织者之外，估计没有几个是共产党员。"

刘公武说："看上去你还不是共产党咯？"

李连山说："嘿嘿，不是。郭则沉是组织者，跟夏乘关系最密切，还有胡兰畦，说起话来跟夏乘差不多，一般来说他俩应该是共产党员，我跟郭则沉提过想要加入共产党的事，他不置可否，可能怕我大嘴巴不牢实吧。"

李连山住在柏林郊区，在那边一个工业学校学习，刘公武没有学习活动的时候也跑他那里去玩。

学习小组的"小同学"章文晋有着出色的德语天赋，还写得一手好字，据他说还与夏乘一起翻译《共产党宣言》，并用他规规矩矩的宋体字誊写成蜡纸油印版，印成小册子分发给大家，有的还送往法国去了。

直到1931年再次到新加坡，在华侨中学图书馆看到创造社的杂志上有郭沫若、郁达夫、成仿吾的照片，刘公武才知道夏乘就是他在上海读书的时候，很多复旦学生顶礼膜拜的大名鼎鼎的创造社发起人成仿吾。

上海一二·八事变之后没多久，刘公武从新加坡回国，跟李连山在上海的街头看见了成仿吾，他正在和另一个人在人行道上边说边走，刘公武觉得为了他的安全起见，不便去打招呼，便装作没看见，和李连山一起走开了。但这次却让刘公武想彻底了解一下这个人，经过查找资料，才知道成仿吾曾在广州大学当过物理系的力学教授，还教过德语和文艺理论，并且在黄埔军校兼职当过政治教官，刘公武这才明白，难怪他那么博学多才。中华人民共和国成立后成仿吾在中国人民大学当校长，那时刘公武被派去北京学习，于是专程去拜访了成仿吾，成仿吾才算完全亮明了身份。

而章文晋则在德国的时候，就见过周恩来，后来回国，他很长一段时间担任周恩来的秘书兼翻译，中华人民共和国成立后一直从事外事工作，曾任外交部副部长，三次出任中国驻美国大使。章文晋在晚年回忆刘公武时说："我早年留学德国，有缘与公武先生结识，朝夕相处，受益良多，那时，与我们在德的还有成仿吾、廖承志、张崿（张澜之子）、胡兰畦、谢用常、张铁生等长者，可谓群贤毕至，风华正茂，而我追随长者，三生有幸，获益匪浅。"

1929年11月中，刘公武收到四哥福林寄来的信函，告之母亲李汉贞于10月底因病去世，且言临终之时，仍然不断念叨五儿，牵挂五儿安危。刘公武读此，掩面痛哭，伤心欲绝。母亲一生，创业兴家，历尽苦难，养育子女，尝尽艰辛，自己不仅未能尽孝几分，倒让母亲牵肠挂肚，未及花甲便匆匆而去，如今天遥地远，竟就此阴阳两隔，音容莫瞻，子欲养而亲不待。每念及此，公武便忍不住涕泪长流，肝肠寸断。一连很多天，他都郁郁寡欢，无精打采。

这天，公武从学校走回住处，腿都抬不起来，很累很累，感觉处于崩溃边沿。他在房东老太太家门前台阶上坐下来，想先调整一下情绪再进去。

仰望天空，蓝天上白云飘荡，苍鹰在白云间自由飞翔。公武一边深呼吸，尽可能腾空脑子杂念，集中于一点：我必须顺利完成自己的学业，唯有如此，方能对得起抱憾离去的母亲和辛苦打拼的兄弟们。

这时，同租老太太房屋的学校工友、犹太女孩艾丽塔，已经悄悄坐在他身边。每天刘公武放学回来的时候，艾丽塔没一会儿也下班回来了。

艾丽塔说："莱昂，你看，白云多自由啊。"

刘公武轻轻回复她："嗯。"

莱昂，是女孩给刘公武取的名字，开始她叫他"刘"，后来觉得这个发音不响亮，也不够男子气，就说叫"莱昂"吧，莱昂在德语里面就是"雄狮"，艾丽塔觉得好多了。那时，刘公武哈哈大笑，说："你觉得叫什么好，那就叫什么吧。名字就是一个符号，不过我还是要谢谢你，给我取了一个如此勇猛的名字。"

艾丽塔听老太太说，莱昂母亲去世了，这几天很伤心。这时，她很想安慰安慰莱昂，可是不知道说什么好。

艾丽塔感觉莱昂是一个善良而又颇有男子气概和绅士风度的男人，经常有意无意地亲近他，找话题套近乎。房东老太太也经常用异样的令人逗笑的眼神看着他俩。公武知道艾丽塔在向他示爱，但他明白，自己是怀着理想来的，学业完成后就必须立即回国，因此完全不可能接受艾丽塔表达的爱意。

半年多来，去学校，两人吃完早餐就一起结伴走，谁稍迟缓一点点，都会相互耐心等待。回住处，艾丽塔下班稍晚一点，有时候刘公武又不由自主地在学校门口等着艾丽塔。

刘公武看了一眼美丽的艾丽塔，说："艾丽塔，谢谢你陪伴我！"

艾丽塔笑了笑，手扶上了刘公武的肩膀。刘公武轻轻地把艾丽塔的手拿开，尽量放慢声音，放低语调，对艾丽塔说："艾丽塔，你是一个好女孩，但是我不适合你。我的祖国正遭受苦难，战火不断，我要随时准备回国参加战斗，战斗，很残酷的战斗。你，应该有你幸福的归宿，知道吗？"

刘公武一直很喜欢这个善良的女孩，他知道这样说，艾丽塔会很伤心，但他必须狠心一次，也好断了自己的念头，自己才能把全副精力投入学业当中。

刘公武也知道，一旦你拒绝了德国女孩，她就不会再死缠烂打，把话挑明了，也好让她去寻找自己应有的归宿。

艾丽塔默默站起来，眼睛里闪着泪花，然后轻轻拍拍莱昂的肩膀，说了一句："莱昂，别再伤心了，振作起来。我明白你的意思了。谢谢你！"

房东是一个很讲究的老太太，丈夫去世了，一个女儿早已出嫁成家，老太太一个人寡居一栋两层小楼。艾丽塔在这里都住了一年多，莱昂也快住一年了，她很喜欢这两个年轻人，把他们当作自己的孩子对待。每天，老太太把他们的房间收拾得干干净净，整整齐齐，甚至主动帮他们洗衣服、熨衣服、叠衣服，并且每天的晚餐，尽可能变一些花样给孩子们做好吃的，还不忘经常鼓励他们好好学习，努力工作。

老太太知道莱昂这几天因为失去了母亲很伤心，所以她总是找些开心的话题作为餐前聊天，希望能让莱昂尽快走出忧伤。刘公武从老太太身上，感觉到了母亲的温馨与慈爱。

善良的人总是能感染身边的人，让他们变得更善良。

老太太站在门边，两个年轻人的对话，她都听到了，但她不会给他们任何建议，这是年轻人自己的事。她叫了一声："孩子们，吃饭了！"

此后，刘公武和艾丽塔见面，都很平静地打招呼，能一起走就一起走，很少出现谁等谁的情况。

1930年放寒假的时候，刘公武被夏乘安排去章文晋那边帮他们誊写钢板蜡纸，油印学习资料，差不多有一个月时间跟章文晋住在一起。

开学的时候，刘公武回到老太太这边，老太太跟他说："艾丽塔十多天前去了法兰克福，准备结婚了。她要我告诉你，她非常感谢你，给她很多快乐的时光。"刘公武若有所失地愣了一下，对老太太说："嗯，我衷心祝福她！"

1930 年 9 月，刘公武开始了在柏林大学第二年的新学期课程。

11 月底，他收到了四哥福林寄来的信。四哥告诉他，因为驻军纠纷，家里破产了，已经没有能力给予他经济支持了。

没有经济来源，连续几个月都过得非常艰难，房子租不起了，李连山要刘公武退掉房子，到郊区跟他一起住，对付一下。

然后，在学校，刘公武基本上每天两片面包，一杯盐水，眼看身体一天天不行了，经常饿得眼冒金星，失眠也很严重，上课也无法静心听课，刘公武再次面临身体和精神的崩溃。

终于坚持到 1931 年 1 月学期结束，一年半时间，刘公武学完了一般人需要两年半才能完成的学分。然而，经济的拮据，导致他有些课程实在是没法再坚持学下去了。

刘公武决定辍学回国。

他跟李连山说了这事，李连山说："你反正学得也差不多了，那就回去吧，我跟你一起走，我在这里要自己做工卖苦力抵学费，挣生活费，国内说起这勤工俭学，都以为跟玩似的，真来这干，太费劲了，我也不学了。"

刘公武很感激李连山的仗义。于是，两人想尽办法凑足了到新加坡去的盘缠，踏上了归国之路。

刘公武后来回忆说，那时要是再想办法坚持一个月，周恩来就到了德国，给了一些经费困难的留学生很大的支持帮助，也许他能得到资助，也会坚持下去把书读完。然后，他可能就会毅然投奔共产党，而往后所走的，则将是一条完全不同的革命道路了。

当然，历史是无法如此去设想的。人生的很多阴差阳错，往往还是由人自身的思想意识和性格脾性，决定最终走向。这也许就是很多人所说的"命运"，当然，不见得这"命运"就一定是消极的。

第三章　抗战时期（上）

重返星岛逢佳偶，察北抗倭坠迷途

一、星岛之缘

同学推荐，受邀执掌华中

1930年12月，德国柏林。

下定了决心辍学东归，刘公武便写了一封信，发给在新加坡谋生的老同学雷立品和杨任严，告之东归船期。

刘公武从平时与袁芸雪、刘开国通信中得知，复旦的老同学雷立品在南洋侨领陈嘉庚公司任职，是星马有名的社会活动人士，雷立品知道刘公武去德国留学了，找刘开国要了地址写信给刘公武，于是两人就有了通信往来。

1931年1月6日，柏林大学甫一放假，刘公武和李连山，连与朋友们告辞的心情都没有，便即刻收拾行李，拿着早几天就买好的船票，直奔柏林火车站，坐上直达法国马赛港的火车，赶第三天下午去往新加坡的邮轮。

李连山不愿意跟朋友们告辞，因为他担心别人说他不想在此吃苦搞勤工俭学，逃避，见面没法解释。

刘公武呢，则因为家里那些事不便说，李连山提出跟大家不见面了，正好顺水推舟就不见面算了。但公武是一个注意细节的人，觉得还是应该跟朋友们打个招呼，书面告辞，也算有个基本的礼节，于是他给平时关系密切的"小同学"章文晋、张嶙，以及郭则沉，还有在瑞士的曹国宾等几个人，悄悄各写了一封简短的辞别信，拜托他们向各位朋友对他因为走得急，没有一一告辞，转达一声抱歉，尤其拜托章文晋一定要他跟夏乘老师做个解释，表达歉意。

又是二十多天漫长的海上颠簸，邮轮于1月底到达新加坡。

船期晚了两天，雷立品和杨任严第三次来码头才接到刘公武他们俩。船刚靠岸，搭起舷桥，雷立品和杨任严就往船上奔。刘公武也看到了他们俩，远远地挥手招呼。

李连山说："你这同学够哥们！你看吧，船晚了两天，他们肯定是第三次来码头了。"

雷立品接到刘公武,那个热情,简直有如重新见到生离死别的亲兄弟!

杨任严问:"这位兄弟就是李连山了?"

李连山赶紧跟杨任严握手,说:"正是,正是!给你们添麻烦了。"

杨任严说:"啥话呢?你是公武的好兄弟,也是我们的好兄弟啊!"

雷立品安排刘公武和李连山住下之后,开着车,就带他俩到处玩,说:"新加坡这两年发展很快,你们离开那么久了,回来了就应该好好看看。"

刘公武说:"立品兄,你的盛情我们也不知怎么感激你,可是我们得走了,还有一件不好意思说的事情,就是希望能借点钱给我俩做盘缠。"

雷立品一听哈哈大笑:"着什么急啊?今天先休息,明天安排好了,带你们俩去见一个人。好了,先休息。"

刘公武说:"不行!明天见谁,你得告诉我们,否则我们哪里也不去。"

李连山接茬说:"是啊,立品兄,别让我俩今晚睡不着啊。"

雷立品坐下来,笑了笑,说:"对不起,一开始我看你俩旅途奔波,疲惫不堪,只想让你们休息几天,再跟你们谈事。既然如此,我就兜底跟你们说了。"

雷立品继续说:"公武知道,我在陈嘉庚先生公司里任职,因为陈先生国内国外穿梭往来奔走,无暇顾及各处学校、公司具体事务,委托我打理星马这一块的学校管理、公司运营和往来业务。去年底华中闹过一次学潮,引起英国殖民政府严重不满,他们严禁学校师生介入政治,因此解散了学校校务班子,勒令学校必须在进行全面改组之后,方可重新开学。

现在首先呢,是华侨中学急需一个校长,英国人盯得紧,国内来的人,审查很严,十之八九都过不了关,已经刷了三个了!包括你的这位老乡、老同学杨老师,在学校任教都两年多了,也没通过审查。这次听说你要回国,我立即向陈嘉庚先生推荐你,把你在复旦学教育学和你原来在柔佛州干过一段时间的经历,以及在柏林大学留学即将回国等情况,与他说了以后,陈先生特别高兴,盼着能跟你见面当面谈谈,然后他很快又要赶回国内,将筹募到的几笔资金送到厦门,用于他创办的好几所学校的各项建设。

英国人对从欧洲回来的留学生,尤其是英德法瑞的,放开口子,备个案就好了，也没啥审查的环节。公武兄完全符合条件，尤其走出来英气逼人，看上去形貌跟他们白人一个样子，英国人一看到你，肯定就会有一种亲切感，哈哈哈，开个玩笑啊。如果公武兄不推辞，那么明天见过陈先生之后，就可以即刻上任，月薪二百六十大洋，每过一个学期还会增加。"

刘公武一听，原来如此！他说："我这才疏学浅的，陈先生所创华侨中学，可是享誉中外的名校啊，我怎么吃得消？"

雷立品接言道："肯定没问题，教育管理是你的专业嘛，我就怕你嫌庙小容你不下呢！再说李先生。"

雷立品又对李连山说："李先生您学工科的，也是我这里需要的人才，公司往来业务比较庞杂，管着马来亚、印尼、新加坡大小工厂、公司几十家，就是缺人才。具体现在哪里需要人，明天我叫公司总工程师陈式慕先生跟您面谈。陈式慕，公武认得的，参加过复旦民社，不怎么吱声的浙江温州人。"

刘公武说："记得，记得，他也在这里？"

第二天上午，在华侨中学校长办公室里，刘公武和李连山，见到了仰慕已久的陈嘉庚先生。

五十七岁的陈嘉庚，双鬓斑白，精神矍铄，透过眼镜，可以感受到那一双大眼睛中，闪耀着慈爱与坚定的目光。

寒暄过后，陈嘉庚说："听立品介绍了你，而且又听说你答应了，我真是太高兴了！华中创校迄今十二年，已换过六任校长，称职者往往不能久任，敷衍者欲图久任却无力担此重托。学校事务，繁杂琐屑，纵使倾心而为，亦非五年十年乃至二十年能见成效，而青年才俊，壮怀远大，商界仕途，颇多诱惑，故此，需要沉得下心思，经得起诱惑，方可图长远。适逢此次英国人逼迫华中重组校务班子，刘先生真是与我华中有缘，如刘先生果愿屈尊而就，执掌华中，相信必将有一番崭新面貌呈现，同时，亦望刘先生能在华中留驻两年以上才好啊！"

刘公武赶忙站起身，拱手道："先生厚望，在下定当竭尽心力，不负所托。"

陈先生微笑着双手摆手示意不必客气，坐下说。

陈先生说："好，好，好！刘先生答应了，那这里就是你的办公室了。华中的一切事务，就拜托刘先生了。我还要赶去总商会参加一个会议，然后就要

南洋华侨中学董事长陈嘉庚

回国。具体各项，请立品与刘先生详谈。"

说着，陈先生走过来，伸出双手紧握刘公武的双手，刘公武看着嘉庚先生满怀期待的眼神，也同样握紧着陈先生的双手。

陈嘉庚腾出右手，在刘公武手背上轻轻地拍着，再次郑重吐出两字："拜托！"

刘公武感觉到嘉庚先生吐出这两字所含的沉甸甸的分量，于是点点头，说："一定努力！"

看着嘉庚先生匆匆离去的背影，刘公武内心深处顿时变得肃穆起来。

雷立品说："来来来，坐吧，公武兄，没必要那么严肃。我和陈先生商量了，在请你担任校长的同时，兼任教务主任，这样便于按照你的思路来规划教学和学校事务。寒假才刚刚开始，离开学还有将近一个月，公武兄不用着急，先全面了解一下学校情况。我通知各位校董，过几天召开校董会，你把你的教学与管理计划拿出来，通报校董会，大家讨论商量，确定下来之后，具体分工，教职员工聘用，一切按照你的计划办。"

这样，刘公武就正式接受陈嘉庚先生的聘请，担任了新加坡南洋华侨中学第七任校长，兼教务主任。

李连山则帮着担任陈嘉庚所办欧美洋行、日新公司总工程师的陈式慕，一

1932 年，在新加坡华侨
中学任校长时摄影留念

起料理工厂设备管理事务。李连山是学纺织机械的，陈氏公司以生产水果罐头
和采割橡胶为主，机械并不复杂，他想，应该不是啥问题。

3月初，刚开学，刘公武接到四哥福林写来的信，告之六弟和林于正月初
五那天，因病去世了，还不到二十四岁。为此，公武伤心了好几天。他知道，
六弟从小就好玩，帮二哥和四哥打理生意，手头有了点钱，就跟人打牌，赌
博，没日没夜的，全家逃离华容的时候，他还在打牌，老婆都差点被湖匪绑了
票。唉！人啊，还得自己爱惜自己。六弟还有四个孩子呢，今后弟妹带着也不
容易，自己又帮不上忙。公武在给四哥的回信中，表达了自己满腹的歉意，拜
托四哥多多关照六弟的孩子。调整了自己的情绪之后，公武一头扎进了华中治
校计划的筹谋之中。杨任严熟悉学校情况，给他制订计划帮了不少忙。

刘公武在校董会上向各位校董陈述了自己的治校计划，获得校董们一致同
意。学校管理，则依然聘请林庆年担任常务董事，庄丕唐担任驻校董事兼事务
主任，主管财务，杨任严担任训导主任，同时兼任教师，原任教员全部进行筛
选，重新聘用上岗，缺位教师向社会公开招聘。

华中地处市郊边沿，环境幽静，教学设施齐备，是个读书的好地方。为保
持华文教学特点，华侨中学创校十多年来一直采用国内教育部统一编写的华文
教材，兼顾地方文化地理历史。1931年这会，南洋华侨中学已办成为一所私

立完全中学，办有初中四个年级、高中两个年级，近二十个班级，在校学生全部寄宿，共六七百人。

趁还未开学，刘公武和训导主任杨任严，叫上几位同事，便张罗着收拾学校办公室，各个职位岗位的工作职责、制度纪律、规范守则，都分别誊写装裱悬挂在墙上。

在华中，校长刘公武注重抓两件事：其一，教师在课堂上体现出来的对学生的责任感；其二，学生在学校表现的学习热情和团队精神。

他每天必定多次巡游校区，了解师生情况，及时处理师生之间、学生之间发生的各种问题，跟师生建立一种亲切友好、真诚信任的交流互动关系，在任何人面前都没有丝毫的校长架子。然在严肃场合，刘公武的严厉与苛刻，也让全校师生产生敬畏。

在管理上，因为教职员工各司其职，校长管好自己直管的部门负责人便好。就算是校长，也不允许直接越过部门去管教工或老师的具体工作。而教工和老师，乃至学生，则可以越过部门直接找校长反映问题，提出要求。这样，就严格地约束了部门负责人的职责，使得学校管理，井然有序。

因为刘公武单身一人，他就住在学校宿舍。不像有些老师，学校一间宿舍，在校外还得租买房屋安置家室。校长宿舍比普通老师宿舍，要大一些，除了寝室，还有一间会客室，厨厕设施齐全。

每逢学校集会，刘公武必向师生作简短精悍的演讲，不忘把自己总是萦绕于怀的家国忧思，用铿锵有力的言语，有如吹响号角般慷慨激昂地表达出来：

"我们要时刻不忘——我是中国人！中国，是我们每一个人的祖国，是我们每一个人的故乡，可是，我们的祖国依然贫穷，我们的故乡仍然落后，当我们在这里安然读书的时候，她每一天都在遭受着帝国主义的掠夺，遭受着封建主义的蹂躏。我们不能辜负祖国和人民，寄托给我们的希望，只有学好知识，丰富头脑，强壮体魄，蓄积力量，我们才有能力去勇敢地承担起拯救我们国家的使命，去坚决地肩负起强盛我们国家的责任。"

刘公武坚持一个信念，学生不能读死书，不能死读书，必须树立起"读书不忘救国，救国必需读书"的理念。

刘公武真诚踏实地尽心竭力，使得华中这一新的学期，便有了巨大起色，

1931 年，刘公武（前排左二）在新加坡华侨中学与高中毕业生合影

受到师生、家长和校董们的一致称颂。

慧眼识珠，意外俘取芳心

转眼到了暑假，刘公武约杨任严、刘开国和袁芸雪一起吃饭，商量怎么打发一个漫长的暑假。

刘开国见刘公武就一个人，便问道："你那位一起从德国回来的冯玉祥的大舅子呢？"

刘公武说："你是说李连山啊？他早在4月份就回国去了。他是个搞纺织机械的，之所以不干了，一是因为水果罐头和割胶机械跟纺织机械完全是两码事，二来是那些华侨工人大多来自闽粤，不会说普通话，工人们有的说闽南话，有的说广东话，让他这个北京人听他们说话，比听外国话还费劲，交流障碍严重，经常发生影响工作效率、耽误生产的事情。"

公武说："我曾希望他到学校教课，可他说，我接这档子事都已经给你丢脸了，雷立品那里你都不好交代了。再说，我这臭脾气哪能教书，免得给你刘校长招麻烦。无奈，他不得不辞职回国了，现在在上海一家纺织厂做机械工程师。"

袁芸雪说："各得其所，各安其道，也好。"

刘开国说："明天下午，教工会有一个舞会，去看看不？"

刘公武说："我又不会跳舞，莫非你们都会了？"

袁芸雪说："跳舞嘛，我在上海那时就不是问题了。会不会跳无所谓了，关键是明天跟女子教工会一起搞这个活动。"

刘开国对公武说："去吧。校长不学会跳舞，那肯定是一个遗憾，我也跳不好，去赏一赏满园春色，没准有桃花运了，也是个好事啊。"

刘公武说："去吧。闲着也是闲着。"

第二天下午，在华侨教工会的舞会上，刘公武和杨任严、刘开国坐在一边，看着袁芸雪一会搂着这个跳一曲，一会又搂着那个跳一曲，搞手脚不赢。一曲舞罢，袁芸雪带过来一个女孩，说："来，介绍一下，这位是华侨中学刘校长，这位是华中杨主任，这位也是刘校长，华侨女小的。文小姐，做个自我介绍吧，你们先聊着。"说着他又跑向了舞池。

那女孩非常大方老练，她自我介绍说："我叫文曼魂，曼妙的曼，灵魂的魂，醴陵人，听袁校长说你们都是华容的？"

刘公武友好地笑了笑："是的。我们三个都是华容人。请坐！敢问文小姐在哪里高就？"

文曼魂说："我在南华女校教国文。华中可是鼎鼎大名啊！"

刘公武说："是啊，陈嘉庚先生是大人物嘛。南华女校名声也不小呢。"

刘开国说："这有什么好比的咯，你们要比，我赶紧走了算了。"

文曼魂笑着对刘开国说："对不起啊！刘校长，随口一说而已呢，堂堂大校长，没那么小气吧？我倒是真的有点事得先走了。哪天去拜访二位，两位刘校长别躲我呀，杨主任，拜拜！"

刘开国说："我闲，他忙，你哪天有空，我陪你去他学校！"

文曼魂说："好，一言为定！"

后来，刘开国也不知是第几次陪着文曼魂去华中的时候，说："下次我就不陪你了，你自己来，要不你就带一个人过来陪我玩，不然的话，我越来越有当电灯泡的感觉了。"

文曼魂一听哈哈大笑："早说啊！都怪我，没有替你这位刘校长着想，抱歉抱歉！下次一定一定，带一个漂亮姑娘过来。"

刘开国说："这还差不多。"

文曼魂说："不要有非分之想。"

刘开国说："有缘才有分，有分则无所谓'非分'也。"

文曼魂说："想得美！"

文曼魂没有丝毫的女子扭捏气，说话也是直来直去，到很久以后大家才知道，原来她上过黄埔军校。她看上去似乎有些大家闺秀风范，却总令人觉得言谈举止透出点男人味，其实，是一种军人气质在身上。

文曼魂（1908—1987）出生于湖南醴陵的一个殷实富家，从小就读过一些书，说是大家闺秀也没错。只是在她十三四岁的时候，因为躲避包办婚姻，逃离了家乡，独自一个人闯荡世界，在长沙报读了徐特立创办的稻田女子师范学校。

1926 年，不满十八岁的文曼魂，报考武汉中央军校女子班，在近三千报名者中脱颖而出，获得录取，成为黄埔军校在大陆开办过的唯一女子班的学员。

而有一点，当时谁都不知道，她参加过南昌起义，失败后，跟着林伯渠等南下广东，后从陆丰又随刘伯承、林伯渠等人潜入上海。

当时白色恐怖很厉害，中共中央只能安排需要躲避国民党追查的人离开上海，林伯渠经日本去了苏联，留在上海的文曼魂与组织失去了联系，只得去了刘海粟的上海中华艺术专科学校读书。1930 年毕业后，她就奔南洋进了南华女校当国文老师，兼教美术课。

1931 年下学年，文曼魂被马来亚柔佛州麻坡一华侨女校聘请去当校长，后来就一直在马来从事华侨教育。直到 1951 年回到国内，在杭州二中教语文，担任教研组长，1953 年四十五岁时才结婚。

文曼魂在语文教学方面留下了许多载入杭州二中史册的事迹和经验。晚年，曾担任过浙江省侨联副主席，政协委员，全国侨联委员，以及相关的许多社会职务。退休后，与丈夫寓居南京，1987 年 10 月去世。

1987 年 8 月，刘公武去世前一年，夫人秦俊吾通过当年新加坡的同事，找到文曼魂下落后，在儿子刘岗陪伴下，专程去南京看望过文曼魂，只是此时文曼魂已重病不省人事，五十多年前的老朋友来看望她，她也已经认不出来了。

秦俊吾见老友其状，心有戚戚然，然终于完成多年不懈寻找老友的心愿，也知道了老友别后所有过往，一生还算幸福美满，秦俊吾亦觉心有可安矣！

且说当时在星岛，文曼魂还真是说到做到。没过多久，再约刘开国去华中时，带来了一个漂亮女孩。

刘开国是个有心人，这次带来一提兜吃的。

文曼魂向刘公武和刘开国介绍了这个女孩："今天我带来了我们学校最漂亮的老师，秦老师，跟我一样，教国文课和美术课。俊吾，还是你自己说吧，我怎么就越俎代庖了，哈哈哈！"

秦老师笑了笑，说："二位校长好！我叫秦俊吾，河南新郑人，跟曼魂同年。"

1930年，秦俊吾任新加坡南华女子学校教师

文曼魂做了个怪脸，说："女孩子不好随便说年龄的哟！"

刘开国说："反正我搞不清楚你们年龄，都十八岁好了！"

刘开国看了一下手表，把放在门边的大网兜提起来，说："昨天约好，本来袁校长要来的，因为他找了女朋友，要他请客的，结果他临时有事去了。正好前几天我给公武兄这里置办了几样锅碗盆瓢，还有一个煤油炉，都还没开张。看看，今天我带了些菜，还有油盐酱醋辣椒粉。我没有别的本事，做点湖南口味的饭菜还是能够对付的。河南妹子估计吃不了辣，少放点辣椒就是。你们来一个人给我帮帮忙吧。哎，杨任严呢？"

刘公武说："他有点事要处理，一会就过来。"

秦俊吾对刘开国说："刘老师，我来吧。"

文曼魂说："人家秦老师第一次来，总不好刚一来就叫人做事吧？我来。"

秦俊吾说："没事，随便一点好。"说着就要去拿刘开国手中的大网兜。

文曼魂拉住秦俊吾，说："不行，你歇着，我来帮小刘校长。"

看上去，文曼魂似乎有点女主人的架势。

秦俊吾只好坐到客厅里面，说："曼魂比我勤快，那我就陪大刘校长说话吧。"

刘公武说："我不会做饭菜，只晓得吃。好，我跟秦老师聊聊天。"

秦俊吾眉眼清秀，脸庞白皙圆润，穿着曳地长裙，看上去文质彬彬，略显谨慎的举止中带点很自然的优雅，与文曼魂完全是两种人。刘公武寻思，如果说这两个人都是学美术的，秦俊吾有点像工笔画，而文曼魂有点像写意画。

刘公武认真地瞥过一眼秦俊吾之后，心中掠过一丝异样的感觉——"疑是故人来"？还有一种"这个姑娘值得信赖"的念头隐约萦绕脑际。

刘公武说："秦老师是客人，我这里很简陋的，跟你们女孩的住所没法比。"

秦俊吾说："很好的。"

刘公武拿起一只杯子，从热水瓶里倒出一杯水，说："真抱歉！水都凉了，茶叶也没准备，办公室里倒是有一些，我去拿吧。"

秦俊吾赶忙起身，说："不用了，不用了，喝点白开水挺好的，我就没有喝茶的习惯。"

刘公武一脸尴尬，端起水杯递给秦俊吾，说："那，好吧。我这人，服务工作做不好，做也做得粗糙马虎，每天上班带热水瓶去办公室灌上水下班带回来，才有这瓶摆了两三天的凉开水。实在不好意思啊！"

秦俊吾笑呵呵地说："当校长的做大事呢，没啥，有凉白开就很好了。"

秦俊吾双手接过水杯，端着杯子在手中转来转去。

刘公武尽力寻找着话题，想要打破相互间的沉默。他突然问道："秦老师哪一年到星岛的？"

秦俊吾说："去年。我在开封第一女师毕业，没多久，就来这边了。"

刘公武说："一个人就这么来了？"

秦俊吾说："是啊。去年4月不是爆发了中原大战嘛，学校就提前给我们毕业了，新郑县女子小学准备聘我去当校长，因为我还想考大学，然后随学校组织的参观团去了北平，考察一些学校，为今后考大学做准备。本来是如果考上大学了就继续读大学，没考上就回新郑当老师，或者接手那个校长位子。唉！"

秦俊吾叹了一口气。

刘公武问："怎么了？"

秦俊吾说："说起来都不好意思。我父亲和大哥到开封的学校去找我，听说我到了北平，就打电报给我，要我立即回新郑。他们给我许了一门婚事，男的是一个盲人少老板，关键是我都不认识他！大哥说如果我不回去，他们就要到北平找我回去。我把这事跟带队的教导主任说了，从她那里把我存的七十多块光洋拿了出来就准备逃跑了。

你看，初次见面就跟你说这些，多不好意思啊。"

刘公武说："没事啊，我们都是年轻人嘛，没啥好顾忌的吧？随便聊。那你逃跑怎么想起往新加坡逃呢？"

秦俊吾说："我在开封读书的时候，有一个叫鲁莲轩的老师，因为她丈夫是共产党，清党的时候他们逃到了新加坡，鲁老师在新加坡崇贞女校当老师，给我写过信，说如果到新加坡的话，可以去找她。我想，要是待在国内，我担心我哥总会想办法找到我，干脆逃远一点，跑新加坡投奔鲁老师去。

所以，我在北平拿了钱就往天津跑，在大沽港坐海轮去上海。我从没有单独一个人出过远门，慌慌乱乱的，就带了一个脸盆，几本书，几件换洗衣服。在船上同一个船舱里，我碰到一对夫妻，男的是天津大学的教授，女的是讲师，坐船回上海老家去。他们见我一个女孩子就带那么点东西出门，很好奇，就跟我搭讪，知道了我的情况之后，他们说，你不能一个人去住旅馆，太不安全了。到了上海，他们劝我，要我去他们家住一晚，这俩老人真是大好人，第二天又帮我买了去香港的船票，还送我上了船。"

刘公武说："老实人碰到善良的人，说明你运气不错。"

秦俊吾说："还真是的。5月底，从香港转船到新加坡，在海上遇到大风暴，好多出外求生的贫苦人，他们没钱买舱位，就在底舱的海水里泡着，真的很惨。

船在海上漂了六七天，才到新加坡，已经是6月初。开始，当局不准轮船靠岸，说要等检疫完了才能靠岸，检疫完了之后，靠岸下船，英政府当局的华人政务司规定，新来的没有保人担保，不准出去。

我就在码头的旅馆里住着，翻阅当地华文报纸，在报上找到了崇贞女校的地址和电话。我就找政务司的人说，我要去找保人，你们不准我出去，我就找不到保人，那我就只能永远住在这里了。他们见我是单身女子，老实人，就让

120

我出去了。

结果，我很顺利地找到了鲁老师。后来，鲁老师不仅成了我的保人，还推荐我到侨立南华女校当了老师，教小学四年级国文，兼教简易师范班的图画课。"

刘开国端着一碗菜从厨房走出来，说："呵呵，谈得蛮欢嘛。"

刘公武说："听秦老师摆龙门阵呢。"

刘开国说："你们慢慢摆吧。就一只煤油炉子，饭菜全弄好，还得好一阵呢。"

秦俊吾说："那就辛苦你们了。我虽然会做一点，可是我想，北方口味可能会不合你们口味。"

刘公武说："你们都是能干人，我可不行，从来没做过，所以，吃什么都无所谓，不挑食。"

秦俊吾说："那就好，下次我买点面粉来做包子吃。我们文老师也会做包子，她当过兵，打过仗，吃得苦，耐得劳。"

刘开国正走向厨房，停下来说："面粉，肉，我来买！下次看秦老师的手艺！"

待刘开国进了厨房，刘公武诧异地问道："文老师当过兵打过仗？"

秦俊吾以为刘公武都知道了，看他一脸疑问的样子，忽然觉得自己有点失言，赶忙说："她说她上过黄埔军校，那还不能去打仗嘛？"

刘公武持重地点点头，也不再问了。不过，心中已然产生了一种"此女子来历不凡"的感觉。同时，也想起了在德国认识的胡兰畦就是黄埔军校女子班毕业的。

刘公武突然说："欢迎秦老师经常过来聊天，非常不错，非常不错。"

秦俊吾说："您说啥非常不错啊？"

刘公武顿了一下，笑笑说："哦哦，大家在一起，非常不错啊，聊天的感觉，非常不错啊，不是吗？"

秦俊吾意识到一点什么，抿嘴一笑，说："嗯嗯，是的，是的。"

刘公武突然压低声音对秦俊吾说："明天有时间吗？咱们去滨海公园玩。"

秦俊吾竟然也小声地回答："我有时间，我问问文老师她有没有时间。"

刘公武对着她划拉着右手食指，说："you & me only！"

秦俊吾惊奇地瞪大了眼睛。

沉默了一会，秦俊吾说："OK！"

第二天一早，秦俊吾跟文曼魂说今天要去找老乡，商量给她担保到欧洲留学的事。然后，急匆匆地赶到海滨公园，远远地看见了刘公武，已经坐在那里等她。

秦俊吾打了招呼，坐到刘公武身边，说："抱歉！让你久等了！"

刘公武笑着说："嗯，有点久，我昨晚就过来了。"

秦俊吾惊奇地说："真的？不会吧？那你不在这里睡了一晚？"

刘公武说："唉！可不嘛！一晚没睡着。"

秦俊吾说："那不好多蚊子？"

刘公武哈哈哈大笑，说："哎呀，秦老师真是太可爱了！跟你说吧，我人没睡这里，心睡这里了。"

秦俊吾一听，瞬间愣了一下，然后噘嘴捣了刘公武一拳："你骗我！"

豫乡淑女，长成书香世家

秦俊吾老家在河南新郑。虽然叫作新郑，其实，其历史较之郑州，要悠久遥远得多，郑州还是一片浩阔平原的时候，中华人文初祖黄帝便诞生于此，是先古时期仰韶文化发源之地，叫作有熊国，后来还是夏商时代的定都之地，如今被称作"黄帝故里"。

秦俊吾跟刘公武说，她小时候就见过有人在挖一口古井的时候，从里面挖出来几百件青铜器，有人建房子打地基时，还挖到过古钱、元宝。

秦俊吾祖上三代都是清朝秀才，秦俊吾的曾祖父曾经官封长安，读书做官，颇有成就。到了祖父，虽然也考上了秀才，却既缺点运气录个小官，也没有表现出他父亲那种才干，就仅仅跟祖母守着父辈传下的，里面装着马蹄袖官服、凤冠霞帔的两口大箱子，撑起了这个濒于破落的封建小家庭。

祖父祖母养育了四子一女，老大秦鸿钧在清朝末年考了个秀才名衔，那时有捐官之说，就是考取秀才的人，有资格用钱去买一个公开招聘的职位当官吃俸禄，一般一个最小级别的官位，都要几百上千两银子，秦家没那么多钱，秦鸿钧自然就只能望官兴叹了。

秦俊吾是老大秦鸿钧的女儿。秦鸿钧个子高大，一米八有余，接下家业的时候家道已经衰落。秦鸿钧凭着秀才的名头，靠着坐馆教书收些学钱，供养父母，抚养弟弟妹妹，日子过得很不容易。

秦俊吾母亲刘氏，跟父亲秦鸿钧结婚的时候，外祖家还算殷实，能够给秦鸿钧夫妻一些帮衬，后来也逐渐破落，自顾不暇。刘氏先后生了九胎，因为生活清苦，自生自接，导致婴儿窒息或者感染，或者婴儿有病无钱及时医治，故而孩子大多夭折。

1908年正月二十七（公历2月28日）出生的秦俊吾是刘氏所生的第九胎，当然，那些夭折的哥哥姐姐她都没见过。最后，苦命的秦刘氏就剩下头尾两个中间一个共仨孩子，二子一女，老大秦同顺，老二秦同祥，老幺秦秀华，也就是秦俊吾。

秦俊吾的名字是秦鸿钧取的。女儿去开封考河南省立第一女子师范时，秦鸿钧觉得当年他父亲给孙女取的这个"秀华"两字，秀于中华，有点太大，女孩嘛，切不可心比天高，于是就改了"俊吾"二字，寄托着"比我有才"的含义就好了。未料女儿对这新名字非常满意。

秦俊吾对幼时最深的印象只有两字：受苦。

母亲刘氏是个忠厚老实、温良顺从的良家妇女，勤苦耐劳，凭着一手好针线活，平时给人缝补衣裳，制作婚丧喜庆穿的仪服、丧者穿的寿衣之类，赚点手工钱。

秦俊吾长到三岁多时，已是清宣统三年。按照习俗，三岁的女孩该缠足了。幼时不懂，缠就缠了，不敢咋地。长大一点，觉得难受，母亲给她缠了之后，转背她就放松一点。

一直到十二岁，都1920年了，父亲说，还缠什么缠啊？上面都喊了好多年的号召，不准缠了。后来没缠了，虽然没缠出"三寸金莲"来，可脚背还是有些弯弓变形。

大哥每年到妹妹生日时，就买一双鞋送给她，结果买了一堆各种绣花的尖头鞋，秦俊吾也从来没穿过，因为她算个半大脚婆，这些鞋没法穿进去。

秦刘氏（秦俊吾母亲，1870—1928）

　　小时候吃不饱肚子挨饿是经常的事。叔叔姑姑没分家还住在一个大院子的时候，大哥秦同顺饿得不行了，就去偷大家子的饼吃，小姑看见了，拿着皂角刺棍子追着他打。

　　后来大哥长大一些，就开始提着篮子上街去卖钉子、甘蔗，啥进货成本低，啥能赚钱就卖啥，再长大些，就推车子出去卖货，有时挂几件母亲做的衣服卖。

　　再发展到后来，秦同顺就到街边人家门前摆摊。母子俩起早贪黑，省吃俭用，苦苦积攒，加上父亲坐馆教书略有积蓄，后来竟然还置办了一两亩地。

　　父亲秦鸿钧在自己家的学馆教书，因为世道乱，又兴起了新学，生意越来越不好，于是他跑到北京去，在同乡开的学馆当先生，挣钱补贴家用。

　　秦鸿钧很喜欢小女儿俊吾。

　　新郑县西街大仓巷的秦家老屋，占地比较大，有两进院子，头门旁边一间书房，秦鸿钧坐馆教书的时候，是他工作的地方，往里走就是一个花园。

　　秦俊吾六七岁的时候，秦鸿钧喜欢在闲余时间，带着宝贝女儿在花园种花，有时母亲也一起来挖土、锄草，母亲种花的手艺也很好，她在秦鸿钧书房门前一个浅水池子周围，栽种一排排的牡丹花，硕大的牡丹花十分鲜艳。

花园是秦俊吾儿时美好记忆的承载地。

花园里被父亲和母亲栽满了各种花木，大门内侧有能开一串串小黄花的刺梅树，花园东边则有海棠花、腊梅、梨树、石榴树，各个季节都有开花的果树，并且果树都有果子成熟，挂满枝头。西边紫色的丁香花很漂亮，丁香结的子算不得什么果实，父亲懂中医药，他告诉女儿，丁香果只能做药用，无论嫩的还是成熟的，都吃不得。

靠花园两边还有好几棵大榆树，母亲说，种这种树就是寄托家里要有"余钱"的愿望，并且，榆树开花时，榆钱串子可以弄下来和着面粉做榆钱饼蒸着吃，味道香甜可口。嫩枝上的榆树皮可以撕下来，捣碎和面擀面条，使得面条更有筋道，不容易断，还好吃。

秦俊吾在这个花园里度过的童年，不仅让她开始爱花，也学会了种花，并养成了习惯。后来无论住哪里，只要不是临时的住所，她都会想方设法种一些花草。花草的色与香，成为了她一生不可或缺的重要生活慰藉。

秦家老屋前院是花园，后院中间是天井，天井中间有一个麻石供桌，一旦有祭祖、拜月的仪式，就围着这个麻石桌举行，大哥秦同顺结婚就在这个天井里拜的堂。天井四周就是一家人起居的房子，因此第二进就是一个大四合院。

秦鸿钧一生只崇尚孔孟之道，反对信洋教，对佛教、道教或者其他啥教，也丝毫无感，这也影响了秦俊吾。在这个大院子里长大，也见过听过很多奇事怪事，似乎神灵鬼怪魑魅魍魉常常光顾一样。父亲说都是些胡说八道，人世间就没有什么神鬼妖怪，作妖作怪的都是人。

秦俊吾信父亲，也就养成了要强的性格，胆子大，不怕事，不信鬼神，甚至不怕死人。

秦鸿钧因为自学了很多中医典籍，甚至五行八卦、看相算命的书，他都看。在秦俊吾四五岁之前，父亲靠着给人看病还能挣点钱。

有一次秦俊吾爷爷病了，找了新郑好几个有点名气的医生都没看好。秦鸿钧那时在看医书，见老父的病没人能治，他赶紧找来药书看，熟悉的医书结合药书，很快就能开方子，秦鸿钧竟然自己开方找药，把老父的疑难杂症给治好了。

这事传出去之后，好多人找他看病，什么癞子、疥疮、小儿抽风、惊风，他都手到病除，于是秦鸿钧竟然成了一方名医，后来他还学会了扎针、掐穴位，城里乡下很多有钱人都打着轿子过来接他去看病。

有一次，有一家接他去家里看病，老远过来，等秦鸿钧赶到，病人已经死了。这事给秦鸿钧触动很大，觉得今后还会碰到这样的事，并且也许会有治不好的病，让人诟病闲话，还不如趁早不做了，坐馆教书心安一点。

就这样，秦鸿钧说，不看病了，要是看到自己的病人死了，他会很难受。因此，他就立马歇手不干了。

尽管秦鸿钧说不再给人看病了，但有一年，第二个孙子也就是四岁的秦松峰，长子秦同顺所生，得了破伤风。那时，秦鸿钧夫妇都一起送女儿读书去了开封，秦同顺急得火上房，发电报给父亲求救，秦鸿钧火速赶回新郑，最终还是用心用意把孙子的病给医好了。

秦鸿钧有时候也给人看相，不过秦俊吾不记得了，只听她母亲说过。母亲曾跟女儿说："你父亲说呀，你这个闺女将来有福气，不怕没饭吃，浓眉大眼，耳坠子长得长，看上去就是好命，比家里人都好。"

秦同顺是老大，比老二秦同祥大了十多岁，比老幺秦俊吾大了整整二十岁，所以，秦俊吾六七岁的时候，大哥已经是家里顶梁柱了，家境也逐渐好转，并有了一些积攒。

秦家老屋不远处的河边有一棵几百年的老槐树，三个大人牵手才能围得过来。这棵树在当地有很多妖鬼传说，就好像董永和七仙女的传说里那棵开口说话的老槐树一样。

秦俊吾母亲有一次竟然做了一个梦，说那棵老槐树托梦给她，叮嘱她说："我快要倒了，你要接我到你家去做房子。"

刘氏第二天就跑到河边去看那棵老槐树，她发现老槐树根部紧靠河边，一大边的根苑被河水冲刷过后，全部暴露在外，要是再发一次大洪水，就很可能被大水推倒冲走。

见此情形，刘氏对老槐树托梦之事便深信不疑。天机不可泄露，她就悄没声地在家里神龛中，设置了一个专门供奉老槐树的神仙牌位，每天给它烧香磕头上供，同时也寻思着怎么把这棵大树请到家里来。

正好没多久家里要在街上建门面，需要木材，刘氏就要儿子秦同顺去找这棵树的主家，把这棵树买来。

当时，不少的熟人亲戚都劝她家别买，说这棵树有妖气，是狐狸精变的，会害死人。刘氏因为有了老槐树的托梦打底气，还天天供着它，所以不怕。要儿子别听那些胡说八道，只管去买来就是。

秦同顺凭着自己从小做生意练成的口舌功夫，让主家收了点钱就把树卖给了他。他叫人帮忙把树伐了，连同树枝都搬回了家，前后院子都给堆得满满的。秦同顺用这棵树在东大街正街上盖了几间铺面，生意做得越来越好。结果，秦同顺前后总共盖了八十多间房子做铺面，成了新郑的一个大商家。

刘氏除了有一次悄悄跟女儿说了在神龛里供老槐树这事，从来就没有跟别人甚至都没跟大儿子说过，可见刘氏虽然没什么文化，但其心性之沉稳，还真不是一般人能比的。秦俊吾完全继承了母亲的这个脾性。

秦鸿钧年纪大了，秦同顺要父亲从北京回来养老，全家都搬进了铺面新房，秦俊吾也有了在二楼的一间闺房。

秦鸿钧则有了自己能够摆书的大书架，和安静的书房。秦家老屋就留给了祖父母和秦鸿钧的二弟一家子。

每逢初一、十五，秦鸿钧把年迈的父母亲接到家吃饭，大儿媳妇刘氏特别贤惠、孝顺，倘有哪次做的饭菜让老人觉得不满意，她必定向二老跪地请罪。二老病重临终时，先后都是大儿媳妇刘氏精心照料，喂饭喂水，洗澡擦身，无微不至，四邻街坊都对刘氏的贤惠交口称赞，说秦家真是前世积了德。

祖父去世时，秦俊吾十岁出头了，她看到爷爷像睡着了一样躺在棺材里，穿着长袍马褂，右手握着一只真的元宝，左手握着一块玉如意，也是真的。秦俊吾没觉得有什么好怕的，只是以后看不到爷爷了，心里有些酸酸的难受。

秦俊吾即使住到了街上的新房子，也还是总喜欢去秦家老屋玩，二叔家都是女儿，四五个，生活过得很清苦。有一次二婶又怀孕了，她想自己生了这么多都是女儿，再不能生了，就自己抓了副药吃了，想把胎打掉，结果先天晚上吃完药，第二天早晨就见她直挺挺地死在了床上。二婶平时对秦俊吾挺好的，看到二婶死了，秦俊吾伤心了好些天。

二哥秦同祥比秦俊吾大了五六岁，身体不是很好，经常生病，十六七岁了，都还病怏怏的成天没精神。

住到新房子没多久，秦鸿钧就跟大儿子商量，给秦同祥找个老婆，好有个人照顾他。于是，托媒说了一姑娘，比秦同祥大了一两岁，娶进门后，对秦同祥特别好。

秦同祥却不知为啥，军队招兵时，跟一位同乡的旅长跑到西安当兵去了，把结婚才一个多月的老婆丢在家里不管了。没过多久，军队里来信说秦同祥得病死了。

刘氏平时特别顾惜二儿子，听说儿子死在了远乡，伤心欲绝，到处找人要把儿子尸体拉回来葬在秦家祖坟地里。

二儿媳妇心地善良，看婆婆那么伤心，一天到晚守着婆婆，悉心照料。可是秦同顺老婆作为大嫂，却故意给弟媳妇找茬，天天要把守寡的老弟媳妇赶出去，说她这么年纪轻轻的，不能白养她。母亲气得抄起棍子要打大嫂，大嫂骂骂咧咧躲开了，还说什么，我就是死了也不要埋你们秦家的坟地里去。

秦俊吾那时已经十一岁，跟着父亲读了两年学馆之后，父亲把她送进了新郑新开的第一所女子小学。秦俊吾看到大嫂对二嫂态度恶劣，也主动替二嫂打抱不平，指责大嫂无非就是怕二嫂图这点家业，为了钱财跟自家亲人翻脸，真是太可耻了！

秦俊吾读完了小学，提出要去开封考女子师范，没料到大哥秦同顺坚决反对，说：“女孩子读那么多书有什么用？我一天书都没读，还不照样做买卖？”

大哥是当家的，他不给钱，秦俊吾就没法去上学。秦俊吾气得在家里大吵大闹，威胁秦同顺：“你不让我读书，我就吊死在你屋里！”

母亲父亲心疼女儿，都想满足女儿心愿。秦鸿钧毕竟是秀才，读书人，知道无论男女，知书达理是读书读出来的。他虽然对大儿子的做法非常气愤，也明白大儿子差的就是没读书，小时候没好好管教他，所以要他“达理”就很难，这个跟自己作为父亲，也有推不脱的责任。

于是，气鼓鼓的秦鸿钧带着女儿，跑到店里，要账房支出三十块大洋给囡儿，然后夫妻俩还一起送女儿去开封考学校。就是这次，他把女儿名字也给改了，还接到秦同顺电报要他回去救重病的孙子。

结果，全校录取一百多人，秦俊吾考了第三十六名，父母亲高兴得不得了，觉得闺女是块读书的料子，只要她乐意读，就是借钱也值得。秦鸿钧把孙子救过来了，秦同顺夫妇后来对秦俊吾的态度也好多了。

1924 年 9 月，当刘公武在上海沪江大学读大二时，秦俊吾进入了河南省立第一女子师范学校读第一个学期。

这座学校创建于清朝末期的 1906 年，始称"公立中州女子学堂"，1910年更名为"官立河南女子师范学堂"，1924 年更名为"河南省立第一女子师范学校"，此时，正是秦俊吾入学的时候。

该校于 1933 年改建为"河南省立开封高级中学"直到 1949 年。1951 年，定名"河南师范专科学校"重开招生，1992 年更名"开封高等师范专科学校"，2000 年并入河南大学。

开封女师那时分三年初级师范和三年高级师范，秦俊吾全部顺利读完。到1930 年 4 月，因为发生中原大战，学校提前给学生发了毕业证。

在开封读书的几年里，秦俊吾大哥逐渐改变了自己的看法，对妹妹读书尽量给予支持，没有再表现出悭吝的态度。这当中，大哥有自己一点小心思，秦俊吾也能觉察出来。

秦俊吾小时候就定了娃娃亲，男家是新郑做买卖的，跟秦同顺有长期的合作关系，没想到孩子长大后，却成了瞎子，所以从来不出来露面。秦俊吾也就

1930 年河南省立第一女子师范学校第二届文理艺三科毕业合影，后排左起第六为秦俊吾

没见过那个瞎子对象长啥样。秦同顺担心妹妹毕业后就不回来了，要是这门亲事泡汤，他的生意肯定会受到较大的影响。所以，也就变着法儿讨好妹妹。

秦同顺心里这个小九九，秦俊吾明白得很，所以，她对大哥肯给她支持，压根就不放在心上，她怕欠他越多就越被动。

父母亲对娃娃亲这事不表态，他们肯定觉得，女儿那么优秀，去一辈子伺候一个瞎子，读那么多书就真的白读了。但当年定亲他夫妻俩都参与了，面临两难境地，夫妻俩虽然不表态，但心里肯定还是向着女儿，就看女儿自己怎么决定了。

1928 年春，秦俊吾在女师读四年级了，有一天突然来了一位老家的堂亲，说要秦俊吾赶快回去，家里有事，他到开封办事，顺便给她带个信。秦俊吾感觉不妙，收拾东西急急忙忙就赶回了新郑。

快到家时，远远地看到家门口大槐树上挂着一串串的白纸花，她就两腿一软，几乎扑倒在地。她知道，母亲走了！

医术高明的父亲也没能救下母亲，母亲是得了不治之症。

父亲坐在那里一个劲地抽着烟锅子，神情木然。看到囡儿回来了，秦鸿钧一动不动，却忍不住瞬间老泪纵横，他在想，可怜的娃儿连她娘的面都没见着，她娘落了气却睁着眼睛，秦鸿钧知道，那是她对囡儿不放心啊。

没等到秦俊吾回家，棺木就封了殓。秦俊吾冲上去，捶打着棺木，号啕大哭："娘啊！我的娘啊！你们打开啊，打开啊，让我看一眼我的娘啊……"

秦鸿钧在一旁也忍不住呜呜地哭出了声。他走过去，扶起囡儿，泣不成声："囡儿啊！对不起，我没能救出你娘！她还只有五十八岁……"

秦俊吾紧紧地抱住父亲，凄厉的哭声，天昏地暗。

母亲葬在秦家祖坟地。一连几天，秦俊吾都要跑到母亲坟头，去陪上一两个时辰，伤心之时，便跪着哭上一阵。

当秦俊吾第一次跟自己心仪的刘公武说到这些时，她依然要呜呜地哭老半天。等她哭完了，刘公武说："你还能回家，还能在母亲坟头陪一阵，哭一阵。我呢！母亲去世时，我在万里之遥的德国，连哭的地方都找不到。"

秦俊吾说："可不是吗？去年，我到了南洋，年底的时候收到侄儿秦松峰写来的信，说爷爷去世了，走的时候也是眼睛睁得大大的。侄儿说，他落气的时候还在念着我的名字。唉！老秀才，我也没能送终尽孝，我难过得连死的心都有了。那几天我每天都出去走，文曼魂怕我寻短见，每次我出门，她都远远地跟着我。"

即使后来，只要提起这些，两人总要为此唏嘘感叹很久。

情定狮城，星岛闪结良缘

1931 年 8 月，暑假期间，刘公武因文曼魂结识了秦俊吾，几次交往后，外冷内热外秀内慧的秦俊吾，无意中把一支结结实实的丘比特神箭，深深地射进了刘公武内心深处。

刘公武对秦俊吾发起了猛烈的情感攻击，也让秦俊吾柔然就范。

在两人交往过程中，刘公武把自己曾经有过一段父母做主的婚姻、在德国留学时也曾有犹太女孩主动追求过他，向秦俊吾真诚而坦然地一一交待得清清楚楚。有心的秦俊吾还找刘开国、袁芸雪、杨任严一一作了进一步证实之后，才感觉这个人的真诚没有掺假。

秦俊吾说："在上海读大学好几年，就没有女孩子追过你吗？"

刘公武一听，哈哈大笑："那时候男女都不同校的，到哪里去追？你不就是读的女子师范嘛，你学校有男同学吗？再者说了，那时我有老婆在家呢。"

秦俊吾点点头："那倒是。"

刘公武说："我离开上海之前的那一年，1925 年吧，复旦大学有人提出要招女生，校长当时怎么说？他说，除非我死了，只要我当这个校长，还睁着眼，你们想都别想。结果校长的这个言论，受到社会各界进步开放人士的严厉谴责和强烈批评，很多报纸都登了批判文章，让校长觉得自己都成了老古董。

大概 1926 年下半年，经不住社会各界的强烈呼吁，复旦大学成立了一个女子部，招了一百多女生，可那时，我已经被学校除了名回了老家。听后来的同学说，他们想见见女子部的女校友，都受到严格禁止，学校还为此专门制定了禁止条令，五六年过去了，也不知道现在解禁了没有。

这也说明一个问题，咱们中华民族，歧视女性的这种封建意识，真是深入到了骨子里，妇女求解放，还有一定的路程要走。"

秦俊吾听着，不禁呵呵地笑起来："忧国忧民，难得！你说起妇女解放运动，我也做过呢。"

刘公武说："哦，你怎么做的呢？"

秦俊吾说："1928年吧，冯玉祥的部下韩复榘到河南当省主席，冯玉祥夫人李德全就去开封宣扬妇女解放。"

刘公武说："啊！这么巧？"

秦俊吾感觉奇怪，问道："巧什么？"

刘公武说："我一个很好的朋友，从德国一起回来的，叫李连山，就是李德全的亲弟弟。只是他4月份回国去了。"

秦俊吾说："噢噢，那真的是巧！那么大中国，那么大世界，天各一方，你认识弟弟，我认识姐姐，而我们两个又走到这个异国他乡认识了。嘿！这个世界真是太小啊！"

秦俊吾接着说："那时，我刚进入高级师范班二年级，在学校也是个活跃分子呢。他们推荐我去了国民党开封县党部，担任妇女委员，新乡县，博爱县，到处考察，发现问题及时处理，每个月还给发六十块钱呢！去县里住宿吃饭基本不需要自己掏钱，所以，又省下了住宿钱和饭钱。"

刘公武说："那你们还真是有钱。我做华容县党部常委时，就是没钱，什么事都不好做。有点热情的，久而久之自己贴钱贴多了，热情也没了。妇女工作开始没人做，还是我去县立小学找年龄大一点的女生帮忙，结果什么效果也没有。"

秦俊吾闻言，哈哈大笑："主要是你们那里是偏僻地区，没有像李德全这样的大人物出面。"

刘公武说："说的有道理！钱都跟着大人物走。"

秦俊吾说："有钱没钱，都看人想什么办法去解决。我觉得我这个人就不怕没钱，只要有本事，随时有办法赚钱。饿不死我的。"

刘公武说："这个我完全相信，你这个能力不同一般。"

秦俊吾说："你怎么知道？"

刘公武说："我也会看相啊。你家就你跟你大哥，二哥在世时也不管事的，你爹妈也不管你大哥的生意，所以，你在家里就能在耳濡目染之中，不自觉地就接受了你有文人气质的父亲做学馆的文人买卖影响，在大哥那里，就能学习你大哥跟普通百姓的世俗买卖。于是，你的商业头脑就渐渐地形成了。"

秦俊吾说："好像有点道理，不过我从来没想过这个问题。可是，你家都做买卖呢，你怎么就成了书呆子？"

刘公武说："我是书呆子吗？我可能天生就对那些东西没兴趣，所以也不关心，也不注意，没学会就不奇怪了嘛。我就对社会发展，思想理论，教育启蒙，政治哲学，这些东西有兴趣。"

秦俊吾说："当政治家，哲学家，太虚，要我，永远搞不好。我说你呢，你是从来没有为钱操过心，没钱的时候还是别人去想办法，所以，你就不去想赚钱的事，想都不去想，钱会自己跑你口袋里去吗？这是根本，知道不？

比如说，我在开封读书，大哥给我钱都很勉强，我也不稀罕他给我钱。尤其是母亲去世之后，回去得少了，我更不问他要钱了，我发狠要自给自足。

寒假暑假我就找地方去给人补课，每个月能赚三五十块钱，师范学校国家每月补贴学生六块钱，我吃伙食有三块钱就够了。到我毕业的时候，我存了三百多块大洋在教务主任那里。可恨的就是她给挪用了，到我准备逃走的时候，去她那里拿钱，她只能拿出七十多块钱。没办法，我也只好拿了就赶紧跑路。"

刘公武说："厉害！我佩服。"

秦俊吾说："佩服啥用？要行动。"

有一次，秦俊吾突然问刘公武："你知道我是缠过小脚的女人，你怎么从不问我什么呢？"

刘公武说："呵呵，这有啥好问的呢？我母亲和家里大嫂，还有许多姨婶亲戚，都是小脚，我想，她们绝对没有一个人愿意受那份折骨锥心之痛，缠小脚的女人，都是受苦人。

缠小脚本就是封建时代妇女遭受的苦难，是旧中国每一个妇女终身无法忘却的痛，我知道了你缠过小脚，说明你也是遭受过这种苦痛的受难者，受苦人，这是一个人内心的伤口，我怎么能够忍心去挑开这个伤口呢？

再者，你是一个接受过新知识和新思想的新女性，我想不用问，你也一定对这些旧时代的恶俗深恶痛绝。有这些就够了，我又何必多此一举，跟你提起这个没有任何意义的问题呢？确实有朋友拿你缠过小脚的事跟我开过玩笑，但我很生气，我与之言：唯诚而始能爱，爱必当以诚。"

秦俊吾听着刘公武说的似乎是一通大道理，其实，这也完全与她内心所思所想相吻合，她不禁深感释然，尤其令她没有想到的是，他竟然对朋友开玩笑都那么当真。

秦俊吾说："别人开玩笑倒无所谓，无需太当真，我只在乎你的态度。我知道，文曼魂本来在追你，她是一双大脚，在我心里有一定象征意义，说明她从小就有反抗封建的意识，应该更适合你。所以，我很长时间都没理解，你曾经是一个热血奔涌的革命者，为何就弃她而追我呢？"

刘公武笑了笑，坦然道："她可能是一个好战友，一个好朋友，但我从来就没有对她产生过任何个人情感方面的念头，所以，根本就谈不上你说的这个'弃'字。不过，我想，她一定是个明白人。"

确实，文曼魂是个明白人，虽然看上去似乎有些威猛，其实内心亦是格外细腻，且有着善良而真诚的处世之道。她看到没能俘获自己一见倾情的刘公武，却让自己带去的秦俊吾捷足先登"后入为主"了，她也没有在言行举止上对秦俊吾有任何不妥的表现。毕竟，她经历过太多血雨腥风，狂风恶浪，懂得何处才能找到自己避风的港湾，如何才能掩藏或者化解自己内心的纠结与矛盾。因此，她也就知道，对秦俊吾能与刘公武结合，她唯有默默地给予祝福。

恰好此时，马来亚柔佛州麻坡化南女中邀请文曼魂担任校长，她便趁此毅然告别了狮城一众好友，去往离星岛二百公里之外的麻坡，直到 1953 年，此前一直未婚。

1931 年 9 月初，华中开学后，刘公武和秦俊吾的爱情，不到一个月的时间，便已经发展到谈婚论嫁的程度。刘公武试探性地问秦俊吾："俊吾，你觉得我们可以结婚了吗？"

秦俊吾似乎连想都没想一下，立即回言："可以呀，咱们老大不小了，随时可以结婚啊。"

刘公武说："婆罗洲不去了，英国也不去了？"

秦俊吾说："去啥呀？你被别人拐跑了我咋办？我找谁算账去？"

刘公武仰头望了一下天空，长长地嘘了一口气，转过身来，张开手臂抱起秦俊吾转了老半天，然后扑通一下，两人倒在草地上，刘公武闭着眼睛，一动不动。

秦俊吾爬过去，摸了摸刘公武额头，说："没发烧呢！"

刘公武腾地一个鲤鱼打挺，站起来，拉起秦俊吾，说："烧，烧得厉害，就差起火了！"

刘公武觉得张罗结婚这些事，只有去请刘开国，他这个人既热心，又细致，而自己碰到有关生活的事，就是一脑门子官司。因此，他专门为此去找了一趟刘开国，请他帮助自己打理相关的一些事务，刘开国满口应承。

刘公武本想找杨任严打理此事，转念一想不妥，杨任严毕竟同在华中，是自己下属，还是不方便。

一个周日，刘开国约了杨任严和袁芸雪，还有一个华容老乡刘汉江，刘公武叫来了雷立品，到华中一起聚会。

刘开国说："公武兄二十八了，秦老师呢，差不多是二十四了，诸位觉得这大龄男女，是不是该有个家或者什么的了？特别要提出的是，秦老师，不，现在应该叫嫂子了！咱们这位了不起的嫂子，有两件事情值得我们这些大男人嘉赏，第一，她本来计划去英国留学的，我们这位憨憨的大刘校长都给她找好了人作担保，你们说怎么着？"

袁芸雪问道："怎么着？我弟妹不去了呗！这兵荒马乱年月的，一去千万里，我弟不怕我妹被洋人逮了去，我妹还担心这俊哥哥被哪个淑女给掳了走呢！那不就麻烦大了？"

袁芸雪几句玩笑，逗得大家哄然大笑。

刘开国接着说："还有一件，十多天前，华中女校校长刘湘英亲自介绍秦老师去婆罗洲那边华侨学校教书，月薪三百大洋啊！比我们这边高了三倍多！可她为了守护我们的大刘校长公武哥哥，她毅然决然拒绝了！就冲这一点，我得代表公武兄向嫂子鞠一躬！"

袁芸雪立马站起来，在弯下腰去的刘开国背上拍了一掌，说："干什么？你就有味了，大刘校长不过来感谢，你倒跑来鞠躬感谢，什么意思啊？秦妹妹就是怕大刘校长被别的妹子抓走呢！"

众人又是一通哈哈大笑。

刘开国瞪了一眼袁芸雪，拍拍胸脯，说："我小刘校长是大刘校长委托的主事人，你莫搞错哒！就凭那两件事，嫂子的高风亮节，就值得我鞠上一躬，对不对呀，各位？还有，我昨天掐指一算，这个月的二十六号，正好是中秋节，咱们中华民族的团圆佳节，好日子！大吉大利，就在那天举行婚礼，诸位觉得怎样？"

袁芸雪说："那当然好了！没说的，就八月十五！我有一个小小建议，秦妹妹既然嫁作湖南媳妇，以后也是湘妹子了，无辣不欢的湖南人，你可得快速适应咯！公武老弟以后就交给弟妹了，交接仪式定在团圆佳节！"

肯定没说的，婚期就定在 9 月 26 日，农历八月十五中秋节！

于是，朋友们帮着找房子，最后在华中和南侨女校两所学校居中的地段，牛顿街，租了一处房子。紧跟着，大家又是帮着买家具，布置新房，忙乎了半个月就全部摆布停当。

9 月 20 日这天，大家约定趁星期天在牛顿街新房聚会。

几乎每个人手里都拿了当天的报纸。

在刘公武的新房客厅，先后来到的七八个男女青年，没有一个坐下来，直挺挺地站在那里，一个个神情肃穆，攥着手中的报纸，沉默不语。

袁芸雪突然挥舞着手中紧攥的报纸，大声说："诸位，你们都知道了。国难当头！国难当头啊！我们还能忍气吞声，任人欺辱，任人宰割吗？想当年，中国人打中国人，我真是心神沮丧啊。可是如今，日本鬼子欺负到我们头上来了，屠戮我同胞，蹂躏我山河，东北危亡在即，危亡在即啊！帝国主义的欺凌，我们忍受了多少年，再也不能忍下去了！我决定，回国！"

袁芸雪说着说着，声音颤抖，泪流满面。

秦俊吾和她的两个同事女老师，当场就呜呜地哭起来了。几个男子汉，也忍不住落下了愤慨与伤心的眼泪。

刘公武招呼大家坐下，说："芸雪兄说得好！我们再也不能容忍了。我们身处海外，回去一个人也就一个人，精神可嘉，却力量单薄。我觉得，要号召海外华人华侨全体行动，有力出力，有钱出钱，有人出人，大家拧成一股绳，团结一心，合力对抗侵略者，才有胜利的希望。所以，我们教育界的同仁们，

九一八事变期间，日军占领沈阳后，在城里戒备

既要用我们的热情去影响身边的人，也要向我们的学生发出反抗侵略救亡图存的号召，可以形式多样化，游行集会，演讲宣示，印发传单，总之，要尽可能焕发起每一个海外中国人的爱国之情和报国之心。"

大家静下心来之后，商量了许多如何发动社会各界华人华侨和广大师生投身抗日救国运动的对策。

刘公武跟校董会商量之后，召集华中师生在学校集会，刘公武向师生们做了一次满怀愤慨、激情澎湃的演讲，全校师生在刘公武感召之下，一个个摩拳擦掌，恨不得立刻奔赴前线，与侵略者决一死战。

这次，刘公武亲自起调，指挥全校师生高唱《华中校歌》——

海天辽阔，云树苍茏，中有我华中。
礼门义路，时雨春风，吾侪托帡幪（píng méng）。

猗与华中，南方之强，我中华之光。
雄立狮岛，式是炎荒，万世其无疆！

人生茫茫，学海洋洋，吾侪当自强。
朝乾夕惕，日就月将，莫负好时光。

迨于庶士，笃实辉光，斐然已成章。
臂力方刚，经营四方，前途浩且长。
猗与华中，南方之强，我中华之光。
雄立狮岛，式是炎荒，万世其无疆！

年轻学子们豪情奔涌，热血沸腾，雄壮嘹亮的歌声，响彻校园上空。

刘公武总想要做一些具体的事情，于是去找雷立品，看能不能号召华侨尤其是企业家们向国内捐款，支持抗日救亡。雷立品听公武这么说，哈哈大笑，刘公武一脸疑惑："我说错了？"

雷立品说："陈嘉庚先生是南洋侨领，又是新加坡华侨商会会长，又是海内外著名的公益慈善家，你说他会闲着吗？陈先生都召集商会开了几次会了，他自己的这些企业都已经带头捐了上百万了。当然，还需要动员社会各界积极行动，捐钱捐物。学校的话，可以对口商会、教会等团体，组织一些相应的活动。

不过一定要谨慎，校董会的原则就是不要惹麻烦，殖民当局时刻防备着国内政治影响力在新加坡的扩散，动不动就抓人。具体怎么做，你自己斟酌。注意小心谨慎，别给校董会抓住什么把柄就好。"

刘公武说："哦哦，明白了。"

华中的学生中也有进步爱国团体，尤其是高中部，不少学生都是二十出头的热血青年，于是刘公武组织他们中一些人，发动学生，走上街头，宣传抗日救国，开展募捐活动。

秦俊吾也不闲着，呼朋唤友，跟着一起在华人华侨中奔走呼号，焕发华人华侨的抗日救国热情。

刘公武与秦俊吾的婚礼在 9 月 26 日中秋节这天如期举行了。

婚礼简单而朴素，刘开国依然里外张罗，招待前来祝贺的平时交往的十几位同学、老乡、同事，也就办了一桌酒席，表示酬谢。大家心头压着"国难"两个字，因此，婚礼的气氛缺少了往日的轻松热烈和幽默风趣。

本来九一八事变过后，看起来似乎平静许多，没有什么大的战事发生。可是 11 月中，报纸又报道，东北的中国军队与日军从 10 月中旬到 11 月初在江桥多次展开激战，中国军队伤亡惨重。

袁芸雪再也坐不住了，他把学校事务交代完了之后，跟刘公武、杨任严、刘开国等一众朋友告别，他说就算上不了战场，就是发动民众参加抗日救亡，也要去国内发动，在此偷生，实在无法忍受。于是，他和另外几个人，满怀一腔激情回了国。

大家有如送壮士上战场一样，送别了袁芸雪，可袁芸雪说的"在此偷生"几个字，却像钉子一样扎在刘公武心口。

刘公武和秦俊吾也是心神不定，归心似箭。可是他当时接受陈嘉庚先生聘请，签约期限两年，这才过了不到一年，校董会绝不可能同意刘公武就此辞职离开，同时，按照聘用协议约定，中途辞职还有相应的约束条款，需要承担一定的责任。

别说有条款约束，即使口头答应，刘公武也是一个一诺千金的厚道人，不会因为个人有什么想法而去违背自己的承诺。于是，他也就只好耐着性子在华中校长岗位上继续尽职尽责。

辞别华中，游子归心似箭

1932 年 1 月，秦俊吾确认自己已经怀孕。她对公武说："这是我们的第一个孩子，咱不能把孩子生在这个殖民地，必须让孩子成为中国人。"

刘公武同意妻子的说法。于是商量，等放了寒假，秦俊吾就辞职先回国内，去杭州一个朋友家临时借居几个月，待生下了孩子，中日之间没有战事发生的话，刘公武再回国一起带孩子去一趟日本游玩，然后再回新加坡安居。之所以选择去日本游玩，刘公武想去看看这日本到底是一个啥样的国家，有啥样的国民，为啥会漂洋过海来欺负中国人。

同时，公武发了电报给正在上海中华职业学校读书的七弟刘经纬，要他放寒假之后在上海等他的嫂子，给她在沪杭的行程提供帮助。

秦俊吾乘海轮于 1 月 27 日到达上海，七弟刘经纬高举写着老大一个"秦"字的纸牌子，在码头上接到了秦俊吾。

经纬送嫂子到杭州安顿后，便要返回上海，说是约好了要去参加同学组织的抗日救亡活动，秦俊吾叮嘱他，上海那么乱，千万注意远离那些以身涉险的事，有事及时联系。经纬答应一句，就匆匆走了。

秦俊吾报了名准备到杭州美专进修。29 日，竟然便传来了上海发生重大战事的消息，日本人在上海燃起了战火。

1932 年 1 月 28 日，上海发生了历史上著名的一·二八事件。

为了弄清楚日本人后来在中国发动的更大规模的军事侵略行动，很有必要对一·二八事件的来龙去脉作一个粗浅的梳理。如果说九一八事件只是一个擦燃了火柴的小动作，一·二八事件则是为后来的中日大规模军事对抗，把柴堆给点着了。

1931 年九一八事变之后，日本军队不仅占领了东北大部分主要城市，而且把战火延烧到了辽宁西部的热河省。热河紧靠河北唐山，逼近天津，可以对中国政府造成心理上的巨大压力，同时，日人积极准备在东北扶持末代皇帝溥仪，成立由日本人控制的"满洲国"伪政权。

日本人在中国制造的一系列违犯国际法基本原则的事件，引起了国际社会的一片谴责之声。日本国内，天皇和内阁感到了来自国际社会的巨大压力，国际社会在政治、经济方面的扼制，已开始在日本产生消极作用。尤其是中国，民间和商界人士抵制日货，打击对日贸易，在全国已然形成一种势不可挡的风潮，甚至日本商贸船只，都被阻拒进入中国的商贸中心上海，日商仅仅于此便损失惨重。九一八事变之后仅仅不到两个月，日本国际贸易总量就出现了急剧下降的趋势。

来自多方面的压力，使得日本军人政府又动起了歪脑筋。对于上海的窘境，日人一方面在中国政府面前软硬兼施，装出一副无辜的受害者面目；另一方面则积极谋划如何挑起可以嫁祸于中国人的事端，这样，既可使他们的军队能以保护商贸和保护日侨为名进入上海，也能趁机在东北把傀儡政权"满洲国"建立起来，顺利控制东北丰富的经济资源，从而给面临衰退的日本经济制造生机。

于是，10月初，东北的关东军高级参谋板垣征四郎将日本驻上海领事馆武官辅助官兼上海特务机关长田中隆吉，电召到沈阳，面授机宜，要他秘密在上海搞事，把责任转嫁到中国人身上，从而转移各国注意力。当上海引起骚动成功，东北的"满洲国"便可以粉墨登场，但是，板垣告诫田中，日本内阁不希望引起大规模的军事冲突。

板垣给田中派了一位得力干将，川岛芳子，此女又名金碧辉，实际上是清王朝一位亲王的女儿，从小就送给了一个姓川岛的日本人做养女，经过日本人的全面精心训练，被培养成"文武双全"的超级美女间谍。

川岛芳子曾参与刺杀张作霖、九一八事变、一·二八事变和"满洲独立"等一系列秘密军事行动。

川岛芳子受命之后，在上海经过一段时间的精心策划、准备，便开始行动。她一方面通过其豢养的手下人员，以反日华人面目，烧日货，砸日本商店，抢日本洋行，以此在华人民众中拱火仇日情绪。另一方面，鼓动在沪日侨和日人黑社会组织，举行集会抗议，要求中国政府保护在华日侨、日商利益。

两方面人员乃至组织，做人做鬼，都不知道这是川岛芳子一手在操作，而形成了势如水火的仇恨对立状态，受命秘密行动的日谍，在上海到处制造混乱，引起了完全不明真相的华人与日侨日商之间不断升级的各种冲突。

1932年1月中旬，川岛芳子觉得"搅浑水"搅得差不多了，于是策划制造了公共租界的"日僧被杀事件"。18日下午，两名日本僧人和三名日本人信徒，到三友毛巾厂门前化缘，厂内义勇军数十人拦截盘问，引起围观，场面混乱，争吵中发生打斗，结果一名日僧被打死，另外两个日人被致重伤。

不用说，日僧是由川岛芳子手下安排到这里来的，而趁乱杀人者也是川岛芳子手下的特务安排的，只是他们必须是真正仇日的华人。

平时在上海出现的中日对抗，都只是打砸抢偷，一下子打死打伤了几个日人，日本驻沪总领事田中隆吉，便作为"官方"出面抗议，他要求中国政府方面"严惩凶手"，解散反日组织，否则他们无法压制在沪日侨的"愤怒"。这种假惺惺的态度，实际上是为其后续进一步的行动，埋下伏笔。

川岛芳子继续行动。"日本人在华青年同志会"就是川岛芳子控制的一个搞事团队。这个团队的秘密行动，就是把以前的打砸抢偷行动进行升级，制造更大矛盾和冲突。一方面鼓动日侨举行更大规模的抗议示威，另一方面不断制造杀人放火事件。然后日本领事馆又不断出面，进行"政府交涉"，且一次比一次严厉地指责中国政府纵容那些针对日侨、日商的"暴乱"行为，声称如果再有此类事件发生，必将军事介入。于是日本的军舰和军人，一批又一批地抵达上海附近海面。

蒋介石政府针对日人在上海的挑衅，判断是他们自导自演，却又缺乏铁证反击日本人的阴谋。倘若在上海与日人开战，必然投鼠忌器，且中国军队尚没有足够实力对抗日本人的攻击，因此，蒋介石的主张是能忍则忍，同时也命令京沪卫戍司令陈铭枢积极构筑防御工事，以防意外发生。

日方以保护日侨为名，声言其军队将进入日侨聚居地闸北、虹桥驻扎，要求当地中国军队撤离。中国政府方面口头应付，允诺议后再复，然而，中国军队拒绝撤出地盘让给日本人。

1月28日深夜11时30分，日军未等答复，便下令军队开进四川路等地区，向西占领淞沪铁路，但在天通庵遭到第十九路军的坚决抵抗。一·二八事变就此爆发。

1月29日，第十九路军总指挥蒋光鼐和军长蔡廷锴，向全国发出《第十九路军为日军犯境通电》，表示日军公然"向我挑衅"，"光鼐等份属军人，唯知正当防卫，捍患守土，是其天职，尺地寸草，不能放弃，为救国保种而抵抗，虽牺牲至一人一弹，绝不退缩"，凛然正气，浩然贯云。

同时，身在南京却已下野的蒋介石，实际仍然是国民党仰仗之灵魂人物，当即商定对策：一面预备交涉，一面积极抵抗，并部署对日作战之详尽计划。

蒋介石日记写道："余决心迁移政府于洛阳，与之决战。……否则随时受其危胁，必作城下之盟也。"由此可见，蒋介石抗日决心颇坚。

1月30日，国民政府发表宣言，迁都洛阳，蒋介石通电抗日。其通电云：

  ……我十九路将士既起而为忠勇之自卫，我全军革命将士处此国亡种灭、患迫燃眉之时，皆应为国家争人格，为民族求生存，为革命尽责任，抱宁为玉碎毋为瓦全之决心，以此与破坏和平、蔑弃信义之暴日相周旋……中正与诸同志久共患难，今身虽在野，犹愿与诸将士誓同生死，尽我天职，特本血诚，先行电告，务各淬厉奋发，敌忾同仇，勿作虚浮之豪气，保持牺牲之精神，枕戈待命，以救危亡。

蒋介石此电发表后，影响甚大，全国军民"人心士气，为之大振"。

此后，蒋介石下令第五军增援第十九路军，中国军队共四万余人，伤亡近一万五千人，在上海与日军七万七千多人，鏖战月余，打死打伤日军一万余人。

3月2日，日军增援部队在太仓登陆，第十九路军面临腹背受敌，为免遭被日军全歼，被迫全线撤退。

日本内阁此时本就只想在上海获取驻军权，不想与中国发生大规模军事对抗，板垣当时要田中在上海搞事的目的已经达到，既然中国军队撤离，于是日方也就顺坡下驴，在3月3日宣布停战。

日本大量海陆军已经进入上海且后来日益活跃于上海近海，这是一个给未来埋下的"巨雷"。

秦俊吾在杭州住了一个多月，寒假也过了，上海还在打仗，杭州这边学校尚不敢开学。

刘公武听说上海中日激战，一方面密切注意有关战事情状之报道，一方面担心战火延烧到杭州。刘公武在新加坡，一天到晚坐立不安。

3月初，秦俊吾从报上看到日本人宣布停战了，等了几天，杭州美专还没开学。而一个多月来也不见七弟经纬有任何消息，于是秦俊吾一个人跑去了上海。

秦俊吾赶到上海老城厢陆家浜南岸的中华职业学校，去找刘经纬。因为打仗的时候学校驻扎过军队，遭到了日军飞机的轰炸，有些建筑被损坏，学校师生们正在收拾校园。秦俊吾转了一大圈，终于在机械科找到了刘经纬。

看到嫂子到来，刘经纬甚是惊讶。秦俊吾说："这边打仗打了一个多月，你也不给个消息，叫人多担心啊！万一有个啥事，你哥回来我咋交代？"

刘经纬说："抱歉，抱歉！我们学生都在组织支援前线，忙起来就忘了。"

秦俊吾说:"没事就好。你都没回去,我想你可能开学都没钱交学费,给你准备了点钱,拿着吧。"

刘经纬赶紧接过嫂子递过来的小布包,满怀感激地说:"嫂子想得真周到,太谢谢了!为这,我正要发电报给四哥呢。那你还回杭州去吗?"

秦俊吾说:"不去了,还没开学呢。我在报上看到了上海美专的招生广告,准备去报名,若这边能读就在这边算了。"

刘经纬说:"那太好了!哥回来了咱们就都在上海了。嫂子安顿好了吗?要不我给你帮忙去?"

秦俊吾说:"不用,你忙你的。我安顿好了再告诉你。"

秦俊吾报了上海美专,结果,被顺利录取。于是她进了上海美专在菜市路(今顺昌路)新建的教学区学习。

秦俊吾将自己入读上海美专的消息,电报告知了丈夫。刘公武悬着的心才终于放下。

夫妻俩各在天涯,相互之间那种牵肠挂肚,无尽思念,时时刻刻萦绕于怀。

秦俊吾晚年回忆,那时节,两人之间,书信和电报的往来,在他们一生相守五十八年中,是最为频密的一段。

刘公武在新加坡闻知一·二八淞沪抗战中,第十九路军中国军人奋起抵抗,捷报频传,华中师生精神振奋,高歌欢舞,慷慨激昂。

陈嘉庚先生亦号召华人华侨积极投身抗日救国运动之中,华中师生积极响应,奔忙于筹募金钱物资,支援上海军民抗战,其情绪空前热烈高涨。

3月初,忽闻上海停战,而日军却仍在上海。海外华人自然不知详情,以为我军落败,上海沦陷。故而刘公武满怀悲愤,立即向全校师生广播了上海抗日军队停战的消息。师生闻之,轰然喧嚷,皆自动停课,集聚校园,相见之间眼泪流淌,悲情满怀,有的甚至放声痛哭,忧国忧民,赤子之心,此时此景,感人至深,非亲睹无以名状。

刘公武与师生们走到一起,大家不约而同,齐聚礼堂,有人唱起《华中之歌》:我中华之光……瞬间大家一起响应,声如狂涛奔涌,卷裹着海外赤子如泣如诉的悲愤与热忱,响彻云霄!

彼时身在杭州的秦俊吾也只能从报上获知上海战情，自然即使告知刘公武，与报章所载，亦无二致。

华中师生停课与聚会，引起了神经敏感的殖民当局的注意。华民政务司电话告之刘公武校长，英国人将前往学校考察，务必做好准备。刘公武立即有如接到警报一般，将消息传达到全校师生。大家进入教室，收捡书刊，勿使任何涉及政治之把柄令英人发现，全校师生，各自归班，各自上课。

英国官吏及其随员很快驱车来到学校，刘公武陪同巡视校园，见到了各个教室都在上课，秩序井然，师生对巡视英人熟视无睹，处之泰然。巡视英人见此情状，无可指摘，默然而退。

后来刘公武得知，之所以英国人对有的华侨学校经常突然袭击，独对华中先通知，后赴校巡查，乃因刘公武为德国留学生，熟知欧洲相关法理，因此事先通知，表示其以礼相待。

至此，刘公武方知老同学雷立品所言非虚。因为，华中师生深受陈嘉庚先生影响，爱国思想与气氛，较之其他华侨学校浓烈而活跃，英人对此特别忌讳，总在寻机整肃，乃至提出要关闭此校，令陈嘉庚先生大伤脑筋。雷立品推荐了刘公武，陈嘉庚先生又亲自面见交流，心中顿觉踏实，故而，刘公武明白了陈嘉庚先生力请自己执掌华中，实为用心良苦。

1932 年 7 月，刘公武结束了华中第二学年的履职，便向校董会提出了辞职要求，此时刘公武作为校长，已经月薪超三百大洋，回国后也许一年也赚不了这么多，即便如此，也无法再留住刘公武业已飞向秦俊吾身边的那一颗被相思折磨得疲惫不堪的心。

雷立品深深理解刘公武心思，虽有万般不舍，亦觉只能接受现实。雷立品与刘公武商妥离职事务之后，安排了一次华中历任校长的聚会，欢送刘公武。

杨任严依然留在华中任教，1933 年下半年，他独自赴日留学，直至 1937 年中日战争全面爆发方才回国。后来一直跟随刘公武在中央军校、西南游干班、武冈分校担任政治教官、政治部副主任，为军校翻译日文军事教材作出了巨大努力和贡献。

二、毅赴国难

沪访白瑜，且迎长子降生

1932年7月中，刘公武从新加坡到香港转上海，海上漂游近半月，终于7月下旬到达上海。

刘公武出发前分别写了信给秦俊吾和李连山，请李连山帮他在美专附近租一处房子。他知道秦俊吾挺着大肚子不方便，就要她在住处等着，可秦俊吾却一定要跟着李连山去码头接公武。

一间房子，面积不大。李连山说："我知道你强调洗漱的方便，是为了嫂子生孩子，别看这么一个小条件，在上海闹市区找个这样的地方还真不容易。"

环龙路住处到菜市路的美专校区就隔着一条马路，紧靠着法国公园（今复兴公园），出入非常方便。

刘公武对这个住处很满意。他找到白瑜在上海住处的电话号码，到公用电话亭打了一个电话给白瑜，告之自己已到上海，近日择机登门拜访。白瑜闻之，甚为高兴。

自从1925年白瑜从南京去广州黄埔军校之后，两人除了书信往来，已有七个年头没有见面了。

1930年中，白瑜因为被人疑为跟随汪精卫、陈公博的"国民党改组派"，遭到保守派排挤，已退出南京中央军校，定居上海而被聘在上海中国公学、国立上海商学院担任教授。而其实，白瑜一直强调国民党内部应该团结一心，消除互疑，不应各执己见，自耗自损。

刘公武刚一安顿妥当，便立即携妻子一起去拜访白瑜。老友加兄弟见面的场景，让秦俊吾感觉到了丈夫最敬重的白瑜，确实在丈夫心中具有不可比拟的分量。

秦俊吾说："在上海，我们是人生地不熟，很多地方今后还少不了麻烦白

1932 年，刘公武（右一）与二哥、三哥、七弟在上海合影

老师呢。冒昧之处，就请白老师多多包涵了。"

白瑜说："弟妹，看你说的，我和公武兄弟之间，无须讲究太多礼数。看弟妹身怀六甲，不日将临盆，内人懂些产后护理，有可帮之处，千万不要客气。"

白瑜夫人接言道："是啊，千万不要客气，我家先生经常说起公武兄弟，为人敦厚，重情重义。你们来我这里，就当自己家好了，真的不要客气。"

后来，白瑜夫人动员白瑜两个妹妹一起，帮着做了好几套婴儿衣服送给秦俊吾。

8 月初，二哥刘巨楼和三哥刘晃专程从湖南赶到上海，一来看看尚未曾谋面的五弟媳妇，二来老五从 1927 年离开以后，兄弟们就没再相聚过，恰好七弟经纬在上海读书，难得一聚。遗憾的就是福林实在因有事无法脱身，未能赶到上海与兄弟们会聚。

按照预产期，秦俊吾住进了上海红十字会医院待产。刘公武成天守在身边，寸步不离，连着两天，都要到晚上十二点医院快关门了，医生护士催他走，他才离开。

第二天晚上刘公武离开后回到住处，坐立不安，想想肯定今晚会生下来，必须过去。于是他睡也没睡，又往医院赶，四点就在医院门口等开门。

其实，秦俊吾在刘公武正好赶到医院门口那会，就开始阵痛，破了羊水，进了产房，不到五点钟，就顺利生下了他们的第一个孩子。

这天是 1932 年 8 月 26 日，农历壬申年七月二十五。

六点钟医院开门，刘公武推开门就往产科跑，可产科病房还没开门。隔着玻璃门，只看到产房不断有人进进出出，刘公武见一个医生就要问，见一个护士也要问，可就是没人理他。

刘公武急得跺脚搓手，茫然不知所措。他忽然想起，最近陪秦俊吾来医院很多次，认识了一个当内科主任的岳阳老乡，于是赶紧跑去找他。

内科主任打了个电话到产科问到了讯息，告诉刘公武，秦俊吾生了个大胖儿子。

刘公武一下蹦起来，哈哈哈一阵狂笑，把内科主任都吓一跳。内科主任拍拍他："你可以去看了。"刘公武说声："真的？"就如离弦利箭往外跑。产科主任大声喊住他："产科在这边！"刘公武回头说："我知道！"

原来，他要出去买鲜花。跑步转了老半天，才发现其实就在医院门边没多远就有花店。

刘公武捧着鲜花，满面春风，蹲到躺在病床上的秦俊吾面前："亲爱的，辛苦了！"秦俊吾泪眼婆娑，疲惫的脸上堆满了幸福的笑容。

为了纪念两人在新加坡牛顿街结婚并怀孕，夫妻俩商定，就给儿子取名叫作"刘顿"。

出院那天，孩子全身穿的都是白瑜家送的衣服。刘公武早早地招呼了几位同学朋友，在饭店办了一桌酒席表示庆贺，回家时又在住处楼上放了一挂长长的鞭炮。还好这些事情都有李连山和白瑜家妹妹帮他张罗，要不刘公武一个人几头忙，都没法忙过来。

秦俊吾坐月子，为了不麻烦别人，几乎都是自己照顾自己。

刘公武几次约李连山商量，今后自己得干点什么事。

两人经常在外面约朋友谈事聊天，有一次在街上远远地看见了在法国带他们办马克思主义学习小组的夏乘，刘公武已经在新加坡华中图书馆看到了《创造》杂志上的照片，知道他就是当年大名鼎鼎的创造社发起人成仿吾，但两人躲开了，怕贸然相认，会给成仿吾带来麻烦。

李连山建议，现在正在大搞实业救国，回北平老家去，生产羊毛纺织品，那边原料便宜，他有人脉资源，生产，进货，出货，都好组织，要刘公武将老

1932 年，刘公武（右一）与李连山（左一）家人在北京合影

婆孩子一起带过去。

李连山说了一大堆让刘公武信服的理由，获得了刘公武认可。

刘公武说："等我老婆坐完月子，我们就出发北上。"

李连山毅然决然辞去了上海的纺织机械工程师工作，先回北平做建厂的前期准备。

然而，刘公武总是觉得心里不很踏实，秦俊吾又总说他不是做生意的料子，不是太支持，因此，他想去找白瑜征求一下意见。再者，如果北上，眼看就要出发，也应该跟白瑜做一个当面告别。于是刘公武和秦俊吾一道，带着襁褓中的孩子，一起到了白瑜家中。

白瑜听说公武迫切地想要投身"实业救国"，半天没有吱声。

刘公武说："哥是不是觉得不妥啊？"

白瑜说："既然冯玉祥大舅子如此之有把握，且讲信用重情义，是你难得的好友，试试倒也无妨。羊毛纺织品这一产业，我实在知之太少，具体意见又从何谈起？无论谁，无论从事何种事业，基本原则便是力所能及，量力而为。目前而言，发展实业确有相关政策予以扶持，但北平紧邻热河察蒙，日人骚扰不断，人心惶惶，其社会动荡较之南边，有过之而无不及，正常贸易必然深受影响。诸多因素，老弟都应综合予以考虑。关键真金白银，合家衣食之所依啊，确需谨慎。"

秦俊吾插言："白老师说得在理。赚钱不易，撒钱轻松，万一赔本，就将衣食无着。我看还是跟李连山把情况说清楚，咱不去了吧。"

刘公武说："这样做肯定不妥，都商量好了，不能言而无信啊。搞实业这个话题还是我先提起来的，这下又反悔，怎么跟人说啊？况且人家李连山这会已经在北平紧锣密鼓地张罗起来了。"

白瑜笑了笑，说："弟妹啊，公武之厚道与讲求信义，我是从小就深有感触，一言既出驷马难追，宁可自己吃亏，也不责怨朋友。至于投资嘛，从长计议，稳扎稳打，步步为营。"

刘公武说："是啊。刚回来，对国内局势也不是太了解，有点两眼一抹黑的感觉，能否请哥指点指点当前局势的发展趋势？万一跌倒了，也好知道自己因为啥会跌倒。"

白瑜沉吟片刻，说："局势呢，跟你的实业救国目标当然会有关联，具体的运作我确实无法建议。好吧，我就说说局势吧，也好给你做个参考。

日人凭借其强大实力，表现之猖獗与狂妄，非常人可以想象。纵观蒋政府，蒋介石自有抗日决心无疑，然内部颇多芥蒂龃龉，争执不断，难成统一意志，尤其地方军头，各怀心思，此情此景相较北伐之前，虽然略有改观，然其实只是换过一种割据形式罢了。

须知抗击外族侵略，首先，需要举国上下具备坚强之统一意志，形成思想之钢铁壁垒。唯有同心同德，互帮互助，协调一致，方有统一步调之行动。冯玉祥及其旧部，总在蠢蠢欲动，蒋介石罢了冯玉祥的官，让他隐居修身养性，他总是不太安生。蒋介石也明白，他们这些人，在意的就是'地盘'两字，有地盘，就有利益。故蒋介石对冯玉祥之类人物，往往多有防范与按压，其他人，如阎锡山、张学良、李宗仁、唐生智、李济深、陈铭枢等，他们依然各据一方，谁能对蒋介石唯命是从？依我看，没有一个！

还有共产党军队盘踞江西，因为当年冯玉祥发起中原大战，而使得共党再次坐大，原本它们的主力就在江西，阎冯一裹乱，蒋介石无暇顾及'剿共'，其军队就趁机四处蔓延，据知目前已在十四省遍布武装，冯玉祥真成了共产党的救命大恩人了。如此，南方多省，共患迭起，成为蒋政府之心腹大患，蒋介石不可能听之任之。'攘外必须安内'是其一贯政策，内不安，何以攘外？此所言'安内'，非仅共党须安，乃指当前各方拥武者，尚未能真正达成统一协作之意志。此为蒋政府不敢对日本人轻举妄动之重要原因之一。

其次，抗击外族，需要具备足以击败敌人之人才、军备、经济诸方面实力。枪炮一响，敌我较量，凭的是实力，光有热情是烧不死敌人的。可是，放眼中国，打仗需要的钢铁工业，制造工业，交通运输，在哪里？打仗需要的吃、穿、用，生产在哪里？储备在哪里？总不能棍棒菜刀梭镖大刀跟敌人去干吧？还有，指挥实力，兵员实力，从淞沪一战来看，与日人相比，差距太大，太大！

社会民众，抗日救亡，热情高涨，口号喊得震天响，沸反盈天，当然，这些方面，对于建立民众基础不可否定有其积极意义，而真刀真枪，则绝非喊几句口号，发几篇檄文，逞一下一时口舌之快，那么简单。

以当前局势以至将来趋势观之，关乎国运，关乎存亡，中日必有一战，战之，则必有取胜之把握，否则，以弱敌强，无异以卵击石，终致山河破碎，生灵涂炭，亡国必速！

故此，临渊羡鱼，不如退而结网。蒋介石正尽其全力保持现状，趁日人息战之机，整军理政，发展生产，广创实业，强盛工农，积攒实力，方有统一意志共御外侮之物质基础。而吾等书生，处此情境，唯力所能及而为之，便可。"

白瑜谆谆道来，刘公武倾耳相闻，神情凝重，他庄重地点点头，说："兄长所言，入情入理，老弟顿开茅塞，确实有豁然开朗之感！多年在外，有如闭目塞听，混沌无知，幸有老兄身临其境，明察秋毫，如此指点，受益匪浅！"

白瑜哈哈大笑，说："见笑见笑！若非长久浸淫其间，哪得有此感悟？可是，对五弟创业还是作用寥寥啊！惭愧惭愧！"

秦俊吾也不无感慨，当即赞叹道："白老师博学多才，见解独到，真是听君一席话，胜读十年书！看清形势，对创业也有帮助的。"

白瑜说："但愿吧。五弟啊，总之记住四个字：力所能及。"

1932年10月初，告别了白瑜和朋友们，二十九岁的刘公武，带着老婆孩子，坐火车离开上海，经南京去往北平，去实施自己"实业救国"的理想。

创业告败，闲陪将军读书

李连山在北平忙乎了一个多月，基本上办妥了开办羊毛织品工厂的前期工作，他和刘公武准备在北平大干一场，全身投入"实业救国"事业之中。

1932年11月初，"北平力资羊毛纺织厂"在北平城北地安门烟袋斜街挂牌开业。刘公武把自己在新加坡一年多的积蓄几乎全部投入，成为工厂的大股东；李连山在上海赚得不多，回北平之后，到处借钱凑足了一定股本。于是，刘公武担任经理，负责经营和行政管理，李连山担任工程师，负责与技术、质量相关的所有工作。

工厂厂房和办公场所，是李连山通过他姐姐李德全在北平的关系购得的一座旧教堂。

李连山的姐姐李德全，蒙古族，1896年出生在北京通县，冯玉祥第二任夫人，比冯玉祥小了14岁。跟冯玉祥一样，李德全也是一个基督教徒，且是她李家第三代基督徒。李德全从小就在北京城读书，1919年从北京协和女子大学毕业，当过中学教师，大革命时期成为北京女青年会干事，被人评价为"有才有识，思想超俗，俭朴处己，和蔼待人，极热心服务社会"，在北京组织许多基督教徒投身革命运动，还创办了一所成人学校，故而在北京有着比较广泛而深厚的社会关系。

1924年初李德全经人介绍认识了当时的河南省主席、北洋军上将军冯玉祥，冯玉祥也是基督徒，两人一见如故，情投意合，从而成为"革命佳侣"。

1930年4月冯玉祥因不满蒋介石专权压制自己，于是联合阎锡山反蒋，发起中原大战，经过七个月鏖战，冯玉祥以失败告终，先被革除一切职务，开除国民党党籍，后又被蒋介石特赦，不予任何权柄。他只好先后隐居五台山、泰山、张家口，修身养性，广读博览。

冯玉祥的老部下、山东省主席韩复榘与蒋介石南京政府分庭抗礼，不听指挥，蒋介石因此发起了对韩复榘的讨伐。正在泰山隐居的冯玉祥，感觉到蒋介石名为"讨韩"，实则是针对自己来的。就在刘公武从上海出发的时候，恰巧冯玉祥从泰山转移到了张家口。

李德全有时在北平过问一下她的学校，有时又去张家口陪心神不宁的丈

1932年，刘公武在北京力资毛线厂检查绵羊状况

夫，一同读书消遣。她在北平的时候，也常到工厂看看秦俊吾和孩子，陪秦俊吾聊聊天。李德全比秦俊吾刚好大一轮，秦俊吾叫她大姐，李德全说等孩子大一点，请个保姆，秦俊吾就可以去她的学校教课。

李连山从上海回到北平，找到李德全请求帮忙筹建工厂，兴办实业，李德全给予了热心帮助，同时也告诫弟弟李连山，实业不是那么好办的，如果没有足够的资金实力和社会资源，很可能半途而废，血本无归。可李连山还是执意要干。

力资羊毛纺织厂聘请了十几个工人，包括几个技术熟练的技工。在北方，羊毛线采购本来不是很难，但当时羊毛产地主要在赤峰、热河、承德、张家口一线，因为日本军队的进驻，经常骚扰长城沿线，形势很不稳定，所以很难采购到优质的原材料。这样，"力资"生产的毛呢织品，不仅成本很高，而且质量低劣，跟当时日本人和俄国人在关内销售的质优价廉织品，完全不在一个档次。

而北平也因为北边局势紧张，城内人心惶惶，有一定实力的生意人都往南方跑了，即使出货价格被人压低到连收回成本都很难的地步，能够受货的商家也少之又少。

刘公武负责的经营出现了举步维艰的情况。

眼看着仓库里一天天堆积的产品，销售不出去，资金周转出现危急状况，工资也发不下去，工人们牢骚满腹，刘公武心急如焚。这时，连家里也陷入了吃饭钱都拿不出来的窘迫情境。

秦俊吾自己带的一点积蓄也用了个精光。一天，秦俊吾到厂里找到一个熟悉的小伙子，将从新加坡带来的一把小提琴、一个照相机，拿给他，请他去城里当掉或者卖掉，换一点吃饭的钱回来。未料，那个小伙子拿了东西，一去不返。秦俊吾压根就没去想，厂子里还欠着人家工资呢，你老板娘给了他能换钱的东西，他还不正好拿了赶紧跑路。

没办法，为了生活，刘公武跟李连山商量后，用几乎就是原料价的出货价，处理了一批积压货物。

年底，两人想办法把工资发了，遣散了工人。仅仅运行了两个月的工厂，资金链彻底断裂，无奈只好关了门。

1933 年元月，北平零下十几度乃至零下二十多度的寒冷实在令人无法忍受，并且因为经济的拮据，秦俊吾母子也跟着刘公武过着这饥一顿饱一顿的日子，此时，刘公武真正感受到了饥寒交迫的滋味。他决定把秦俊吾和还不到半岁的儿子刘顿送回湖南。

刘公武把母子俩送到了汉口，交给还在武汉跑生意的四哥刘福林，请福林把秦俊吾母子送回华容老家。

然后，刘公武急速返回北平，准备和李连山一起去察哈尔省省会张家口找冯玉祥，请他投资继续办厂。

冯玉祥很热情地接待了两个年轻人。听了他们俩的创业经历，冯玉祥哈哈大笑，说："你们这两个书呆子！也不看看现在什么时候，什么形势，亡国无日了！原料质量差，导致产品质量差，没有竞争力，这些困难怎么来的，你们也不去想想，有什么办法能够克服吗？如今这当口，天王老子都克服不了，蚀本的生意不要做了，收场吧。再做下去，只会亏得更多。"

李连山说："我们还有那么多货物堆在库房里，一下子也没法收场啊。"

冯玉祥走过去拍了拍小舅子的肩膀，说："说你们呢，论资历也是'老革命'了，看样子还得好好锤炼锤炼，才能算真正地走上革命道路。这样吧，去把那些呢子布料都拉我这里来，我给你们处理了。"

冯玉祥接着说："你们看啊，现在这小日本不安生，一天到晚在长城边上蠢蠢欲动，挑起矛盾，总在踅摸着要弄点事出来。根据我掌握的情况，日本人这德性啊，要不了多久就会要打仗了，谁也挡不住，他们把热河拿下来了，下一步就是要出关了，小鬼子瞄着北平、天津这两块大肥肉，你以为他们就光会流口水？我呢，也是迟早会要拉起队伍来跟小鬼子干的，那时候，部队需要的东西就多了，你这点布料，九牛一毛！先去把北平那点事处理好吧，完了你们俩都来我这里报到，我需要大量各种人才，你们俩做生意不灵，到我这，会有你们施展才能的机会呢。"

刘公武和李连山处理完北平的事情之后，返回张家口，正式投奔了冯玉祥。

冯玉祥祖籍安徽巢县，本名冯道善，1882 年 9 月出生，因其父随淮军在保定府练军，出生后不到三岁便定居保定，成为了直隶保定府人。父亲冯有茂和母亲游氏染瘾鸦片，造成家庭经济困难，冯玉祥七兄弟死了五个，剩下他和大哥冯道基。

为了把两个儿子养大，冯有茂先后让他们十岁左右就去补军中兵缺。当时那个登记补缺的人着急忙慌的，小冯道善长期在父母身边，说话安徽口音很重，半天没说清楚名字，登记的人就说，算了，我给你登个"冯

20 世纪 20 年代时期的冯玉祥

玉祥"，以后你的官名就是这个了。这个人还专门额外把他的名字写在一个纸条上交给他，要他别忘了自己叫啥名字。

冯玉祥每月可按时去领三两六钱银子，还不用去军队操练，这种做法当时称为"吃恩饷"。满了十二岁，冯玉祥结束一年零三个月的私塾学习，正式参军，为了多挣一点钱，他到校场喊队列口令，立志成为传令教习，十年如一日练就了一副超级大嗓门，真正的声如洪钟。

这样，冯玉祥就成了名副其实且彻头彻尾的职业军人。

1918年冯玉祥领军驻扎湖南常德，常去教堂听牧师布道而信奉了基督教，并在军中设置教会，让官兵都成了基督教徒。

冯玉祥清末跟着袁世凯，到民初还跟着袁世凯，到1923年国共合作开始时，他接触了苏俄社会主义思想，转而仰慕苏俄社会建设模式，并对孙中山敬佩有加。

为冯玉祥生育了二子三女的妻子刘德贞病逝后，1924年春，在北京经人介绍冯玉祥认识了中学教师李德全，双方一见倾心而结合。李德全和冯玉祥多次考察苏联，并与中共方面保持密切联系。

冯玉祥在军中不断升迁，实力不断扩大，1926年9月南方政府发动北伐，被刘伯坚、邓小平和于右任等国共人士策动，冯玉祥率领隶属于北京民国政府的西北军万余官兵举行"五原誓师"，更换五色旗为青天白日旗，号称"国民军联军"，就任联军总司令，宣布忠于三民主义，出师北伐，并要求全体国民军将士加入国民党。从此奠定了冯玉祥作为一方军阀的特殊地位。

蒋介石主导的北伐成功后，宣告国家进入"训政时期"，号召国民致力于国家经济社会建设，并自1929年下半年开始裁撤军队，未料"分赃不均"，引起各方军头顿时形离神散，尤其是冯玉祥、阎锡山，感觉受到了独揽党政军大权于一身的蒋介石欺负，于是，1930年4月，冯阎凭着自己庞大的军队实力，联手发起中原大战，讨伐"独夫民贼"蒋介石。经过七个月血雨腥风的厮杀，冯玉祥阎锡山告败。参与中原大战的蒋介石、冯玉祥、阎锡山、李宗仁、张学良，五大军事集团，唯有冯玉祥输得精光，成为了光杆司令。

此后冯玉祥多次起兵独自反蒋，均被击溃，从而逐渐失去了对军队的控制，无奈先后隐居五台山、泰山。在泰山时，又被蒋介石以讨伐山东韩复榘为名，逼到了张家口土尔沟当"寓公"。

老部下宋哲元派了一个团给冯玉祥作警卫部队，这点军队就成了冯玉祥最后的一点"家当"。且冯玉祥也明白，这一个团驻此，宋哲元的目的既是警卫，也为警戒和防范，宋哲元是担心老长官哪根筋不对了，又给弄点动静出来让蒋介石头疼。

冯玉祥戎马一生，屡败屡战，何曾声言失败？冯玉祥认为，此时，日军压境，东北失陷，华北告急，国家存亡之秋，蒋介石却一再退让，且调兵遣将对红军一而再再而三地实施"围剿"，却不计得失，更是令冯玉祥怨忿交加。冯玉祥一个职业军头，自然对经济发展一窍不通，一天到晚想的就是如何招兵买马，举起抗日大旗，扩充实力，东山再起，重振往日威风。所以，宋哲元给他的这个团，冯玉祥用了不少心思，逐渐地被他完全拉到了自己一边，成为了自己真正的"家底"。

军阀的心思，局外人谁能看得深透？一般人可能也就认为，雄踞一方，俾睨天下，那就是军阀们穷其一生不懈奋斗的最高目标。而具体到一时一地，就算是冯玉祥夫人李德全，亦未见得全懂。历史只有渐渐远去，站在一个能够俯瞰的高度，才有可能真正看出来一些端倪。

刘公武和李连山再返张家口，向冯玉祥报到。冯玉祥道："国难当头，蒋介石消极怠工那一套我做不来。很多事情需要打理，而我暂时不便抛头露面，只能借助心腹之人替我担当些事儿。"

刘公武说："将军尽管吩咐，在下遵令而行便是。"

冯玉祥呵呵一笑："别叫我将军，叫大哥都行。另外说话麻溜点，别一字一顿地带酸味儿，哈哈哈哈！你瞧我，窝在这土尔沟，不就一土老帽吗？"

刘公武尴尬一笑，说："那我称呼您先生好了。"

冯玉祥说："公武呢，书生模样，肚子里肯定是装了不少好东西，要不陈嘉庚先生能让你给他做校长？你就陪我读书吧。蒋介石这人，我啥都不待见，唯独他要我多读些书，我觉得说的有道理。你呢，一肚子学问，也划拉点给我，教教我一些新鲜玩意儿，让我多长点见识。"

刘公武说："哪敢？我跟先生学习才是。"

李连山等不及了，插言道："那我呢？我才不陪你读书呢，受不了。"

冯玉祥笑着对他说："你嘛，还是找你姐去吧，让她给你安排，你一个学工科的，后勤工作需要。"

李连山一听，说："好，这还差不多。搞这啥文人的事，别交给我。那我走了，你们慢慢聊。"

就这样，1933年1月，在张家口土尔沟陪着冯玉祥过了春节，刘公武就开始了"陪将军读书"的工作。

冯玉祥个子高大，将近一米九的个头，长得五大三粗，浑圆大脸，穿着士蓝布短棉袄，腰系围带，裤扎绑腿，一双厚底棉鞋臃肿而土气十足，看上去就是一壮实的北方农民。说起话来，土的时候，土得掉渣，说正事的时候，又显得文质彬彬，雍容大度，那种平易近人、和蔼可亲的模样，令人肃然而生敬仰之情。

冯玉祥有一处居室兼书屋的地方，称之为"爱吾庐"，他用自己遒劲厚重的书法题写了书斋号。

冯玉祥三十出头在袁世凯手下就是上将军，四十出头在蒋介石手下官至军委会副委员长，二级上将（1935年晋一级上将），按常理，此时他的居室应该是深宅豪堂，古玩满屋，精品满架，终日里钟鸣鼎食，鲜衣怒马。

可是，走进"爱吾庐"，刘公武抬眼一扫，却只见冯玉祥居室，陈设简陋，家具和起居饮食的各种用具，都是简单粗糙的土制品。木头厚板的书架上摆了不少今古典籍，人都说他是"基督将军"，却没见书架上有《圣经》或者相关的书籍。

冯玉祥跟蒋介石一样，有写日记的习惯，每天早起，第一件事就是写日记，把先天所做的所发生的事情，以及感想、感悟写下来，从不间断。

冯玉祥有一张安乐椅，休息时，他靠在上面，前后摇摆，有时闭着眼睛念念有词，似乎在背什么内容，有时候静悄悄地睡上一阵。有时则站起来，遥望远处，引吭高歌，河北梆子，京剧鼓词，随口而来，那嗓门犹如扩音大喇叭，浑厚而响亮，气势如虹！他不无得意地说："我这就叫真正的童子功。"

冯玉祥还有一个习惯，就是每天午休之后，必定要去练兵场上，看士兵们出操，这几乎成为了一种嗜好，如果哪一天有别的事情耽误了没去看操，他就总觉得这一天缺少点什么，心神不宁。刘公武当"陪读"的这段时间，每日必定按时陪他出去散步，走到练兵场看出操。

在土尔沟的冯宅，有一间小放映室，冯玉祥翻来覆去总是看他在掌军时拍摄的纪录电影，官兵操练，集会演讲，慰问伤病，他百看不厌，边看还要边骂蒋介石和蒋介石的追随者，说他们都是"不抵抗主义""三日亡国论者"，只晓得"唯武器论"，其实那就是"恐日病"。

有一次，冯玉祥得知蒋介石在江西指挥部队对红军发起"第三次围剿"，国军损失了十多个师，气得破口大骂："瞧瞧，瞧瞧！这就是蒋介石对日本鬼子的忍辱负重，在自己家里发横发狠杀得个尸横遍野，也是安内？安内安内，自欺欺人嘛！"

冯玉祥名义上是在当"寓公"，实际上，他跟各路许多军头，都保持着联系，有些宾客来访，譬如李烈钧、丁超五，以及在冯玉祥与汪精卫之间来回传话的黄少谷等人来了，刘公武陪同一起接待。冯玉祥对汪精卫劝他去南京任职，不屑一顾，说除非蒋介石下定决心抗日了，否则，跟卖国贼没法妥协！并且声明：不抗日必亡，不亡必抗日。

而冯玉祥过去的一帮子老部下，譬如吉鸿昌、方振武、张慕陶、宣侠父，等等，来到他这里，他们便会一起走进里间，这时，冯玉祥也没了大嗓门。

此时，刘公武便有一种异样的感觉，他们在谋划大事，在做某种准备，给人以"山雨欲来风满楼"的紧张感。刘公武只能私下猜测，不敢询问，且自知对此还应守口如瓶。

说是"陪将军读书"，其实，冯玉祥哪有工夫闲下来，偶尔偷闲跟刘公武聊几句德国、意大利战后崛起之类的话题，又来人了，或者又想起啥事了，尤其日本人在长城沿线挑事进犯关内的日子里，冯玉祥就完全没心思闲坐了。

1933年元旦，日军驻山海关的守备部队故意挑事，然后反诬中国军队，并以此为借口，调集大部队威逼中国军队撤出山海关。这一个月，山海关剑拔弩张，大小交火无数次。

日军以此为借口，准备大规模进犯长城沿线。

2月18日，宋哲元、张学良等二十多名将领联合通电：时至今日，我实忍无可忍，唯有武力自卫，舍身奋斗，以为救亡图存之计。

《塘沽协定》签订的现场

日军于 3 月初已在长城沿线部署了兵力六万余人，且夺取了热河全境。中国军队 25 万余人在长城各隘口严阵以待。从 3 月 7 日古北口战役开始，经历了南天门、喜峰口、罗文峪、冷口、界岭口、栾东等数十次大小战役之后，到 5 月 23 日，日军进逼北平城东、北两方，然后提出停战议和，逼中国军队订立城下之盟。

近三个月的交战，中国军队浴血奋战，坚苦卓绝，伤亡将士四万余人，而日军却仅伤亡两千四百余人，其中还包括宋哲元部大刀队夜袭日军取得的死伤日军千余人战果在内。最终中日双方签署《塘沽协定》，容日军进驻北平和天津，其丧权辱国，令无数爱国人士痛心疾首，更激发起全国抗日救亡运动出现新的高潮。

冯玉祥和吉鸿昌、方振武等，再也按捺不住满腔悲愤，经过认真筹划，细致组织，在中共河北省前线工作委员会的指导下，终于在 1933 年 5 月 26 日，正是《塘沽协定》签署发布之日，在张家口举起了抗日义旗，宣告成立"察哈尔民众抗日同盟军"。

1933 年 5 月底，民众抗日同盟军总司令冯玉祥在商讨军情

察北抗日，义旗方举遂折

1933 年 5 月 26 日拂晓，冯玉祥的警卫团突然分兵行动，接管了张家口宪兵队和税务、警察机关。

早餐后，刘公武被叫到一个大房间里，与几个人一同书写"安民告示"。内容主要是宣告察哈尔民众抗日同盟军成立，号召全国军民共同奋起，一致对外，抗日救国。

这时，冯玉祥大踏步走进房间，一副春风满面的样子，大嗓门叫道："你们在造反啊？"刘公武吓一跳，转身一看冯玉祥满脸堆笑，喜从中来，方知他在跟大家开玩笑。

当日，冯玉祥通电全国，宣告抗日同盟军成立，并就任同盟军总司令，坚决反对蒋介石国民政府的妥协政策，将察哈尔人民大众武装起来，独立反抗日本侵略。

冯玉祥自任察哈尔省主席，委任佟麟阁为代理主席，同时，暗中吸收大批中共党员进入了抗日同盟军。冯玉祥对李连山说："你的工作找你姐去。"其实，正是李德全在负责与中共方面的沟通，李连山则协助李德全进行各方联络。

察哈尔民众抗日同盟军，由方振武担任北路前敌总司令，吉鸿昌为北路前敌总指挥。整编部队为，将冯玉祥旧部国民军第五军军长方振武从山西介休带过来的抗日救国军第三师张人杰部、宋哲元安排的警卫团扩编为一个师，把从山西汾阳调过来的军官学校留守兵员组成一个师，再将已撤退至张家口的东北抗日义勇军溃散部队改编为三个师，加上地方保安部队、宪兵、警察等武装人员，号称十万大军，实际上也就六七万人。

刘公武被任命为同盟军总司令部上校秘书。

冯玉祥下令在土尔沟练兵场集合整编各部，召开大会。冯玉祥精神振奋，走上大讲台，发表了主题为"枪口一致对外，爱国抗日救亡"的演讲，强调全体官兵务必严守纪律，注重搞好军民关系。他大声说："日本强盗杀我同胞，践我河山，夺我家园，得寸进尺，鲸吞蚕食，实与我不共戴天，我们要，"冯玉祥高举拳头，犹如突然开大音量的高音喇叭，喊道："下定决心，誓与日本侵略者一拼生死！"

台下全体官兵一起振臂高呼："下定决心，誓与日本侵略者一拼生死！"

练兵场上，声震云天，士气高昂，气壮河山！

一连三天，冯玉祥亲自主持操练，他一边大声喊着口令，一边操着步枪，进行立射、跪射、卧射等各种战术示范，同时提醒，要珍惜子弹，努力做到准确射杀，一颗子弹消灭一个敌人。冯玉祥的亲自示范操练，起到了十分积极的效果，调动了全体官兵苦练战场战术的高涨热情。

几天后，同盟军首先出师察北，将士用命，进军勇猛，连战告捷。先后将张北和锡林郭勒被日伪军占据的沽源、康保、宝昌、多伦等四个县顺利收复，迫使敌伪军撤退到了热河境内。

及至 7 月 12 日收复多伦，冯玉祥在张家口举行了"庆祝收复多伦胜利大会"，集会盛况空前，鞭炮齐鸣，锣鼓喧天，群众游行，声势浩大，大会特别传颂了吉鸿昌将军勇敢善战的英雄事迹。这次庆祝大会，在媒体报道之后，引起了全国各界的高度瞩目。

全国各地组织慰问团，奔赴张家口，同盟军总部接受了大量的慰问信、慰问物资和慰劳捐款。

察哈尔和周边很多爱国民众踊跃加入同盟军队伍，到 7 月中旬，整个同盟军迅速发展到了十几万人。

平津以及周边城市的青年学生，受到察北抗战胜利的鼓舞，纷纷涌向张家口，要以实际行动参加抗日新阵营。

见此情形，冯玉祥趁机容留众多知识青年，成立了"察哈尔民众抗日军干部学校"，自任校长，冯玉祥的连襟张克侠，当时还在南京陆军军官学校带职学习，接受了蒋介石授予的"中正剑"。这次到张家口看望妹夫冯玉祥，却被冯玉祥留下来当了干部学校的副校长，主管校务。刘公武则从总司令部秘书调任学校上校干部总教官、政治部主任，协助张克侠开展工作。

张克侠 1900 年 10 月出生于河北献县，23 岁从保定军校毕业即加入了西北军，成为冯玉祥部下宋哲元部见习军官，1924 年与李德璞结婚，冯玉祥不久则娶了李德璞的妹妹李德全。1927 年春，经李德全介绍，张克侠赴莫斯科中山大学进修。回国后，1929 年 7 月在上海秘密加入中共，成为周恩来直接领导下的"特别党员"，受命潜伏，随时接受"唤醒"指令。之后，复返西北军，在张治中师任参谋长。

1931 年 9 月张克侠在第二十九军第三十八师上校参谋长任上，考取南京陆军大学，1933 年 6 月下旬，接报老母病重，便急返河北看望，安排妥当之后已是 7 月初，本想去张家口看看妹夫冯玉祥就回南京继续学业，却被冯玉祥强留他做了察哈尔抗日同盟军高级参谋，实际担任干部学校副校长，负责培训干部，与刘公武成了搭档。

张克侠 1923 年从见习军官做起，到抗战后期任第五十九军少将参谋长、第三十三集团军参谋长、中将副司令，直至 1948 年淮海战役中率部起义，1950 年才公开"长期卧底"身份。

冯玉祥把"爱吾庐"辟作干校校本部，用以办理学员接待、报名登记、考核录取手续。不多日，便有二百多名学员入校，他们被编成两个中队进行训练和上课学习。学员们一个个神清气爽，满怀热情。

同盟军司令部仅有名义而无机构设置，任命了张允荣为秘书长，张慕陶为政治部主任，还没开始正式办公，刘公武这个上校秘书又被调到了新建的干部学校。参谋处、经理处、医务室，都只是有名义而无人员。总务处、副官处、对外联络部，则指定了冯玉祥的三个小舅子李连海、李连成和李连志暂时担任，一切皆在草创之中，工作有待逐步展开。

多伦胜利之后，冯玉祥受到了来自蒋介石南京政府的巨大压力。南京警告：冯玉祥"自立山头"，擅自行动，对于中央统一的抗日大局很明显形成了"破坏作用"。尤其冯玉祥允许共产党在同盟军内进行活动，更不能为蒋介石所容。

因此，国民政府公开声明，不承认察哈尔抗日同盟军的合法地位，断绝内地与察哈尔省的一切联系，禁止各地枪弹、粮食、医药、资金对同盟军的支援。南京政府军委会发布命令，晋绥军集中于山西北部，西北军和中央军集中于冀北，作军事围剿准备。同时，派出大量人员，对同盟军各部进行分化、瓦解。

8月初，日军分两路入侵察哈尔东部，北路攻击多伦，南路打通了沽源，吉鸿昌虽然率部抵抗暂时滞缓了日军攻势，但同盟军很快遭遇粮食和枪弹危机。而总部冯玉祥亦感军费窘迫，无以为继，内部开始军心不稳，无奈，只得通过宋哲元与南京国民政府接洽，宣布同盟军归顺，冯玉祥辞去同盟军总部总司令，解散司令部，各部任由去留。然后，冯玉祥准备复返泰山隐居。

8月17日，还在土尔沟坚持工作的张克侠、刘公武，突然被冯玉祥叫去家中，说明自己为何不得已必须离开张家口，南京政府已经任命宋哲元为察哈尔省主席，并接管同盟军部队，冯玉祥没法也不能跟蒋介石对抗下去。冯玉祥当面交给张克侠二百元银洋，花机关枪四挺，卫士四人，每个学员配发手榴弹两颗，嘱令即刻率领干部学校全体人员于翌晨出发，向北撤走。

言毕，冯玉祥长叹一声，说："你们各自保重！"

晚上，他和一众随从离开了张家口土尔沟。

18日黎明，刘公武率领学员在悲愤之中撤离学校，行至万全县境，遇到前敌总司令方振武，刘公武上前请示今后行止，方振武说："冯总司令说的是任由去留，我都不知道往哪里走。"

刘公武见如此情状，痛苦万分，只得与方振武分道扬镳，各奔前程。而自己率领的这些新学员，他们更是有一种受骗之感，刘公武都不知如何向学员解释。

这支学员队伍，毕竟都是有知识有文化的青年，开始还好，没有擅自逃散的，后来漫无目的，在张北、康保一带，胡乱奔窜，没有钱粮，饿得不行，于是就地到处无偿索食，以致百姓见之犹恐避而不及。

一日，刘公武率领学员队伍二百余人抵达一个村庄，整队集合，忽然发现不见了张克侠副校长，刘公武忧心如焚，四处打听下落，深夜方问得讯息，说是被当地地方武装给抓走了。

于是刘公武求请一位当地老乡，由他提着灯笼引导，去一个土城寨子，叫开城门，走进一个院落，步入房间，只见一伙人横七竖八躺在大炕上抽鸦片，烟雾缭绕，臭气熏人。

一个大胡子见生人来到，蹭地站起身来，走到刘公武面前质问："你们是哪里来的？"他明白来意之后，抬手往里一指，让刘公武自己进去看。

只见张克侠独自坐在里屋土炕上，愁眉不展。他告诉刘公武，下午他和一位副官带着学员路过此地，看见野外有一个无人看管的马群，于是偷偷拉走了几匹，他一人殿后，让学员牵马快走。未料却被地方武装把他给抓住了，如今人家向他要马，别的都不说，马拉回来了，就放人。

刘公武闻此，当即找头人交涉，说他是负责人，要求把张克侠放回去找马，自己留在此替他做人质。头人不肯，谁做的事谁认罚："你们既然都是一起的，你回去找马是一回事，马回来了，他就走人，我们不为难他。"

刘公武再三恳求，亦无商量余地。交涉不成，张克侠只好写了一个条子，"还马换人"，签上自己大名。刘公武带着纸条，打着灯笼，与带路老乡折返原地。

未料行至途中，还在野外，前不巴村，后不巴店，突然刮起狂风下起暴雨，灯笼熄灭，伸手不见五指。两人有如泡在水中。本来觉得是在往前走，搞半天却发现还在原地打转，寻不到归路。无奈，只好等到天亮，方才回了宿营地。

回营问到偷马数人及副官，得知张副校长被抓，吓得副官赶紧和几个学员拉着马去还给人家，换回了张克侠。

张副校长安然归队，他却对副官不予任何惩罚，说宽大为怀，不予追究算了，然后一笑了之。刘公武猜想，没准副官就是奉他之命去偷的。刘公武仿佛记起来，张克侠说了他是殿后才被抓的。

带着二百来人继续这么瞎转悠，茫然不知所向，都10月份了，天气越来越冷，入了冬还这么漫无目的地转下去，不饿死也会冻死。

刘公武心里特别着急，问张克侠咋办，他也无所适从。刘公武说："总不能老这么转悠下去吧，老百姓看见我们都怕了，要不是看在我们同盟军打过日本人的份上，早就被他们当作土匪赶跑甚至打死了。"

张克侠说："宋哲元在找我们，他们正在收编同盟军散兵游勇，跟他们对抗，那是找死。咱们带的这啥破花机关枪也打不着火，手榴弹也不知能不能用，即使能用，真要跟宋哲元部队交上了火，那肯定全部报销。我看呢，把孩子们安顿在这里，别让他们作无谓的牺牲。看情况，宋哲元部队明天就能找到这，孩子们都让他们接管去就好了。咱俩没法多加说明了，趁夜赶紧溜吧。"

刘公武长叹一声，只好如此了。

于是，他俩把学生队整理好，交付给队长，让他如此这般照办便好。

当天深夜，两人摸出宿营地，各自骑上一匹马，分道飞奔而去。

张克侠后来毅然回到南京陆军大学，说明情况之后，不仅未被处罚，反而被认为"忠诚党国"而继续得到重用。

刘公武快马加鞭直奔张家口，百余里路程一刻不停，傍晚时分到了张家口，住了旅店，改换装束，刘公武顿感心中一阵悲凉，"脱我战时袍，着我旧时裳"，不就是这时刻的真实写照么？

第二天一早，刘公武坐上火车，到了北平，发现北平城中，国民党军宪兵到处在抓人，刘公武惊惶之中，决定南归。

南归途中，路过泰安，刘公武下车犹豫一阵之后，还是决定上泰山，去找冯玉祥。

冯玉祥见刘公武独自一人来找他，神情木讷，颇有颓废之色。听过刘公武汇报诸等情况，更是默默不语，也不予任何指示。

刘公武见状，觉其大有"无可奈何花落去"之悲凉，于是，只好作别。冯玉祥站起身，送公武到门口，闷沉沉地说了一句："公武啊，谢谢你来看我！"

刘公武回头望了一眼，冯玉祥眼中似有泪光闪烁。

刘公武亦脚步沉重，向山下走去。虽然归程目标暂定上海，他却总觉茫然不知所向，有如失群孤雁，在冷峻的寒风中，扑棱着受伤欲坠的双翅……

娇妻幼子，家乡艰苦谋生

且说 1933 年元月，刘公武将秦俊吾母子送到汉口，交给四哥福林之后，随后便匆忙返回了北平。

福林第二天便租了一条木帆船，准备将秦俊吾母子送回华容。

秦俊吾听说租的是木帆船，沿长江逆水而上，汉口到华容差不多四百公里呢，那得晃悠多久才能到啊？

福林笑笑说："不要紧的，我请的船老板是老把式，这个时节水流平缓，风力比较大，速度就慢不了，两三天吧。关键是一条船从汉口开出去，直接就到了华容。在船上安安稳稳，就当住家一样，带足吃的，照顾孩子也方便，管它几天呢。

要是坐火车，真的会很麻烦的，你得带着孩子，那么多行李，这边过江上船下船，人挤人，火车站上车下车又是人挤人，还要在岳阳住宿，再在岳阳坐船，光是你这一大堆行李就够人折腾的，现在那么乱，万一我没照顾过来，掉一件行李，得不偿失呢。

更可怕的是，洞庭湖湖匪出没，没少人被他们抢，被他们糟蹋。走长江就不存在这样的危险。放心吧，我都走了多少年了呢。"

秦俊吾觉得四哥说得有道理，到底是老生意人了，想得周全，为保险起见，慢点就慢点吧。

秦俊吾说："公武要是有四哥这脑子一半好使，都不至于弄成现在这个样子。"

福林说："他本来就不是做生意的料子，不是我说丧气话，他还要回北平去折腾的话，只会亏得更多，我要他别搞了，亏了就算了，他不服。你还是多劝劝他吧。他教书多好啊。"

秦俊吾不无感叹地说："就是啊！原本就想在上海生了孩子再回新加坡去，未曾想被冯玉祥的大舅子给熏晕了，去搞什么实业救国。真是服了他！"

果然，木帆船很顺利，不到三天便到了石首的调弦口，进了华容河，小半天就回到了"刘复兴"。

秦俊吾虽然是第一次到"刘复兴"，第一次跟妯娌们见面，大家全然没把她当外人，一个个都特别高兴，让秦俊吾也有一种终于回家了的亲切感。

尤其看到不满半岁的大儿子刘顿，伯伯们这个抱一阵，那个抱一阵，跟捡了个宝贝似的，侄女侄儿们无论大的小的，见着刘顿都要逗他玩一阵，小家伙看见了哥哥姐姐们也是拳打脚踢，高兴不已。

秦俊吾见这情形，心想，到底是一根血脉的，就是不一样。

过了春节，天气还是很冷，湖南这边的湿冷，让秦俊吾很不习惯，烤火呢，烤了前边背上寒飕飕的，烤了背上手脚又冰凉发麻，还好儿子伯伯们喜欢抱他出去玩，让她省了不少心，她也就能够躲在屋子里烤烤火，跟妯娌们聊聊天。

可是，突然一天，儿子不停拉肚子，拉得人都要脱形了，让人害怕。看上去是得了痢疾，二哥刘巨楼赶紧去找了啥偏方来，不灵，小家伙还是止不住地拉个不停。

秦俊吾急得一个劲地哭，责怪的话也出来了："都是你们，抱着他外面吹凉风，还乱吃东西！这样搞，刘老五就这个儿子都会被你们给搞没了！看你们怎么交待！赶紧找医院吧，哪里有医院？"

刘巨楼说："只有去岳阳，岳阳有医院。下午就有船去。"

刘巨楼和一家子人，这一下也全都慌了神。于是赶紧安排去岳阳。

好不容易傍晚才到了岳阳码头，上岸的时候，送秦俊吾母子来的"刘复兴"伙计老刘说，老板嘱咐他先到乾元宫拜了菩萨再去医院。老刘十三岁的女儿小梅也附和。

秦俊吾一听就火了，孩子都这样了，不赶紧去医院，还去拜菩萨？于是拒绝去乾元宫。老刘说："这时医院也关门了，也得等明早去。你要不去拜菩萨，那也只能先住下。小梅你带你婶先去旅馆，老板嘱咐的事我得去完成。"

老刘一个人去乾元宫拜菩萨祈福去了。小梅抱着孩子送秦俊吾去旅馆。

老刘跟着来到旅馆交代了一些事就要走，说留下女儿小梅给秦俊吾帮忙照顾孩子。

秦俊吾觉得先前跟老刘发脾气太不应该，老刘也是一片好心，就说："哥啊，对不住！我不该跟你发脾气。"

老刘一笑，说："你们读书人，我理解，没事的。我先走了。小梅，勤快点啊，别让你婶操心你哈。"

旅馆老板也是刘家本家，很熟悉"刘复兴"。晚上老板娘给秦俊吾收拾床铺，发现帐子里有一只蝙蝠，赶都赶不走。就说："放心吧，咱们家孩子是有福之人，不会有事的。"

尽管知道这是迷信，但秦俊吾听了，心里还是觉得有些安慰。

老板娘有个两岁多的孩子，也得了拉肚子的病，躺在摇篮里，安安静静，不哭不闹，不像秦俊吾的儿子，哭闹不停。老板娘说，她的孩子不哭不闹，得的是"闭口痢"，得痢疾还哭闹的孩子，就叫作"开口痢"。她家孩子已经去医院看了医生开了药，熬药吃了几天，就是不见好。

第二天一早，秦俊吾让小梅抱着孩子一起去找医院。走出去没多远，就看见一栋房子高高的石台街上站着个穿白大褂的女人。

秦俊吾赶快跑过去，一打听，这是博爱教会医院，秦俊吾听她说话的口音，是老乡！那女护士是河南安阳人，老乡来了，女护士瞬间格外亲热，马上带着秦俊吾去找洋大夫。在医院打针吃药，住了三天，刘顿就不再拉肚子了。

二哥刘巨楼特意拜托了一个老朋友招呼秦俊吾他们三人。这人叫杨作洲，原来在"刘复兴"当过伙计，此时在岳阳一家绸缎店当先生。幸得有杨作洲关照，也幸运碰上了河南老乡，住院一个多月，到刘顿完全好利索出院，医药费，食宿费，总共才花了三十块钱。

秦俊吾不想再回华容了，跟杨作洲说请他帮忙找个事做。杨作洲找了自己的朋友，岳阳联中校长张跃环，如此这般一说，未料，张跃环还是刘公武过去的好朋友，刘公武在华容当县党部常委时，他们就关系很好，据说公武老婆要找事做，他满口答应一定帮忙。

杨作洲接他们出了院，秦俊吾要小梅回华容，自己带着孩子，决定暂时还是住到来时那个刘家旅馆去。老板娘见秦俊吾孩子的病好了，非常高兴，说着便掀开襁褓，逗孩子玩。秦俊吾问："你家孩子呢？"

老板娘立即满脸阴沉，说："没了。你们走之后可能三四天，就没了，闭口痢，就这样。我说了嘛，你家孩子有福气。"

1933 年 12 月 20 日，岳阳县女子中学训育主任秦俊吾在校中巡视

秦俊吾一听，心里咯噔一下，一时找不出安慰的话来，叹了一口气，说："还好，你还年轻。"

秦俊吾本想说，应该去看西医，痢疾就是病菌感染的肠炎，西药消炎比中药管用。但话到嘴边还是没说了，人家孩子都没了，岂不越说越伤心？

杨作洲约来了张跃环。张跃环告诉秦俊吾："县立女中刚换了一个从新加坡回来的人当校长，学校正好缺人。你不回华容是对的，孩子这么小，万一有个三病两痛的，在岳阳还是方便多了。"

1933 年上学期一开学，经张跃环介绍，秦俊吾到岳阳县立女中当了教员，还兼了训育主任。这是秦俊吾婚后回国第一次正式走上自食其力的道路。

此时，刘公武已在察哈尔省张家口土尔沟冯玉祥的"爱吾庐"，开始"陪将军读书"。

秦俊吾在县立女中的工作得心应手，深得师生喜爱。

因为那时带孩子出来看病走得急，秦俊吾只带了几件换洗衣裳，还好张跃环夫人给了她不少生活方面的方便，且两人成了无话不谈的好朋友。

刚放暑假，秦俊吾便约了张跃环夫人，陪着她坐船回华容"刘复兴"拿行李。未料不仅没回到华容，也没拿到行李，还遭受了一场惊魂之险。

那天，他们坐一艘挂帆洪船过洞庭湖，本来顺风顺水，进了华容河口子一里多，却突然有两艘从华容开出来的空客船，向洞庭湖方向迎着洪船快速行驶。

船头上有人不断地向他们打手势，意思是有强盗，快逃！等他们靠近，洪船老板还没有掉头的意思，那边船上人说，湖匪抢劫了他们的船，还杀了一个西班牙神父，一个县党部干部。

洪船老板一听，也许吓懵了头，竟然准备停船落帆。这是土匪的规矩，只要这样做，他们便不会杀船老板。

但是，落帆停船，对全船旅客来说，岂不羊入虎口，引颈就戮吗？

于是，船上旅客坚决不肯让老板落帆。有几个人跑上去，死死抱住船老板，几个会驾船的，立即调转船头。这时，已经看到有两只湖匪的划子快速向洪船划过来。每条划子上坐着两个膘肥体壮的土匪，还带着枪。

洪船掉过头，刚好遇到顺风，有人扯满帆，有人狂划船。同船有个和尚站到船头，两手在胸前飞快地拨拉着捻珠，口中念念有词，在求佛祖保佑呢。

洪船很快退出河口，进入了洞庭湖，眼看湖匪的划子就差十几米了，湖面上刮起了风浪，洪船速度更快了。湖匪的小划子不敢往湖里的风浪里去，只得停在河口，看着洪船消失在洞庭湖中。

半夜返回岳阳，大家还惊魂未定，有人想，幸得那和尚法师会作法，招起了风浪，要不湖匪还不就赶上了？有人跑上前去感谢和尚法师，和尚继续拨弄捻珠，只回复了一声"阿弥陀佛"，也不作任何解释。这让大家更觉神秘。

这时，秦俊吾才想起四哥福林一定要租木帆船从长江回华容的事。

后来，二哥刘巨楼听说这事，搭了信来，千叮咛万嘱咐，再不能冒这样的险了，万一被湖匪绑了票，"刘复兴号"卖了全部家当，都怕不够赎人的！刘巨楼托人给秦俊吾捎了些日用品和衣物，其他行李都放在"刘复兴号"再没去拿了。

暑假期间，秦俊吾收到刘公武来信，说他做了察哈尔民众抗日同盟军总司令部上校秘书，不久又得知他到干部学校当了干部总教官，同盟军开始向察北日伪军发起了攻击。

打仗了！秦俊吾每天就是看报纸，找胜利的消息，但从没看到有同盟军的消息登出来。

开学后，便再没有了音信。秦俊吾发了两次信都被退回来了。她感觉不妙，带着孩子，她哪里都不敢去。一天到晚就是提心吊胆，坐卧不安。

一向从不信神信佛的秦俊吾，也忍不住心中暗暗祈祷，但愿基督将军和他的同盟军，有上帝保佑，别出岔子！

秦俊吾每天都不知要往学校收发室跑多少趟，结果总是失望而归，她感觉自己每日里就是在惶恐中过日子。

后来在报上看到说冯玉祥归顺了南京国民政府，同盟军已被宋哲元他们收编。可是，公武怎么既没信也没电报呢？

秦俊吾有时候想起可能降临公武头上的各种危险，躺在床上翻来覆去整晚整晚睡不着。

10月初旬的一天下午，送走了放学的学生，她本想去收发室，可今天再去已是第四次了，走到半道，她想，算了，于是无精打采地转身往宿舍走去。

"秦老师，秦老师！有你的电报！"

没听错！是电报！

秦俊吾飞也似的跑向收发室，收发员举着电报，秦俊吾一把夺过来，展开一看：

安抵沪，武。

秦俊吾浑身一软，一屁股坐到台阶上，双手把电报纸攥成了一团，眼泪哗哗地流下了双颊。

第四章 抗战时期（中）

军校教官奉才智，武冈县长施宏图

一、黄埔教官

详谙时局，悟明题中之义

1933年10月初，刘公武从泰安乘火车到达上海，走出车站，便直奔电报局，他要赶快给秦俊吾报平安，快三个月没给她任何音讯了。

本想在电报上多写几个字，但转念一想，妻子最牵挂的就是他还活没活着。

想了老半天，最终只发了"安抵沪，武"四个字。够了，别的再说吧。

发完电报出来，刘公武走进街边电话亭，拿起听筒，想给白瑜打个电话，可是，拨号的手指却感觉异常沉重，从何说起？呆呆地在电话亭里站了老半天，外面都有等着打电话的人在不耐烦地敲玻璃了。他终于还是搁下听筒，走了出来。

他坐到街边，双手撑着脑袋，只感到脑袋里空荡荡的，似觉了无一物，又觉千头万绪，一团乱麻。

填饱肚子之后，他住进了一个小旅馆。他到旅馆前台给七弟经纬的学校里打了个电话，请求转告机械科学生刘经纬，五哥返沪，并告知电话联系。

然后，刘公武在旅馆小澡堂把自己来了个全身大扫除之后，瞬间感觉清爽了许多。

没多会，前台叫刘先生接电话。肯定是刘经纬的。

经纬说马上赶过来，公武说："不要过来，知道你都好就行了。我就告诉你一声回来了，反正这一时半会还不会离开，周日有空再见面吧。"

刘公武就想一个人先静静地待一阵，必须得把乱纷纷的脑子整理一下才好见人。

刘公武从懂事开始，就逐渐养成了在思索中自省的习惯，对于遭遇的失误或者挫折，多从自己身上找原因，既不推脱责任，也不怨天尤人。

刘公武觉得，白瑜作为学识深厚、为人坦诚的兄长，从小就善于帮自己分析问题，判断是非，不仅给自己，也给许多交往密切的朋友以"人生导师"的形象。且白瑜对刘公武，一直以来总是如待亲兄弟，即使他在新加坡教书，在苏联留学，还是在长沙、南京、广州、上海，无论怎么天各一方，两人都从未中断过书信往来。在刘公武心目中，能够敞开心扉倾心交流，且能够包容自己，开导自己，让自己有所收获的人，非白瑜莫属。

白瑜是个心明眼亮的理论家，自由主义分子，他一辈子就凭这一点养活了自己和家人，而对于官场，因为看得太透，故而历来就持淡漠态度，从来就不去抱谁的粗腿。也因为不管是谁都敢开炮，敢批评，且汪洋恣肆，无拘无羁，得罪的人不少，因此，他一生中也没少被人使绊子。

看到公武一副落魄的样子回来了，白瑜先是坐下来认真听他倾倒了一肚子苦水。听完，白瑜站起来，嘿嘿嘿阴险地笑了老半天，然后手舞足蹈地着实揶揄了面前这个小伙子一番。

白瑜揶揄也好，嘲讽也罢，哪怕此时擂他几拳，刘公武也会觉得有一种释然和解脱，他知道，白瑜全都听进去了。他善于倾听。

白瑜拿起茶杯，慢吞吞地喝了一口，说："喝口茶，老五，莫着急。"

刘公武说："唉！还有什么好急的，什么都没了。"

白瑜说："不对啊，老五，还有老婆孩子呢，还有兄弟们呢，还有我呢，关键是，还有你自己，一个走进了抗日队伍还全身而退的大活人呢！"

刘公武说："别提那抗日队伍了！"

白瑜一听又是一阵哈哈大笑，说："老五啊，也好呢，所谓吃一堑长一智嘛。失败和挫折也都是难得的人生财富。"

刘公武说："哥笑话我无所谓，老弟是你带出来的，没带好，这笑话也是你的笑话。"

白瑜哈哈大笑，说："赖上我了？老五啊，去年，在你走之前，我说那番话，实际上是针对你当时的心态泼冷水的。不说你那时是否把我说的当了耳旁风，也一定是没有去认真考虑过，那时，冯玉祥大舅子信誓旦旦要搞'实业救国'，看你那样子呢，也是踌躇满志，我就想，那就去奋斗吧，我呢，只能给你'力所能及'四个字，作为警醒了。"

刘公武说："那时，确实只是天天就想着怎么去实现'实业救国'的目标了，别的都想得很少，毕竟跟李连山天天在一起。那时节你又那么忙，见一次都难。"

白瑜说："都过去了，从头来过吧，不说你那'实业救国'了。做买卖的事，以后你想都不要去想。我要说的，是后来你又跟冯玉祥搞抗日同盟军，就是这所谓的'抗日队伍'，才是一个大问题。有关这方面，我再跟你说深一点，你可得记住啊。"

刘公武说："洗耳恭听呢。"

白瑜说："一个人看问题，思考问题，立足点和思维方式很重要。可以说，人类社会所有的矛盾与斗争，都是因为立足点与思维方式所存在的差异引起的。

譬如抗日，就说冯玉祥吧。冯玉祥本质上就是一个军阀，人称'倒戈将军'呢，之所以倒来倒去，就是'有奶便是娘'嘛！还有什么呢？你以为他真有那么胸怀广大的民族情怀？爱国情怀？他的立足点就是'占地盘''保地盘'。当然咯，他那个人，军头莽夫，有点文化，但没有系统完整的思想，蒋介石没把他咋地，也必定是考虑到这一层了。

在当前形势下，日本人侵略我们，我也相信他冯玉祥，可能是真恨日本人，毕竟日本人一样威胁到了他的'地盘'。所以，他只要有机会重新拉起队伍来，必然会殚精竭虑去干，于是就拉起了抗日同盟军的大旗，自任省主席，他为何'自任'？有哪个'自任'的不是想搞独立王国？他以为"自任"了，察哈尔就是他的独立王国了，就成了他的地盘了。他的抗日同盟军是怎么拉起杆子来的，你清楚吗？"

刘公武说："有些清楚，有些不是太清楚。"

白瑜说："哈哈哈，你这总司令秘书当的。拆台拆来的啊。

他凭着自己西北军的老资格，拆西北军的台拆来了方振武，一开始他带了两个师走，走着走着有一个师不跟他走了，迷途知返，于是他就带了一个师投了冯玉祥这个老东家。拆西北军的台，不就是拆国民政府的台吗？冯玉祥的警卫团，拆的是宋哲元的台，其他的武装几乎没有不是拆政府的台拆来的，警察，税务，地方保安，溃败的东北义勇军，尤其是吉鸿昌那一部大杂烩。"

刘公武说："这些事我都不知道，因为他也没什么文件，指令都是冯玉祥自己亲自面授机宜，后来公开了，才有一些指令通过我这里发出去。"

白瑜说："那是肯定的，对他来说，你毕竟还是一个'外人'嘛。你想，要是大家都这么拆来拆去，那还喊中华民族干嘛？还要国民政府干嘛？如果大家都搞独立行动，大家都互相拆台，还要什么'统一意志'呢？

冯玉祥这样做，除了能给国民政府裹乱，除了能把缺乏军事素质，缺乏武器装备，最后缺粮少钱、缺枪少炮的虾兵蟹将，和更多无辜老百姓赶到前方送死之外，他还能把小鬼子消灭？或者把小鬼子赶出中国？结果怕是适得其反。"

刘公武说："确实问题很多，我开始在总司令部当秘书，就只有一块'总司令部'的牌子，什么职能机构都没有。"

白瑜说："就是啊。他知道自己是捣乱嘛，那会儿，抗日大旗扯起来了，通电也发出去了，只有赶紧把队伍拉上前线，找几个软柿子捏一下，表明他打了胜仗，各方各面的新闻一报道，就形成了声势，形成了民意，就可以让国民政府不好收拾他，他就更好进一步捣乱了。所谓收回某某某某县，有日本鬼子吗？所谓的几个胜仗，消灭了多少日本人？都是伪军嘛，哪个不是软柿子？他敢去打全是日军的承德吗？

捣乱，这还只是冯玉祥惹毛蒋介石政府的原因之一。"

刘公武惊奇得睁大了眼睛，问道："还只是原因之一，还有别的原因？"

白瑜笑了笑，说："别着急，听我慢慢道来。

蒋介石站在他的立足点，面向的是全国，他是国家元首，他要通盘考虑，他肩负的是全国这个大局的责任。是不是啊？国与国打仗，内政外交，外贸，外援，都得由政府来布局，来交涉，来解决，解决不好就产生国际矛盾，八国联军不是就这么来的吗？不是说一声喊打，大家冲上去就一顿打完事。最终惹下一大堆麻烦，还得由政府出面来解决。

抗日肯定得抗，我不相信还有谁比蒋介石有更加坚定的抗日决心和更加全面的抗日计划，对这一点，我是做过认真研究的。抗日不能作为乱来的理由，我说过，没有统一意志，统一行动，谁瞎嚷嚷瞎鼓捣，都没用。

真抗日，还得跟蒋介石干。话说在这，你看吧，历史会证明的。

还有，冯玉祥这次拉杆子，你知道依靠的是哪一方面的势力吗？"

刘公武说："应该主要是方振武和吉鸿昌吧？冯玉祥平时一般都不出去，只是每天人来人往的，认识的不认识的都有，具体什么身份，什么势力派系，公开的基本上知道，隐秘身份谁知道呢？"

白瑜说："冯玉祥知道啊。唉！这也不能怨你。方振武也好，吉鸿昌也好，都只是他的几个积极响应的老部下而已，关键是共产党，知道吗？

刘公武说："这个我真的不清楚。"

白瑜说："我知道，你也清楚不了。算了，这就不要说太多了。你都去见过窝在泰山的冯玉祥了，用他们北方人的话说，这回他蔫巴了吧？中原大战时，他蔫巴过吗？那会儿他敢说蒋介石独揽党政军大权，是'独夫民贼'，虽然也是一种捣乱，但当时反蒋的人多啊，所以他显得理直气壮。这回他为啥蔫巴？他输了大义了！亏理亏到无法交代了，所以不蔫巴都不行了。你得明白这一点。"

刘公武说："哥说的都有道理，全国一盘棋，确实得统一意志，统一行动。可是，一·二八妥协了，如今何应钦签的《塘沽协定》又是妥协，跟日本人一让再让，全国人民怎能不悲愤满怀呢？"

白瑜说："问得好！这也肯定是所有有着抗日救亡意志的军民纠结的问题。如今，各种势力都在喊，抗日，抗日，抗日！好像蒋介石政府都在睡觉似的。看上去喊的是同一个口号，实际各有各的目的。普通民众反正就是觉得，人家欺负到我们头上来了，必须得还手啊，必须得打他小鬼子啊！于是很多民众就被各种势力利用，造成了很大社会矛盾，很多社会乱象。

更麻烦的是，政府高层也对这个问题有很大争论，各执己见，这是最让蒋介石头疼的，弄不好就会形成不同的势力，不同的派系，扯皮打架，互相掣肘，最后成事不足，败事有余。

对于这个问题，我只能说说我的见解，如果你还记得，去年你临走前我说的那番话，对此也有所表达。"

刘公武说："大概意思我记得，就是说咱们得积攒实力，才有资本跟小鬼子打仗，否则就是以卵击石，加快亡国。是吧？"

白瑜说："确实如此。但不止这一层含义。现在的中国，具体来说是国民政府，面临的是内忧外患。何为内忧，何为外患，必须具备足够认识，方能认清形势，平心静气。

先说外患。那就是日本人在不断挑事，得寸进尺，蚕食鲸吞，着实可恶。

但是，据我所知，日本内阁有两种势力，分为两大派，一是主战派，想征服中国。用战争的手段来征服，必然要耗损巨大国力，牺牲众多平民。而日本国内的民众，并没有那么大的征服欲望，作为老百姓，都希望平平安安过日子，没事去打仗，把好好的平民老百姓往战场上送，真活腻了？所以，就有了另一派，主和派，以前是主和派占上风，自从军人杀了极力主和的犬养首相，主战派就占了上风，但很多年了，主和派还是存在，在日本内阁的决策中，有一定的制约作用。

那些一天到晚在中国土地上找茬挑事的日本人，就是受命于主战派的货色，他们总在削尖脑袋弄出来点动静，并且不惜拿自己人来做牺牲品，然后说中国人侵犯了他们的利益，然后拿回去加一下工，添油加醋大造舆论，激起民众情绪，他得这样才能把民众动员起来，才能招得到兵员，才有人替他们去卖命，所以，他们挑事，也就是要找个理由，才好开战。

一·二八事件就是日本人这么挑起来的。

其实，国与国之间开战，总有点忌讳。

蒋介石政府跟日本人打了这么多年交道了，对这些都很明白，因此，就需要忍着，不能给挑事的小鬼子找到开战的理由。尤其是在目前，自己没有足够实力跟日本人干仗的时候，能忍就先咬牙忍着，这就是所谓'卧薪尝胆''韬光养晦'。

只要他小日本没找到充足理由，他就不敢搞大动作，蚕食就蚕食，没有生灵涂炭情况出现，就尽可能维持着现状，咱们就趁机积攒实力，毕竟还有国联，以及英美等日本人需要忌讳的诸多方面，也都能产生一定程度的制约作用。

因此，蒋介石提出的原则就是，一面交涉，一面备战。

交涉就是为了稳住局面，能让点步就先让一点。

备战就是国家、军队、产业，各方各面，甚至全体民众，都需要强身健体。

在战争面前，国家强健不强健，最终都体现在军队，要看有没有过硬的军事素质，有没有先进的军事装备、充足顺畅的后勤保障。打起来就是全民动员，长期对抗，不是三下五除二就能解决问题的，更不是凭着满怀激情就能解决问题的。

这也跟人和人打架一码事，真跟人长期过招，你就得有一副好体魄，就得有跟人干架的资本，才能够尽量的不打无把握之架。一个瘦不拉几吃了上顿没下顿的人，想要干翻拳王，凭着自己满腔豪情，就往前冲，大喊干死他！结果怎么样，可想而知嘛。

听说蒋介石正在跟德国人联系合作，想要在国军部队装备六十个德械师，这就是强健自己体魄的一个大动作啊。如果成了，跟小鬼子干，资本足了，取胜的把握才具备，此外，我们得少牺牲多少人啊，是不是？

这就是当前面对外患这个局势的大背景，《淞沪停战协定》《塘沽协定》，就是这么签下来的。

再说内忧。来自两个方面。

第一是国民政府内部。就比如冯玉祥发起中原大战，冯玉祥拉杆子搞独立王国，那是一种内忧，也不能说这种内忧现在就已经不存在了，甚至在政府高层，都还有冯玉祥的同情者、支持者。现在，福建那边李济深和陈铭枢，跟蒋介石政府正较着劲呢，也是个内忧啊。当然，这只是一个需要防范的问题。

军阀嘛，总是打着正义的旗号，想着如何占自己的地盘，没有啥更大的格局，说到底他就是觉得只有自己厉害，对蒋介石不服。这是一个内部服不服、捣不捣乱的问题。蒋介石只要多做点工作，拉他们回到自己阵营就好了。

第二，是共产党武装的坐大。这是蒋介石最大的心病。你知道，我跟老毛不仅是同学，还曾经也是革命同志，我了解他，无论是不是他在为首，总之他们的目的都一样。因为，共产革命的最终目的，就是夺取政权，搞无产阶级专政。这是毫无疑问的。

共产革命夺取政权，总不会是去夺取日本人的政权，夺取苏联人的政权吧？你想想，蒋介石代表的是国民政府政权，要专心抗日，而在他的背后，还有一个一天到晚琢磨他的政权的势力，中华苏维埃共和国，你说，他怎么办吧？换了你，你是蒋介石，你怎么办？"

刘公武听到这，嘿嘿嘿地笑起来。

白瑜说："看你一笑，我就知道你开始明白了。这是好事。所以，'攘外必须安内'，就这么来的，要不然，蒋介石他能安得了吗？"

刘公武边笑边说："哥啊，蒋介石该请你去当宣传部长才对。"

白瑜哈哈大笑，说："说的也是哈！不过我不稀罕，有人替他操心呢。譬如咱们的老乡贺衷寒，贺衷寒你认识吗？"

刘公武说："不就是'黄埔三杰'之一吗？听说过，不认识。"

白瑜说："你都知道'黄埔三杰'嘛，那两杰蒋先云和陈赓都成了共产党了！如今拿枪跟蒋介石政府干仗，徒弟打师傅，学生打老师，你说蒋介石窝囊不窝囊？窝火不窝火？

贺衷寒呢，是岳阳人。我在广州黄埔认识了他，他现在在国民政府军委会军事教育处当处长。最近找我好多次了，要我跟他去搞军事教育，催得紧，我考虑再三，答应了他，准备最近把手头上的事交代好了就去南京。我倒是觉得，你在冯玉祥那里搞过的干部学校总教官，可以在这里发挥作用。老弟啊，都过而立之年了，得立点什么才是了。大学都连洋带土读了三四个学校，一脑壳的聪明才智，别白费了！"

刘公武说："是啊！哥要是能够亲自带我出道，我还有什么理由拒绝呢？不过，我得先回趟岳阳，老婆孩子丢那里，管都没管，在外面混了这一年多，不但没赚到一分钱，把老本都赔光了。孩子全靠她一个人在养，一大老爷们，说起来都没脸没皮了！我必须回去一趟。"

白瑜说："那是应该的，回去好好跟弟妹做个检讨，深刻反省。

我要是去南京了，就给你消息。"

刘公武说："好的！随时听从召唤！多谢哥！谢谢！"

白瑜笑笑，拍了拍刘公武肩膀。

投身军校，妻儿相聚星子

10月中旬，刘公武回到了岳阳。

岳阳县立女中在岳阳县县城的老县门口，离岳阳楼就那么几百米远。原是清末创立的"洞庭女校"，1917年改为"岳阳县立女中"，一直保持着每年二百多女生的规模，国共两党不少女中豪杰出自这个学校。

秦俊吾租住在县正街一位学生家的一间房子。她请了一个保姆，负责在她白天上课的时候在家照顾孩子，每天做好晚餐，等秦俊吾回来吃完饭保姆就回家了。

保姆刚走，秦俊吾从口袋里拿出几天前收到的电报，"周4返，5"，秦俊吾看着电报，不禁笑起来。她知道丈夫已经穷困潦倒到了什么程度了，发电报都算计着省一个字算一个字，两个阿拉伯数字只算一个字，秦俊吾心里扫过一个滑稽的念头，老公虽然做生意没成功，但还是有收获嘛。原来在新加坡发电报过来，可从来就不吝啬写多少字的。

"哇，哇，哇"，摇篮里孩子醒了。秦俊吾赶紧坐到摇篮边，脚踏着小木轮子，轻轻晃动着摇篮，小轮子伴着晃动的节奏，发出吱呀吱呀的声音，"妈，妈，妈……"孩子咧开嘴笑嘻嘻的，最近已经会叫"妈，妈"了，秦俊吾开心地笑着，摸摸宝宝的脸，说："你笑什么呢？是不是知道你爹要回来了给你高兴的？你得学会叫爸，爸了，嗯，嗯，你那个落魄老爹回来了，你可别笑话他呀！你可得让他高高兴兴的……"

"说谁呢？谁是落魄老爹？"

刘公武站在门口，笑呵呵都看着这娘儿俩。

秦俊吾愣了一下，抬头看着公武，缓缓地站起来，复又低下头看着摇篮里笑嘻嘻的宝宝，刹那间，眼泪噗簌噗簌地流下来。

公武扔下小箱子，跑过去紧紧抱住了妻子……

一连好几天，刘公武在家就看着保姆忙里忙外的，自己无所事事，充其量抱着孩子到外面溜达一圈，哄哄孩子叫"爸爸"，终于这天孩子会叫"爸，爸，爸"了，刘公武那个高兴啊，于是他一回去，就跟保姆说："你休息几天吧，这几天看着你带孩子，我都学会了，让我在家带几天。"保姆当然很高兴地就答应了。

这几天刘公武回来了，秦俊吾都是自己回来做饭，她说她学会了好多湘菜，要刘公武尝尝她的手艺。所以，保姆每天在下午五点钟左右就回家去了。

1933年，刘公武回到家中，
与妻子秦俊吾及儿子刘顿合影

晚上吃饭的时候，刘公武说了自己来带孩子的事，秦俊吾满口答应："好！有进步。儿子都叫你爸爸了，应该的。"

可是带了一天，刘公武就觉得实在吃不消。孩子一会儿哭，一会儿闹，塞奶瓶，喂水，摇摇篮，都不对头，等抱起来，湿乎乎的才知道原来要换尿片了。后来没多会，孩子又哭了，赶紧抱起来一看，拉粑粑了！换尿片又是一个复杂工程，自己手忙脚乱，孩子手脚乱踹，弄得手上身上，到处是黄灿灿的。好不容易弄完了，安顿好了孩子，瞧着自己满身粑粑，他不禁长叹一声。

晚上，秦俊吾带了菜回来，准备做饭，刘公武就开始叫苦："太麻烦了，搞不下地！"秦俊吾一听，笑得直不起腰来，说："你知道带孩子的艰苦了吧？你还刚带没一天呢！"

刘公武说："我算是彻底悟透了白瑜说的'力所能及'了。"

秦俊吾当晚就去保姆家，请她明天回来。刘公武终于松一口气。秦俊吾说："幸好我今晚去叫她了，你要她休息四五天，她都准备明天去武汉走人家呢。"

刘公武说："那我明天跟她作检讨。"

秦俊吾忍不住笑了："那倒用不着。"

刘公武说："一定得作检讨！"

秦俊吾说："那你就检讨吧。"

很快就到 10 月下旬了，还没见到白瑜的消息。刘公武有点心神不宁了。于是每天都往县立女中跑，去看有没有电报。

学校不准陌生男子进校，刘公武想起来，大革命时期，好像毛泽东还专门为这个学校阻拦他进入而写过一篇文章发在报上，怎么现在还这样呢？转念一想，陌生男子，女子学校，也对哦，我可不就是陌生男子吗？就算是秦老师丈夫又怎样，没有特权。刘公武脑子里一通胡思乱想。

刘公武正在摇篮边逗孩子玩，秦俊吾下班回来了。只见她一言不发，把一张纸拍在桌子上，就进厨房去了。

刘公武赶忙拿起来一看，电报！"已抵宁就任。瑜"，刘公武双手把电报纸蒙在脸上，心想：终于等到你了！

吃饭的时候，秦俊吾问："今晚走还是明天走？"

刘公武立即回复："当然明天走！"

停了一会，看着秦俊吾落寞的脸色，赶忙又说："没关系，迟去几天也没事。"

秦俊吾心里纵有万般不舍，也知道，这些天丈夫就在盼着这一张纸的召唤。即使他愿意在家多待几天，心也不在这了，何必呢？

秦俊吾说："你还是赶紧过去，你要不及时，白大哥那里有啥位子弄不好就是别人的了，他刚到，有些事也不是他能作主的。我没关系的，你放心。"

刘公武忍不住在秦俊吾脸上啵了一口，说："老婆真好！等那边安定好了，我就来接你和宝宝。"

1933 年 12 月 2 日刘公武在岳阳家中

第二天，秦俊吾特意一早去学校请了假，抱着孩子，送丈夫到火车站上了车，才失魂落魄地走回家。

1933 年 11 月初，南京。

刘公武和白瑜一道，约定去拜访军委会教育训练处少将处长贺衷寒（1935年升中将）。

贺衷寒，湖南岳阳人，生于 1900 年，比白瑜小两岁，早年曾追随董必武、恽代英等人从事共产主义活动。

1925 年他们俩在广州黄埔军校相互认识。彼时，贺衷寒还是黄埔一期步科一队学员，是校长蒋介石指定的"中国青年军人联合会"发起人之一。后来"青军会"逐渐被左派主宰，于是贺衷寒便又发起成立孙文主义学会与之对抗。

当孙文主义学会与"青军会"发生争执和矛盾时，白瑜作为校长办公室秘书，虽然不能明确站队偏袒一方，却实际上支持贺衷寒的孙文主义学会。因此，与贺衷寒建立了比较好的个人关系。

其实，1922 年，赵恒惕在湖南搞"联省自治"时，刘公武正在长沙读书，

贺衷寒像

他在报上读过当时轰动全国的《黄庞案之真相》一文，这篇文章就是贺衷寒的大作，只是当时他刚到长沙没多久，名气不大。

如今，身为国民政府军委会军事教务处处长、政治训练处处长，贺衷寒掌握着包括黄埔军校在内的军队教育系统全部资源，所有教官的聘用、解除、考核，尤其是有关政治教育的所有教官，都必须通过他这一关。

见了老乡，自然有一番家乡话的寒暄。但很快，贺衷寒就改用了普通话说话，这是靠嘴皮子打天下的人很自然的习惯。贺衷寒说："听白老师介绍过你的不凡经历了。尤其听说你还有跟共产党以及亲共分子共事打交道的经历，非常难得！唯有与共产党有过深度接触的人，才能对共产党有深刻认识。"

刘公武起初还以为贺衷寒会很忌讳他的这些经历，未料竟然成为他堪可称赞的资本，实在是始料未及。

贺衷寒同意刘公武担任军校政治教官，同时嘱咐白瑜，请白瑜先带刘公武熟悉工作，通过培训和考核，才能取得资格。

贺衷寒说："这是参军成为军人，成为军人的教官，军校不是一般的社会学校，因此尤其需要找个合适机会，参加军事学校政治教官就任前的培训学习，只有教官成为了真正的军人，才有资格给军人乃至更多比你官阶高很多的将校军官去讲课，去训诫他们。这个就请白老师去安排了。我相信你，肯定你能成为我们中央军校优秀的政治教官。"

刘公武说："多谢贺处长赐教！有两位兄长的亲自引领教导，小弟定当全力以赴，不负所望！"

白瑜则因为有过广州黄埔的经历，10月份报到之后便直接成为了政训处政训班的上校教务组长。

刘公武被白瑜安排进了政训班，作为正式学员，参加成为军人和军校政治教官的培训学习。

军校政治培训的学员，都是从各个部队推荐选拔而来的现役军官。

军委会为军校学员和部队军官开设政治教育课程进行专门培训，主要目的在于，要让军队官兵树立"一个政府，一个主义，一个领袖"的"统一意志"，因为当时蒋介石政府集结军队"围剿"以江西为主并散落各省的中共武装力量，而参加"围剿"的国民党部队经常有被中共策反而倒戈的现象出现，或者如冯玉祥、李济深拥兵自重，都让蒋介石大为恼火。因此，他重用贺衷寒，建立起了一套完备的军队政治教育体系，确实在部队中产生了较为理想的效果。贺衷寒亦因此获得蒋介石赏识。

经过政训班两个多月培训，1934年1月，刘公武顺利通过各项考核，被录用为中央军校政训班中校政治教官，自此开启了他人生中超过十年的军校政治教官生涯。

刘公武作为政治教官，起初选择了政治学、世界政治经济状况、中国政治经济状况等三门课程作为自己主教内容。同时，他还不断深入学习其他课程，力求成为一个全能政治教官。

贺衷寒和白瑜都鼓励刘公武对德国、意大利在"一战"前后国家政治经济的成功进行深入研究，并编写教材讲义。

因为，当时蒋介石正积极与德国希特勒政府联络沟通，着手打造六十个德械师以应对日本人的侵略，而蒋介石对于希特勒作为德国的领袖，能够在"一战"后十多年时间，使德国成为军事和工业大国，表示出极大兴趣，当时的希特勒，几乎就成了蒋介石心目中的超级偶像。

如果刘公武能够用简明扼要的文字，发掘德意志崛起的核心要义，并作为教材供军校学员学习，则有助于推动和促进"统一意志"中"一个领袖"观念

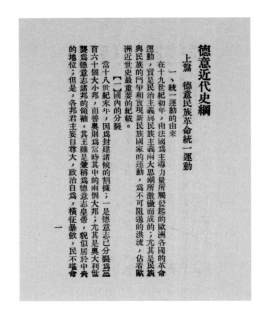

德意近代史纲

上篇　德意民族革命统一运动

一、统一运动的由来

在十九世纪初年，由法国为主导力量所触发起的欧洲各国的革命运动，实是民治主义与民族主义两大思潮所激盪而成的；尤其是民族与民族的斗争和实现新民族国家的运动，为不可阻遏的洪流，佔着欧洲近世史最重要的纪载。

【一】国内的分裂

当十八世纪末年，因为封建诸候的割据，一是德意志已分裂为三百六十个大小邦，而普奥则为当时其中的两個大邦；尤其是奥大利世襲为德意志诸邦的領袖，其王雖是兼稱爲德意志皇帝，貌似居於中央的地位；但是，各邦君主妄自尊大，政治自爲，横征暴斂，民不堪命

一

刘公武编著《德意近代史纲》书页

的建立。贺衷寒亦可以借此向蒋介石呈献自己手下的研究成果，以表其功。

刘公武当然觉得这是一个树立自己优秀教官形象的好机会。于是，他在南京中央军校担任教官时，就着手查找搜集资料，阅读相关书籍，利用业余时间，写成了近三万字的《德意近代史纲》，经军委会军事教育处教材审查专家组反复审核、修改，在1935年开始作为中央军校庐山军官训练团的教材正式使用。

1934年1月中旬，刘公武在南京中央军校重新加入国民党，也因此而成为了蒋校长的嫡系成员之一。

刘公武在南京中央军校做了半年政治教官，下半年，军委会把南京的政训班搬到庐山，与庐山那边已经开办了一年的"特别研究班"教官等一班人马合并，称为"中央军校特别训练班"，由康泽全面负责。

1934年6月，蒋介石认为当前应主要针对抗日这个大局来开展培训，便将原先主要针对"剿共"的课程设置，大部分进行了重新设计和改编。

蒋介石一向强调，军官培训必须坚持"七分政治，三分军事"的原则，因此，重新设计的课程和改编的教材，依然偏重于加强政治教育，同时开辟了有关帝国主义、国际军事和政治经济的新内容。

军委会曾专门为军队政治教育制定了《政治教育纲要》，并根据这个纲要，制定了全面系统的政治教育科目，最初规定了三民主义等政治课程，后来逐年增加了诸如中国国民党史、三民主义、帝国主义侵略中国史、中国近代史、帝国主义、社会进化史、社会学科概论、社会问题、社会主义、政治学、经济学、经济思想史、各国宪法比较、军队政治工作、党的组织工作、中国政治经济状况、世界政治经济状况、政治经济地理等，总计二十门左右课程。每一期都要根据各期学员具体情况，确定具体课程。而政训处则要求政治教官对所有课程都要有所涉猎，并尽可能全面掌握。

康泽负责的中央军校特训班开办于庐山脚下鄱阳湖南岸的星子县（今庐山市星子镇），离军官训练团所在的五老峰麓海会寺那边，还有十多里路。

从那时起，人们总是习惯于把中央军校在庐山办过的训练班称作"庐山军官训练团"。

其实，康泽在星子县城办的这个特训班，与海会寺那边的军官训练团各有各的目标。特训班基本上就是"特务训练班"，康泽是在为他打造"别动队"建筑人力资源基础。

当时，为了应对随时可能爆发的中日战争，军委会扩大了政训规模，为方

刘公武在星子时期肖像

便各地驻军选派人员参加培训，又在湖北武昌和四川乐山两地先后开办了"珞珈山军官训练团"和"峨嵋山军官训练团"，包括星子县这个特训班，都是统一由军委会政训处处长贺衷寒负责教官和教材的安排。

1934年6月下旬，刘公武从南京调到了庐山脚下星子县城的"特训班"，升任为上校政治教官。安顿妥当之后，他就去岳阳接秦俊吾，未料秦俊吾说："到星子去，又没了工作，还人生地不熟，不如先在岳阳干着，等有机会再过去。"

刘公武一谈起生活规划，就觉得脑壳里一片空白，秦俊吾的主意比他多，还实在。他只好听从妻子的安排了。

星子特训班班主任康泽，比刘公武小一岁。此人善于走上层路线，后来发起成立"复兴社"，深得蒋介石赏识。刘公武跟康泽接触几次以后，觉得他的眼光中总透着一股傲慢与阴森之气，似乎对谁都不信任，所以，刘公武写信跟白瑜说他想回南京，跟康泽这样城府太深的人在一起太费劲。白瑜此时正在准备去英国留学，他要刘公武找特训班副主任张与仁具体商量。

白瑜在广州黄埔就已经结识了张与仁，并且两人一直关系很好，贺衷寒要白瑜重回军校，基本上都是张与仁去上海向白瑜传达旨意。

因为康泽把主要精力放在他的别动队军事训练上，大部分时间都是带学员去海会寺那边进行军训，故而特训班在星子这边的日常工作就由张与仁负责。

刘公武到星子报到之前，白瑜就跟张与仁介绍了刘公武的情况，希望他多帮帮刘公武。张与仁跟刘公武说，希望他能够留下来继续在特训班工作，不要在意康泽，有什么事跟他说就行了。

张与仁是中央军校的老资格教官，1924年就进入了广州黄埔军校。他比刘公武大十一岁，为人友善厚道，在特训班深得人心，后来确实也成了刘公武值得信赖的兄长和交心密友。

1936年1月，张与仁还介绍刘公武加入了贺衷寒发起的"中华复兴社"。其中的谍报武装部队就是康泽的别动队和"忠义救国会"，后来其中一部分分解成为了"军统"，一部分成为了"三民主义青年团"的发起者，刘公武便属于后者。

1935 年，刘公武在庐山鹿洞书院

刘公武在星子安定下来后，曾请假回过两趟岳阳。1934 年中秋节之后没多久，得知秦俊吾又怀孕了，于是，刘公武每天又多了一份牵挂。

秦俊吾开始时一直住学生家在县正街的那间房子里，后来因为自己既要上课，又兼着训育主任的职责，儿子刘顿两岁了，也不像婴儿时那么吵了，加上每天两点一线的这么走来走去，耽误不少时间，于是学校就拨给秦俊吾一间房子，让她搬到学校住了。

学校的房子毕竟不是自己的，虽然公武不经常回家，但秦俊吾总想着要有自己的房子，才像个家。

秦俊吾把自己的想法跟有时到女中来看望她母子的杨作洲说了，老杨也觉得她的想法是对的。

早在 1933 年底的时候，秦俊吾省吃俭用攒下了一百多块大洋，她觉得可以买房子了，便请杨作洲帮自己在岳阳找房子。杨作洲在岳阳城里的塔前街找到一处两间小平房，问秦俊吾要不要。秦俊吾跟杨作洲说："杨大哥我相信你，你找的地方不会错。"

杨作洲要秦俊吾趁周日去看看房子，秦俊吾白天要上课，晚上还要招呼住宿的学生，一直就没去看过自己的房子。还好杨作洲帮她租出去了，每月能收点房租钱。

秦俊吾住在学校里面操场边的一所房子里，旁边没多远就是三国时期名人鲁肃的墓茔，人称"鲁肃坟"。秦俊吾从小就不相信啥鬼呀怪呀的，每晚提着马灯沿着经过坟头边的小路去后面的女生宿舍查夜。宿舍女生说："秦老师您胆子真大！我们经过那个坟头边，看到白影子飘来飘去的，还有怪影晃晃摇摇，都吓得腿肚子打颤。"

秦俊吾对学生们说："我历来不信神妖鬼怪。"为了消除女生们的恐惧心理，她叫了几个女生跟她去看，结果，发现是几张废纸片在草丛里被风吹得飘来飘去，还有树枝在风中摇动，晃晃摇摇。秦俊吾说："看到了吧？世上哪有鬼怪，都是自己吓自己，心气儿正，啥都不用怕。"

秦俊吾对待工作的认真劲儿，一般人真还没法比，渐渐地在岳阳的同行里面有了口口相传的好名声。

岳阳基督教会有个贞信女校，创办三十多年了，在岳阳是很有名的老牌名校，学校方面多次单独找秦俊吾，希望她能够去贞信女校当训育主任，应诺其工资、住宿待遇都优于县立女中，给她一间可办公兼住家的房子，并且还给一张不限期的聘约，意思就是你想干多久就干多久。

秦俊吾经不住贞信女中的生拉硬拽，也考虑到杨作洲给自己买的房子就在贞信女校旁边，等租房子的人到期搬走，她在岳阳就可以有自己的家了。

这样，秦俊吾便在1935年春季开学时跳槽到了贞信女中，担任训育主任。此时，秦俊吾已经怀孕七个多月了，从怀孕开始就一直经受着没完没了的妊娠反应的折磨，尤其看不得什么令人恶心的东西，看到就会呕吐不停，就连遇到不喜欢或厌恶的事情，都会反胃难受。

贞信女中是教会学校，学校要求师生信教，尤其要求老师必须每日诵习《圣经》。秦俊吾从小就因父亲秦鸿钧的影响，反对信洋教，丈夫刘公武也有过类似经历，她多次表示没法遵从学校这个规矩。而学校校务人员则不厌其烦地做秦俊吾的思想工作，灌输基督教的各种思想观念，使得秦俊吾产生了极度的厌恶心理。

秦俊吾挺着大肚子，估计过不多久就要生了。恰在这时，她收到在开封省立女师一起读书的同学李独花的一封信，说她在北平读大学时参加了共产党，毕业后到天津大学教书，前不久被抓，关押在南京陆军监狱，希望秦俊吾帮忙搭救。秦俊吾心想，这事只有去找公武了。公武在军中，写信和打电话都不敢说这事，而这事又耽误不得，只有亲自去星子一趟才行。

这时，秦俊吾在贞信女中才待了两个月，她便以身体不适需要调养和将要生孩子为由，辞了学校教职。

秦俊吾找家在铁路部门的学生，要到了一本列车时间表，她规划好车次，然后拍了电报给丈夫说"某日某次车到沙站"，再将孩子托付保姆照顾，说："顺利的话，我过几天就回来。"

4月中旬，秦俊吾独自从岳阳乘火车到株洲，再从株洲经浙赣铁路到南昌，转南浔铁路到北端的沙河街站，一路两次转车、等车，花了一整天时间才到终点。而庐山西南边的沙河街镇，到星子县城，还有四十多公里。

从岳阳到庐山沙河街站，六百多公里，如今坐高铁也就两个多小时，那时却需要二十多个小时，这种被称为"交通方便"的地方，都要如此折腾，可以想见，兵荒马乱年月，人们迁徙不断，所遭受的艰难困苦真是无法想象。

为了朋友，不远千里去搬救兵都不说，工作也辞了，还挺着即将临盆的大肚子，把两岁小宝托付他人照顾，如此的重情重义，舍己为人，秦俊吾也真是拼了！

张与仁副主任听说公武夫人坐火车过来了，便派了特训班仅有的一辆ＶＷ越野车，要公武自己去火车站接老婆。公武说花费的钱就从工资里扣吧。

张与仁说："你还以为给你专车呢，总务还有人要去九江采购东西呢。"

刘公武明白，也许真需要采购东西，但一向对自己呵护有加的张与仁，更多的是找个借口为自己提供方便。

秦俊吾当晚便跟公武说了救同学出狱的事。公武说："我想办法，不过着不得急。"

秦俊吾说："只要你有办法，我就不着急了。我找找房子看，过两天我去接顿儿和保姆过来。"

刘公武说："你不能再颠簸了，一个人去我也不放心。我请个假，去接他们来就好了。你先好好休息几天。"

白天，刘公武上课去了，秦俊吾在宿舍里坐不住，每天自己一个人慢慢走，到星子县城里转悠，她想租个房子。公武闲聊时提过，有个同事在砚池街一个大院子里租了两间房子，有空去看看还有没有空余的房子。

秦俊吾转来转去，找到了砚池街前街那个大院子，是一户姓陈的两兄弟住着，一所两进的大四合院。一打听，还真有房子出租。

跟陈氏兄弟一商量，他们愿意腾出第二进院子里两间正房给她，里面家具用具一应俱全。陈氏兄弟告诉她，外院也有军校的一个长官租了两间房。

出来的时候，秦俊吾注意了一下外院西侧被军校军官租了的两间房子，她想，可能就是公武的那个同事。

后来得知，这个军官就是刘公武的同事吴政，浙江丽水人，比刘公武小三岁，是法国留学归国的硕士，在特训班教世界经济的中校教官，与公武关系不错。他们夫妻租这里快一年了。

谈妥了房子的事，公武就请了假去岳阳接儿子和保姆。

秦俊吾一个人没事，就去陈家大院收拾房子，打扫卫生。打扫完以后，她抱着一捆废旧杂物准备丢到外面去，未料跨门槛时，脚一滑，摔了个仰八叉。

这时外院一个女人赶紧跑过去扶起她。说："哎呀！不得了！秦老师，你也不小心点！快看看，摔哪里了？动了胎气可不得了！"

秦俊吾坐着摸摸肚子，笑笑说："就屁股摔痛了，没事！多谢夫人！"

前几天秦俊吾已认识了这位吴长官夫人，还跟公武在她家坐了一会，吴夫人是学医的，在特训班医务室上班，正好今天在家休息。

秦俊吾双手撑着地想站起来，吴夫人赶紧扶住她，说："先去我家休息一下。"

秦俊吾站起来，一跛一跛的，觉得腰腿疼得很，她最担心的就是小产，吴夫人替她简单地检查了一下，说没事。但这一跛摔的，也把秦俊吾吓得不轻。

1935 年，秦俊吾与大女儿刘莲在星子县家中留影

下午，吴夫人帮着秦俊吾把房子收拾好，当晚，吴夫人担心大肚婆一个人不方便，就陪着秦俊吾在新租的这个旧房子里过了一夜。

没两天，公武把顿儿和保姆都接了过来，直接住进了陈家大院。

秦俊吾催促公武赶紧想办法救人。公武跟吴政说了这事，吴政说他认识顾祝同的弟弟，在南京宪兵队当队长。他立即就写信，把情况跟顾队长一说，顾队长很快回信说没问题，正好最近要放一批人。没两天，就听顾队长打电话说把李独花一起给放了。

顾祝同当时是蒋介石最得力的心腹干将，二级上将，江西"剿总"司令，名气大得不得了，他弟弟为朋友做点这个事，当然完全不值一提。可是，对于李独花而言，可就是救命大恩了。

秦俊吾终于松了一口气。

1935 年 5 月中旬，秦俊吾在星子县城陈家大院生下了一个女儿。刘公武给女儿取名叫"刘莲"。秦俊吾觉得有点俗气，刘公武则说了一番道理，让秦俊吾又不得不服了。

陈家大院所处的砚池街不远处有一个长满莲花的水池，被人称为"爱莲池"。据传是宋代大儒周敦颐在此池边房子里，升砚磨墨，著书立说。刘公武尤其喜欢周敦颐的《爱莲说》，"出淤泥而不染，濯清涟而不妖"，女儿恰逢荷展莲放之时生于此地，取名"莲莲"，寄托父母期望，亦别具隽永之意蕴。

刘公武在特训班人缘非同一般，同事好友获知刘教官新添弄瓦之喜，纷纷前来祝贺，秦俊吾月子还没坐完，收到朋友们送的大公鸡、老母鸡、仔鸡、线鸡，就装了两大笼子，后院的天井，简直就成了一个养鸡场。

1935 年 8 月初，蒋介石带了一批从德国来的军事顾问到海会寺，这些德国人被国民政府请来指导军官训练团和特训班军事作战方面课程。

张与仁被通知参加接待德国顾问，他叫上刘公武，要他充当德语翻译，陪同一起去海会寺训练营。蒋介石很快就注意到了自己队伍里有个长得像欧洲人的翻译人员。张与仁给蒋介石介绍说，他是特训班上校教官刘公武，从德国柏林大学留学归国的，负责教国际政治经济等课程；还说刘公武教官自己编写了一本教材《德意近代史纲》，最新一版刚刚印发给学员。

1935年2月，蒋介石在研读文件

蒋介石听了，重复了一遍"德意近代史纲"，说："好啊！能不能这两天安排我去听一堂课，就是这个关于德国的内容，让我也学习学习。不要单独安排，跟学员一起听就行。"

康泽和张与仁受宠若惊，委员长要亲自听课，焉有不尽快安排之理？

嗣后，与蒋介石随行的贺衷寒专门找康泽和张与仁、刘公武，反复叮嘱千万做好认真的准备。

康泽、张与仁等很快与刘公武一道就如何给委员长讲好这一堂课，进行了仔细商讨，周密安排。

近三万字的教材，一般都要好几堂课才能讲完，委员长时间宝贵，要做到一堂课一两个小时就能抓住重点，突出要点，并且要让他确实感到有分量，有收获，不是一件容易的事。

张与仁说："委员长这几年都在寻求跟德国的军事和经济合作，他是一个爱学习的人，必定对德国政治、历史、经济等方面作过全面的了解，尤其如今已经开始了与德国的正式合作，他才会对这个课程产生兴趣，所以，讲好这堂课，就要尽可能给他一些新的讯息，新的启发，才有新的意义。"

刘公武对张与仁这一观点表示赞同，可是，谁知道蒋介石看了哪些方面的书呢？这一年多来，刘公武为了完成这部教材的编写，虽然阅读过大量的相关资料，可要如何才能让蒋介石听了之后产生"新"的感觉，真是一个难题。

康泽把任务全交给了张与仁和刘公武，说他只看结果，过程他们自己决定。张与仁和刘公武两人，反复讨论，认真分析，可谓费尽心思。最终两人商定，必须联系国民政府与德国合作的当前形势，密切结合蒋介石竭力主张的"一个政府，一个主义，一个领袖"和"攘外必先安内"这两大重要原则，在讲课过程中，重点贯彻"一个领袖"的内蕴，讲解德国战后崛起的主要原因，突出希特勒作为一个获得德国全民拥戴的领袖，他如何高度地统一了德国社会民众和全体军队的思想，方为德国战后崛起造就了雄厚的思想基础。这样来讲解这堂课，引申到全国军民在抗日和"剿共"、建国诸等行动中，为何必须树立"统一意志"，就具备了重要的启发意义。

1935 年这个时期，希特勒还没有挑起世界大战，其强盛德国的一系列举措，在国际上享有某种程度的口碑，并且被世界各国引为楷模。

刘公武据此作了认真的备课，康泽和张与仁看过刘公武的教案之后，表示非常满意。

8 月 5 日下午两点五十分，刚刚下过一场大雨，天气十分闷热，热风中还稀稀拉拉飘着雨点，地面上热气蒸腾。因为没有惊动太多人，几个随扈跟着蒋介石，在贺衷寒和康泽的引领下，向教室走来。学员们远远地看到蒋介石在随扈撑起的雨伞下，拄着手杖，满面春风地四处张望，跟贺衷寒和康泽谈笑风生。

张与仁、刘公武在廊檐下迎接。

蒋介石穿着一件白府绸衬衣，一条黑色宽松绸裤，脚蹬一双短筒橡胶雨靴，走到教室廊檐下，蒋介石取下凉帽和墨镜，与手杖一起，随手交给了随扈。

身着少将戎装的张与仁和上校戎装的刘公武，立即走上前去，啪地一个立正，举手敬礼："委员长好！"

蒋介石伸出手，握着刘公武的手说："刘教官好！向你学习来了。"

刘公武说："请委员长指教！"

刘公武走到教室门口，往教室里伸手说："委员长请！"

蒋介石摇手说："哎！刘老师先请，刘老师先请！尊师重教，谁都一样。"

刘公武跨过门槛，站在门内："委员长请！"

蒋介石笑盈盈地走进教室，只听号令官一声号令"起立！""敬礼！"教室里全体学员"唰"地站起，行举手礼，并高声说："委员长好！"

蒋介石向大家摆摆手，然后转身向着讲台，说："我们一起说'老师好'！"

"老师好！"学员们一起高喊，同时又是齐刷刷的举手礼。

刘公武赶忙站上讲台，向大家回举手礼，"同学们好！请坐下。"

张与仁肃立前排正中座位边，拉开椅子说："请委员长就座！"

随扈把一个笔记本和一支钢笔，一杯水，一把折扇，摆到了蒋介石面前的课桌上。

蒋介石刚坐下，发现张与仁走到讲台边，正转身准备向学员们讲话，便立即制止说："不要说别的了，抓紧时间，请刘老师讲课。"

"刘老师，像往常一样讲就好，我是来当学生的。"蒋介石又补充了一句。

刘公武轻声答道："是！委员长。"

张与仁有点尴尬，赶紧坐到了讲台侧旁康泽身边的座位上。

刘公武转身在黑板上写下：战后德国崛起的前因后果。

刘公武开始了他的讲课。他一边讲，一边板书关键词。他没有因为最高长官坐在台下，而表现出丝毫紧张。

教室里热气烘烘的，喜欢出汗的学员们已是汗流浃背。蒋介石一手用手绢擦着额头上的汗水，一手不时飞快地在笔记本上写下一些要点。他始终没有打开折扇扇风取凉。

蒋介石发现刘公武端起杯子仰着脖子喝了一口水，转身又在黑板上板书。趁此机会，蒋介石很快站起身，拿起讲台边的水瓶，给刘公武的杯子续上水。

刘公武听到往水杯倒水的声音，回头一看，委员长在给续水，正要走过来，蒋介石示意继续。然后坐回了自己座位。

刘公武写完板书，转身对着委员长不好意思地笑了笑，蒋介石笑着微微点头。

看着这情景，贺衷寒抿嘴一笑，康泽冲着张与仁做了一下怪脸，意思就是委员长都发现杯子里面没水了，我们还无动于衷。张与仁耸了一下肩膀。

连着听完两节课，蒋介石已是衣衫湿透。他走到刘公武面前，说："刘老师辛苦了！"

刘公武啪地一个立正，发现军帽搁在讲台还没来得及戴上，便向蒋介石鞠躬道："委员长辛苦！请委员长批评指正！"

蒋介石说："我不辛苦。你讲得很好，很好！很受启发，很受启发！"

蒋介石握了握刘公武的手，打开折扇，转身朝外走去，走到门口，又回头笑着说了一句："板书也很漂亮。"

力园安家，痛失爱女伤绝

莲莲出生后不久的1935年仲夏，刘公武跟秦俊吾提出要搬家。秦俊吾知道最近发生的事让刘公武心里很不舒服。住在外院东头的陈家老二，他老婆有点神经不太正常，经常一丝不挂赤条条地躺在家门口的躺椅上，仰面朝天对着院子里。

刘公武已经碰到几次了，每次躲都躲不赢。回家从窗户里还看得到，弄得刘公武大热天的都把窗户关得紧紧的。秦俊吾想通过吴夫人去跟她对门对户的陈家老二媳妇打招呼，吴夫人却觉得跟个神经病说没用，弄不好她还更得意。

秦俊吾觉得也是，公武要搬家，心想这一下子去哪里找房子呢？

刘公武晚上回家跟秦俊吾说："第一次看到这情况我就打听到房子了。"

秦俊吾不禁哧哧一笑，说："你这倒是成了有心人。"

刘公武无可奈何地说："有啥法子呢，谁知道会碰上神经病啊？"

刘公武打听到的是一位国民党军团长曾经住过的空置房子。

这所房子坐落于砚池街西靠鄱阳湖边，三开间二层小楼，大概有一百六七十平方米，建在一个由条石砌成的台基上，小楼两边都有木楼梯上楼。

楼前还有一个小院子，坐在院子里，就可以看到鄱阳湖里的落星石，那个落星石远远看去像个牛屎堆，所以，这片湖也被当地人叫作"牛屎湖"，名字不好听，但风景很好，也很安静，刘公武非常喜欢这个地方，他跟秦俊吾说想买下来。

秦俊吾也同意买，说："你有钱啊？"

刘公武说："我的钱都交给你了，我哪有钱啊？"

秦俊吾趁机奚落老公，说："我不要养家啊？你没钱，还张口就要买房子，这是一栋楼呢！不是一个茅棚子。"

刘公武说："那就先租吧。有钱再买。"

秦俊吾哈哈笑起来："还是惦记要买。不过呢，我钱是有一点，买这房子还不够，还有几百块钱存在长沙，要去长沙取才行。"

刘公武也跟着笑起来："我就知道，我老婆当家理财是一把好手嘛！"

秦俊吾说："打住！别给我刷浆糊，我这都是血汗钱呢。"

在这一年半的时间里，刘公武的工资，除了自己留一点日常用外，其余都寄给了秦俊吾。她把自己的工资攒下来，用一部分买了岳阳的房子，另外的也没去存，出外时总带在行李里面。有一次生病了，去长沙湘雅医学院看病，在长沙多住了几天，就顺便把四百块钱存在了长沙。这房子，虽然秦俊吾也觉得不错，可心想在这能住多久呢？转念一想，既然公武喜欢，也难得他对生活还有点期望，于是，秦俊吾说："我去长沙把钱取过来把这房子买下来。"

房子买下来之后，公武给这所房子取了个名字叫作"力园"。

刘公武虽然是一个军人，骨子里却是一个地道的文人。他一直把在南京军校和星子特训班兼课的国民党元老邵力子，当作自己崇拜的偶像和效法的榜样，他敬佩邵力子先生知识渊博、正直无私和光明磊落，自己总在努力做一个像邵力子先生那样的人，所以，他就把自己的这点心思，一并寄托在了"力园"二字上。

刘公武一家，加保姆五口人，住一楼就够了。公武把二楼让给了同事上官业佑的姨姐魏京一家。

安好了家，刘公武写信给在无锡申新纱厂三厂工作的七弟经纬。经纬在这家工厂干了一年，老婆严则贤刚生了孩子，他准备辞职去上海一个纱厂做

1935 年，刘公武一家在星子县的力园家中合影

工程师。

刘经纬在1934年夏天从上海职业学校毕业后，先回老家结了婚，然后就去了无锡，工资不高，这一年干得也不很顺心，联系好了准备跳槽去上海。此时正好接到五哥来信，信里要他到星子来做事。他二话没说，9月上旬，夫妻俩带着刚生下半个月的女儿惠珠，来到了星子。

其实，公武还没有联系什么事情给经纬做，要做事还得临时去找。倒是为了安顿经纬全家，刘公武把自己家的好家具，全都一股脑给了经纬，把一楼后面的正房让给他们家住着。住了半个月，啥事没有，公武又叫在武汉的四哥福林来星子玩，三兄弟、两妯娌和三孩子，八人一起在力园留下了一个合影。

他们在星子玩了一段时间，福林说带经纬去上海玩，公武就问秦俊吾："还有钱吗？"

秦俊吾说："凑起来还有四百来块钱吧。"

刘公武说："都给四哥吧，去上海，回武汉，买点东西带回去。"

秦俊吾就把全部家当四百来块钱，一把给了四哥福林。福林也不客气。其实，作为教官，跟部队里带兵的上校军官可是有天壤之别，但刘公武绝不会说自己没钱。兄弟们尤其是四哥福林，当年为他去德国留学，可真是费尽了心思，帮足了忙。这点钱又算个啥呢。秦俊吾也深深理解刘公武此时心中所思所想。

福林和经纬在上海玩了一通之后，一起回了华容，经纬给四哥福林做买卖帮忙，所以把老婆孩子都留在了星子。到10月份，经纬来信说他暂时走不开，要老婆严则贤带孩子回华容，公武便派了人把严则贤母子俩送回了华容。

1936年春节后，与贺衷寒、康泽发起复兴社的潘佑强接替康泽担任特训班主任。潘佑强与白瑜关系很好，在南京中央军校担任教官的时候，刘公武经白瑜介绍，跟潘佑强也建立了很好的关系。所以，特训班政治总教官刘炳黎调走之后，潘佑强推荐刘公武担任了上校政治总教官。张与仁则被调到中央军校昆明分校担任副主任去了。

1936年4月，刘经纬又带着老婆孩子到了星子，这次公武是联系好了工作，才要经纬过来的。中央军校在海会寺那边办的庐山军官训练团，有一个发电厂，需要一个技师。那边安排经纬一家住在土楼镇，所以，只有休息的日

1934年，刘公武一家与自武汉来访的四哥刘福林等在庐山合影

子，兄弟两家才能到力园聚会。

莲莲一岁了，长得很漂亮，且乖巧伶俐，像个洋娃娃，特别招人喜欢，刘公武每天下班回家，都要勤务兵抱着莲莲到院子门口接他，院子里放了一把藤椅，公武就在院子里逗女儿玩。

1936年端午节，大家吃粽子时都喜欢给莲莲嘴里塞一点，逗她吃，秦俊吾这时又怀了孕，没太注意女儿，估计是大家喂莲莲吃粽子时，都不怎么注意卫生，弄得莲莲拉肚子不停。

公武一看就着急了，连着请了七八个军校医生，包括朝鲜医生，瑞士医生，这个看一下，要这样治，那个看一下，要那样治，又是打针，又是灌药，把小莲莲折腾得不行。

秦俊吾怀孕时妊娠反应太厉害，一天到晚就吃了吐，吐完又吃，自己都折腾没完。公武听那些官太太说，要想赶快治好，只有去校本部医务所住院。其实，校本部医务所就有一个男护士，医生还是那些医生。

公武就让女儿住在了医务所，自己忙也没时间去招呼。间或去问一声或者要勤务兵去看看，孩子一直就没怎么好转。

秦俊吾走路都不方便了，要不她实在是想去看看女儿，可一直听公武说莲莲好些了，她就想着莲莲在医务所也许已经活蹦乱跳了。

过了两三个星期，忽然一天，公武回家看着秦俊吾，眼泪直流，秦俊吾感觉不对，急忙问："莲莲怎么啦？"

公武沉静好一会，才说："有点麻烦，送庐山那边大医院去了。舍不得啊！"

秦俊吾还是不相信，公武提出带她去看看。于是，公武叫勤务兵牵来一匹马，带着秦俊吾往庐山跑，跑上山，转了一圈，刘公武停下马，把马拴在一棵树上。

然后，他拉着秦俊吾，坐在一棵大树下面，好一阵不说话。突然，公武放声大哭起来，秦俊吾顿时崩溃，知道大事不好。公武说："对不起，俊吾，我把莲莲给弄没了！对不起……"

旁边没多远，一个小小的坟头，全是新土。秦俊吾泣不成声，在莲莲坟头边坐了老半天，一言不发，只有眼泪无休无止。

1936 年 8 月中，康泽把潘佑强排挤出了特训班，他又回来继续担任主任。刘公武一向对康泽那种疑神疑鬼的作派看不惯，又担心康泽疑心他是潘佑强的人而为难他。

恰好此时，白瑜结束了先在英国后去美国的留学和考察，回到了南京。一个多月之后，公武辞掉特训班政治总教官，去了南京。在南京和白瑜待了一段时间，刘公武把自己看不惯康泽作派跟白瑜说了，白瑜则笑他迂腐，说："你干你的，干好了，他还能对你咋样？"

听说秦俊吾快要生孩子了，他又从南京回到星子，就在家里帮着保姆服侍秦俊吾。

1936 年 10 月 3 日，秦俊吾临盆，公武请来特训班本部医术最好的医生，广东人景子君，在力园给秦俊吾接生。

当天下午两点左右，秦俊吾生下了二儿子。刘公武喜欢用出生地给孩子取名，二儿子生在力园，于是他就叫"刘力"。

10月底，刘公武返回南京，贺衷寒给他分派了新的任务，前往武汉中央军校二分校担任政训科上校科长，兼分校国民党特别党部书记长。

刘公武一个人去了武汉。

刘公武在武昌南湖边的中央军校武汉分校干了一个多月之后，把在南京校本部做中校政治教官的杨任严调过来做了他的副手。

没几天，鼻子灵敏的袁芸雪找来了。

袁芸雪本来在铁道部汉口扶轮小学当校长，很不顺心，于是辞职到一个普通高中去当了国文老师，听说公武和杨任严都到了武汉分校，便跑过来找他们，问公武看能不能让他也进军校谋个差事。他说，小学校长当得太憋屈，高中老师当得太清苦，实在是乏味。

公武说："来吧，凭你的能力，当个政治教官一点问题没有。当然，要经过军委会贺衷寒那边审查考核，你有从军经历，跟白瑜说说吧，应该问题

1937 年，中央陆军军官学校武汉分校政训科全体教官职员合影。前排右四为刘公武

不大。"

袁芸雪通过了审查,到武汉分校做了政治教官,后来随二分校去了武冈。此后,在日本人投降之前,这兄弟仨大部分时间都待在一起,可谓不离不弃。

在武汉基本安定下来之后,刘公武写信要秦俊吾带孩子搬过来。

秦俊吾没办法,心想,好不容易在星子安了个家,又要离开,以后很可能没有再回来的机会。抱着二宝刘力,站在力园的院子里,她长长地叹气惋惜,可是,纵万般不啥,又能如何?

1936 年 12 月中旬,她把力园这所房子托付给砚池街一个姓魏的老板照看,家具用具全都没带,只带了衣服被窝小孩用品,特训班这边安排了两个勤务兵护送。秦俊吾带着四岁的刘顿和四个多月的刘力,从九江坐船去武汉。

在船上,秦俊吾听旅客说西安发生了大事件,蒋介石被张学良扣起来了,生死不明。旅客们一个个都一副惊悚之状,都说:"不得了,天下要大变了。"

寇挑战端,挺身呼吁抗日

江上颠簸十几个小时,秦俊吾拖着两孩子,在两名勤务兵护送下,终于到了汉口。

公武托四哥福林早早地给他们在汉口沿江大道一栋二层小楼,租下了楼上的一个小套间。对门还住着军校一位军官的太太。

公武每天在武昌南湖的中央军校武汉分校上班,下班过江回家。跟秦俊吾说起星子的力园时,也是透着十分的不舍之意。尤其想起爱女莲莲,从此扔下她独自在那庐山不着人烟的山林里,孤苦无依,不禁潸然泪下。

武汉分校主任刘绍先,河北人,保定军校八期毕业,他原本就是一个老军棍,当过师长军长,打过很多仗,喜欢吹牛皮,因在家排行第四,少年时期就有外号叫"四大话",平时有点嘻嘻哈哈,给人一种吊儿郎当的感觉。刘绍先跟人说,老子这辈子只服两个人,第一是我夫人,第二是陈诚。确实,有一次,陈诚请刘绍先重新出山当第十八军军长,刘绍先夫人不同意,刘绍先就没去,违拗了陈诚,陈诚也没对他咋样,所以他也服陈诚。

政训科上科校长刘公武先生

1936 年，刘公武在中央军校时的肖像

刘公武在星子特训班当教官时，刘绍先在海会寺那边庐山军官训练团当办公厅主任，算起来刘绍先差不多排老三吧，因为蒋介石是训练团团长，陈诚是副团长。蒋介石听说了刘绍先只服两个人的传言，心里有点不是滋味。其实，对牛皮客而言，不过是嘴巴不把门，信口开河而已。

刘公武是个厚道文人，一是一，二是二，又不擅吹拍，跟刘绍先这种老油子共事，免不了多少有点不对付。

刘绍先作为老军棍，对康泽他们在星子搞特训班多有不屑，他讨厌这帮人在军队里搞特务勾当。所以，对于培养特务的教官，他会时不时地表现一点防备心态，做事说话也就难免藏着掖着。这一点也是刘公武很看不惯的。

刘公武虽然在武汉分校上着班，却总是注意着星子那边特训班有啥动静，康泽要是不在星子负责的话，他就想回星子那边去。他把这个想法在信中跟留学归国不久的白瑜说了。

白瑜这两年去欧美，说是留学，其实是被蒋介石政府安排去考察和调研欧美政治经济，以及时政形势，他先在伦敦经济学院学习，在英国的一年多时间里，他还去法国和德国进行了调查考察。1935 年下半年，又去美国，在密西根大学进修，对美国的时政形势、对外关系进行调查研究。

回国后，白瑜就忙着给国民政府写考察分析报告，为蒋介石政府随时可能和日本人开战，提供有关欧美在中日战争中可能的立场分析、战时内外经济形势分析。他当时出具的分析报告，对于中日开战后战时经济的发展和欧美外援的争取，具备较高的参考价值。

　　因此，当时的白瑜可说充当着国民政府或者蒋介石的内政外交智囊角色，在高层有着一定的影响力。

　　1937 年 7 月 9 日，武汉分校师生闻知日军在北平卢沟桥挑起战火，一时间群情激愤，趁着原计划举行的"纪念出师北伐十周年"活动，刘公武作为分校书记长、政工负责人，向全校师生发表了抗日演讲。

　　刘公武先是宣读了报纸上报道的卢沟桥消息，然后阐述了当年国民革命军出师北伐的重大意义，赞颂了中国军人在卢沟桥奋起抗击日寇的英勇事迹，说卢沟桥的枪声，就是已经吹响的抗日号角，中华儿女都要奔赴战场，挽救国家的危亡。

　　刘公武说到这里，分校主任刘绍先突然走上讲台，插言道："同志们，卢沟桥事件，这只是一个地方性事件，不足为怪，不足为怪，很快就会得到解决的。再说了，北平很多旧军官在维持和平，却并不为国民政府所容纳，他们有不少人就投奔'满洲国'去了，谁知道现在还在那里的那些人，最终能怎样呢？"

　　刘绍先还没说完，台下学员就大声高呼：

　　"打倒日本帝国主义！

　　团结一心，抗战到底！"

　　刘绍先还想往下说，学员们的口号声越喊越响亮，他呆呆地站在台上，望着各大队学员已经在整队出场，不理他茬了。刘绍先悻悻地不知所措，"四大话"都顿时哑口无言了。

　　这时，刘公武还在刘绍先旁边，目送大家走出会场，老教官侯连瀛走上台来，握着刘公武的手，激动地说："说得好啊！说得好！这是关系到国家民族的大事，绝对不能容忍。"

　　刘绍先嘀嘀咕咕地走了。

　　各队队长、教官们在总队长周磐率领下，又纷纷返回会场，抗议刘绍先惧日恐日言论，说他不配做军校负责人。

当天下午，周磐带头，大家约定到武昌宪兵三团团部开会。在会上，军官们群情激奋，一致要求具名报请蒋介石校长，撤换刘绍先。大家立即写出联名报告上报，未料，竟然很快得到了蒋介石批准。

武汉分校的这个学员总队长、军事总教官周磐，就是当年在岳阳杀害了欧阳悟、熊迪、韩国栋三人的那个团长。虽然时过境迁，刘公武依然怀恨于心，觉得此人的凶狠毒辣不可饶恕。

没想到，这天分校教官、队长们来找刘公武领头驱赶刘绍先，周磐竟然成了带头人。刘公武心想，这人哪，真不好咋说。

白瑜看到自己兄弟在武汉分校干得不愉快，就跟贺衷寒说了能否给换个地儿。对于周磐，白瑜认为，此一时彼一时也，既然共事走到一起了，那就只能多些宽怀，少些怨恚，今天走开了，没准哪天又会碰上。

尽管如此，刘公武还是很快接到新的命令，军委会政训处长贺衷寒将他调去庐山军官暑期训练团政训组任上校教官。这也说明，白瑜劝归劝，最终还是把自己兄弟的托付放在了心上。

刘公武在去庐山上任前夕，成都分校主任李明灏被调来武汉接替了刘绍先。刘绍先被蒋介石晾到了一边，跑到日本读士官学校去了。当时就有人说，早就知道他是一个"崇日分子"。当然这不过是猜测，两年后，刘绍先归国，蒋介石还是继续启用了他，安排他当了重庆中央训练团任办公室主任。这是题外话。

且说分校教官联名驱赶刘绍先这天，由于即将毕业的"军官教导团"（后来也称为"武汉分校第一期"）八百多名学员坚决请战，学校提前举行结业仪式。适逢上海复旦大学教授洪琛率领抗日救亡宣传第二队来到武汉，军校便请宣传队到武昌南湖军校礼堂演出，为结业学员壮行。洪琛先生的宣传队演出了《放下你的鞭子》，学员们观看这出戏剧之后，更是激愤万状，纷纷要求奔赴前线，抗击日寇，以雪民族之耻。

1937年7月中旬，李明灏接任武汉分校主任之后，开始进行军校改组。他提出，为了适应抗日战争需要，应该大量培养基层士官，决定从军校第十四期开始，招收青年学生，开展正规军事教育，实施初级军官即军士的培养计

1937 年 9 月，刘公武参加武汉抗敌宣传委员会领导工作，在汉口中山公园担任广播员，曾宣传过平型关大捷伟大胜利

划。所有学员均经一年学习便毕业，作为军士投入部队。

送走了军官教导团毕业学员，刘公武立即赶赴庐山，参加了暑期军官训练团开学仪式。

1937 年 7 月 17 日，蒋介石在庐山暑期军官训练团开学仪式上，发表了著名的"庐山抗战讲话"。刘公武作为军校教官，现场见证了蒋介石演讲现场：

> 我们既是一个弱国，如果临到最后关头，便只有拼全民族的生命，以求国家生存，最后关头一至，我们只有牺牲到底，抗战到底！
>
> ……
>
> 我们固然是一个弱国，但不能不保持我们民族的生命，不能不负起祖宗先民所遗留给我们历史上的责任！
>
> ……
>
> 如果战端一开，那就是地无分南北，人无分老幼，无论何人，皆有守土抗战之责，再没有妥协的机会，如果放弃尺寸土地与主权，我们便是中

华民族的千古罪人！

……

战火已经燃起，华北各部已经与日军展开战斗，各地部队开始进入紧急战备状态。

……

刘公武在庐山教完最后一期，9 月中，庐山暑期军官训练团宣告解散。刘公武奉命返回武汉分校。

武汉分校新任主任李明灏，告知刘公武：军委会新的任命尚未下达之前，他依然可以担任原任的分校书记长这一党务工作职务。同时，李明灏任命刘公武担任武汉抗敌宣传委员会主任，面向武汉全体军民，举办抗日战利品展览，开展抗日宣传，激发民众抗日热情，用实际行动支援抗战。

刘公武在与李明灏的密切接触之中，感觉到了他的不同寻常。

李明灏，1897 年生于湖南醴陵，左权的亲表哥。1914 年就读渌江中学，与李立三是同窗好友。李明灏 1919 年留学日本，在此期间，接触到了比他大三岁的同乡刘侃元，而刘侃元从 1913 年赴日本早稻田大学留学至 1925 年归国，作为马克思主义著作的翻译者和传播者，先后与李大钊、周恩来、施存统、邓民初等许多信奉共产主义的人士和马克思主义传播者，建立了密切关系，并保持长期往来。

1921 年 9 月，张太雷作为中共唯一在共产国际的代表，以留学生身份前往日本，作为共产国际密使，向日本共产党组织传达共产国际指示并帮助建立与共产国际的联络渠道。时任中共北方地区负责人的李大钊要张太雷带信去日本找刘侃元，请他予以协助，而刘侃元便介绍了李明灏给张太雷，故此李明灏参与了协助张太雷联络日共的秘密工作，主要为不太熟悉日文的张太雷做翻译工作。

1922 年回国之前，李明灏接受了共产国际组织的高级情报训练。

这是李明灏最早接触到的共产党人和最早从事的共产主义活动。

1922 年 7 月回国后，李明灏在长沙陆军讲武堂担任少校队副，后往广州

李明灏像

大本营担任军政部铨叙科科长，并任陆军讲武堂教育长，他一直敬佩中山先生，并成为陆军讲武堂校长程潜的得力助手。后来，他参加东征陈炯明，北伐又随蒋介石进攻中路江西，立下赫赫战功。

国共合作期间的 1926 年，他向第六军党代表林伯渠提出要加入共产党，林伯渠认为他在党外能够发挥更大作用，而未予批准，并向他提出了如何利用自己的身份开展秘密工作的要求。从此，李明灏正式接受了中共高层人士林伯渠交付的"潜伏"任务。

1927 年 5 月马日事变时，正在长沙负责招兵的国民革命军第六军第十七师师长李明灏，在长沙接受毛泽东指令，冒险保护了七十多名中共党员。

1928 年 4 月李明灏升任第六军中将军长，后几起几落，至 1931 年任陆军军官学校教育处处长，从此又重新开始他长达十余年的军事教育生涯。

期间，1931 年中，李明灏再次提出要回归革命队伍，要求到江西红色革命根据地带兵反"围剿"，亦未得到中共中央同意，而令其继续"潜伏"。

1932 年底至 1933 年 5 月，这半年时间里，李明灏利用自己担任武汉"剿总"少将参议的身份，秘密收集两千多张湘鄂赣三省地图，通过地下组织送往中央根据地红军总部。

此后，李明灏于 1935 年主持中央军校成都三分校筹办事宜并任成都分校主任，1937 年主持改组中央军校武汉分校并任主任，1939 年担任中央军校武冈分校主任，创办南岳游击干部训练班等，到后来被任命为国民党军第九十七军中将军长、重庆警备司令等职，一直在国民政府军委会中受到重用，并巧妙利用自己特殊身份保护了学员中的许多共产党员，同时也在军校直接或间接地接收并培养了中共军队诸多军事指挥人员。

1939 年夏，李明灏请来随他一起到武冈，却赋闲近年的国民政府设计委员会委员刘侃元，委托他牵头在武冈创办洞庭中学。

1943 年，李明灏被蒋介石调往重庆担任警备司令，因被特务发现他与常驻重庆的周恩来来往，才遭蒋介石冷遇并被军统详细调查，虽未发现李明灏任何劣迹，但 1946 年 10 月仍然被多疑的蒋介石批示"永不录用"。但因其才华超群，1947 年秋还是被国防部部长白崇禧拉作"中将部附"，然其并未上任而独自去了香港。

1948 年解放大军势如破竹，蒋介石政府摇摇欲坠。李明灏费尽周折"回归"了中共革命队伍，尤其是在湖南和平解放过程中，发挥了至关重要的作用。

由此可见，李明灏是接受中共委派，成功地长期潜伏于国民政府军中的一位高级将领，是颇享口碑的中共高级情报人员，有人称之为"超级卧底"，他的确为中国人民解放事业作出了杰出贡献。

与李明灏同事多年，刘公武受其影响当然非同一般。而李明灏亦从刘公武的真诚沉稳中发现了其可信可靠之处。

秦俊吾带着刘顿和刘力，1936 年 12 月从江西星子来到武汉，四哥福林帮着在汉口找了房子安顿之后，刘公武只是每天下班回家见上家人一面，就忙乎自己的事情去了，家里啥事都是秦俊吾一个人扛着。

一天下午，对面屋里的女人看到秦俊吾脸色不好，说："你脸色发黄，眼睛都是黄的，怕是生病了吧？"

秦俊吾赶紧去照镜子，发现真的黄得可怕。正好公武在家，公武一看，说："你这很可能是得了黄疸病呢！"

公武赶紧叫来勤务兵，要他去找马车，送秦俊吾到协和医院看病。

秦俊吾跟着勤务兵走到马路上，到处张望半天，也没看到有马车。只好边

1936 年，刘公武一家在汉口家中

走边找马车，走到一个大门口，看见里面出来一个穿白大褂的女医生。那医生看到站在门口向里面张望的秦俊吾满脸发黄，很是惊讶，说："你这女子，病得不轻呢！"

秦俊吾见她是医生，便跟她聊起来，未料又碰上河南老乡了！女医生老家离郑州不远，她在汉口这个铁路医院当医生。秦俊吾赶紧叫住勤务兵，说就去铁路医院看病。

女医生说："你这黄，就是黄疸，要赶紧找出原因，吃药打针退掉，否则就会很危险。"

进了铁路医院，女医生找到内科主任给秦俊吾看病，诊断为胆管结石加上外感风寒，导致胆汁反流，引起黄疸。秦俊吾临时住到急诊室，隔五分钟打一针，到下午，黄疸就退了。后来医生开了一些药，让她拿回家吃，慢慢调理。

1937 年 5 月初，二十九岁的秦俊吾又怀孕了，下半年满五岁的大儿子刘顿也需要上幼儿园了。为了方便出入，免得每天江南江北两头跑，也方便大儿子刘顿往返幼儿园，刘公武在武昌黄鹤楼下的平粤路七贤村找到一处房子。凑巧得很，又是一个国民党军团长盖的两层小楼，这个团长自己住一楼，把二楼租给了刘公武一家住。

刘顿进了附近的幼儿园，别看小家伙年龄小，还很会交朋友。有一次他带了两个小朋友到家里玩，秦俊吾到处找东西给小朋友吃，找半天就找了一个熟红薯，她递给刘顿，要他分给两个小朋友吃。刘顿拿着红薯，先掰了一半给第一个小朋友，然后又把手上的半个红薯掰开，他忽然觉得，给第二个小朋友的太少了，于是把手上的都给了第二个小朋友，自己就笑嘻嘻地看着他俩吃。

秦俊吾看到这个场景，非常高兴，她瞬间觉得，自己培养孩子，虽然历尽辛苦，如今孩子这么懂事，这辛苦也真是没有白费。

1937 年 12 月 14 日（农历丁丑年十一月十二日酉时），秦俊吾在武昌平粤路这栋二层小楼，生下了一个女儿。秦俊吾跟刘公武说，你不是喜欢用地名给孩子取名吗？生在平粤路，那就叫"刘平"吧？

就在前一天，首都南京被日军攻破，全线失陷，心情沉重的刘公武说："现在正在抗日，抗日就是为了和平，叫'刘平'很好。"

当时，在汉口请了一个黄冈的奶妈带二儿子刘力，奶妈说："在这个新房

1936 年，秦俊吾与儿子刘顿

子里生个女儿，你要给房东挂彩呢！"

秦俊吾不懂什么叫"挂彩"，奶妈就解释，这是湖北这边的风俗，煮一盘子鸡蛋，染红，再盖上几尺红绸子，送给房东，就说你在她家生了个千金，这就叫"挂彩"。

秦俊吾还就真照着奶妈说的做了，她把盖着红绸子的一盘子二三十个红鸡蛋送到楼下，团长太太非常高兴，连声祝贺。秦俊吾回来告诉奶妈，办妥了。奶妈说，她说了好话，这不就讨了房东家"彩头"来了？

虽然这不是啥多大付出，送些礼物报个喜也应该，可秦俊吾总感觉有些困惑，这到底是轻视女孩子呢，还是看重女孩子？按照几千年封建传统，说这事是看重女孩子，怕是没有哪个会相信。

就在秦俊吾生下刘平之后三四天，冯玉祥夫人李德全跟着南京逃难人员到了武汉。她在军校找到刘公武，听说秦俊吾生了孩子，便在刘公武带领下，专程到平粤路二层小楼来看望秦俊吾母子。李德全给秦俊吾送了四块银元和一件水红色披风作为礼物。这时的李德全，担任战时保育委员会副理事长，四处奔忙，组织社会各界妇女，投身抗日救亡运动。

11 月中，历时三个多月的淞沪会战以国民党军的失败而告终，紧跟着，日军多路分兵发起进攻南京。

12 月中，南京守军不敌日军强大攻势，亦全线告败。12 月 13 日，南京沦陷，日军在南京城疯狂虐杀手无寸铁的民众和俘虏，制造了震惊中外的南京大屠杀惨案。

一个月前，南京政府各个机关，就开始逐渐迁到了武汉，武汉成了临时陪都。

此时，日军正积极组织向武汉方向的攻势，武汉的形势也十分紧急。国民政府发出号召，所有政府机关、学校、工厂和相关单位，尽可能向云贵川方向转移。并选定重庆作为陪都。

此时，李明灏负责改组中央军校武汉分校的工作完成，武汉分校正式更名为"中央陆军军官学校第二分校"，李明灏任中将主任，刘公武担任少将政治部主任。军校计划迁往湖南邵阳。

改组内容主要是：为适应当时抗战进入相持阶段的需要，快速为部队基层培养指挥人才。第十四期和第十五期将原来三年学制缩短为一年，从第十六期开始，又延长到一年半或者两年，学员毕业即分派基层部队，担任少尉军官。

12 月中旬，军校部分人员开始迁往邵阳，在邵阳市找地方开班上课。但校址规模太小，若全校南迁，还需另行择址。

1938 年 1 月 4 日，刘公武奉命率员奔赴邵阳，进行校址考察甄选。

中国历史上最大规模的战时大迁徙也从这时开始了。

军校搬迁，妻儿远徙求安

1938 年 1 月初，刘公武率领一干人马，从武汉赶到邵阳，四处考察寻得几处房屋，总觉得不太合适。第一是房子少而小，分散各处，地方不集中；第二是地处城市或靠城太近，不便演习操练，更不宜战时使用。

无奈，刘公武只好要大家分头再往四处打听。有人报告，闻知武冈县城郊祠堂、庙宇众多，院子大，容量大，也有地方便于建大型操场。于是立即赶往武冈实地考察，结果甚为满意。

2月初，中央军校第二分校正式决定全校分期分批迅速迁往武冈。

4月，第十四期五总队一千多学员由总队长周磐率领开进武冈，驻扎高沙镇开始训练。

4月20日，武冈分校校报《战斗日报》创刊发行。

刘公武把武汉分校校刊《军人魂》的原班人马带过来，早早地开展筹备工作。军校在武冈高沙镇开训，校报《战斗日报》的台子就搭好了，包括在哪里印刷都已找好并谈妥了。

前期，军校选择了武冈城南的陆家大院作为临时校本部，军校各职能部门分别找地方大户人家租借场地。与陆家大院相邻的张家花园被租借作为职员宿舍。又选址法相岩作为校本部办公楼新建地，并着手设计和开工建设。

武汉分校自从李明灏接任主任后，到1937年11月，先后送走了第一期军官教导团和军士教导总队、第二期军官教导总队，三个总队的毕业生共计二千零六十九人。

此后，武汉分校重新回归中央军校学籍系列，而"总队"序列则统一由总校发表至各分校。

从1937年底开始，分校进行中央陆军军官学校第十四期第五总队（俗称"黄埔十四期"）招生宣传。1938年春节后，开始接受报名。

到1938年武汉分校南迁之时，第十四期五总队1139名学员已经在武昌南湖校区开始学习。总队长依然是周磐。4月初，该总队在周磐率领下迁到了武冈。李明灏也带队将校本部基本搬迁完成。武汉分校只留下招生工作人员和部分教官，由副主任毛福成负责。

留守人员在武汉积极准备招收第十五期学员。

刘公武一直忙于军校搬迁、安顿、建设、招生、教务诸等事务，根本没时间过问家里的事。

战局越来越紧迫，经常有日军飞机飞临武汉进行狂轰滥炸，秦俊吾和黄冈奶妈带着仁孩子住在武昌，听着四处的炸弹爆炸声，整日里提心吊胆。

5月份徐州会战，国民党军队失败，徐州沦陷，华北华东的日军连成了一线，日军便计划进攻武汉。6月初，日军沿陇海铁路西进，攻占了开封，威胁中原重镇开封、郑州和平汉铁路。

1938 年 6 月 9 日，蒋介石下令炸开黄河花园口，以阻挡日军进犯中原。随着花园口决堤，滔滔黄河水，顿时漫灌中原，洪水所至，屋舍荡然，哀号震天，人民不为溺鬼，便为流民。河南、安徽、江苏三省四十余县，皆成泽国。据不完全统计，淹死民众八十余万，一千二百余万人受灾，直接财产损失无以数计。此后，此一广大地区，沦为"黄泛区"，取得的效果便是将日军阻挡于苏北鲁西以东，无法西进，国民政府获得喘息之机，此情形一直持续至 1944 年春天日军发起"一号作战"。

日军西进不成，便南下安徽，攻占安庆，从长江沿线由东向西寻求进攻武汉的机会。武汉危在旦夕。

刘公武在武冈忙得头上冒烟，一时没空返回武汉，秦俊吾看着熟悉的人一波又一波逃走了，心里着急，写了好几封信要公武赶快想办法接他们走。

刘公武在武冈县城张家花园附近大院子里找了两间房子，然后派副官刘长岑赶往武汉，去接秦俊吾母子四人。

秦俊吾和黄冈奶妈带着孩子和一大堆行李，与刘长岑一起坐火车到了岳阳。秦俊吾去华昌绸缎店找到杨作洲，老杨帮她租了个地方临时住着。

这时，秦俊吾在岳阳 1933 年下半年花一百块大洋买的房子还被人租住着，老杨帮她收房租，秦俊吾请老杨帮她处理掉这处房子，老杨答应了，可后来秦俊吾再没过问，也就不了了之。

未料，黄冈奶妈不愿意跟他们南下，劝也劝不住，告辞回了湖北。刘力过了一岁半，没奶吃，对付点米糊之类还可以，可刘平才半岁，还吃着奶，奶妈走了，这一下，可愁死秦俊吾了。

白瑜弟弟白帆，从南京回岳阳住了半年多，杨作洲碰到白帆时，告诉他秦俊吾也住到岳阳来了，于是白帆夫妇就过来看他们。听说秦俊吾为孩子没奶吃犯愁，白帆夫妇满口应承，把孩子交给他们来管，他们去请个奶妈。

秦俊吾满腹疑虑，可看到白帆夫妻俩都那么认真，且长期交往中觉得他们夫妻待人诚朴，是老实人，也就没太多想了，把孩子交给了白帆夫妇。

在岳阳住了几天，秦俊吾每天都去看孩子，觉得白帆夫妇照顾得还不错。

日军突破安徽进入鄂中，控制了平汉线南段，形势愈来愈紧急。刘长岑催促秦俊吾尽快南下。

无奈，秦俊吾只得带着刘顿和刘力随刘长岑奔赴武冈。

在火车上，秦俊吾总在担心，日本人要是打到武汉了，岳阳还能安全吗？岳阳不安全，白帆他们得往哪去呢？唠唠叨叨，一直跟刘长岑说个不停。

刘长岑尽可能地安慰秦俊吾，心想，孩子留白帆那儿，秦老师放不下心。

到了长沙，住进旅馆，刘顿和刘力这两孩子，颠簸了一天，躺床上就睡着了。可秦俊吾却一晚上翻来覆去睡不着。一闭上眼睛，脑袋里就开始响起炸弹爆炸声，房倒屋塌，火焰冲天，衣衫褴褛的难民拖儿带女，像蚂蚁一样拥挤在道路上、码头上……各种可怕景象，像放电影一样在脑海里不断重复播放，就这样，迷迷瞪瞪地折腾一通宵。

第二天天还没亮，秦俊吾就起来了，一个人失魂落魄地到处找东西，找半天也不知道自己要找什么。

她去隔壁叫起来刘长岑，结果刘长岑起来了，她又不知道叫他干啥。刘长岑问半天，她也说不清楚。

刘长岑明白了，秦老师身边一下子没看到小毛毛了，魔怔了。刘长岑对秦俊吾说："秦老师，别着急。是这样，我马上去岳阳，把平平接过来，你们在这等着，千万别出去乱走啊。"

刘长岑话音未落，秦俊吾顿觉神清气爽，莫名其妙地眼泪直淌，连忙说："好好好！那我睡觉去了！"

刘长岑带了一个奶瓶和一点奶粉，就直奔岳阳去了。到下午，刘长岑接回了刘平，秦俊吾兴奋得手舞足蹈！

秦俊吾一看带去的奶粉还是原封未动，就问刘长岑："路上这么久，孩子都没吃东西吗？"

刘长岑笑笑说："放心吧，她吃得好着呢！火车上不少带孩子的，我看谁喂奶了，就带平平去讨一口，都饱饱的吃了两餐了！"

秦俊吾高兴地说："真有你的！俺家闺女这么小就叫你带着开始当乞丐了，哈哈哈！"

三个小不点，刘顿快六岁了，有时还能自己走走，一岁多的刘力，半岁多的刘平不是得抱着就是得背着，还有穿的用的吃的，一大堆行李。长沙到武冈，经湘潭、湘乡、邵阳的潭宝公路，再到洞口，坐马车或者轿子才能到武冈，全程四百多公里。

刘长岑作了认真的行程规划，考虑了交通、天气、食宿等方面可能出现的各种异常情况，怎么准备，如何应对。刘长岑把自己的规划向秦俊吾作了详细交待，在长沙能做好的准备工作都做好，临时去想办法很麻烦。

秦俊吾很佩服也很感激刘长岑副官，确实也搭帮刘长岑的详细规划和悉心照顾，虽然一路上汽车、马车、牛车、轿子都坐过无数趟，偶尔也难免风餐露宿，但基本上没有走路。尤其是小毛毛刘平一路上需要喝奶都没耽误，对于逃难的人来说，几乎难以想象。

在邵阳住了好些天，刘长岑又去找了一个健康、年轻且长得高高大大的奶妈，带了刘平几天，让秦俊吾感到特别舒心满意。于是，秦俊吾真心诚意请这位奶妈跟他们一起去武冈带孩子，奶妈答应了。后来刘平长得比其他姐妹高大，秦俊吾认为就是这个奶妈请得好。

一行六人到洞口之后，为赶近路，便坐轿子去武冈，四五十公里路程，一天就到了目的地。

6月二十几号离开武汉，到8月初才到目的地武冈，停停走走，走走停停，这一个多月时间八百多公里的"逃难"历程，秦俊吾在老年时回忆起来，虽然历尽艰辛，但她言语中不仅没有太多"逃难"的感觉，而且听上去倒像是一趟充满趣味的旅行。

由此亦令人体悟到，一个队伍，无论大小，带队的能力很重要，队员的素质同样重要。一个团队，目的明确，计划周到，相互信任，同心协力，则目标可达。

秦俊吾带着着孩子们和奶妈住进了张家花园靠城郊的一个大院子里。这里还住着不少军政界人士的家属。

总算安顿下来了，一家人刚刚有了兵荒马乱年月难得的团圆，刘公武又被派去武汉招生。

秦俊吾给刘公武准备好了随身日用品，连肥皂都买好让他带着。

到了大后方，家也安顿好了，秦俊吾终于又有了安定的感觉。她想找点事情做，跟刘公武的副官说了这个想法，刘长岑还真当回事，他向李明灏主任推荐秦俊吾做些后勤方面的工作。

秦俊吾被李明灏任命为随军幼稚园园长，负责管理当时不到十个孩子的幼稚园，具体带班工作则由长沙逃难过来的两位青年女幼师负责。后来幼稚园不断增加小孩，最多的时候，入园孩子达到三十多个。

刘顿是幼稚园的第一批入园孩子之一。

因为有奶妈兼保姆照看孩子，秦俊吾在担任军校幼稚园园长的同时，还有时间参加武冈的青年团体、妇女团体组织的一些活动。要知道，秦俊吾不仅是老师，且早在开封读书时，就是做妇女工作的一把好手。

此时，秦俊吾又怀孕三个月了。在翻拣行李时，她发现有一双新高跟鞋，那是她在新加坡教书时，一位在法国留学回国的同学送给她的。

军校不少军官太太也积极参加妇女团体组织的活动，给妇女讲解传授妇科健康卫生知识，育儿以及儿童教育培养等知识，还面向社会主办妇女文化班、识字班等。几次活动之后，有人善意提醒秦俊吾，说："你这么年轻，可以适当注意一下衣着打扮，别老像一个不修边幅的家庭妇女一样。"

确实，秦俊吾此时才刚三十岁呢，只是平时主要在家带孩子，给刘公武当后勤，参加社交活动少，穿着打扮就比较随意。朋友一提醒，她觉得有道理，站在讲台上就得要有一种"为人师表"的责任，不能那么随随便便的了。

这天，天下着小雨，秦俊吾又要去给妇女文化班讲课。她稍微地注意了一下衣服搭配，然后穿上那双被冷落了很多年的高跟鞋。

多少年都没穿过高跟鞋了，一上脚，走起路来很别扭。

张家花园后院到前院，全都是青砖路，很多地方长年累月被人来人往磨得光光溜溜的，秦俊吾尽管很小心地走着，因为一手撑着雨伞，难以掌握身体平衡，还没出县府大院，就摔了一个仰八叉。

这一跤摔得秦俊吾躺在青砖地上半天爬不起来，她发现雨水中有鲜血在流，瞬间意识到大事不好！她很快被送进军校医院，尽管如此，三个月的胎儿还是没保住。

秦俊吾很伤心，她当天就请人帮她发电报，告诉了在武汉招生的刘公武。刘公武闻讯立即在武汉买了一盒德国针剂，派勤务兵送回武冈。那个在星子就帮着接过刘力出生的广东军医景子君，给她打了德国针药，又给了秦俊吾很好的照顾，加上秦俊吾年轻体质好，一个星期就恢复如初。

没几天，刘公武带着几十个新学员从武汉回到武冈。

日本人已经从武汉的东面和北面运动大兵团，武汉的形势越来越紧急。

军校接到了上级发来的命令，留守武汉的所有人员和新招学员，尽快全部撤往武冈。

9月初，武汉留守人员完成了第十五期学员的招生工作。李明灏和刘公武等人奔赴武汉，将第十五期最后一批一千一百二十一名新学员接到武冈分校。

第十五期新招学员被编为八总队，中央陆军军官军校第十五期八总队，就成为整个一年多的学习阶段，这一千多位学员构成的军事单位的番号。

第十五期八总队在武汉考区招收了一千一百二十一人，加上先期到达的部分学员以及在武冈考区招收的学员，还有七十四人，该期学员总计一千一百九十五人。自1938年9月至1939年12月共15个月学训时间，战时军校无寒暑假，且该期学员不分兵种学科，学习课程为课堂教学的"学科"和实战操练的"术科"两大部分内容，主要为国民党军步兵培养基层军官。

秦俊吾大哥的二儿子秦松峰，在秦俊吾到达武冈之后没多久，就从新郑辗转来到了武冈，参加了武冈考区报名，经考核，以第二名的优异成绩被录取，成为了第十五期八总队二大队七中队的学员兵。

武汉考区招收的学员兵分为六个大队十余个中队，队长和副队长都由军校军官担任，加上教员、后勤服务人员，这支队伍全体人员总数就超出了一千二百人。

分校主任李明灏、副主任毛福成先后各率两个大队，从武昌乘火车到湘潭易家湾，全体徒步行军，奔赴武冈分校。

武昌铁路局奉命为运送学员准备了几节挂货车的厢式车。这种木栅栏板铁皮棚顶的火车车厢，通风透气，比纯粹的铁皮闷罐车要舒服得多。

刘公武率领的两个大队是武汉招收学员的最后一批。9月6日乘火车到达湘潭易家湾后，刘公武要各队原地休息整理行装，做好长途行军去往武冈分校的准备，同时通知大队长、分队长召开长途行军前碰头会。

刘公武提出，这次长途行军，就是一次实战演练。三百多公里路程，必须在六天内到达目的地，每天有五十到六十公里路程，沿途主要是公路，但也会有翻山越岭，涉水蹚河，野外宿营，无论风雨昼夜，每天的预定目标都必须完成。学员们可能没有谁受过这种磨难，因此，需要各位队长充分发挥指挥才能，带好队伍，要让所有学员都做好足够的心理准备，挑战困难。同时，要利用这个机会，比一比各队团体意识和互助精神的发扬，比一比各位队长带队的能力，保证不让任何一位学员掉队或意外脱队，最终全部顺利到达目的地。

然后，大家针对可能出现的意外情况如何应对，可能发生的临时问题如何解决，进行了热烈讨论，基本上形成了切实可行的解决方案。

散会后各队各自召集学员开会，分别动员，各队队长详细介绍行军途中必须注意的组织纪律和自我保护、相互帮助等事项。

队伍出发前，刘公武召集三百多名学员排队列阵，作了简短的战前激励演讲，刘公武表示，他会自始至终陪着大家一起行军，用脚步丈量从脚下到武冈分校的每一步。

经过几天艰苦行军，刘公武率领的学员队伍顺利到达武冈分校。

刘公武从军多年，即使当年在察哈尔同盟军逃亡之时，也没有受过这般苦难。那天回到家里，他跟秦俊吾说："太苦了！一路上，睡没睡的，困了不能随便睡，到了地方靠棵树打个盹，就去看看学员们咋样了。吃没吃的，饿了抓把干粮喝口凉水，也得往肚里咽。

是将军又能怎样，必须跟学员一视同仁，自觉自持不搞特殊。就算走公路，也是翻山越岭，坎坷不平，脚打泡都好几茬，疼得往心里钻。有时还要跋山涉水，天天都是风餐露宿。

好在学员们都一个个热情高涨，意志坚强，报国心切，不畏艰苦，尤其很多富家出身的孩子，从来没走过远路，更别说负重长途行军了，看到他们一样在顽强坚持，不禁让我想起了自己在察哈尔的山区里丧家犬似的跑了一个多月的经历，于是我打起精神来，给他们讲抗日道理，唱抗战歌曲，鼓励学员中会讲故事和笑话的，都尽情发挥，加上各位队长配合融洽，队伍气氛很热烈。行进途中的辛苦和劳累，因为有大家相互鼓励，高歌猛进，还不觉得，只要一到宿营地放松下来，瞬间就觉得浑身散架，又累又困。"

刘公武仰躺到床上，长叹一声："哎呀！当兵是真苦啊。将军领军头一回，谁知如此受活罪啊！"

秦俊吾听了，哈哈大笑，说："瞧你这将军当的，哪个将军像你一样，自己穷哈哈，还自讨苦吃，苦哈哈。我看啦，你还是只能去专心站你的讲台，那才是你的幸福时光！"

这时，六岁的大儿子刘顿背着他的小书包，在随军子弟小学和平小学开始读一年级了。这所随军小学是刘公武主政的军校政治部负责筹建起来的，设在武冈县城的许氏宗祠。

刘公武也开始进入安定状态了，他写信给在岳阳的二哥巨楼、三哥刘晃、四哥福林和七弟经纬，告诉了他们武汉的危机情况，如果武汉沦陷，岳阳和华容也必定不得安宁，所以希望兄弟们可以考虑到武冈这边来找点事情做。

除了七弟经纬闲居在家，其他兄弟都有自己从事的事业，于是只有经纬响应，他便一个人来到武冈，应聘到武冈云山中学当老师，数理化都教，后来还成了武冈颇享美誉的名师。

10月中旬，进攻武汉的日军击溃了外围的中国军队，从武汉东、南、北三个方向，形成了包围，武汉已无险可守，蒋介石决定放弃武汉。10月25日，中国军队奉命撤退，武汉沦陷。

至此，历时四个半月，武汉会战作为遍及安徽、河南、江西、湖北四省广大地区，抗战以来战线最长、规模最大、持续时间最长的一次大会战，中国军队投入一百一十万兵力迎击日军四十万兵力，以中国军队伤亡四十余万、毙伤日军近十万人的战果和广州、武汉接连失守的结局而告结束。

此前，广州于10月21日沦陷，乃因蒋介石抽调超半数粤军驰援武汉会战，日军趁虚而入所致。

武汉失守后，日军于11月11日占领了岳阳。此后，敌我双方皆因武汉会战损失巨大无力展开全面攻势。中日战争进入相持状态。

武冈分校从9月中旬刘公武率领最后一批学员抵达学校之后，便逐渐进入了全面正常运转。

分校直属机构有办公室、教育处、总务处、经理处、军医处、军械处、各大队部、无线电台、练习营，配属机构有会计处、政治部、特别党部。所有职能处室都分布在县城各处。即使后来法相岩校本部办公楼建好，不少的职能处室依然在校外租房办公或做仓储。

看上去那么多机构，实际上，教学方面，综合起来就是两大块。

第一大块：军事教育，具体由教育处主管，处长李亚芬，后来由周磐、王橄鳌先后接任。教育处统管军事教官，会同总队各级队长，分别负责操典、规范、军令以及战术课、技术锻炼、操场上操、野外演习等项。

第二大块：政治教育，政治部主任始为刘公武，继由沈清尘、张泰祥先后接任，统管政治教官，设"三民主义""抗战建国纲领""民众组织与训练"等课程，另外指导每个大队所设政治指导员开展工作，主要负责学员的思想言行品德考核与记录。

军校设国民党特别党部，由分校中将主任李明灏兼任特派员，政治部少将主任刘公武兼任书记长，具体主管特别党部工作，管理各驻队政治指导员，负责吸收发展党员的手续办理。

政治部之所以是"配属机构"，乃因其为国民政府军委会总政治部之派出机构，常驻分校负责政治教育和政治训育计划的实施与检查，并且还要监管特别党部和毕业生调查处，办理集体入党以及毕业生入党和毕业生登记。

武冈分校政治部下设俱乐部、毕业生调查处和《战斗日报》编辑部。

因为武冈地处偏僻，交通不便，信息闭塞，当地民众几乎处于封闭状态，1938 年 11 月，刘公武向李明灏主任提出建议，将军校的校报《战斗日报》改版为面向武冈民众发行的军民合办报纸，由军校电台每日接收重庆中央通讯社、新华通讯社等机构当日新闻的电传稿件，也接受社会人士采写的有价值的稿件，依然由军校负责编辑，及时刊载，保障武冈军民能够及时获知天下大事、时政要闻。

发行社会性报纸是需要国民政府新闻主管部门审批的，为了省却这些繁杂的手续，刘公武认为，报纸名称依然使用《战斗日报》报头。

刘公武的建议获得李明灏支持，于是，刘公武请李明灏题写了报头，政治部负责改组编辑班子并管理，刘公武自任报社社长，他把大革命时期在南昌认识的老报人龚钦榆从桂林请过来，作为军校政治教官出任报社总编辑。同时，组织军民热心人士成立"武冈青年联谊社"，开展形式多样的文化、文艺活动，采访要闻，撰写稿件，宣传抗日救亡，由《战斗日报》及时予以报道。

1938 年，刘公武一家在湖南武冈县龚家大院中

　　刘公武担任武冈县长后，报纸更配合当地政府政务工作，贴近民生，开化民风，公开报道政府各项工作，反映社会各行业、各阶层动态，传达民众心声，深受武冈军民欢迎和喜爱。

　　刘公武于 1940 年 8 月调离武冈后，《战斗日报》改名为《党军日报》，编辑班子大换血，报纸风格发生改变，亲民倾向几乎消失，但还是坚持到 1945 年日军进犯武冈时，才被迫解散。

　　1939 年 2 月，法相岩宝方山寺旁边的校本部办公区、教学区、宿舍楼新房先后竣工，服务军校本部的职能机构搬进了新办公室和新宿舍。不久，新办公区还建了一座二层楼房，题名"中山堂"，用于军校每周集中举行纪念总理孙中山的活动和召开校部召集的小型会议。侧旁建有中正楼、应钦楼、崇禧楼，作为室内上课的教室。

和平小学也迁到了法相岩附近的新校舍，刘顿便在新校区寄宿读书了。

1939 年春天到来之时，武冈分校完全进入正常运行状态。

秦俊吾和奶妈带着刘力、刘平这两孩子，还是住在龚家大院。刘公武又开始了两点一线的生活，这一家子，经过这一年来的栉风沐雨，颠沛流离，终于在武冈得以安家落户、安居乐业了。

二、武冈县长

武冈新任，匪窝只身赴会

1939年 2 月底，在武冈分校担任政治部主任刚刚理顺所有工作，刘公武便接到军委会政治部教育处的集训通知，令其迅速赶往重庆南温泉，参加 3 月 1 日开学的中央训练团党政训练班第一期集训。

中央训练团最早为 1938 年 7 月在武昌珞珈山举办的"军官训练团"，迁重庆后，改为"中央训练团"，蒋介石亲自担任团长，1939 年 3 月开办第一期，蒋介石参加开学仪式并训话。

"中训团"属于短期集训，参加人员不仅有高级军官，还有地方党政的高级干部，实行的是一种最广大而系统的政治思想总训练。一般训练时间为四周，第一周为入伍周，进行入团基本教育，包括开学典礼的入团洗礼。第二周为力行周，对入伍周所学内容以及集训手册所列要求在力行周切实奉行。第三周为自治周，培养学员自觉自动的自我管理意识。第四周为检查周，举行各种检查、竞赛，检测集训效果。

参加中训团的军政高级干部，必须是上年度年终考核的最优人员，或者各省省主席保荐的优秀分子，集训后成为更高一级官员的后备人才。

集训期间，刘公武宣誓加入了三民主义青年团，为后来多次担任三青团重要职务奠定了基础。

4 月初，刘公武结束集训准备返湘时，接到李明灏电报，李明灏保荐刘公武接任武冈县县长之职，要他赶赴长沙面见省主席薛岳接受委任，同时仍然兼任武冈分校政治部主任。

原来，1938 年 11 月 13 日长沙文夕大火之后，湖南局势混乱，当时担任武冈县县长的宋仁楚（黄埔五期，宋希濂的大哥）出巡南乡时，被土匪围困在一个碉堡中，李明灏闻讯，当即调派军校一个加强连前往解救。宋仁楚脱险后，刘公武前去接他返回县城，宋县长觉得大失脸面，无颜返县，刘公武便派军队护送宋仁楚离开了武冈县去到东安唐生智家中。不久后，宋仁楚从东安返回长沙，向省府薛岳主席提出了辞呈。

当时，因武冈地方仕绅商会的竭力举荐，薛岳任命正在邵阳县塘田战时讲学院负责的林拔萃接替宋仁楚担任武冈县长。

林拔萃担任武冈县长之后，首先想到的就是要解决困扰武冈多年的匪患问题。他不想与土匪发生武装冲突，便采取绥靖政策，意欲通过招安来消除匪患。他答应匪首张云卿，只要他带队归正，便让他们担负护路之责，并可以提供他们一定的给养。

张云卿接受了林拔萃的劝告，率匪众反正，成立"武冈县护路大队"，张云卿被任命为大队长。

而县财政没有这笔资金，林县长便通过增加农民田赋附加税项来解决。未料，张云卿率匪众在雪峰山至洞口一线，拦路设卡，强征过路费，贩夫走卒，无不受其敲诈勒索，他还时常唆使手下对过往行人车辆进行抢劫。因此，民众怨声载道，纷纷指责林县长增加苛捐杂税，用以纵容土匪为非作歹，并且，民众投告省府，谓林拔萃"养匪为患"。故而林拔萃上下都无法交代，一时处于十分尴尬的境地。

时任湖南省主席薛岳闻知民众所告，甚为恼怒，声言要将林拔萃撤职查办。于是便向驻扎于武冈的军校主任李明灏了解情况，征求意见，并问军校是否有适宜人选可取而代之，故而李明灏向薛岳推荐了刘公武接替林拔萃。

刘公武赶到长沙，面见薛岳，薛主席仅言请刘公武就任武冈县长之职，未言及林拔萃县长何故被免，刘公武心中明了，却不便多问。

当晚，在省府担任交际科科长的复旦同学陈嘉俊到刘公武下榻的旅店面会老同学，说他见到薛长官已签署手令，要治罪林拔萃纵匪作恶，原来他创办的塘田讲学院，被中共所操纵，有通共嫌疑，必须予以撤职查办。刘公武闻言，问："其他好说，'通共'可有依据？"陈嘉俊说："也是传言并无铁证。"于是，刘公武言："若如此，则颇为不妥。"

陈嘉俊说："薛长官邀请你明日赴宴，并与方学芳（薛岳妻兄）总参议见面谈话，兄台有何建议，可当面提出。"

刘公武虽与林拔萃无甚交往，对其经历却略有了解，知其曾为党国高级将领，贡献亦丰，且学识深厚，为人诚朴，颇享声望，尤其退出行伍后，在邵阳创办塘田战时讲学院，为国民政府培养抗日干部尽心尽力，受人爱戴，传言此学院通共，则无证据，似有遭人诋毁之嫌。其新主政武冈，虽治匪有失，然其本意堪嘉。如今事与愿违，并非故意为之，可恨者乃土匪而非林县长。

刘公武与薛岳见面后，将上述诸情一一面陈，并说："承蒙长官厚望抬举，卑职领命赴任，必当全力以赴，不负薛主席教育之恩。然卑职对于林县长去职，诚期薛主席宽容为怀，酌予处置，稍留余地，亦可便于卑职与林县长顺利接任交流，尤利后续诸等相关事务办理。而薛主席之豁达宽厚，必将更令职等感而敬之。卑职拙见，恳请薛主席明鉴。"

席间，薛岳听得刘公武所言，深以为然，欣然采纳，同时亦感佩刘公武为人真诚厚道，处事周详。

薛岳很快便将手令重拟，近日再予明令发表为"着林拔萃调省另有任用"。

薛岳手下颇多林拔萃在黄埔特三期同学，彼等初见薛岳所拟对林拔萃撤职查办之手令，皆感愕然惊骇，私下窃言以为不妥，却无人敢进忠言，继而得知刘公武建议，获薛岳采纳，且薛主席即刻重拟手令，从新发落。故此众人既钦佩刘公武无私敢言，且觉林老学长与众同学获得了应有尊严。众人对刘公武感佩有加。

刘公武接受任命之后，当即奔赴武冈就任。在洞口刚下汽车，便有省保安团驻防武冈的保安团团长魏逸群前来迎接。刘公武对魏逸群说，他要一个人立刻去沙子坪面见匪首张云卿。

魏逸群闻言大惊，以为不妥，说："张云卿匪窝，四处设防，危机重重，大门口就架着机枪，您怎能只身去闯匪窝呢？从您的安全角度考虑，我不同意。"

刘公武说："怕什么？他还拿着政府给他的给养呢！你给我派一个带路的就行了，出不了事的。出了事也不需要你负责。"

且说这匪首张云卿，本是洞口县贫苦人家出身，自幼放荡不羁，二十五岁时因生意不顺，开始出道剪径劫财，后投奔其侄儿张慕云的土匪队伍，张慕云

刘公武任武冈县长时的照片

在一次抢劫行动中毙命，张云卿便趁机取而代之，占山为王。这张云卿，生性凶残，打家劫舍，杀人越货，为害乡里，无恶不作，武冈、洞口、邵阳诸地民众闻之丧胆，无不对其痛恨至极。

此时刚刚四十出头的张云卿，却已经做过十五六年土匪，先后接受过政府四次招安，因其匪性难改，每被招安一次，安生不了多久便反叛离队，重操旧业。再拉杆子时，其队伍又要壮大几圈，羽翼益丰，作恶愈加频繁，危害更加广泛。林拔萃县长招安他担任护路大队长时，已拥人枪六百有余，故而甚为嚣张。

倘若刘公武此次再图招安张云卿，这便是政府方面第五次招安了，结果如何，刘公武心中也无十分把握。尽管如此，刘公武还是想试一试。

魏逸群拗不过刘公武，便派了一个人当向导，和刘公武一道，直奔沙子坪张云卿山寨而去。

喽啰拿着刘公武名帖，急急报告张云卿："武冈县新任县长、中央军校武冈分校政治部少将主任刘公武来访。"

张云卿虽然没啥文化，脑瓜子却格外灵光。他对中央军校武冈分校几个戴大星的头头，多少都有些了解，自从军校安家武冈之后，他早就做了基本功课，知道都是些惹不起的狠角色。听说访客没带枪，也没带兵，不禁有些疑惑，这林拔萃才当几天县长啊，又换了？迟疑一下，张云卿道："请进来！"

刘公武让向导在外面候着，一个人泰然自若地走进了张云卿山寨的大堂。只见张云卿脸色铁青，坐在大堂正中一张巨大的椅子上，左右各立荷枪实弹的彪形大汉，两厢分列一众面无表情的匪窝干将。看上去，张云卿想要用某种威严来压人一头。

刘公武西装革履，文质彬彬中显出几分冷峻和沉稳，走到堂中，他向张云卿抱了抱拳，未等张云卿开口，便径自坐在张云卿对面早就准备好的客座上，刘公武说："张先生，想必您已看过本人递上的名帖，本人是新任武冈县县长刘公武，中央军校武冈分校政治部主任，刚从省府受命返回武冈，途经宝地，专程拜访张先生，无非想在接任之前，先跟张先生交个朋友，也想当面向张先生请教一些事情。"

刘公武这气势，着实让张云卿有些吃惊，但转念一想，眼前此人，毕竟是挂大星的国民党军将军，小心为妙。

张云卿双手向两旁挥了挥，屏退两厢一众干将，然后，皮笑肉不笑地说："哦？刘县长屈尊来访，就为了跟我这个人见人恨的土匪头子交朋友？还跟我请教？我张云卿这破山寨岂不蓬荜生辉了？哈哈哈哈，开什么玩笑？"

刘公武知道张云卿很狡猾，心中充满疑惑，所以他一开口，便是一连串的反问。看样子必须得摊开话题来说了，刘公武说："不！张先生已明言接受政府任命，担任护路大队长，且过去还曾率领弟兄们多次接受政府任命，也曾做过不少好事，几次返回山寨重立山头，也是为了众弟兄有口饭吃，这也说明张先生还是看重一个'义'字，为兄弟，为朋友，重感情，讲义气。我想，这是毫无疑问的，所以，我觉得还是应该称呼张先生为'张大队长'比较好。

张大队长很清楚，当前，日寇来侵，山河破碎，烽烟四起，民不聊生，救亡图存，是当前的国家大义、民族大义，也是每一个中国人不可推卸的重任大义！张大队长也看到了，武冈、洞口一带，你的家乡父老，都在为抗日救国献热发光，而你和你手下五六百个男子汉，却窝在这山沟沟里，昼伏夜出，打家劫舍，尽干些偷鸡摸狗见不得人的事，你说，这能是堂堂男子汉做的事吗？如果把队伍拉出去，参加抗日，杀敌立功，既是为国家民族救苦救难，报仇雪耻，也能为张家子孙后代，争光添彩，光耀门庭，又何等光荣？"

张云卿"哼"了一声，说："刘县长说的大道理，我张云卿不是不懂，我确实当过好几回国军了，可我这些弟兄，从来就散漫惯了，谁受得了那份管制？"

刘公武向张云卿摆摆手，说："既然张大队长大道理都懂了，我就不多言了。说点小道理，好吗？就说林县长，这老先生也是国家功臣，挂两颗大星的中将，如今五十多岁了，本来享有很好的名声。可他在此国难当头之时，为了你，先是发文增加老百姓田赋附加，任命你为护路大队长，目的就是想让你带着你的弟兄们有个好出路，你倒好，一边拿了林县长背着骂名想方设法给你的俸禄，却一边照旧拦路抢劫，这下好了！省府撤他的职另说，还要办他的罪，说他纵匪作恶，养匪为患。我也听说了，你张大队长是个重感情讲义气的豪爽之人，可如今，林县长一心帮你，为你受过，为你背罪，一世英名，最终却落得个撤职查办，你堂堂一个山寨头领，绿林好汉，就能够心安理得？"

张云卿一听，立马站起来，说："啊？撤职查办！有这等事？"

刘公武知道火候差不多了，继续说："可不是吗？我被省府任命为新县长，昨天跟林县长通了电话，告诉他省里的事。他说只要张云卿他们有个好出路，能为家乡做点好事，撤了也好，办了也罢，都不算什么。他说，张云卿和他的弟兄们，都是穷苦出身，落草为寇也是万不得已，要是能成为抗日队伍，给他治个罪都值了！"

张云卿一屁股坐下去，一拳砸在椅子扶手上，说："这，唉！林县长，大好人哪！"

刘公武说："我之所以还没回武冈就直接找张大队长，就是省府答应了需要你决定的一桩事，为这事，我专门跟你来打个商量，就看你怎么办了。"

张云卿又噌地站起来，满腹疑惑地问道："省府的事，跟我来商量？我张云卿成人物了？"

刘公武说："可不是嘛！张大队长本就是全省响当当的大人物。今后是好名还是恶名，就全看你自己的态度了。"

张云卿搓着双手，说："刘县长麻烦您干脆点，到底什么事？"

刘公武说："省府答应，第一，只要林县长能让张云卿带队伍抗日，不仅可以免除撤职查办，还可以另外重用。第二，张云卿如果率领队伍投奔抗日，可以单独给予一个营的编制和番号，张云卿任营长，手下人由张云卿调派。

我已将省府意图告诉了林县长，林县长今天又去跟国军第四十九师的李精一师长联络，给你说情，请他收留你，保障你和你的弟兄们的出路。你说，林县长为你真是煞费苦心呐！"

　　张云卿听完，脸上毫无表情，看上去还是犹豫不决。沉默了好一阵，张云卿开口了："刘县长这计谋不错啊，总之就是我得上钩，上了钩大家都平安无事，是吧？"

　　刘公武说："张大队长这话就有点难听了，什么叫上钩啊？难道林县长不是为你着想？我连武冈都没回，就直接来跟你商量事，这也叫计谋？帮你一把，拉你一把，就叫作让你上钩？你倒是说说，我们图你个什么？你带的队伍，本就是武冈县护路大队，编入国军部队，也不是什么土匪招安，就是给你一个正规部队番号，成为抗日的军队！"

　　刘公武话锋一转，得给张云卿一点他能明白的警告才行。

　　刘公武说："张大队长，你也知道，省府要我当县长，同时，还兼着军校职务，这也不是随便兼的。抗战不结束，军校不会走，对地方的安定，军校就负有责任，张大队长要是合作，一切都好说。要是不想合作，有些事也不是我能说了算的。你的事，如今军委会都知道了，如果事情搞僵了，谁都不好交代。张大队长得清楚一点，军校学员可不是一般的学生兵，都是出去就当军官的料。你觉得跟政府对抗下去，对你有好处，我也不劝你，你就干你的好了，我一个搞政工的军官，也轮不上我去管具体的军事行动。今天，我能做的就这些了，这是大实话，都跟你张大队长交了个底，也算我仁至义尽了。你说说，你好我好大家好的事，有何不可呢？"

　　张云卿还是没有表态，当然，刘公武心里明白，这趟没白跑，话都说到位了，他张云卿应该也知道轻重，得给他一个缓冲余地，让他想明白，他应该会有个态度。

　　刘公武说："张大队长，我该说的都说完了，你考虑一下吧。我回去就开始做准备，组织县城民众欢送你们，你带的队伍就是我们武冈的抗日子弟兵，县府会为你们举行入营仪式。我保证，这可以载入武冈史册，青史留名。

　　你要是不答应，害不害你自己很难说，关键是真的害苦林县长了，撤职查办，名声扫地，一世英名，晚节不保。我帮林县长，也只能帮到这个地步了，其余就看你的了，当然，我还是相信，张大队长应该会通情达理，有情有义。好吧！就此告辞！"

虽然张云卿没有应承什么，刘公武一转身，他就赶紧起来说："刘县长，我送送你。"

然后，张云卿一直陪着刘公武，直到把他送到旅馆，才返回去。说明他还是有很大动摇，只是一时间拿不定主意而已。

刘公武返回武冈，与林拔萃商妥暂缓交接，并请林县长在张云卿正式接受从军之前不要离开武冈。在林县长配合下，刘公武立即着手趁热打铁，一方面跟张云卿方面保持着联络，一方面跟李明灏主任商量，把军校三个总队拉出去进行实战演习，并且演习地点就选择在洞口附近张云卿老巢的周边，每场演习都对张云卿匪巢形成夹攻之势，以此对张云卿形成心理威慑。

另一方面，林拔萃帮着刘公武，动员县城张、许、龚等几个大户，几家都准备杀猪宰羊，置办送行酒宴，同时放出风来，说县城民众随时准备欢送张云卿带领抗日队伍奔赴前线，街谈巷议都在称赞张云卿他们改邪归正，为抗日出力。

《战斗日报》则连日刊出各种相关消息，某某入营出征，百姓蜂拥欢送。抓获某某惯匪杀人越货被证实，经审判予以枪决。并将其他区县清理解决匪患的消息亦在显眼位置刊载。

如此种种，可谓全方位立体交叉地给张云卿制造一种无形的社会压力。

1939 年 5 月初，张云卿终于率领其六百余人枪，接受改编，成为国民党军第六军第四十九师李精一部的直属志愿营，开赴广西桂林接受整训。后参加了著名的昆仑关战役，因战败溃散，于 1940 年 11 月再次重操旧业，占山为匪。此后复有两次接受招安，依然匪性难改，先后反叛。1950 年其部下全部被共产党新政府剿灭，张云卿独自负隅顽抗失败，最终饮弹自杀，结束了其罪恶的一生。

1939 年初夏，新任武冈县长刘公武成功招安巨匪张云卿之后，当即发出布告，限令境内其他小股土匪缴械投降。自动缴械者，长短枪械，作价收购，并发给"良民证"，返家从事生产，如能奉公守法，则保证其人身安全。如有继续为匪者，必严惩不贷。布告甫出，便有南乡土匪程国华率其所属六十余人，携带长短枪支，到县府门前投降，并请求点收枪支。

刘公武亲自出面，带领民调科科长代表县政府，接受该股土匪缴械投降，刘公武并让程国华等到县府食堂进餐，然后召集他们到县府礼堂开会，向他们进行训话，发给遣散费，兑现承诺。

《战斗日报》对此进行宣传报道后，先后又有零散土匪分别向各地乡政府缴械归正。

自此，困扰武冈县多年的匪患以及匪绅勾结、倚匪自重而为害一方之颓旧局面，顿时为之一新，全县治安大为改观。

启印兼政，力行县政革新

刘公武经过十数天对县政工作的熟悉，谓之与老县长"跟班学徒"，对县政所辖机关部门之诸项职能、机构配置、人员配备，都有了一个粗略的了解。

1939 年 5 月 15 日，在林拔萃县长不断催促下，刘公武办理了交接手续，正式接篆就任。县府吏员及社会各界人士，在县府门前，举行了欢送林拔萃先生仪式，对林县长主政期间的工作予以了充分肯定。然后，刘公武宣布正式启印视事。

刘公武在欢送会上发表致辞："本人奉命兼理武冈县政，甚为惶恐，希望地方父老、各界领袖以及全县民众予以督促与协助，使县政得以顺利推进。本人谨以最大之努力，为地方谋幸福，为国家建立巩固之后方，以适应抗战之需求。"

刘公武对于接任后如何开展工作，表示了自己的态度："今后施政方针，当本'安'与'生'两大原则，前者乃使地方民众得以安居乐业，后者则在力谋经济建设，充实人民生活，并减轻人民负担。"

对于林拔萃前县长，刘公武说："本人钦敬林前县长所创卓然业绩，其所未完成之工作，本人当接力予以完成。"

常言道：新官上任三把火。刘公武走马上任，没有要"点火"的意思，他觉得，前任林拔萃先生本就是一个敬业与诚的好县长，无奈过去积弊太深，针对各种积弊的政策有些已经制定尚未推开实施，有些正在调研，尚未提出具体措施，林县长便遭去职，而其实他留下了不少可资延续的县政举措、治理方法和工作作风。因此，刘公武并不搞"后任不理前任事"那一套，更不搞一朝天子一朝臣的传统陋习。

首先，他对县府吏员进行了全面甄别，除了前任秘书科长提出辞呈，其余所有吏员，皆予留用，从而稳定了县府吏员的思想情绪和保全了工作团队，保障了县府日常工作的正常持续。

然后，刘公武带领人员，深入基层，带着问题进行走访，巡视，调查，研究，取得了第一手资料，亲笔写成了六千多字的"施政报告"。

经过一个星期马不停蹄的准备，5月22日，刘公武召集全县各机关团体部门负责人、商绅耆老以及热心经济社会民生的知名人士，共计一百余人，在县府礼堂宣讲了他的施政报告。

施政报告从民政、财政、建设、教育、保安、兵役等六个方面，提出了相应的解决方案。

民政方面：

一、清除官僚习气，增进工作效率；

二、厉行监察制度，根除欺蒙积弊；

三、整饬政务警察，杜绝需索恶习；

四、改良公务警察，整顿市容秩序；

五、实行调解制度，息灭争讼恶气；

六、彻底清查积谷，注重国防民食；

七、健全保甲组织，巩固治安局面。

财政方面：

一、严禁任意摊派，减轻人民负担；

二、公布财政实况，实行财政公开；

三、清理公有财产，消弭滥支浪费；

四、建立会计制度，健全地方财政。

建设方面：

一、整理民生工厂，发展手工工业；

二、普遍合作事业，增进国民经济。

教育方面：

> 一、注重精神教育，充实儿童生活；
>
> 二、实行巡回指导，增进教育效率；
>
> 三、厉行社会服务，提高领导作用；
>
> 四、建立考绩制度，整饬颓废学风；
>
> 五、调整学校配备，普及乡村文化。

保安方面：

> 一、扩整保安警察，严厉肃清散匪；
>
> 二、整顿乡自卫队，强健地方武力；
>
> 三、实行警卫训练，防止盗窃匪患；
>
> 四、健全防护组织，减少空袭伤害。

兵役方面：

> 一、厉行三平原则，拒绝倖免强征；
>
> 二、优待军人家属，鼓励应征风气；
>
> 三、严惩徇情舞弊，奖励举证密告；
>
> 四、改进义壮管教，更新壮丁观感。

刘公武对每个方面每一条都作了简要说明，对于县政的施治，刘公武最后表达了自己的态度：

"对人，不迁就，不徇情。对事，依法令，重事实。虚心诚意地接受各方善意的批评和建议，面对全县人士，一视同仁。"

对这一个多小时的施政报告，武冈《战斗日报》连续四天连载全文，向全社会公开，接受民众监督评议，以利严格实施。同时，县党部和青年、妇女、抗敌后援会等社团组织，亦积极配合宣传，宣讲，让治县新政深入人心，在充分激发民众热情的同时，反过来又促进了新政的推行和实施，推动了县府和各职能机构厉行新政的工作效率，及至无人稍敢懈怠。

智胜乡一位叫袁池林的保长，抽中了壮丁签，因其身膺保长之职，县府准其暂缓从役，负责征兵的义壮常备班班长唐某和司书邓某，不知袁池林缓役之事已在县府备案，径自找袁池林勒索国币一百元，袁池林当即将此二人扭送乡公所并转解县府,证实唐、邓二人勒索属实,虽为未遂,然县府即按新政从严处置,判处二人有期徒刑各二年,以正法纪。而其上司,义壮常备队队长曾志方,县府则认定其用人失察,有疏职守,为利役政清廉,着即撤职降级,以儆效尤。

由此可见,刘公武新政一出,各方各面之执行力度,绝非往常可比。

在普通老百姓眼中,刘公武就是"县太爷",而刘公武则尽最大努力去除老百姓心中的这种想法,让大家明白,新时代的"县长",绝非旧时代的"县太爷",而是和老百姓平起平坐的公仆,是为老百姓服务的。

5月底的一天,县府门前突然有几十个人打着请愿的旗帜,要求见县长。县府警察很紧张,报告刘公武,问是否要将他们驱离。

刘公武说:"老百姓到县里来请愿,肯定是有下面办不了的事或者下面办坏了的事发生,老百姓无处申冤,信任县政府才跑这来的嘛!怎么能够驱离呢?驱离了问题不还是存在吗?我来接待他们。"

刘公武走出去,很热情地跟这些农民打招呼,说:"我是新任县长刘公武,各位为何事请愿,请尽管跟我说,只要在我职权范围之内,我会尽快帮你们想办法解决。"

这几十个农民来自康宁乡水路村,说前任县长把他们村划归了乐群乡,现在乐群乡不接收他们,想要回康宁乡,康宁乡说县里把他们划出去了,不能管这事了。于是水路村这几十户农民就成了无人管理的"吊脚户"。他们觉得,要把村里的事情搞好,最好还是回康宁。

几十个人个个怒火满怀,群情激愤,刘公武稍作安抚,然后耐心细致听完了他们几个代表发言,笑着说:"大家不要激动,这事好说嘛。首先,我要感谢各位乡亲对我的信任;其次,我要赞赏大家,都有着可贵的集体主义精神,说明咱们村团结一心,大家都想把自己乡村搞好,才这样浩浩荡荡一起来到县府,反映情况,表达意愿,这是咱们村将来兴旺发达的重要基础,非常好!

不过,以后有什么事,不需要耽误这么多人的时间,确实有乡里解决不了的问题,或者有什么冲突,大家派两个代表来就好了,我保证,一样给大家一个满意的交代。好不好?"

听县长这么一说,众人立马火气全消,安安静静听县长说话。

刘公武说："刚才我了解了一下情况，才出来跟大家见面。水路村划归乐群乡，林县长也是为了今后管理方便，更利于咱们村各方面事务的顺利办理，县府对这个事情，做了非常周详的考虑，如果变来变去，也不利于咱们水路村工作的开展。之所以乐群乡不接收，都是因为最近县府忙于新旧交替工作，还没有来得及与乐群乡具体交待今后的相关管理事项，这是我们的工作没做到位，还请各位乡亲多多包涵！请各位乡亲回去，向全村乡亲解释解释。我在此表态，县府立即解决这个问题，请大家放心！"

事后，刘公武把众位乡亲一直送至县府外台阶，才返回县长办公室。

就这样，一场充满火药味的请愿活动，经刘公武和风细雨的说明，和蔼可亲、有理有据的解释，得到了顺利平息。

当天下午，刘公武与乐群乡乡长进行了深度沟通，理顺了水路村有关管理方面事务，并指令乐群乡乡长，第二天带领乐群乡乡绅耆老，前往水路村，鸣放鞭炮，举行欢迎新村归辖仪式。结果，乐群乡政府此一举动，让水路村乡亲非常感动。

次日，《战斗日报》报道：武冈新任县长刘公武，亲自处理乡民请愿，当事各方皆大欢喜。一时传为佳话。

据史载，1952年中，康宁、乐群两乡自武冈析出，划归了洞口县管辖，如今该地域归属洞口县花园镇。

1939年初夏，刘公武接任武冈县长不久，秦俊吾也带着孩子们搬进了县政府后面大花园旁的几间平房里。

这样，刘公武的县长办公室就靠着自己家门口，出入也就方便多了。

秦俊吾兼任军校幼稚园园长，不仅要督促不断人丁兴旺的幼稚园工作，还力所能及地发挥自己特长，致力于组织妇女儿童集会学习，开展丰富多彩的文化活动。秦俊吾曾组织县城家庭进行儿童健康比赛，普及育儿知识，传授儿童教育的方法。

据武冈《战斗日报》报道所载，"儿童健康比赛给奖盛况，刘县长夫人莅场颁奖"。虽然当时的奖品只有"照相券一张、草帽一顶、小口壶一个、玻璃杯两个、口琴一只、毛巾一条、瓷兔子一个以及书籍、饼干、袜子、汗衫"等

1939年，刘公武、秦俊吾携刘顿、刘力、刘平、刘岗在武冈县

数十种，看上去微不足道，而设奖细致，分组分项，名目繁多，军校军官和社会各界人士踊跃捐献奖品，使得优胜奖奖品，以及所有参与者摸奖奖品，尤其丰富。

此次活动由《战斗日报》社主办。总编辑龚钦榆的女儿龚丽丽小宝宝本来以最高评分获四岁组第一名，但龚总编自动放弃奖项，县长兼报社社长刘公武为此书写了镜装匾额"健美兼臻"，赠送龚丽丽小宝宝。

报道中称四岁组第五名为景云粤，得分九十一点五分。由此姓此名推断，应是刘公武在星子特训班结识的好朋友、广东籍医生景子君军医之女。

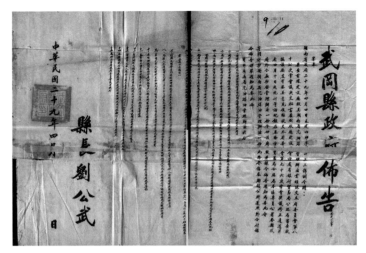

1940年4月，刘公武颁布的武冈县政府关于汽、煤油管理的布告

仅仅一个活动，报纸报道篇幅就超千字，并且数次报道，可见当时开展活动并非三五几日，一时兴起，而是有专门组织在长期坚持。

刘公武积极支持社会各界人士参与社会事务，鼓励成立各种社团组织，配合全国上下抗日救国的大形势，开展形式多样、生动活泼的文化艺术活动，提升工农群众知识文化水平，接受新思想、新文化，同时激发广大民众爱国热情，踊跃投身抗日救亡运动；倡导以文明、卫生、健康、节约为主要内容的"新生活运动"，提高生活质量，发展工农业生产。

刘公武经常带领机关人员和警察，走上街头，帮助清理市场，打扫街道，绿化环境，改善市容市貌，保障交通畅通，完全改变了武冈县城过去一直脏乱差的颓败局面。

同时，刘公武要求公务机关人员深入群众，体恤民情，改变机关作风，提高工作效率。政府部门对于涉及民众的任何问题，必须及时予以解决，不得无故拖延推诿。机关部门开会，不讲空话套话，每次不得超过二个小时，如有特殊情况确需延长会议时间，则以半小时为单位，在征得参会人员半数以上同意的情况下，方得适当延长。

经过近半年的新政推行，武冈县城乡和军校军营，全都面貌焕然一新。武冈军民，无不交口称赞。

深拓新政，草鞋县长铭史

刘公武推行新政，让老百姓感受到了新县长给全县城乡带来的新气象，收获了实实在在的切身利益，因而受到武冈军民真诚爱戴。

秦俊吾也成了武冈名人，在外是受人尊敬的秦老师，在家是刘县长的贤内助。对家里孩子的教育，秦俊吾则丝毫不敢放松，丈夫是此地军政两界的要人，又是为政清廉的榜样，因此，她不像一些官员家属那样给孩子穿得一副阔气富贵的样子，而是自己亲手缝制粗布衣服，朴素简单，不让孩子养成官家气息，要让他们感觉自己跟普通老百姓一样，不应该有官家的优越感。

秦俊吾从小就喜欢养花，这个习惯一直伴随着她，住在县府大院后面，又靠近大花园，秦俊吾就以自己的双手，把自己家打扮成了一个小花园。

军校在法相岩校本部有一位花匠，叫姚焕春，是秦俊吾的河南老乡，也经常帮秦俊吾打理小花园，教会秦俊吾不少正宗的养花种草技艺。

盛夏，才一岁半的大女儿刘平得了牙龈病，很严重，医生说要多吃西红柿补充维生素，姚焕春就经常送西红柿给秦俊吾做菜给刘平吃，让刘平的牙病很快就有了好转。

秦俊吾见姚焕春老实忠厚，为人不错，就向李明灏提出调他当刘公武的勤务兵。后来姚焕春跟着刘公武十多年，被孩子们称作"花匠叔叔"。

办事精明的副官刘长岑，在刘公武县长兼任军校职务期间，每月按时把刘公武的工资送到秦俊吾这里。刘长岑跟刘公武父亲刘子岑差一个字，刘公武经常说起他老父亲的光辉事迹，让秦俊吾对未曾见过的公公充满了敬意，恰好刘长岑又那么精明强干，所以家里有什么事需要帮忙，秦俊吾总喜欢叫他过来，似乎有点爱屋及乌的意味，或许刘公武也是如此吧。

1939 年 7 月 31 日，秦俊吾在武冈县府大院生下了第三个儿子，夫妻俩都认为应该取名"刘冈"。孩子长大上学时，老师把名字写成了"刘岗"，后一直沿用此名。

1939 年 10 月中，国民政府军委会政治部部长陈诚闻知刘公武倾力于武冈县政，疏淡了军校政治部主任之职，便以"贻误政工"之名撤销了刘公武的军校职务，并声言要予以追究责任。

军校政治部是军委会派出机构，政治部主任出任地方行政长官，竟然不报告军委会批准，确实是有些怠慢了陈大部长，也难怪他有脾气。

而时任湖南省主席、第九战区司令长官薛岳，对刘公武在武冈推行新政，取得瞩目成就，尤为赏识，由于薛岳的据理力争，避免了军委会的进一步追究，而令刘公武舍军从政，专任武冈县长。

如此一来，刘公武便倾注全部精力于武冈县新政的全面实施，把发展生产、繁荣市场、改善民生作为所有新政举措围绕的核心，安定社会，凝聚民心，聚力于抗战救国大局，从而兵役、征粮等相关工作得以顺利推进。

刘公武带领县府团队，建立了一套完整的民主监督机制，来保障武冈县新政的有效贯彻实施。他主持建立"国民月会"制度，要求全县机关、团体、工商业界以及基层保甲，按月定期组织召开国民大会，将与之相关的新政措施执行、落实情况进行汇总报告，交由国民监督促进，找出具有典型意义的先进、后进事例，总结经验进行推广，汲取教训予以警策。

根据施政报告提出的要求，刘公武责成县府各职能机构制定出相应的具体实施细则，逐条予以落实。

如财政方面，刘公武认为：财政之钱出自人民，用之于何处，必须有公开的报告，使民众了解，方称公允，故财政之公开是绝对不可敷衍的事情。

如政务监察方面，刘公武提出：要考核相关的工作是否能够迅速完成，收到何种具体效果，工作者是否竭尽了职责，等等，如此方可得到确切的结果，根除欺蒙的积弊，鼓励尽忠职守者前进的勇气，淘汰因循苟且之人。

如改进教育方面，刘公武认为：用讨论的方式改进教学的方法，用谈话的方式了解学生的要求，这样，既可以提高教学的趣味性，复可使学生自觉自动地努力学习，无形中教学效率便会大大提高。

作为县长，刘公武坐在办公室的时间很少，每周的工作日程大部分时间都安排在对各部门工作的了解、督促。而对于基层民众的走访、调查，则经常亲自带一个随从下乡，前往解决具体问题。去往穷乡僻壤访贫问苦，山高路远，刘公武往往一双草鞋，跋山涉水，辛苦劳累，等闲视之，一度被老百姓称为"草鞋县长"。

至今仍然可以管中窥豹的一件事情，足以说明刘公武专任县长时的某种工

1940 年，刘公武以武冈县长名义勒石立碑保护云山，至今犹在

作状态。

1940 年秋冬之际，武冈的千年古刹云山胜力寺与农民发生了土地争执，问题反映到县府，刘公武通过实地调查，了解到这个胜力寺历史上曾经屡建屡毁，田地庙产，经常与周边乡民发生纠纷，僧侣和乡民，各执己见，不仅发生口角之争，乃至发生群体械斗。

刘公武认为，这个问题必须由县府出面予以永久解决，才能有利于僧侣与民众和平共处。刘公武为此颁布县长令，勒石立碑，其令曰："查该寺既为县有名山胜迹，古刹应予严加保护，准免提捐，仰即知照。"

镌刻着保护云山胜力寺名山胜迹县长令的石碑，历经八十多年风雨，至今仍然屹立古刹旁边，文字犹存，史册既载。

在刘公武专任武冈县长之时，七弟刘经纬在武冈创办了"抗战无线电培训班"，自任校长，招收培训了不少学生。经纬妻子严则贤带着女儿刘慧珠从华容来到武冈，在这里先后养育了刘云山、刘南溪两个儿子。1940 年秋，刘经纬进入中央军校武冈分校，成为军校数学教官，直到 1945 年日本投降之后才离开武冈。

1940 年 8 月底，陈诚调任第六战区司令长官而被免去了军委会政治部部长之职，张治中接任后，时任政治部秘书长贺衷寒，便向张治中说明了刘公武在任武冈分校政治部主任时兼职武冈县长，被陈诚处以"撤职查办"的情况，希望能够撤销这一处分。张治中也认为，战时情况特殊，军政职务就地相兼的情况全国并不少见，陈诚以此为由予以处分，似有不妥，此种处分当予撤销。

既然撤销了处分，那就还是官复原职比较妥当。恰逢此时，国民政府军委会军训部在江西修水漫江主办的"西南游击干部训练班"，已于年初任命南岳游干班教育长李默庵兼任湘鄂赣边区挺进军总指挥，贺衷寒便推荐刘公武去担任政治部主任。

1940年9月中，军委会的调令发到了刘公武手上，命刘公武于10月初前往湘鄂赣边区挺进军总指挥部报到就任。

10月初，刘公武办妥县府交接手续，便要离开武冈前往江西修水。武冈军民闻讯，纷纷自发聚集为刘公武送行。

武冈县城工商界、教育界和机关单位，联合制作了一把"万民伞"，鲜红绸布精制的大伞，垂吊着各个单位名称的飘带，几条宽幅的长条黄绸带，书写了对刘县长治理县政建立卓越功绩的颂扬辞。锣鼓喧天中，万民依依相送，不舍之情溢于言表。

刘公武带着随行人员和侄儿刘朗明一起，踏上了北去的征途。

侄儿刘朗明是四哥福林的大儿子，刘公武兼任县长时，因为朗明在岳阳不太情愿读书，福林又忙于生意，于是将他送到武冈，请刘公武、秦俊吾和七弟经纬照看督促。开始时自然安排进了经纬教书所在的云山中学，未料读了一年半，朗明还是没法用心读书，且闹着要回岳阳。刘公武趁去修水就任的机会，顺便就把朗明带走交还给四哥福林。

刘公武虽然开启了新的征程，可秦俊吾仍然带着孩子们住在武冈，谁也不知道刘公武在修水那边能干多久。

大儿子刘顿在军校和平小学住校读三年级，四岁的刘力刚上幼稚园，快三岁的刘平和刚一岁的刘岗，还得秦俊吾和保姆寸步不离地照看着。

秦俊吾自觉地搬出了县府大院，到县城里邓家祠堂找了几间房子住着。此时，秦俊吾肚子里又怀着孩子，挺着大肚子，依然忙里忙外。

夫妻俩又无可奈何地开始了天各一方的生活和工作。

第五章　抗战时期（下）

赣湘训军两载余，渝鄂襄事三年多

一、修水拓边

边区乱局，欲求全面改造

1940 年 10 月初，刘公武带着随身卫士易荣，到达江西修水漫江的湘鄂赣边区挺进军总指挥部，向总指挥李默庵报到。

李默庵，1904 年 10 月出生于长沙，黄埔一期，是第一次国共合作期间的中共党员，中山舰事件之后自动脱党，因跟随蒋介石东征、北伐立下功勋而快速升迁，1929 年不满二十五岁便升至少将旅长，1935 年三十一岁升任中将师长。1937 年抗战爆发，李默庵便升到了陆军第十四军军长，在山西忻口会战中担任左翼兵团指挥官，转战中条山游击根据地。1938 年转任第三十三军团总司令。

1939 年 4 月底，蒋介石亲自调任李默庵为南岳游击干训班教育长，主持第二期游击干训班工作，与叶剑英有过一段时间的合作共事。因日机对南岳隔三差五侵扰轰炸，第三期只好转移到了祁阳的山川塘，改称为"西南游干班"，继续组训。此时，桂南会战打响，李默庵被临时调往广西昆仑关第三十八集团军任副司令，协助徐庭瑶指挥作战。1940 年 2 月底桂南战役结束，复返祁阳继续主持西南游干班工作。

李默庵回到祁阳没几天，军委会就来了调令，令他前往江西修水，接手樊崧甫的湘鄂赣边区挺进军总指挥。他便带着祁阳的西南游干班学员和教职人员，在江西修水漫江继续组训游击干部。在漫江举办了第四、五、六期，其中第四期招收了一个女子学生队，第五期招收了一个军士队，先后由杜聿明、尹立言、万绍诚、周淘漉担任总队长。

刘公武被调到修水，不仅要担任政治总教官负责游干班的政治教育，还要担任湘鄂赣边区挺进军总指挥部的政治部主任，负责挺进军所部分散于三省二十多县各纵队的政治工作。

李默庵像

　　这个"湘鄂赣边区挺进军"原来叫"湘鄂赣边区游击总指挥部",最早于1939年2月由红军叛将孔荷宠奉第九战区司令长官薛岳之命组建,孔荷宠任总指挥,下辖三个游击纵队。

　　湘鄂赣边区这一块的每个县地盘上,都有一些地方团防、保安武装,以及武汉会战、第一次长沙会战被打散的散兵游勇组合起来的"抗日游击队",他们各自为政,互争地盘,这些"叫花子部队"为争夺各种利益,经常相互之间大打出手。于是,第九战区司令长官薛岳打算花点气力,把这些打着抗日旗号滋扰地方无异于土匪的各式武装整合起来,统一指挥、统一行动。所以,就有了"湘鄂赣边区游击总指挥部"。

　　因为涉及钱粮筹备、武器装备供给,这个得纳入国家计划才行,因此,薛岳不得不求告国民政府军委会支持。出于整体战略考虑,蒋介石也很重视对这个地方的各种武装力量的改造,于是,国民政府按照战时特殊情况,把湖南东北部四个县、湖北东南部十个县、江西西北部十个县,三省交界处共计二十四个县,划作为一个特别行政区,沿用老名字就叫作"湘鄂赣边区"。原来的那个"游击总指挥部"就给了一个特别番号,改作为"湘鄂赣边区挺进军",依然设立"总指挥部",调第十二军团司令樊崧甫担任总指挥,其下辖武装中只

樊崧甫像

有一个军是正规部队，即傅仲芳中将所部第九十九军。

挺进军"建军"的目的，主要在于防范中共武装力量，同时协助国民党军正规部队袭扰和阻击日军。

1939年6月，樊崧甫选择了江西修水的梁塘村作为湘鄂赣边区挺进军总指挥部驻地，走马上任总指挥之职。

樊崧甫还有另一个身份，乃"洪门"五大山头之一的"智松堂"执堂，也就是俗称的"堂主"，一方帮会的龙头老大，故江湖人称之为"龙头将军"。

樊崧甫带兵打仗一直带的是"正规部队"，既没有地方从政经历，也没有打过游击战，对这种连"杂牌部队"都称不上的杂乱地方武装，因其散落各县，几乎无法掌握驾驭，整来整去，最后还是形同一盘散沙。

于是，樊崧甫对原来各地区的"游击队"进行全盘整顿和改组，编成了七个纵队，任用了近二十位富有率兵打仗经验的将领（包括孔荷宠、杨遇春、方步舟等几位红军叛将）担任各纵队司令以及总指挥部各部头目，出台了一大堆军地政策。

因为樊崧甫缺乏治理地方的经验，这些政策不但无法得到有效实施，还导致军政、军民、官兵矛盾层出不穷，摁下葫芦浮起瓢，令樊崧甫手足无措，头疼不已，最后不得不向军委会提出辞职。

蒋介石和军委会白崇禧、陈诚等人斟酌再三，1940 年 2 月，决定指派具有中条山游击战经历和在南岳、祁阳组训游击干部经验的李默庵接手这个烂摊子。

　　1940 年 4 月，李默庵从祁阳率队来到修水，先把总指挥部从梁塘搬到了漫江，然后前往各县视察，了解各地人、事、物相关诸方面的具体情况，酝酿改造计划。

　　7 月，李默庵通过实地调研，提出了一个自认完美的《开拓湘鄂赣边区新计划》，亲往重庆递交蒋介石，要求确定边区管辖范围和管辖权限，建立和完善边区军政机构，对边区实行统一领导，实现边区相对独立的"党政军一元化"，并由中央明令各省政府不得擅自插手边区事务。李默庵的计划深得蒋介石赞赏，认为此举之关键在于可有效防范共产党军队的渗透和扩张。蒋介石当即批准此一计划，并责成立即着手实施。

　　当时，刘公武在军委会教育界颇有名声，又具备在武冈专任县长的从政经验，李默庵既在 1937 年 7 月庐山军官训练团领略了刘公武教官的博学多才，亦知其在武冈因治县有功而深得薛岳赏识。他的宏大计划要有效实施，一方面须组训党政军三方面人才，一方面要协调解决党政军之间的矛盾和问题，目前就缺这么一个具备党军政三方面治理能力的角色。

　　为此，李默庵直接向时任国民政府军委会政治部秘书长兼第一厅厅长的老朋友贺衷寒求援，要求将刘公武调任挺进军总指挥部政治部主任，贺衷寒说他来想办法。

　　恰逢 8 月中旬张治中接手陈诚，担任军委会政治部部长，贺衷寒便趁机请示张治中，获准解除一年前陈诚以军委会政治部名义给予刘公武的处分。并调刘公武去湘鄂赣边区挺进军，任命为西南游击干部训练班少将政治部主任，兼湘鄂赣边区挺进军总指挥部政治部主任，这是让刘公武返回军中并官复原职的最佳途径。这样，既解决了刘公武的受处分问题，也帮了李默庵的忙，一举两得，皆大欢喜。

　　刘公武于 8 月底接到调令，经过一段时间顺利完成了武冈县县长的交接工作，10 月上旬便辞别武冈军民和妻儿子女，踏上了新的征途。

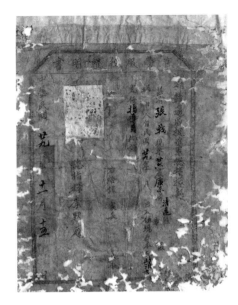

湘鄂赣边区黄金洞特别区政治局政警队长张占彪的衔名符号

1940年11月15日，湘鄂赣边区挺进军总指挥部政治部指导员张戟的在营服务证明书

李默庵在漫江总指挥部见到前来报到的刘公武，得偿所愿，特别高兴。他久久握住刘公武的手，不无感慨地说："公武兄，咱们兄弟真是有缘啊！1937年盛夏庐山一别，转眼就是三年多了！这次随我来到这深山老林，委实是委屈仁兄了！"

刘公武说："哪里哪里！承蒙李总厚爱，公武能投奔麾下就职受教，荣幸之至！想当年，李总自告奋勇，且由委员长钦点率第十四军出征，大义凛然，奔赴前线，继而立下赫赫战功，声名远播，公武敬佩之情，至今犹然。"

李默庵一边说"武夫之勇，不足挂齿，不足挂齿"，一边请刘公武就座，泡茶递水，分外殷勤，令刘公武十分的不自在。刘公武笑着说："李总如此客气，公武实不敢当啊。"

李默庵说："怎么不敢当？你是老师，我是学生，仁兄屈尊来此，你我虽职务有别，只是分工不同罢了。

我接手这一摊子，真是一个大大的烂摊子，人员尤其复杂，溃散正规军、民团保安、投奔的共产党军人，乃至社会闲杂之流氓地痞、土匪，各色人等混杂一起，各怀心思，各有目的，各自为政，阳奉阴违，只有实行'党政军一元化'，统一意志，统一号令，才有可能改变这种乱象。所以，政治工作当为首要工作。

公武兄对于党政军诸方面工作，经验丰富，轻车熟路，故而我力求仁兄与我一同努力，以图实现委员长批准我制订的《开拓湘鄂赣边区新计划》中所提出的'实现边区党政军一元化'之目标。而此一目标若得有效实施，非有赖公武兄不可。"

刘公武说："李总高看了！一切听候李总吩咐，公武虽才疏学浅，亦当竭心尽力，治军理政，还望李总提点指教。"

李默庵说："公武兄太谦虚了。咱们既是老乡，又是师生，更是兄弟，多余的客气咱们就不说了。

仁兄有四个方面的重任：其一，祁阳游干班带过来了，请公武兄任政治总教官，政治教育方面教务和人员安排由你调遣。其二，挺进军总指挥部请你任政治部主任，安排协调各纵队、支队的政治教育人员与具体事务，并组织培训。其三，请你牵头筹备'三青团湘鄂赣边区直属区团支部'，担任筹备处书记。其四，实施'党政军一元化'计划，核心在党务工作，所以，党政军战地委员会第九战区湘鄂赣边区支会，请老兄担任支会委员，负责党务工作，以及边区党员干部的教育培训。

看上去有四个方面工作，但我们实行的是'党政军一元化'计划，应当不必分头去做，四个方面具体如何整合在一起，这就有赖公武兄的大手笔了。

办公室早准备好了，政治部就等你来开工。我在下面跑了两三个月，收集的情况包括各县经济状况、人口分布、军政人员配备等，还有委员长批准的计划以及初拟的实施要则，一应资料，都放在你的办公桌上，这几天就辛苦公武兄先熟悉情况，然后咱们再详细交流。"

刘公武领命之后，当即开始熟悉情况。李默庵说这是"一个大大的烂摊子"，还真是所言不虚。

湘鄂赣边区涉三省二十四县，分布于长江南北两岸，西至武昌，东到星子县，总人口八百多万，区域面积超十万平方公里。樊崧甫在职期间所设的七个纵队，第一纵队孔荷宠部已在李默庵接手前改编为暂编第五十四师调走，目前为六个纵队，分别是：第二纵队司令康景濂，驻武宁、瑞昌；第三纵队司令钟石磐，驻武宁与瑞昌交界处的岷山；第四纵队司令王作楫，驻长江北岸的阳新、大冶，后由徐树楠接任；第五纵队司令尹立言，驻通山、咸宁，后由黄道南接任；第六纵队司令龚传文，驻赤壁、嘉鱼；第七纵队司令聂聘三，驻临湘、岳阳。还有一个来自黔军傅仲芳所部的第九十九军，在军委会眼里是不入流的杂牌军，但在湘鄂赣边区，却是响当当的正规军，大概有点由挺进军总指挥部临时托管的意味，其实没有别的目的，主要就是冲着这块地盘的钱粮来的，没准招呼都不打就会随时调走。

活跃于鄂东南鄂州梁子湖、斧头湖地区的一支游击队，正准备改编成为第八纵队，纵队司令方步舟为红军叛将，曾任中国工农红军第十六师师长，1941年1月完成了该纵队的改编。

各纵队下属数个支队，原则上是每县一个支队，支队司令由县长兼任。各支队根据具体情况分设若干大队、中队。至于人员编制则不一定，各纵队人枪多寡不一，往往都是人多枪少。当时，整个挺进军号称有两万大军，其实，基本上都是各县、乡、保的地方民团，以及地主组织的自卫队，拼凑改编而成。

樊崧甫掌军期间，由于军地权责不明，界限不清，很大程度受到各省制掣，通过地方政府筹集钱粮经费十分困难，而总指挥部只给各纵队司令部少量活动经费，其他都靠支队、大队自筹自给。因此各县也就出现花样百出的大量摊派，民众叫苦不堪，鸡犬不宁。至于作战能力，大多不堪一击，民众讽之为"挺而不进，游而不击"，见敌则逃，扰民有余。

李默庵看清了其中主要矛盾所在，故而首先要求国民政府明确区域界限和职责权限，责令属地政府配合，"湘鄂赣边区"这一机构的正式设立，也就把基本的地盘问题解决了，因此，李默庵觉得，其他事情就会好办多了。

挺进军相对具有了独立性，实现"党政军一元化"，巩固边区阵地，就有了基本的保障。于是，总指挥部机构便迅速建立和完善起来。王劲修担任副总指挥，戴之奇担任参谋长。李默庵派出此二人负责在武宁南茶设立"挺进军前进指挥部"，同时在南茶设立军统调查室，由何际元担任调查室主任。总指挥部设政治部、参谋处、副官处、军法处、军需处、军医处，并设兵站。

刘公武为政治部主任，本想在所属各纵队设立政治部，无奈编制和经费均无着落，只好由总指挥部政治部所属的政工大队分别负责各纵队政工任务，到各纵队发展兼职政工干部。政工大队大队长萧美西，还领导一个歌咏队和一个话剧团，歌咏队驻修水漫江，话剧团驻武宁南茶。

总指挥部机构改组刚一完成，第九战区司令长官薛岳，就将原属挺进军总指挥部指挥的第九十九军傅仲芳部调走了，这一招李默庵实在没有料到，唯一具备较强战斗力的正规部队被釜底抽薪，让他大为恼火，官大一级压死人，没辙！李默庵只得忍气吞声，还好他在担任第十师师长的时候，曾攒下了一点资本，存下了四百来支长枪，他派人把这些枪运来漫江，成立了一个特务营，任命亲信周殿民为营长，同时，令老部下周淘漉为步兵指挥官，魏仁鉴为副指挥官，组训了两个"补充团"，第一团团长方正，第二团团长李伯勋。下属那么多纵队，手下将军如云，招兵买马和新兵训练都不是难事，所以，这两个团没多久就建起来了。虽然比不上第九十九军那样一个正规军的规模，但毕竟手上有了自己的亲信武装，李默庵觉得做起事来也就有了踏实感。

实现边区"党政军一元化"，政务线上的干部队伍建设相当重要，否则，边区挺进军的生存和发展就会充满困难。所以，李默庵仿效蒋介石培训军地干部的形式，借助"西南游击干部训练班"的平台，着手培训党政干部。

在漫江，游干班先后办了三期，续接南岳和祁阳的训练系列，漫江的游干班为第五、六、七期。挺进军分队长以上干部、各县国民党县党部干事长、书记长，以及三青团骨干分子、区乡长以上的在职人员，以三个月为一期，开展游击战训练。

李默庵依然担任教育长，其亲信刘嘉树为副教育长兼办公厅主任，李明志为副主任，韩浚章为教务处处长，刘公武为政治部主任，另设总务处、经理处、军医处，每一期集训的学员组成为一个总队，第五、六、七期分别由尹立言、万绍诚、周淘漉为总队长。

刘公武要来了武冈分校政治部副主任杨任严，担任这个游干班的政治部副主任，实则刘公武这个主任在游干班的工作，基本上就撒手交给了杨任严。

与此同时，李默庵在游干班设立"国民党西南游干班特别党部"，李默庵任特派员，刘公武任书记长，在每期训练结业时，举行全体学员入党宣誓仪式，李默庵和刘公武都对学员发表演讲，让学员感受老师的殷切期望，体会老师的亲切关怀。通过集训，因为这一层"师生关系"的存在，对于总指挥部及时掌握地方军务、政务、党务工作情况和相关工作的顺利开展，确实产生了相对积极的作用。

刘公武作为三青团湘鄂赣边区直属区团部筹备处书记长，利用李默庵从祁阳带过来的第三、四期毕业学员作为基础骨干，在所辖十多个县分别成立了"县分团筹备处"，吸收了新团员上千人。

在实现边区"党政军一元化"的过程中，李默庵自己觉得雄心勃勃，而三省行政长官却并不买账，认为他"野心勃勃"，想要把湘鄂赣边区这样一个战时临时机构变成一个"省级行政区"，简直是痴心妄想。

李默庵信心满满的宏图大计，遭受到了来自多方面的阻挠和掣肘，刘公武也渐渐对边区建设计划失去了信心。

党政一元，边区开拓维艰

李默庵的《开拓湘鄂赣边区新计划》，其根本目的指向掌握边区党政军大权，实现钱粮筹备自由。然而，虽看上去明确了区域界线，规定了某些职责权限，但实际上，各县行政长官的任命，产业经济的发展，民政财政的掌握，兵役粮饷的征集，等等，很多权力依然在省县政府，作为战时临时机构的湘鄂赣边区，除了粮饷征集能够得到一定支持之外，并不具备完全的行政职能，所以，李默庵一厢情愿的"党政军一元化"，便注定会受到省县行政长官的约束和掣肘。

1941年5月，为了实现党政统一指挥，李默庵要求刘公武协助他成立湘鄂赣边区战地党政委员会，李默庵自兼主任委员，着唐鸿烈为副主任委员，区属各二级部委负责人、纵队司令为委员。刘公武作为政治部主任，是排列靠前的主要委员。

李默庵意图通过此举来建立一个边区政府，统一全区的党政工作，真正做到"党政军一元化"。

未料，机构甫一成立，便受到了来自第九战区司令长官兼湖南省主席薛岳的强烈反对，他认为，湘鄂赣三省本就在他第九战区指挥范围，湘鄂赣边区莫非要另起炉灶，搞独立王国？

江西省主席熊式辉也不买账：军委会给你设立湘鄂赣边区，并不是把这些县从我江西省划出去，你要搞边区政府，岂不是要另设省级行政区？国民政府也没有这层意思，你要敢单干，就从我江西省里滚出去。

剩下就湖北省政府主席陈诚，李默庵是他的旧部，反正也就战时搞一阵子完事，要搞就去搞吧。陈诚默认了李默庵边区政府的做法，不过，名头上最好还是"湖北省"，免得招人闲话。李默庵意会了陈诚的难处，答应照办。

这样，三省二十四县组成的"湘鄂赣边区"，就仅仅有鄂南这一块给李默庵作"实验田"了。李默庵也不计较，就搞这一块也行。于是，他委任边区挺进军鄂南指挥官彭旷高兼任湖北省第一行政督察区专员，陈诚也私下配合李默庵，将几名县长进行了调动，李默庵便从游干班职员中挑选了几名军官，委任补缺为县长，以颜健为崇阳县县长，万廉为通城县县长，岳锡山为通山县县长，萧正宜为嘉鱼县县长，邱岳为蒲圻县县长。有了这五个县示范，"党政军一元化"也算是有了一个初步的开端。

接着，李默庵便以这几个县为重点，结合鄂南原有的兼支队司令的几个县长，准备在鄂南全面铺开"党政军一元化"工作。于是，李默庵以边区战地党政委员会名义，设立了一个党政工作总队，以万绍诚为总队长，下辖三个大队，每个大队辖五个分队，每个分队三十多人，大多以游干班学员为主，负责协助边区鄂南各县开展民众组训，以及运输、军队联络、情报搜集等。这样，鄂南的"一元化"工作也就正式具体实施了。

李默庵曾经许诺，边区要尽快实现自给自足，统一发饷，统一配备军械装备，统一各种后勤补给，结果，从1940年春天开始，到1941年夏天了，散落边区各地的挺进军，还是衣不蔽体，食不果腹，当兵的一个个骨瘦如柴，所需给养无法到位，基层官兵就谈不上纪律约束了，不少地方百姓经常遭到挺进军官兵的反复抢劫，民众怨声载道，而上层军官却挥霍无度，凶狠残暴，军民关系、官兵关系、军政关系都十分紧张。至于军纪整饬、战斗力提高、正规化发展，全都成了空头支票。

尤其是李默庵任命的县级政府，与原先就存在的政府，没有处理好关系，没有做好人员安排处置，导致机构林立，人浮于事，僧多粥少，庙多佛众，矛盾重重，问题丛生，尤其是兵役粮饷工作处处受阻，使得挺进军的基本后勤都无法保障，军心泛散，指挥不灵。最终，在湘鄂赣边区，李默庵也就剩下一件稍微值得记录的事情，这就是培训了三期共一千五百多名游击干部。

还有，边区范围内驻有两支不属挺进军的正规部队，一支是长期驻扎湖南平江的川军杨森第二十七集团军，另一支是长期驻扎修水的川军王陵基第三十集团军。这两支川军部队，跟挺进军水火不容，互相拆台，杨和王这两个老军阀，固然有其傲慢之处，而李默庵亦目中无人，以地主自重，亦负有不可推卸的责任。

李默庵总是以蒋介石嫡系自居，也许蒋介石跟李默庵真的暗地里交待过什么，让李默庵注意这两个川军头子的动静，所以，李默庵在言语间总显露出某种优越感，甚至藐视意味，似乎自己在对川军行使某种责任，让杨森和王陵基从心底里对他产生厌恶之情，所以说起话来，也没几句中听的。由是，上梁不正下梁歪，两方面的下层官兵，也就经常发生矛盾，乃至打斗，弄得势同水火。

杨森逢人便说："李默庵瞎搞，搞到老子地盘上来了，老子对他不客气。"

王陵基跟李默庵同处修水，他处处防着李默庵，担心李默庵在蒋介石那里打他的小报告，于是虚与委蛇对付着，背后却说："李默庵就是一空头总指挥，还自以为了不得，搞这些个杂路子，有个锤子用哦？"话传到李默庵耳朵里，他便觉得王陵基这老家伙太假，太虚伪。还好王陵基算是个老谋深算的军阀头子，有些忍性，没跟挺进军闹出啥大矛盾。

挺进军各纵队跟地方政府闹矛盾，那就是家常便饭，而李默庵自己任命的地方官跟挺进军闹别扭，却是李默庵自己缺章法了。譬如，李默庵搞鄂南实验田时，任命了彭旷高为湖北第一行政督察区专员，彭旷高到任后积极开展统一税收乃至发行边区币等举措，其所辖区域的鄂城和阳新，驻扎着尹立言的第五纵队，尹感到彭的政策触犯了他的利益，于是不予理睬，继续他自己的收税派捐，不容许彭旷高插手。彭旷高见尹立言狂妄自大，目中无人，便对尹立言先发制人，趁尹立言未作防备之机，捉拿了尹立言，并解送武宁南茶前线指挥部，指控尹立言违抗命令，擅自摊捐派税，扰害人民，请求法办。

而尹立言则反控彭旷高利用职权，作恶多端，擅发货币，盘剥民众，罪不容诛。李默庵顿时左右为难，两人都是挺进军少将级军官，也都是自己任命的官员，自己实在不便处置。于是，他便电告薛岳，请予指示。尹立言本就是第九战区少将高参外调，战区一班子掌权的高级干部不少是尹立言在陆大特三期的同学，个个替尹立言说话，薛岳便回复了李默庵四个字：着毋庸议。接此"指令"，李默庵如坠五里雾中，只好将尹立言放了。彭旷高闻之，以为自寻其辱，颜面全失，愤而辞职，跑到恩施找老长官陈诚去了。

如此种种，在李默庵自己所写回忆录中，可以看出，对于在修水漫江的这段经历，他之所以总是一笔带过，必定确有诸多不堪回首之处。

尽管边区确实是一个大烂摊子，但刘公武作为司职政治教育工作的边区挺进军总指挥部主管官员，对每一项事务都严肃对待，绝不放任自流。

刘公武离开武冈之后，曾前来投奔他的同乡老友袁芸雪，在武冈分校做得越来越不顺心，他一向看不惯副主任周磐，这个一向喜欢自作主张、自以为是的袁芸雪，时不时就要跟周磐闹出点别扭。袁芸雪写信给刘公武，看能不能在边区谋个职位。

刘公武没辙，只好给李明灏写信，要求把袁芸雪从武冈分校调过来，李明灏当即答应，也松了一口气。

袁芸雪到修水后，担任政治部第二科上校科长，专门负责各纵队、支队的政工联络协调和三青团的组织发展工作。袁芸雪召集各纵队和各县的政工干部，在修水开了一次大会，刘公武在大会上提出了几条严格规定，袁芸雪则整理纪律守则印出来，分发给政工干部们。刘公武提醒各位政工干部，不要认为咱们边区不是正规部队，就可以把这些纪律当成一纸空文，谁违反都将严惩不贷。

自感怀才不遇的袁芸雪，偏就服了刘公武，在边区挺进军这里啥都干得好好的。

因为边区敌伪环伺，处境险恶，尤其各县距离修水路途遥远，边区干部单独行动很不安全，加之政工经费特别紧张，纪律中有一条便是：各县负责人，未经批准，不得擅离职守，违者处以禁闭，情节严重者撤职查办。

有一天，武宁分团部书记陈邦，未先报告，便从武宁来到修水漫江总部，一到总部，正与人寒暄，被刘公武看见，不由分说，命人拿下陈邦，送进反省室先关禁闭。

陈邦刚进禁闭室，又见靖安县分团部主任林盛梧大大咧咧坐着滑竿到了总部门口，门房赶紧跟他打手势示意，回去回去，他还不明就里往台阶上走，于是有人赶紧跑过去附耳告之："武宁陈邦刚关了禁闭，你就来了！还不赶紧回去。"林盛梧一听，吓得撒腿就跑，连夜赶回了靖安。

刘公武等陈邦关完禁闭，又找他作了安抚，第二天还请他吃了饭。刘公武跟陈邦说："武宁的分团部工作做得很不错，我都了解，看上去你是觉得还没赶快表扬你，着急了是吧？也不能置纪律于不顾，两百多里路，来了好几个人，不要花费？要是碰上了敌伪分子伏击，怎么办？这次关你禁闭，还得发文告示各县，你算是起了个反面教材的作用，所以请你吃饭，也请你引以为戒，保证下不为例。"

因为执行纪律严格，政工水平有口皆碑，又严于律己，所以，在边区政工队伍中，刘公武很快就树起了很高的威信。

边区对干部有一条规定，不能携带家属。有一个叫李君的少校教导员，老婆从敌占区崇阳县跑来修水找他，他没法，便将老婆安顿在招待所住下，准备把老婆安排到战地服务团去。

有一天刘公武到招待所办事，李君带着战地服务团几个女队员，跟他和他老婆正在屋子里聊天，一听到刘公武的声音，吓得赶紧钻进床底下躲了起来。此事后来还一直在边区被当成笑话，让李君好不尴尬。

虽然当时没被刘公武发现，但后来这事在挺进军传开，当然刘公武也知道了，他却只是置之一笑，有次碰到李君时，笑着跟他说："你老婆要是没去战地服务团，你少不了关禁闭。"

刘公武自己不抽烟，同时也规定干部不准抽烟。他认为，干部抽烟，就会有人投其所好，以此套近乎，拉关系，不良风气就会逐渐形成。

这样，当时刘公武手下的青年干部，极少有人抽烟，即使有抽烟的，也绝对不敢当着刘公武的面抽。

挺进军总指挥部政治部三科科长刘某烟瘾大，每天要抽两包烟，说不抽的话，写东西写不出来。有一天刘某跟几个人在院子里说话，手里拿着一支烟在抽，刘公武路过，跟大家打招呼，说了几句话，几分钟后就离开了。

刘公武刚走，只见刘某马上转过身，一脸痛苦之状，有人问他怎么了，他捏着手指不断地揉搓。原来，他看到刘公武过来的时候，慌乱之中，手捏着烟头塞进裤兜，未料烟头没有捏灭，把裤兜烧穿了不说，手指也被烫伤了。

由此可见，刘公武虽是文职将官，但在他的下级面前，却有着比武将更令人敬畏的威严。

当然，刘公武在修水漫江的境遇，也有诸多尴尬，令人有苦难言。

李默庵在祁阳出发前往修水之前，就已经向军委会政治部贺衷寒秘书长提出了求调刘公武的意愿。原任游干班政治部主任兼总队长戴之奇与副教育长刘嘉树互不买账，颇多馋隙，于是，到漫江后，李默庵将戴之奇改任为挺进军总指挥部参谋长。

祁阳游干班第三期女生队队员毕业后都分派在漫江，参加三青团边区直属支团部筹备和修水山口镇户口调查工作，还有一部分就在边区机关，接受新任政治部主任刘公武的领导。

而戴之奇则自认是女生队的老师和老上级，女生队应该接受他的节制和指派。刘公武却坚持这是总指挥部的安排，不能任由谁说了算。这样，刘公武就算是惹了戴之奇，让戴之奇老大不高兴。

没多久，总指挥部军法处处长刘隽找到刘公武，告之曰："戴参谋长从南茶来电，说两名广东女生不听安排调遣，不肯去前方工作，忖其有共产嫌疑，要军法处当晚逮捕审讯，称再不听从命令，便要将她们活埋掉。"

刘公武闻言大惊，与刘隽处长认真分析后认为，这是戴之奇故意陷害。于是立即找李默庵汇报，李默庵同意由刘公武和刘隽出面处置，嗣后将两名女生资遣他处，远避戴某。为此，戴之奇怀恨在心，经常找茬为难刘公武。

挺进军总部有些官员也不自重，戴之奇经常介绍女生陪伴挺进军的某些将军游玩，甚至引之作为个别将军的姨太太。其实，戴自己也垂涎女生，因惧内而不敢造次，便借口收浙江绍兴籍女生张某为干女儿，使其随侍左右，当作勤务兵使唤，实则暗中玩弄，以饱其色欲。

刘公武觉察此事，便开导指点张某，要她离开戴某，张某亦觉无法忍受戴某非礼恶行，在刘公武帮助下，最终脱离虎口，投奔他处。戴某知此，对刘公武更加恨之入骨，时时欲图报复泄愤。

后来，有一件刘公武经办的事，成为戴之奇借机报复的由头。修水漫江北面有一个本地乡绅徐某擅自设立乡政府，李默庵嘱刘公武设法解决。

早在 1934 年 10 月，因政府军不断"围剿"，红军被迫撤退离开修水之后，寄住南昌的乡绅徐某，从其任江西保安副司令的学生手中借了九条枪，立即返回家乡，组织还乡队。

徐某借助手中武装，强行从邻乡划出五个保，单独建乡，名之曰"新民乡"，指定其学生担任"乡长"，曾屡次报县政府审批备案，未获批准。县政府一再严令其撤销，徐某均置之不理。徐某言之"地方自治"，自立规章，按照丁亩，派工摊捐，成为新民乡的土皇帝，且以"族长""师长"自居。

抗日军兴，徐某也招兵买马，进行军训，扩大军事武装，扯出"新民乡抗日自卫队"旗号，并扬言"壮丁不离境，税粮不外调"，抗丁抗税，完全一派独立王国架势。

1939 年 8 月，徐某曾在北京大学读过书的大儿子徐梦苏在贵阳教书，暑假返乡，看到父亲并不强盛的武装力量，感觉终将危险，便主动留下帮助其父，训练自卫队，并扩大武装至二百余人，徐梦苏弟弟徐梦阳任自卫队队长。

政府几次派人劝其归正，徐某父子不予理睬。政府派兵清剿，却被徐某父子利用崇山峻岭进行坚壁清野而毫无所获。如是僵持至 1940 年底，李默庵总在考虑如何将这支武装纳入麾下。

经与挺进军总指挥部商议，李默庵决定派刘公武前往新民乡，说服徐某父子归正于挺进军。刘公武多次面见徐某，动之以真情，申之以大义，终于说动了徐梦苏，答应接受招安。

1940 年 12 月下旬，新民乡自卫队被挺进军收编为一个大队，任命徐梦苏为大队长（相当于营级编制），编入王理直支队（相当于团级编制），令徐梦苏率队开往武宁南茶，实施训练。其弟徐梦阳改任中队长。

王理直上校原为李默庵在中条山抗日时第十师第五十七团三营营长，一直跟随李默庵南征北战，所率队伍有些正规军的傲气，训练徐梦苏带来的这支"土鳖"队伍，难免带着几分藐视，且在生活待遇诸方面还多有克扣，为此，徐梦苏多次找王理直理论，也未得到改善，由此便惹恼了徐梦苏，认为自己本就是你们挺进军把我死劝活劝给劝过来的，还如此对待，怒不可遏，且手下众人又一齐拱火，于是，3 月初，徐梦苏率队袭击了王理直的支队司令部，劫取枪支弹药，连夜带队逃离武宁南下。

消息传到挺进军总指挥部，参谋长戴之奇便趁机危言耸听，挟机报复刘公武，说："这就是共产党有计划的暴动，这伙人南下就是要进攻漫江总指挥部，竟然抢劫军火仓库，这种叛变在内部肯定有后台，一定得查。"

"后台"一说，明显针对的是刘公武。

刘公武得知此一情况，对李默庵说："我是了解他们的，不可能跟共产党有关系，更不可能进攻漫江，这是徐梦苏跟王理直矛盾的爆发，徐梦苏多半是带他的人回老家去了。"

李默庵嘱刘公武负责处置此事。

第二天天刚亮，刘公武便带着总指挥部特务营营长周殿民等人一起，火速赶往新民乡找徐某父子。

新民乡乡长带路，在深山里找到了徐某和大儿子徐梦苏。徐梦苏先是愤怒地痛斥了王理直欺压他的手下诸等恶行，然后言辞激昂地表示："我这次是反压迫，反黑暗，一时莽撞，没考虑到后果。现在，人也打散了，一切由我负责，跟其他人没关系。"

次日清晨，周营长告诉刘公武："总指挥部命令我今天就把徐某父子押解漫江，接受审讯。"

刘公武认为，徐梦苏既然已经投案，再去押解他父亲，有必要吗？

周营长说："总指挥明令要将徐某父子三人一起押解漫江。"

刘公武心中明白，这是戴之奇在搬弄是非，给他难堪。但军令难违，便将徐某和徐梦苏一起押解漫江。中队长徐梦阳逃脱，不知去向。

当日下午，押解途中，徐某企图逃跑，被周营长部下击毙。后来，徐梦苏被军法审判，以率部叛变、围攻支队司令部、抢劫枪支、劫夺军饷等罪名，被判执行枪决。徐梦阳同罪，后来被王理直支队在湖南平江四明山抓获，押解南茶执行了枪决。

此后，戴之奇一副洋洋得意之态，令刘公武如咽苍蝇，而戴在李默庵面前唯唯诺诺，吹拍得度，李默庵却也甚是受用。对此，刘公武无可奈何。他觉得工作环境中有这样一个角色共事，龃龉难免，制掣难逃，没准哪天挖一深坑，不慎掉入，后果难料。刘公武暗自思忖，深感憋屈。

刘公武厌恶挺进军内部争斗，他借助白瑜和贺衷寒的关系，设法离开了挺进军总指挥部。

1941年3月，刘公武奉命前往重庆参加中央训练团党政班集训，集训结束，接受任命担任军委会中央训练团教务组组长。

刘公武离开后，湘鄂赣边区挺进军政治部以及相关一大堆的工作，由湖南蓝山人、黄埔五期毕业的黄炳阳暂时接替。三四个月过去了，黄炳阳虽然十分努力，但李默庵越来越觉得其水平和工作效率完全没法跟刘公武相比。他本来对刘公武的离去就深感不安，甚至有几分内疚。

一次去重庆办事，李默庵专门去中训团找刘公武，很诚恳地表达了希望他回挺进军的愿望。刘公武是个重情重义的人，老上级那么舍不得他，他也架不住人家一番诚意，心一软，便答应了李默庵。

8月下旬，中训团党政暑期班一结束，刘公武本想从重庆直接回武冈看望妻儿，无奈中训团的第九战区几位将领，要他一同飞到长沙。到了长沙，再去武冈又得拐弯南去，很是麻烦。尤其望穿双眼的李默庵，已经派车到长沙等他，似乎生怕他又跑了。无奈，他只得赶快返回了修水。

政治部代主任黄炳阳是个厚道人，刘公武返回之后，黄被任命为副主任，表示要跟刘老师好好学习，刘公武笑笑说："你作战经验丰富，咱们互相学习吧。"

1941年9月初，日军进犯长沙，第九战区命令边区挺进军作好牵制和阻击日军的准备。

李默庵向各纵队下达了战区发布的命令，并要求各纵队进入紧急战备状态。可是，边区党政军人员，听闻日军进攻，一个个惶恐不已，随时作好的准备不是打仗，而是逃往何方。

李默庵面对此种情形，满怀无奈，无权无钱无粮无军备，他拿什么去号召大家打仗呢？他只感到窝囊透顶，私下里跟刘公武说："胡宗南，薛岳，都不信任我们湖南人，边区这种'烂场伙'（湖南方言，烂摊子）他们收拾不好，却偏偏交给我们来搞，明明就是排挤我们湖南人嘛！这个'烂场伙'，搞不下地哒！"

1941年10月，英国驻重庆军事代表团不知从哪里听说李默庵的西南游干班办得不错，他们派了朱勒少校带人到漫江参观，这是李默庵这几年唯一能够炫耀的资本，于是，他向两位英国军官把他组训游击干部的经验以及他的游击战思想，作了一番高论，令两位英国军官大感兴趣，表示愿意与李默庵合作，搞一个"中英突击队训练项目"。

李默庵喜出望外，立即向蒋介石报告，认为利用英军的资金、武器和相关军事资源，以西南游干班为基础，中英合作培训远征军轻装突击队，学习爆破技术和突击技能，可以为印缅前线提供支援。

蒋介石批准了这个新的计划。

李默庵很快将边区军政事务，一并移交给副总指挥王劲修，然后在年底带领他的西南游干班老本钱人马，返回了湖南祁阳山川塘，开始了中英突击队项目的实施。刘公武掌管的总指挥部政治部、三青团边区直属区团部，则全盘交给了黄炳阳。

袁芸雪和杨任严仍然跟着刘公武到了祁阳，继续老本行。

1941 年 12 月，王劲修把挺进军总指挥部迁到了武宁南茶，边区党政机关一同迁移到了南茶旁边不远的回坑，一直坚持到 1942 年 8 月，常驻边区的川军杨森、王陵基不断向薛岳诋毁、贬低挺进军，薛岳便以调整战斗序列为由，裁撤了整个湘鄂赣边区党政军机构。

湘鄂赣边区挺进军也就彻底消失。

二、祁阳训军

中英合作，训练突击部队

1941 年 12 月 7 日，日本军队突袭太平洋美军珍珠港基地，惹恼美国，罗斯福总统于 8 日向全世界发表演讲，正式向日本宣战。12 月 9 日，国民政府也正式对日宣战。

太平洋战争爆发，美日之间，首先是空中大战，然后是空中加海上大战，逐渐过渡到整个西南太平洋地区的海陆空全方位作战。

1941 年 12 月 23 日，中、美、英三国在重庆召开军事会议，讨论联合作战问题，其中，中英签署了《中英共同防御滇缅路协议》。

1942 年 1 月 1 日，中美英苏等二十六国在华盛顿签署宣言，形成"世界反法西斯同盟"，共同对德、意、日三大轴心国宣战。蒋介石担任中国战区盟军统帅，负责包括中国内地、中国香港、越南、泰国、缅甸等与国家和地区的作战指挥。美国派遣史迪威将军到中国，担任中国战区参谋长。

与此同时，日军占领香港、泰国之后，大举发起对缅甸的进攻，缅甸是英国殖民地，但驻军战力薄弱，临时将在缅数千侨商编练成军，配合英军正规部队作战，而日军战力强盛，攻势猛烈，英军抵挡不住，节节败退。

1938 年 8 月就已建成通车的滇缅公路，是英美支援中国抗日的援助物资进入中国的首要通道。1941 年英军不敌日军，滇缅公路告急。

为顾于支援英军、保护滇缅公路这两方面情况，1941 年 12 月下旬，中国派出了十万大军入缅作战。与此同时，中英两国亦达成协议，共同编练突击作战部队，袭扰阻击日军后方，打乱日军作战部署。

李默庵自告奋勇接受了这一任务，并赴缅甸进行考察，与英军商讨合作细则，达成并签署了合作协议。

军委会将原先的西南游击干部培训班，改名为"军委会西南干部训练班"，经李默庵建议，选择湖南祁阳山川塘作为突击队编练基地。

山川塘原本就是李默庵负责的西南游干班集训基地，他去了修水之后，留下了一部分留守部队，训练场地和营房，基本上都是现成的，英军方面当然非常满意。

李默庵把在修水挺进军成立的周殿民特务营和在修水组训游击干部的人马，大多都带回了祁阳，给王劲修留下了两个补充团，却把指挥官周淘漉、魏仁鉴两员大将也都带走了。

早在1941年9月，李默庵听说英军代表将要考察修水时，就开始筹划与英军合作，并指令在祁阳担任留守任务的彭孟缉旅长，着手在祁阳山川塘做准备。蒋介石在10月中旬批准李默庵的建议之后，李默庵更是信心满满，做好了部队编制、军官配备等前期工作。

而恰恰就在李默庵前期计划工作几乎全部完成之时，太平洋战争爆发了，中美英重庆军事会议召开了，中英共同防御滇缅公路的协议也签订了，似乎一切都在他的预料之中，李默庵有点洋洋得意：该来的一切都来了。

由西南游干班毕业生
组成的陆军突击总队
在浙江丽水作战

编练这种直接参加正规作战的突击队，与游击干部组训的套路几乎完全不同，战术训练必须摆在首位，且英方要求，突击队要有师的作战能力，突击营要有团的作战能力，编制全面，具有强大的火力装备，官兵素质不仅要求作战能力要强，且必须富于机动性、协同性、互助性。战斗官兵由中方充任，爆破等技术官兵由英方人员充任。训练期限为六个月。训练合格者，正式组建开赴缅甸前线对日作战的突击队。

在训练和今后作战期间，中英各方的经费和钱粮补给，均由各方自行负担。

组训第一突击队，李默庵在请示了军委会获得批准之后，以师级编制进行编练，设置五个突击营，每个突击营在一千二百人左右，周淘漉担任第一突击队学生队总队长，也叫作"第一突击队司令"。

李默庵仍然担任教育长，下设政治部、参谋处、副官处、军需处、军械处、军医处和情报室，各处室设立直属学生队，参与训练。

刘公武被任命为祁阳西南干部训练班少将政治部主任，实际上也就是这个中英突击队的政治总教官。

在招收学员的同时，第一突击队举办了一期为时两周的军官教导团，李默庵任团长，总队长任连长，突击营长任排长，所有参训干部无论职位高低，都像一般战士一样进行各种训练，以提高自身军事素质。晚上用一到两个小时，集中由刘公武主讲军官政治素质、中外合作所应具备的团队合作精神等课程。

1942年3月，李默庵去重庆向军委会汇报工作和求取武器装备的配置，向贺衷寒要人充当情报室主任，贺衷寒说："陆大有一个人，情报工作经验很丰富，你自己接触一下看看，看他愿不愿意去。"

李默庵问："谁呀？"

贺衷寒说："谢宣渠，衡阳人，黄埔二期的，你应该记得，北伐打武昌通湘门的时候，那个脑袋被打了一个洞的，就是谢宣渠。他原来也是共产党，为这还坐过牢，后来脱党了，跟你我差不多，哈哈！在军统和陆大、预八师都干过，现在宪兵学校做政治部主任兼特别党部书记长，多次跟我提出要去部队带兵打仗，可委员长有顾虑。我倒是觉得，去你那里合适，他硬是想要去前线，等队伍训练好了，也可以给他机会。"

李默庵说："老谢，呵呵，在黄埔就认识他了，比我小三岁，好些年不见了，智勇双全，也很耿直的一个人。好，我去找他。"

当天下午，李默庵就去宪兵学校找谢宣渠，老友相见，分外亲切。李默庵说明来意，谢宣渠犹疑半晌，才说："还是搞学校，这个，嗯，别叫我搞啥政治部就行。"

李默庵哈哈一笑，说："政治部有刘公武呢。你负责情报室，训练突击队的情报队，跟带兵不一样吗？组训完毕，你愿意带着情报队跟他们一起上前线，也随你了。当然，最好是给我做情报队总教官。"

谢宣渠点点头，说："比这里好就行了。这里真受不了，有些人啥都不懂，还一个个只想着给老子找茬。好！就这么定了，跟李长官干吧！"

这样，谢宣渠在 1942 年 4 月份就由军委会政治部下令把他从宪兵学校调到了祁阳，担任西南干部训练班高级教官兼情报室少将主任。6 月份在宪兵学校催促移交的情况下，返回重庆，办妥了移交，并向军委会政治部递交了一份辞职书，表明自己并非被宪兵学校撵走的。

1943 年底，李默庵调往浙江丽水任第三十二集团军总司令，谢宣渠一同到了第三十二集团军，任情报室主任兼战地工作总队总队长。

这样，刘公武与谢宣渠在祁阳山川塘中英突击队组训期间，就有了这样一次难得的交集。只是他们都没有料到，1949 年后，谢宣渠父亲谢晋与刘公武又因共同的工作目标成为了民革湖南省委的领导干部。

1942 年 1 月，刘公武在祁阳山川塘安定下来之后，派人去武冈把秦俊吾母子六人、花匠姚焕春和秦俊吾收养的十二岁小丫头王桂香，接到了祁阳山川塘。

刘公武 1940 年 10 月从武冈出来到修水，再到祁阳，前后三个年头里有一年多时间，没有回过武冈，没有见过秦俊吾，更没有见到过 1940 年 12 月 16 日出生的第五个孩子刘佐。当然，秦俊吾给他寄过照片，毕竟是照片，作为父亲，儿子长到了一岁多，连照面都没打过，全都是秦俊吾一个人扛着全家的重任，养育着五个孩子，刘公武虽然每次写信都要感谢妻子的辛劳付出，但毕竟作为丈夫，作为父亲，没有尽到应尽的责任，刘公武总觉得有点愧对妻儿。

秦俊吾告诉过刘公武，生下五儿的时候，军校主任李明灏向刘公武写信要求把孩子过继给他做儿子，秦俊吾还没同意，刘公武就同意了，秦俊吾为尊重丈夫的意见，也就在千不情愿万不情愿的情形下，把不满两个月的孩子送给了李明灏。

让秦俊吾很不高兴的就是，过继孩子这么大的事情，李明灏自己都不亲自来抱，还是秦俊吾请了保姆，让保姆抱过去的，秦俊吾觉得好像随便给人一个什么物件似的，心里特别不是滋味。

李明灏母亲姓左，是左权的姑姑，当时把孩子抱过去，李明灏就给孩子取了个名字叫"李左"。

没想到，在李家待了十多天，秦俊吾请的那个保姆无论如何也不肯在李家带孩子了，秦俊吾过去看，本想劝劝保姆好好在那里带孩子，结果保姆抱着孩子，又跟着秦俊吾回来了，她宁可在秦俊吾这边带孩子。具体什么原因，她也不说。当然，秦俊吾本来就不愿意送孩子给人，回来了巴不得。这事，李明灏只跟刘公武写信说，也不找秦俊吾，秦俊吾当然不乐意了，于是，刘公武两头为难，他又不能去责怪妻子，这么一拖，也就不了了之。

孩子回到了秦俊吾身边。秦俊吾让孩子还是姓刘，名字加个单立人叫"佐"，于是，五儿就叫"刘佐"了，也算是给李明灏留了一点面子吧。但这事在李明灏心里留下了一些阴影，刘公武也清楚这一点。刘公武本就工作忙，不回武冈，也就免得跟李明灏照面，还不好咋说。

儿子留下来了，刘公武当然还是高兴多于遗憾，毕竟是自己的亲生骨肉。

秦俊吾一行人到了山川塘之后，住进了政治部租用的唐家大院，政治部办公室在东头，靠西头一口池塘边有几间平房，秦俊吾带着一家人住在这儿。

1942 年元月，刘公武一家人，终于在这乱世中来到祁阳这偏僻的小山村里，再次团圆了。

刘顿在武冈分校和平小学已经开始读四年级，到祁阳只能安排到当地小学继续就读。刘力五岁多，刘平四岁多，刘岗不到三岁，刘佐刚满一岁不久，都还在家里待着，需要保姆照看。

突击队的招生工作完成后，培训工作在 4 月份全面展开。英军上校詹森带来了三百多名英军官兵。这些洋人被分配到各个突击营参加训练，同时负责各营、连的爆破技术教学。

其实，英军这些人真正的军人并不多，大多是侨商、教师和传教士，虽然他们带来了一些爆破器材，但军事素质却都不咋样，他们的生活习惯、待人处事与中国人不一样，吃的、住的、用的，都比中国官兵好，有一种无端的优越感和傲慢感，他们瞧不起中国官兵。

尤其是这些洋人，大多不肯接受艰苦的军事培训，作风散漫不说，还满世界到处瞎逛，经常有人私闯民宅，调戏妇女，山川塘是一个小镇，镇上有三百多户平民，被这些洋人骚扰得平时都不敢开门，就连干训班的家属都躲着他们。他们来后没几天，就接连发生了好几起强奸案。

李默庵和刘公武找到詹森，强烈要求詹森采取果断措施，严惩违纪违法者，严格平时管制，成立"中英联合纠察队"，加强军警戒备，查缉处置违纪违法现象。詹森答应积极配合。

谢宣渠挑选调查室部分军人，詹森指定几名英军军官参与，在刘公武政治部的协助下，与参谋处指定人员一起，成立了"中英第一突击总队联合纠察队"。

刘公武在上海沪江大学读过英文专业，在国外待了很多年，英文基础好，知识丰富，政治素质非同一般，又了解欧洲人，跟詹森这帮子英国人交流没有障碍，加上他天生长就一副欧洲人模样，因此，李默庵要刘公武代表训练班向英国人发表演讲，镇一镇这帮自以为高人一等的洋鬼子。

为此，刘公武作了充足准备，从世界反法西斯运动，到作为军人应有的军事素质和文明风尚，再到中英合作与英国绅士文明，到中国风土民情，到他们背井离乡来到中国抗日，一番演讲，威严与尊重同表，谴责与告诫并重，让这些英国人感到了中国人的严厉与宽容。

多管齐下，英军训练风气霎时为之一变。刘公武在英军面前，树起了一种令人敬畏的形象。中英学员之间发生矛盾，只要刘公武一到，谁都服服帖帖。

中英合作第一期于8月结束，英军方面只留下了詹森等十余名军官组成军事顾问团留下，其余全部奉命撤走。

1942年9月初，第一突击队奉命开赴缅甸，行至贵州都匀，军委会告之，英军在缅甸的腊戍基地被日军占领，中国远征军已集中于印度蓝姆迦进行训练。突击队暂缓开赴前线同，于是，复返祁阳待命。

9月中，第一突击队返回，李默庵正着手招收第二突击队进行组训，突闻湘鄂赣边区挺进军发生剧变，薛岳准备解散挺进军。

李默庵考虑到还有自己亲自组建的两个团放在那里，不如赶紧抽调回来，作为突击队参加组训，增强自己的资本。李默庵乃蒋介石嫡系，薛岳对他的"合理要求"不敢轻易为难，于是，李默庵顺理成章，就把修水两个团全部调到祁阳，组成了第二突击队第八、九、十突击营。

训练刚刚开始，李默庵就接到调任驻浙江仙居、丽水的第三十二集团军总司令的命令。1942年9月28日，李默庵带着第一突击队和第二突击队，奔赴浙江就任。

李默庵心里明白，这是薛长官在玩套路。薛岳这人，顺之则宠，逆之则挤，在他的地盘，你若不听他指挥，他便锱铢必究，睚眦必报，你就到别处发财去吧。李默庵无可奈何，只好带大家一起打背包走人。

谢宣渠是李默庵要来的人，自然跟着李默庵去了第三十二集团军。刘公武则与一部分人留在祁阳，继续训练西南干部训练班第七期学员。

到1942年底，第七期干训班毕业，学员兵都被李默庵带去了浙江，袁芸雪带队送学员兵去浙江，就在那边部队做了政工干部。而刘公武收到了军委会政治部的命令，于1943年1月赶赴重庆，参加军委会中央训练团党政干部高级班第一期受训。

刘公武又要远离温馨的小家庭了。不知受训后如何安排，刘公武只得要秦俊吾和一家人仍留在祁阳。

刘公武临走时，问杨任严有何打算，他说，还是回武冈去吧，别的地方也不熟悉。刘公武认为可以，于是便给李明灏写了一封信，要杨任严带信直接过去就行，刘公武说："凭你老杨的贡献，他怎么着也得安排你，只管去就行。"

杨任严因为在武冈那段时间翻译了不少日军军训资料，李明灏很看重他，既然回来了，那就还是干老本行好了。

没多久，1943年3月，李明灏就调任驻重庆第九十七军军长。杨任严一直到1945年日本投降前二分校撤销，才返回岳阳老家，等待安排工作。

艰苦持家，贤妻柔肩负重

1942年12月31日，刘公武刚刚离开祁阳还在前往重庆的路上，三十四岁的秦俊吾，在祁阳山川塘的唐家大院，生下了第六个孩子，也是第二个女

儿，秦俊吾给女儿取名叫作"刘祁"。这孩子生出来就一头卷发，

　　还好刘公武离开前，嘱咐他的好友，奉命留守祁阳的彭孟缉旅长，请他照看秦俊吾和孩子们。秦俊吾和彭夫人关系很好，常来常往，彭夫人见秦俊吾孩子多，生活上也经常予以关照，秦俊吾生了孩子，彭夫人就送来一个猪肚子，说加黄豆一起炖了吃好发奶。

　　十三岁多的小丫头王桂香很勤快，家里煮饭做菜，缝补浆洗，带孩子搞卫生，样样在行，不用提醒就什么都给做了。花匠老姚一直跟着秦俊吾一家人，里外打理，种菜跑腿，还帮着秦俊吾做些小买卖，后来一个人做不过来，秦俊吾嘱他再找个人帮忙。

　　老姚看到桂香带孩子事儿特别多，插不上手，于是又从祁阳突击队伙房叫来自己的河南老乡老范，老范的特长就是很会做饭炒菜，还能帮老姚做事，这样，老姚和桂香顿时活儿轻松了很多。

　　"花匠老姚"和"大师傅老范"，其实比秦俊吾小好几岁，老姚二十大几，老范也就三十刚到，第一是农村人显老，第二，叫"老姚""老范"顺口，一家人也就都这么叫开了。

　　老姚老范是出来当兵吃饷的，都没成家，但家里有父母，秦俊吾一开始，给他们每人每月十块左右大洋的工钱。桂香是家里人，秦俊吾每月也给她些零用钱。

　　秦俊吾也幸亏请了老姚和老范这两个劳力，兵荒马乱年月，不仅起到了看家护院随扈保镖的作用，家里经常搬来搬去也不用愁。

　　秦俊吾生意头脑不一般，请了这两个为人厚道的老乡帮忙，主要就是考虑要做些买卖赚点钱，补贴家用。而让两个诚实厚道又勤快的老乡来做这些诸如出外打理谷粮买卖事务，秦俊吾大可放心。平时在家里，孩子们也很喜欢跟他们玩，家里有一两个男子汉，对孩子们的健康成长也有好处。

　　秦俊吾侄儿秦松峰在武冈分校十五期毕业后，被分派到祁阳突击队里当了少尉排长，李默庵去丽水，他跟着去了，后来失去联系，秦俊吾还以为他死在了战场。

　　未料，1979年改革开放后，六十岁的秦松峰从浙江兰溪写信到华容"刘复兴号"找姑姑秦俊吾，信转到了那时在华容皮鞋厂工作的刘顿手中，刘顿从

小认识二表哥，所以立即把消息告诉了在长沙的父母亲，秦俊吾才知道，秦松峰在国民党军部队当到了少校营长，在兰溪结了婚，日本人投降后就退伍留在兰溪没走了。

到了祁阳，秦俊吾没有了在武冈时的那些社会事务，便可以一心一意操持着一家包括工人在内十口人的大小事务。

从1942年1月到山川塘，到1944年6月中旬离开，秦俊吾带着嗷嗷待哺的六个孩子和三个毫无收入来源的工人，在祁阳偏僻山村度过足足两年半时间。十张口的衣食住行，吃喝拉撒，没有足够的经济支撑，是无论如何坚持不下去的。而刘公武的工资，除了养活他自己外，其余的就算全部寄给秦俊吾，也难以保障六个孩子不挨饿不挨冻。

风云乱世，艰苦环境，光有知识，有文化，并不足以让自己和孩子们以及跟随者过上衣食无忧的生活，还必须有头脑，有整合利用各种资源的能力，做得到吃苦耐劳，心勤手勤。

秦俊吾是个不服输的强梁女子，有知识，有文化，有修养，还有头脑，她感觉必须想办法，增加收入，改善生活，这样，才能顺利地养大养好这一大群孩子，同时还能让跟着自己的两位老乡感觉比待在军队里还好一点，让一大家子衣食住行不至于陷入困境。所以，秦俊吾除了操持家中日常事务，脑袋里几乎时刻都在琢摸着，怎么利用和整合各种资源、各种机会，来实现赚钱的目标。

公武跟二哥刘巨楼通信时，巨楼说他有个原来在武汉一起做生意的朋友郭老板在祁阳，做些布匹、棉纱、棉花生意。秦俊吾便去找郭老板，请教在她这种情况下，怎么能够跟他合作做点买卖。郭老板就说："山川塘有种棉花的，你可以去收购一些棉花或者农户纺出的棉纱，我可以帮你卖掉，嫌少不怕多。"

于是，秦俊吾只要一有空，就去乡下找这些老农家，要他们尽管多种些棉花，多纺些棉纱，她收购他们的。这样，定好了供货方，一到收棉花的季节，秦俊吾便要老姚和老范帮着去老农家收棉花，然后请郭老板卖出去。

但本地棉花收购毕竟数量有限，还有季节限制，没办法成为日常买卖。

秦俊吾带着一大群孩子，又不能出远门，于是只能因地制宜拓展生意。

到了收粮季节，秦俊吾便又出去寻访哪户农家有富余的粮食粜出，然后让老姚和老范把能够收到的米粮谷物收回来，放置到唐家大院小平房的谷仓里，待青黄不接价格合适的时候，再卖出去。

老姚老范也是闲不住的人，他们提出，可以开垦一些无人耕种的荒地，他俩本就是种地的农民，在土地里种作物和瓜果菜蔬是自己的老本行。除了开垦一点荒地，秦俊吾还向劳力不足的农家租用闲置的田土，买来种子和苗儿种下去，老姚和老范又是侍弄田土的好把式，结果，收获的瓜果蔬菜，除了供全家食用，剩余的就挑到镇上去卖，逐渐把这做成了日常生意，因此，家庭收入大为改观，保障了孩子们一个个长得健康壮实，穿得体体面面。

有了蔬菜瓜果和粮食，养猪养鸡，就着池塘养鸭养鱼，就都不成问题了。鸡鸭鱼猪养肥了，拿到市场上很好卖。这样，秦俊吾不仅一年到头都有一定的收入，还能让全家餐桌上蔬果肉蛋齐全，孩子们营养也有了保障。

更为关键的是，有了秦俊吾的潜心操持，刘公武能够专心工作，不至于因为一大帮孩子的抚养和衣食住行问题而费心伤神。他一会东，一会西，天南地北，长年累月奔波在外不着家，除了每月拿到工资寄给秦俊吾，工作不太忙的时候，偶尔写几封信过问一下孩子们学习成长的情况，而家庭重担则几乎完全落在了秦俊吾的肩头。

秦俊吾会划算，会持家，事事处处精打细算，但她并不小气，更不讨巧耍滑，胸怀之真诚坦荡，绝非一般女子可比。老姚老范在家里里外打理，除了包吃包住，固定每月发给十二块大洋，只要有钱，秦俊吾绝不欠着，让老姚老范能够及时给家里父母寄钱补贴家用。即使偶尔手头紧张，秦俊吾也要想法让他俩拿到寄给家里的那一部分，然后一有进项，率先就是把他俩的工资结清。

而老姚和老范，虽在行伍多年，却为人诚恳厚道，做事踏实勤劳，对东家秦俊吾既满怀钦佩，又满腔忠诚。

人活世上，与人相处，与人结缘，无论夫妻，无论父母子女，无论主仆，到此程度，初看上去，也算达至一种令人舒心惬意的境界了，而细思其中，倘若失去了秦俊吾浑身散发的母性光辉，则此一切皆不复存在。

三、重庆训干

陪都膺职，颇得上峰赏识

1943 年1月，刘公武奉命到达重庆复兴关，参加军委会中央训练团党政高级班第一期集训。

这个"中训团高级班"是中训团教育长王东原向蒋介石建议开办的。

王东原，1899年出生于安徽全椒，1917年就读北京高等师范学校，其自言因"慨国家之多难，军阀之强暴，遂投笔从戎"，考入保定军校八期，与陈诚、刘绍先、罗卓英等同学，毕业后，膺职于湖南军阀何键麾下凡二十余年，至陆军中将。且在湖南迎娶了安化望族梁铸球之女梁棣征为妻，成家立业，养儿育女，故此，王东原对湖南有着一份特殊的情愫。

抗战初期，王东原是第七十三军中将军长，依然长期驻守湖南，因其与陈诚是保定军校八期同学兼挚友，陈诚在中训团当教育长时，把王东原调来当副教育长。1940年8月陈诚调任湖北省主席，王东原便升为中训团教育长。

1939年3月中训团举办过中央训练团党政干部训练班第一期，也就是刘公武就任武冈县长之前参加过的那一期。1941年3月刘公武从修水去重庆再次参加中训团党政班学习，且担任过三个月的中训团教务组长。所以，中训团也是刘公武的"老家"之一。

王东原这次设计的这个高级班，都是从参加过中训团党政班集训的人员中甄选，或由国民政府军政要人推荐后审查遴选，强调必须是"在党政训练班毕业且成绩优良"的将级学员，原则上每期一百二十人，集训时间为六个月。毕业后，这些学员都将作为国民政府的基本骨干，安排到国民政府中央和地方重要的党政军团部门，担任厅、局以上领导职位。

1月10日，重庆复兴关中训团党政高级班第一期举行开学典礼。国民政府军委会委员长蒋介石亲自参加，并做了《党政高级班与国防研究院创办之目

王东原像

的》的讲演。

此后，2月1日，5月30日，他又先后两次到中训团党政高级班开会讲话，7月11日举行毕业典礼，又在此发表演讲。每一次蒋介石都要反复强调创办高级班，目的在于"造就中坚干部，担任机关部队幕僚人员"。并且在集训期间，他三天两头要过问集训情况，针对培训目标随时提出新的建议和要求，譬如"增加对外礼节课程""要重视现行法令"，学员要能够撰述"中国命运"之意见、感想等。可见，蒋介石对这个高级班确实是寄予了厚望。

蒋介石认为，当时国内政局和干部队伍"士气消沉，纪律废弛，社会与政治风气，颓废不振"，"高级干部，无论文武官吏，皆气识狭小，度量偏窄，毫无为公为友之心，只有争功自私之图，尤其庸多无魄，不识大体"，因此，必须"改革官僚风气，提拔有为之低级人才"。

高级班第一期团长由蒋介石亲自担任，王东原任教育长，张厉生担任班主任。班本部下辖一个独立中队，三个分队。实际上第一期大大突破了原则上要求的人数，达到了一百五十二人，平均年龄不超过四十岁，年龄最大的四十六岁，最小的三十三岁，刘公武刚好在平均年龄上。学员大多读过国内外文理大学，或者国内外军校，起点级别为军队少将、政府厅局长、省党团书记长。

高级班分为四大集训类别：政治思想、业务能力、训育实施、军事素质。包括六个方面内容：一、总理遗教、总裁言行；二、党国要人讲话；三、各主管部、会、署长讲话；四、专家讲学；五、强调自学；六、开展讨论研究。

在 7 月 11 日的毕业典礼上，全体学员在操场列队，蒋介石在讲演之前，手执学员花名册，走到队伍中，对着学员逐一点名，逐一打量或提问，并用红蓝笔在学员册上作出标记。王东原、张厉生两人紧随其后。

点到刘公武时，蒋介石说："在星子我听过你的课，讲得很好。刘老师现在哪里？"

刘公武说："报告委员长，卑职现在湖南祁阳中英突击队担任政治部主任。"

蒋介石说："嗯！中英突击队，主要还是以战术训练为主嘛。"

高级班半年集训，在战火烽烟年代，已经是非常长的时间了，对于学员毕业去向，蒋介石早在 2 月份就开始考虑了。基本原则是"毕业后各回原职"，蒋介石也强调，对于部分使用不当者，应予重新考虑安排新职，以利发挥各自所长。

六个月高级班期间，素来不太主动交朋结友的刘公武，竟然和同学姚雪怀、程式、谷凤翔、杨锦昱、左曙萍、刘修如、莫萱元、李少陵、许卓修、包可永、曹沛滋，成为了"结盟十二兄弟"，大家虽未歃血为盟，却亲如兄弟，形影相随，茶叙酒欢，畅吐心怀，无拘无束。

高级班结束后，众兄弟各膺重任，天各一方，更后，则因世道变迁，各赴道谋，各领否泰，福塞莫一。及至暮年，有如刘修如、莫萱元、曹沛滋，尚能寻得音讯且同忆往事互吐衷肠者，为数寥寥。

在高级班，众兄弟不仅觉得刘公武气宇轩昂，目光如炬，更觉刘公武低调真诚，襟怀开阔，为人厚道，处事周延，因此而深得众兄弟欣赏，同时也认为刘公武应当有更好的舞台展现其才华学识。

在毕业典礼上，王东原从蒋介石与刘公武的简短对话中，听出了蒋介石对刘公武现任职务的不满意味。

7 月中，第一期高级班毕业后，王东原将刘公武留任为第二期高级班的班主任秘书，同时，把他推荐给三青团中央书记长张治中，任命刘公武担任三青团中央团部宣传处副处长，并参加蒋介石官邸汇报活动，以此来进一步考察刘

1944年6月25日，中央训练团党政高级训练班第二期学员毕业典礼摄影，前排左三为刘公武

公武的才识与能力。

国民党有一项坚持了二十多年的"总理纪念周"的周例会制度，类似如今天很多企事业单位的晨会。从1925年孙中山去世之后的4月初开始，国民党中央先后多次制定规章，令党政军团以及社会团体、学校等单位，每周一必须举行"总理纪念周"活动，集体或者个人轮流背诵《总理遗嘱》，学习当前有关时政的文件或讲话，不得有误。此制度的执行，一直坚持到1947年4月，才改为仅限中国国民党的党内活动。

蒋介石特别重视这个"总理纪念周"活动，他尤其欣赏那些在"纪念周"例会上，能用标准普通话背诵《总理遗嘱》的人。刘公武留在中训团做班主任秘书时，正逢重庆的国民政府党政军团开始实行"联合纪念周"新制度。蒋介石在复兴关召集中央文武官员一起举行这个活动，有时也发表演讲。

侍从室作为这个活动的具体组织者，为了迎合蒋介石对背诵《总理遗嘱》或宣读文件、讲话的"诵读者"个人形象、普通话标准度、诵读水平等方面相对比较苛刻的要求，找了好些人面试，觉得均不如意。

9月初，刘公武完成南岳青年夏令营总教官和蒋介石交予的"南岳忠烈祠竣工验收"考察任务，从湖南返回重庆中训团，王东原便向侍从室推荐了刘公武，面试后，侍从室对刘公武表示非常满意。后来几次"纪念周活动"就由刘公武担任"诵读者"。

这种场合抬出一个人来，搞得好就好，而稍有差池，则极有可能葬送一个人的前途。所以，刘公武在面对全场都是党政军超级大佬的场合下，干这么一件事，他自己说简直就是"如履薄冰"，战战兢兢。还好除了偶尔出现一点紧张，绝大多数场合下大家反映良好，认为刘公武个人形象出众，诵读效果良好，把握内容到位。

当时，刘公武的好朋友梁言跟他说："这事还是能推就推掉，一则招忌、树敌，二则难免差错，万一出了错误收不得场。"实际上，梁言确实是听到了有人非议，说侍从室让刘公武亮相，是故意抬高其身价。刘公武觉得梁言之言，真乃"良言"。自己每次为了搞好诵读，先一天总是睡不好觉，生怕出问题。他想，必须推掉此事，免得惹祸上身，弄不好还祸及王东原。

直接去推掉还不好弄，梁言要刘公武求助王东原，让直接上司帮助想办法，比自己直接去辞职要好。

刘公武将自己的想法私下跟王东原说了，王东原也觉得有道理。于是，他让刘公武兼任中训团教务组长，加了担子，同时，又让刘公武担任国父实业计划研究分会理事会的召集工作，这样，有了诸多缠身的具体事务，王东原就有了充足的借口让刘公武推掉那个"如履薄冰"的"诵读者"角色。

刘公武终于推掉了国民政府最高级"联合纪念周"的"诵读者"角色。无奈，侍从室只好另找他人。

刘公武顿觉一身轻松。

南岳视察，妻儿兄弟小聚

1943年7月中，刘公武刚从中训团高级班毕业，张治中就要了刘公武到三青团中央团部担任宣传处副处长。

一上任，刘公武便参与组织了三青团中央团部主办的南岳青年夏令营，担任夏令营总教官。夏令营一切工作都在紧张进行中，定于 7 月 18 日，在南岳举行开营典礼。

　　此前的某一天，王东原和刘公武去蒋介石官邸作工作汇报，蒋介石听说三青团中央团部正在组织南岳夏令营活动，由刘公武担任夏令营的总教官，便要刘公武顺便代替他参加湖南省举行的"南岳忠烈祠竣工验收"活动，并要求将考察竣工验收的有关情况回重庆后向他汇报。

　　南岳忠烈祠从 1939 年开始立项，蒋介石亲自选址，拨款，题字，1940 年春秋之交，湖南省政府主席薛岳和省参议长赵恒惕等军政首脑组成"湖南省建筑南岳忠烈祠筹备委员会"，正式着手开工建设。1942 年开始祠奉抗日忠烈，1943 年 7 月 7 日湖南省举行了盛大的竣工典礼。嗣后，国民政府组织验收团前往南岳进行竣工验收，刘公武虽受"钦命"参加验收团，但并不参与具体的竣工验收事务，只是收集相关材料，向蒋介石汇报便可。

　　这样，刘公武便有了难得的一次回家乡做"御命钦差"的机会。

　　7 月 18 日，三青团中央团部组织的夏令营在南岳岳云中学开营，来自湘、

1943 年 8 月，参加南岳青年夏令营的粤、湘、桂、黔四省的三青团学员在营地集训

粤、桂、赣、黔五省二十三所大学的三青团团员五百多人参加了夏令营。营员们临时住在因放暑假而空置的岳云中学校园内。

三青团中央团部邀请了国民党中央组织部长朱家骅、教育部长陈立夫、中央委员梁寒操、第七战区司令长官余汉谋、广东省主席李汉魂等高官在开营前期，先后到南岳夏令营，发表演讲或进行讲座、研讨活动。完事以后，夏令营一方面在南岳各处参观，一方面由教官按照预先安排课程讲解抗日救国等有关内容。

刘公武知道此行中自己要办的事并不多。

作为夏令营总教官，他只需要把事务分派给一众教官，让他们去做，自己关注一下过程与结果便可。

忠烈祠竣工验收以及相关情况，自己去现场逐一实地考察之后，拉一份清单，吩咐随扈和助手按图索骥，向验收团和湖南省政府的"忠烈祠建设筹委会"索取相关资料，最后整理成书面报告，任务便告完成。

因此，相对而言，刘公武在南岳期间，有较多时间可以自由支配。

亲自带营的三青团中央团部书记长张治中，在闲谈中跟刘公武说："既回湖南来了，你还是抽空回祁阳看看老婆孩子吧，如果他们方便，你可以把他们带到南岳来玩几天。夏令营要到9月1日才结束，接他们过来还可以玩半个多月呢。"

长官发话了，刘公武心里别提有多高兴，他说："张长官如此关心，卑职感激不尽！那，这边的事，就只好请张长官多费心了。如果我家属来南岳，费用我自己解决。"

张治中笑着说："这边事情都办得差不多了，你都忙乎了个把月，也该休息休息了。费用问题嘛，你要是自己有困难，就跟我说。"

刘公武说："没问题的，我自己负担。张长官能给我派个车就足够了，汽油费我出。"

张治中一听，哈哈大笑，说："刘处长果然名不虚传，一身正气，两袖清风。"

8月16日，刘公武坐汽车赶回祁阳，正碰上四哥福林一家到了祁阳还没两天，刘公武本想请祁阳留守处彭孟缉旅长安排一辆汽车，加上自己带过去的车，两辆车将两家人一起拉去南岳玩几天，未料四嫂说太麻烦了，南岳就不去了，她留在家中守家吧。于是，只有四哥福林一个人跟着车到了南岳。

1943年3月华容沦陷后，在华容的"刘复兴号"兄弟刘巨楼、刘晃、刘福林，各自携家逃难。

四哥福林夫妻俩带着两个女儿刘娥英、刘群英，还有二哥刘巨楼的女儿刘菊英，逃去益阳汤水铺避难好几个月，安顿下来也有快半年了，虽然平安无事，但没事情可做，缺乏生活来源，总觉得不踏实，于是决定奔祁阳找刘公武夫妇，看能不能在祁阳谋点啥事，未料，刘公武又去了重庆，过了大半年都没着家。

于是，四嫂就带着女儿侄女在祁阳帮秦俊吾看家。

车到南岳，秦俊吾和桂香带着顿、力、平、岗、佐、祁六个孩子，还有福林，住进了南岳大庙附近靠岳云中学的一家小旅馆。

福林独自一人去南岳大庙拜了菩萨。刘公武带着大点的孩子，到岳云中学旁边的小溪里抓虾米螃蟹玩儿。

秦俊吾带着还得抱在怀里的小不点刘祁，行动不便，天气又热，上街都让人毫无兴致。

一家人来到南岳，本想安安心心玩几天，刘公武却又因为忠烈祠竣工验收资料收集的事忙起来了，有些资料在南岳，有些在长沙，不少资料因为机密性，随行人员级别不够，不能随便翻阅，这事张治中也插不上手，还只能刘公武亲自出马。所以，陪妻儿游玩也就暂时只能放一边了。

不过，刘公武还是想办法弄了一辆车，让秦俊吾和桂香带着孩子们，请福林帮忙，终于上了一回南岳山，在山上转悠了一天。

夏令营的大学生们在岳云中学表演抗日救亡的文艺节目，秦俊吾他们住的旅馆很近，刘公武安排她和桂香、福林带着孩子们去夏令营看节目。这样，也就算是到南岳游玩了。

9月1日夏令营结束后，刘公武把妻儿和福林这一大帮人马送回了祁阳。在家没待两天，刘公武又着急忙慌地要赶回重庆。

刘公武平时身上很少带钱，发了工资基本上全交秦俊吾，万一要用钱了，就问秦俊吾要，他从来不料理家务，不操持家计，也不懂怎么去料理，怎么去操持。这次到南岳也一样，一家人在南岳，住旅馆，吃饭，全都是秦俊吾结账。

临到要走了，一早起来，他才想起口袋里没有半个子儿，怎么回重庆呢？他还不好意思跟秦俊吾开口，支支吾吾地对秦俊吾说："我，出去一下，找彭孟缉旅长，办点事。说完转身往外走。"

秦俊吾叫住刘公武，说："干嘛？借钱去呢？"

刘公武尴尬地笑了笑，说："你怎么知道？"

秦俊吾忍不住噗地笑了起来，说："你那点小心思，我还看不透？都给你计划好了，放心吧，当家理财有你老婆呢。"

刘公武心里自然是非常过意不去，自忖自己这"将军"当的，就这么一点面子也没有。

三千里路，妻儿涉险奔渝

1943年9月初，西南干部训练班祁阳留守处的彭孟缉旅长，派车送刘公武到祁阳县城，然后，刘公武用老婆秦俊吾的资助，买了长途汽车票，从祁阳县城坐汽车到柳州，到柳州买了飞机票，再飞重庆。

第二期中训团高级班已经开学了，刘公武被王东原任命为班主任秘书兼教务组长。然后，三青团中央团部又改任他为社会服务处副处长。这样，大量事务性工作落在了肩上，刘公武一头扎进工作中，除了每月把工资寄给秦俊吾，其余的事他几乎无暇过问了。

就在刘公武离开祁阳后没多久，福林夫妇带着三个孩子又回益阳去了。

10月中旬，两岁多的五儿刘佐左小腿上忽然长出一个脓疮，在留守处军医那里弄了药敷上也不济事。秦俊吾着急了，彭孟缉旅长说："军医说了，这个得到医院去治，他也没招了。我派个车给你，你送他去零陵吧，那里有一个教会医院，应该可以。"

秦俊吾带着刘佐，要十一岁的大儿子刘顿跟着，多少能帮点忙，一起坐车到零陵找到了那家教会医院。

医院一个年纪比较大的英国女人看了看，说他们医院已经收了一个五六岁的孩子，把骨头拿掉就好了，要秦俊吾把孩子留这里治疗，过几天再来接他就行了。

秦俊吾觉得不太对头，怎么要拿掉骨头呢？可是听这个英国婆婆说人家都好了，于是将信将疑，把孩子留在英国婆婆那里就回祁阳了。

第三天，医院突然来了通知，要秦俊吾赶快去医院，说孩子有危险。

秦俊吾急忙找彭孟缉要了车，赶到零陵。刘佐的左腿缠着绷带，动不了，可不知为啥眼睛也看不清人，秦俊吾非常愤怒，责问英国婆婆："我家孩子就一个腿疮，你怎么把他眼睛也弄成这个样子了？"

那个英国婆婆竟然毫不在乎，说："他这是骨膜炎，已经拿掉了。但这个病毒扩散了，孩子保不住了，叫你来是让你看一眼孩子。你带走或者放这里都可以。"

秦俊吾气得直哆嗦，骂她这个帝国主义分子不把中国儿童当人，随同过来的老姚生怕秦俊吾动手，赶紧抱起孩子拖着秦俊吾往外走，说："咱走！咱走！跟她理论有个屁用。"

回到祁阳，秦俊吾只好请留守处军医帮着医治，还好刘佐腿上的伤没多久就愈合了，可是小腿却因为缺了块骨头，长成了歪腿，而眼睛到最后完全失明。刘佐就这样成了残腿盲人，以致终身残疾。秦俊吾为此懊恼不已，当时若不去洋人医院，也许不会这样。

不幸的事接踵而来。

10月24日，在益阳汤水铺避难的四哥福林，听别人说华容被日本人占了之后，半年多过去，并没有什么事情发生，于是突然想起要回华容去看看"刘复兴"铺子，四嫂拦都拦不住。结果，行至华容明山头花兰窖，乘船过西湖时，不幸落水淹毙。

公武在重庆闻讯后，伤心不已，很长一段时间沉浸在无比痛苦之中。想当年，四哥福林做生意时，无论自己出国留学，还是乱世逃难，四哥福林从来不计付出，尽力相帮，襄助自己渡过了各种难关，如今遭逢战时乱局，四哥举家流落他乡避难，无处谋生，而自己却未能帮上四哥几分，四哥还四十三岁不到便英年早逝，死于非命。公武思之，情难自禁，悲泪涟涟。

临近年底，携家带口避难于华容新河乡下的二哥刘巨楼，穷途末路之中，独自去往祁阳求助五弟，未料五弟却还在重庆，任凭弟妹带着六个孩子在祁阳艰难求活，尤其秦俊吾告知二哥，如今战时，军政文官工资一降再降，若不是她带着三个长工千方百计度日，仅凭着公武每月有限俸禄，六口儿女，怕早就多数饿毙他乡矣！二哥闻之，心酸满怀，深知弟妹不易，而愧于此时开口求助。于是告别弟妹一家，去往祁阳县城，在老朋友郭老板那里借了些盘缠，怀着无限落寞返回了华容乡下。

1944 年初，重庆举办的第二期高级班结束后，紧跟着又是第三期。刘公武作为教务组长，为王东原尽力打理中训团一应事务。他有这份工作，至少能够按月领取一份薪金，也能让秦俊吾为这个家庭少流几滴汗，刘公武深知，倘若没有妻子的聪明才智和任劳任怨，这个家庭真的无法撑持下去。他在考虑着让妻儿搬来重庆。

1944 年初春，日军大本营为了策应南太平洋和东南亚日益扩大的战局，策划并发动了"一号作战"，目的在于打通大陆交通，贯通东南亚与满洲和朝鲜以至日本本土的海陆通道，摧毁沿途中美空军基地，消除驻中国大陆的中美空军对日本本土的威胁。

华北日军与华中日军南北夹击，仅一个月时间，河南全境陷落，日军全线占领平汉铁路，直接威胁湖南。

5 月中，情报显示日军正积极筹划对湖南的攻击，国民政府军委会方才意识到对于豫中作战的错误判断，日军远不会攻下河南就收手。而此时湖南以及周边各战区未及充分准备，长沙告急！于是将作战重心转移到湖南衡阳。

刘公武写信给秦俊吾，告之湖南危急，要秦俊吾携家速速转移重庆。

6 月初，西南干部训练班祁阳留守处做好了撤离的准备。秦俊吾请求彭孟缉旅长帮忙，将她全家大小和行李运送到祁阳黎家坪火车站，老大刘顿正在读书，也没办法了，必须辍学一起撤离。

当时，秦俊吾还将一些小件家什、冬令被服之类，藏匿于唐家大屋的天棚。其实，后来也全部丢失了，只因为都是血汗钱置办的，舍不得，也就在藏匿的当时求一个自己略感心安而已。

丫头桂香年龄也不大，只能帮着照看一下孩子。刘顿十一岁多了基本能自己照顾自己。刘力七岁、刘平六岁，能自己走，有个大人招呼就行。刘岗五岁不到，短途还可以走一走，远了也吃不消。三岁半的刘佐残疾无法自理，必须时刻有人相帮。刘祁两岁多，还得抱着。还有打包的行李和箱子一大堆，米粉、干粮必须随身带着。

花匠老姚和厨师老范这两个男劳力，铁定一起走，否则真的会是寸步难移。

彭孟缉旅长派了一辆卡车把秦俊吾一大家子送到了黎家坪火车站。

火车站人山人海，全都是从北边过来的难民。还好彭孟缉旅长派了两个人，帮着老姚和老范，费了老大工夫才将秦俊吾一家子以及行李，塞进了开往柳州的闷罐车里。

闷罐车厢里连站的地方都脚踩脚，还好秦俊吾有一堆行李占了一块地方，行李箱包上可以把几个孩子安顿在上面。然后，刘顿就跟着老姚和老范，爬到车厢顶上去了。

车厢顶上也全部坐满了人。

那时，湘桂铁路全线能用的火车运力高度紧张。北边的人只能往广西贵州逃，广州早在1938年10月就被日军占领，为防日军北进，广东与湖南交界处的铁路已经破坏殆尽，所以，粤汉铁路到郴州就过不去了。

逃难的人太多，政府要求铁路部门日夜运人运物，弄得铁路调度也有些乱套了。史料记载，尽管那时铁路部门人力物力以及通讯调度设施相当落后且匮乏，而难民撤离则没有出过列车颠覆、撞车之类重大事故，这在当时来说，已实属不易了。

秦俊吾他们坐的这个闷罐车，到了广西一个小站，又不是分道的站，不知道为何要换火车头。火车头甩下他们坐的那几节闷罐车，停在一个坡上，径自开走了。结果，火车头刚脱钩，几节闷罐车就往坡下滑，车上的人一个个吓得狂呼乱叫，结果，撞上了坡下停着的另外几节车厢，幸得速度不快，没有造成翻车，但强大的冲击力，还是让车厢里很多人摔倒堆成了人堆，有人受伤了。

车顶上虽然为了安全贴着棚顶绑了一些绳子，但还是有不少人被强烈冲击震得摔了下去，摔伤肯定难免，没摔死就算大幸了。还好刘顿在花匠和厨师的照顾之下，安然无恙，秦俊吾长长地嘘了一口气。

有摔得折胳膊断腿的，看到秦俊吾这里一大堆孩子，说要讨点童子尿，用

1944年，为躲避战争，逃亡在滇桂路上的难民

来救命，秦俊吾觉得好笑，童子尿能救命？第一次听说。但人家一副可怜样，秦俊吾还是尽可能满足他们的要求。天气这么热，喝了点水，出汗就出完了，哪里还有尿挤出来？有孩子使劲挤出点尿来，其他几个孩子嘻嘻哈哈笑个不停，人家却千恩万谢端着童子尿跑回去"救命"去了。

不知第几天一早，车到了柳州，大家下车，就在站台上等候开往贵州独山的火车。

站台上堆满了各种物资，站台边有一堆飞机上用的大炸弹（航弹），孩子们看到了，一个个兴高采烈地往炸弹堆上爬，秦俊吾吓得心惊胆战。花匠老姚说："不要紧的，每个炸弹都有防滚装置，让他们玩吧。"说归说，大人们还是过去把孩子们拽了过来，让他们老实待着，万一火车来了，那么多人，怕走散。

刘顿突然喊："火车来了！"大家一眼望过去，发现一辆运煤的火车开进了站，列车刚停下，很多人立马一窝蜂往上冲。秦俊吾一家人好不容易坐到了煤堆上，却听到有人大喊："煤车往北开的，煤车往北开的！"老姚说："不好！快下车。"于是赶紧爬下去，把孩子们如同卸行李一般从车上卸了下去。又回到站台上继续等。

等到半夜，终于开来了一辆去贵州独山的敞口货车。

一上车，尽管车轮撞击铁轨的哐嚓哐嚓声响得厉害，但折腾了一整天的孩子们，一上车就都互相靠着睡着了。大人们也累得不行，倒下去就一个个呼呼大睡。

火车到了独山，太阳都老高了。大人孩子们一个个都汗臭熏天，几个孩子在煤车上弄得黑不溜秋的，互相都笑得前仰后合。

秦俊吾要老姚去打听啥时候有车，结果说要等两天才有。于是，只好出站去找地方先住下，秦俊吾觉得也好，大家都可以趁机洗个澡，收拾一下，休息休息，养好精神再赶路。

等了两三天，老姚凭着军人身份去车站打听，说有一辆硬座客车开往贵阳，坐票没了，可以买站票上车。有硬座客车还有啥好说的，坐不坐的都在其次了。

从广西柳州经金城江到独山，再到贵阳的黔桂铁路，总长近五百公里，是国民政府在抗战期间最困难的1939年7月开始修建，1944年3月全线勉强通车的准轨铁路，因当时国内钢铁工业全部瘫痪，只好动员各方力量，从敌占区被破坏的铁路沿线，收集铁轨枕木螺丝钉，凑齐各种材料。修这条铁路，前后死伤万多民工，是抗战时期一条用国人的尸骨血肉修建起来的铁路。

当时的黔桂铁路只修到都匀的清泰坡，离贵阳还有七八十公里，火车到都匀之后，还需要乘汽车到贵阳。

秦俊吾老小一行十人，乘坐火车颠簸十多个小时到了都匀清泰坡，一时又找不到汽车。秦俊吾带着孩子们找地方住下，老姚老范分头出去找车。费尽周折找到一辆卡车，和另一伙人一起出钱请老板跑一趟。

刘公武写信要秦俊吾从祁阳撤离时，告诉秦俊吾，到贵阳就去找白瑜的大妹夫，他在贵阳一家报社工作，一家人都在贵阳，可以帮忙让秦俊吾一行转重庆。可是，当秦俊吾在贵阳照着地址找到报社时，早已是人去楼空。

无奈，只得又住下来，大家商量着怎么走。都说贵阳到重庆这路特别不好走，一路崇山峻岭，盘山公路，绝壁深渊，且全是沙石土路，坑坑洼洼，还有滚石断路，滑坡崩塌，危险得很。旅店里有人说，这路上，三天两头就有人翻车跌入深渊，车毁人亡。

没办法，既然还通着车，那就肯定得走，至于一路危险，那就只有祈愿老天保佑了。

老姚和老范只得又分头出去找车。

一连几天，秦俊吾在旅馆里带着孩子，满面愁容，等着老姚他们的好消息。

这天，老姚他们刚出去没多久，秦俊吾就看到一辆空货车停在了旅馆外面。秦俊吾想都没想，就要桂香照看好孩子，自己跑到外面找到司机，问他去不去重庆？司机说刚在贵阳卸完货，准备再装点货，次日一早就返回重庆。

秦俊吾一听，可高兴坏了！

跟司机一商量，同意三十块钱捎他们去重庆。秦俊吾二话没说就要掏钱，司机说不着急。秦俊吾心想，这司机人不错。

第二天上午，司机装好货如约而至，秦俊吾一家人一大早就在旅馆外面等着。

还真是一路危机重重，上坡下坡，绝壁险路，好几次都吓得人魂飞魄散。

秦俊吾在路上一个镇里请司机吃饭时，听到有人在说前面有车掉悬崖下去了，听了都令人心惊胆战。虽然这司机人好技术也不错，但技术再好，崩山滚石或者汽车出毛病，可不是他控制得了的，这是最令人担心的。

有一次经过一座大山，大坡急弯把人都甩晕了，在一个下坡拐弯处，路窄弯急，司机使劲踩着刹车，都往下滑溜，突然，汽车前轮嘭的一下碰到了悬崖边的大石头，孩子们吓得一个个惊叫不已，还好有这块大石头挡着，要不然连车带人直接就冲下悬崖了。

司机说这个地方出的事故很多，不知谁好心，在路边放了那一大块石头，这真是一块保命石！

就这样，秦俊吾领着一家大小十口人，从贵阳到重庆，颠颠簸簸，翻山越岭，一路雄关险隘，惊魂摄魄，停停走走，将近十天，7月初，终于平安到达了重庆。

秦俊吾掐着指头一算，从祁阳出发，三千余里，历时三个多星期！

离开祁阳时，秦俊吾给刘公武发了一封信。刘公武也着急，他说他连着五天都夹着床席子到汽车站等人接人，就是没接到。结果，还是秦俊吾带着一家大小直接来到了复兴关中训团。

秦俊吾想：公武收到信之后该给做点准备，让自己和孩子们一到就有个地方歇脚吧？没有，啥都没准备。这就是刘公武，也许他脑袋里根本就容不下半点考虑生活的事。

尽管如此，秦俊吾也没有半声怨言。

全家人都来到中训团办公楼了，刘公武也就让大家一个个傻傻地站在走廊里。后来才有人招呼坐到办公室里去。

刘公武在武冈分校时的一位川籍学生在中训团工作，碰巧他发现了秦俊吾这一大家子坐在办公室里。

他走过去问秦俊吾："师母可有地方安顿？"

秦俊吾说："等老刘安排呢。"

公武的这位学生说："哦哦，我这几天就要调去成都了，正好我在大坪有一所房子，家具也拿不走，你们要是愿意，可住到那里去。"

这也许该属于刘公武的造化吧，有这么好的学生，又正好在这个节骨眼让师母秦俊吾给碰上了。

地处大坪的那座房子是两层楼，很宽敞，秦俊吾一家十来口，住了楼下就足够了，楼上还空着。

这房子离复兴关不远，属于郊区地段，房子后面有空地，有老姚和老范两人在这里，种菜养猪又有了用武之处。大坪这一片，在渝中西边，不像东头的半岛上和沙坪坝，三天两天遭日机轰炸，算是大后方的大后方，相当不错的宁静之地了。

政府方面人士考虑秦俊吾他们一大家子这么多人，便给发了一些救济大米，但大多是发霉了的，秦俊吾就用这些发霉的米，两升换一升，跟当地农民换来新米吃。农民拿这发霉的实际上是发酵了的米养猪，比新米还好。

复兴关有一条小街，环境清幽，秦俊吾也就常常带着孩子们上街去玩。街上的人看到这从矮到高如楼梯坎子的一群孩子，便走过来问秦俊吾："都是你的孩子？"秦俊吾笑笑说："是啊。"有人羡慕之余，还说上一句："有福气，好玩！"

分离一年半，刘公武全家终于在重庆团圆了。

秦俊吾在重庆找到了曾一起在开封读女师的同学李独花，因为十年前她在南京被捕，通过刘公武求熟人帮忙而获得释放。为此，李独花专门上门拜访了刘公武，感谢刘公武的救命之恩。后来，秦俊吾又与几位在重庆的同学建立了联系和往来。

白瑜和白帆兄弟也在重庆。1938年7月三青团中央团部成立的时候，白瑜被任命为经济处副处长，后来经济处改为经济部，设专门委员会，白瑜任委员，是个闲职。1939年春，"中央干部训练团"在重庆成立，白瑜担任课务组组长。1943年1月刘公武到重庆参加中训团高级班第一期时，他是三青团中央团部监察委员，也是一个闲职。

白瑜是一个生性孤傲、安守清贫的高级知识分子，不愿官场争逐，却交游广泛，风花雪月，独享名士风流，尤好抨击时弊，挞伐官场贪腐颟顸之风，特别对两个陈家不满，多有逆耳之言。其一是陈诚，白瑜讽之为"真空管"，胸中无物，不学无术，还排斥不同意见，一味地无知逞威。其二是陈立夫、陈果夫兄弟，白瑜认为，此兄弟二人，结伙营私，操纵党务，对其顽梗不化，尤感深恶痛绝。对此"两陈"，他经常公开场合与之争论，乃至抨击，无所顾忌。因其争执中不夹带私货，故也无法奈何他，只是官场无人敢用其人，所以总是委以闲职而闲置。因为有教授名头，经常被邀请到大学里讲讲课，因此也就国家俸禄和个人创收都没落下，如此也乐得逍遥快活。

刘公武钦佩白瑜的正直耿介，无畏权势，知识广博，头脑通达，故而在重庆期间，没少与白瑜相处交流。秦俊吾带着一家人来了，与白瑜一家也经常来往，欢愉相处。

1944年春夏发生的豫中会战，长衡会战，国民党军惨败。河南全境，日军仅用三十余天就将其四十余万大军打得七零八落，凡城皆失。日军5月底发起进攻湘北，一路长驱直入，三天就攻陷了长沙。当时，全国军民对国民政府怨声载道，几欲信心尽失，呼吁现政府要么下台，要么改组军政机构，尤其是隶属第一战区的河南败局，几乎伤了全国人民的心。

当时，偏安于鄂西恩施的湖北省政府，是陈诚在担任省主席，陈诚作为蒋介石心腹，1944年7月被作为中坚力量调往第一战区任司令长官。陈诚离任前力荐王东原接任湖北省政府主席，蒋介石接受了陈诚的推荐。

于是，王东原在重庆受命后，当即组织湖北省政府班子，由国民政府颁文任命，刘公武和中训团副教育长黄仲恂、中央银行稽核专员郑逸侠、中训团办公厅主任王原一，担任湖北省政府委员。7月22日，国民政府正式颁文任命湖北省政府主席和新一届政府委员，大家各自办完手头工作交接。月底，王东原便率领由他组建的湖北省政府核心领导团队，赶赴湖北恩施就任。

这样，秦俊吾到重庆仅仅三个多星期，刘公武又别妻离子远去千里之外的湖北恩施。

秦俊吾独自领着一家子，在重庆安然生活，直至1945年1月。

四、湖北辅政

鄂省委员，备战华中反攻

恩施是抗战时期湖北省政府的省会。1938 年 10 月，武汉沦陷，此前，湖北省党政机关、学校、社会团体等超十万人，从武汉先迁宜昌，数月后再转恩施，驻恩施前后近七年之久。

1940 年仲夏宜昌沦陷，第六战区司令长官部也迁到了恩施。当时的湖北省政府能够管辖到的，也就是鄂西、鄂东南零散的几块地方了，其余都落入了日伪防区范围。第六战区以鄂西恩施为大本营，下辖五个集团军驻扎于与鄂西相邻的湘、川、黔四省八十余县。

此时，第六战区司令长官孙连仲，也是陈诚向蒋介石推荐出任的，有着与日军长期作战交锋的经验，从第五战区副司令长官任上，调第六战区主事，其目的在于组织第六战区国民党军主力，准备对华中地区日军发起反攻。

这样，与第六战区大本营同处恩施的湖北省政府，必然肩负着重大的后勤支援任务，物资储运、兵员补给、设施修建、救护医疗，以及相关的省际协调联动等方面工作，需要一个强大有力的专职政府团队予以实施。

因此，国民政府授命王东原组建的包括刘公武等人在内的湖北省政府领导班子，此时走马上任，王东原便大有"受命于危难之中"的壮怀之情。

刘公武 8 月初到达恩施，作为省政府委员，他没有领任政府实职，具体原因无据可考，推断多半还是因王东原忌讳于陈诚。

9 月初，王东原举荐，刘公武才接过由当时湖北省教育厅厅长兼任的三青团湖北省支团部干事长之职，负责青年工作和宣传工作，收集社会各阶层、团体的有关情况，为王东原决策省政提供参考，同时帮助协调各方工作。

1944 年 9 月，蒋介石由缅北大反攻取得重大胜利的远征军官兵的过硬素质产生联想，以前，国军打不赢日本人，兵员素质是个重大问题。而那时，国

抗战期间坚守枣阳的中国战士

军兵员大多从农村招募，体质差，缺文化，前线紧张，训练急促，效果甚微，因而兵员素质十分低劣。蒋介石认为，一个知识青年抵得上十个壮丁兵，如果在全国各地征得十万知识青年，则无异于训练出百万大军，这样，国军对日战略大反攻，也能增添几分胜利的把握。

于是，蒋介石发起了"十万青年十万军"运动，号召知识青年，拿起武器，奔赴前线，驱逐、消灭侵略者。

刘公武当即被省府委任为湖北知识青年从军委员会主任委员，中央通讯社湖北分社主任徐怨宇担任委员会委员兼宣传组长。

徐怨宇在晚年回忆当年场景时，说："刘公武到各个大学发表演讲，动员知识青年参军入伍。刘公武先生的演讲生动感人，很多青年学子，在他的真情感召下，纷纷报名，投笔从戎。"

1945年1月，刘公武被增选为三青团中央团部常务干事，成为三青团中央团部的核心成员之一。

刘公武在恩施算是基本安定下来了，这时，刘顿、刘力这两个在重庆读书的孩子已放了寒假。春节前夕，省财政厅厅长郑逸侠去重庆公干，刘公武便请他顺便帮助王东原夫人梁棣征全家，以及秦俊吾和自家老小，举家搬迁，到恩施来过春节。

1945年2月7日，郑厅长一到重庆，首先就去拜访了王、刘两家夫人，嘱咐她们做好搬家和旅途准备，然后再去办自己的事情。

2月9日，一行人首先乘火车到达巴东野三关火车站，省府派了二辆轿车、一辆中型客车、一辆货车，从恩施到巴东火车站接站。

此时，秦俊吾已身怀六甲，挺着大肚子，王主席夫人梁棣征便要秦俊吾与她一起坐轿车。梁棣征在火车上就发现秦俊吾妊娠反应比较强烈，于是要秦俊吾坐在轿车前座，视线良好，有利于防止晕车。对王主席夫人的悉心关照，秦俊吾颇为感慨，难得高官夫人如此心细体贴。

郑逸侠厅长与其他随行人员坐他们财政厅的轿车。老姚老范则带着两家的孩子们坐中型客车，两家的行李物件则由一辆货车装着，随小车而行。

从巴东到恩施市内，一百七八十公里，雨天路滑，翻山越岭，还有冰冻路段，行进非常缓慢，夜间更是无法行驶。无奈，一行人只得在奉节县起坡槽住了一晚。

第二天，车队翻过芦栊坡大山，进入恩施境内，纷纷扬扬的雪花漫天飞舞，山野树林，银装素裹，两家的孩子们一个个大呼小叫，兴奋异常。

经过三天两晚的长途颠簸，秦俊吾一家人又来到了一个全新的环境之中。这次，刘公武吸取了上回重庆的教训，早早就把房子安排下来，虽然是省府家属房，也算是准备妥当了。

房子坐落在恩施城东南三孔桥的一个山台上，开阔的一大块平原地，省府为官员们解决居家问题，建了不少坐北向南的小平房。

秦俊吾家在靠着这个大平台东边，三间小瓦屋，带厨房厕所和两间随员偏房，房屋四周是用竹篱笆夹出来的一个小院子，看上去精制而清雅。

往东穿过一片丛林，便可以进入大山里。平台下有东南往西北方向的公路经过，从这里进城，也就两三里路。但附近很少人家，非常僻静。

大山里经常有狼出没，晚上，听着狼群凄厉的嚎叫声此起彼伏，令人毛骨悚然。尤其是有时半夜还有孤狼窜到小房子篱笆外，转来转去，从屋子里可以看到放射着幽幽蓝光的狼眼睛，吓得人连大气都不敢出。

秦俊吾最担心的就是孩子们。每当听到有人说晚上或凌晨走夜路的孩子被狼拖走永远消失了，秦俊吾心里就是紧一阵颤一阵的，老大刘顿在城里实验中学住校读初中还好，八岁多的刘力读一年级二期，每天走路去，走路回，早出晚归，秦俊吾只好安排老姚或者老范，带着刀或者棍棒，每天送一段路接一段路，到了人多的地方，才放心让他独自走。

1945 年 4 月 23 日，秦俊吾在恩施三孔桥的平房里，生下了第五个儿子，因在湖北出生，取名叫作"刘鄂"。

至此，刘公武夫妇有了五男两女，七个孩子。

刘鄂刚出生那天晚上，深更半夜，东山密林中的大小狼群叫个不停，秦俊吾听着脊背发凉，不禁心里乱想，都说狼和狗一样，鼻子特别灵，是不是狼崽子们能闻到婴儿的气息呢？刘公武这时在外面跑公务，有时十天半月不回家，秦俊吾半夜起来喂奶、换尿片，又不便叫起桂香或者老姚老范，她听着狼嚎，心里头一点都不踏实。

人来到世上，就是一种偶然。男女排行老七的刘鄂，差点就失去了来到这个世上的机会。

在重庆的时候，刘公武听说秦俊吾又怀孕了，就说孩子太多了，打掉吧。于是有天秦俊吾去白瑜家，打听哪家医院打胎比较好，结果，找到了医院，却因为星期天打胎的医生不上班，没有打成。秦俊吾自己也有点舍不得，于是就留下来了。4 月 12 号美国总统罗斯福去世，十天后就生了刘鄂，常来串门的梁棣征说："这是好兆头。"秦俊吾开玩笑说："兆头兆啥呀？你的意思是罗斯福投胎投到我这来了？"后来，刘鄂长出一头卷发，梁棣征更加觉得有理由了，说："你看看，这不就是个洋娃娃嘛？"

1945 年初春，历时两年的中国远征军缅北大反攻胜利结束，日军受到重创，而上一年发起一号作战长驱豫湘桂的日军，打到广西柳州和贵州独山之后，国民党军发起反攻，捷报接二连三，舆论盛传日军已至穷途末路。秦俊吾听说了之后，非常高兴，说："肯定的，小鬼子兔子尾巴长不了啦！"

日军在贵州独山遭遇挫败后，1945 年四五月间，再次调集五个师团超十万兵力，在湘西发起新的进攻，日军称为"芷江作战"，企图从此打开缺口西进，威逼重庆。而此时，滇缅公路在缅北大反攻取得胜利之后，全线被盟军控制，美国援助的装备物资从此得以顺利进入国内。国民政府军委会迅速装备了三十六个美械师，在昆明设立陆军总司令部，何应钦坐镇指挥对日大反攻。

在这种情况下，国民政府对于日军筹划的芷江作战，已经具备了充分的应对能力。国民党军调集了第三、第四方面军和第六战区九个军共二十六个师十八万余人兵力，以雪峰山为依托，部署于从邵阳洞口到怀化芷江一线，王耀武将军任作战总指挥。从 4 月 9 日至 6 月 7 日，历时两个月，国民党军消灭日军近三万，"湘西会战"严重打击了日军嚣张气焰。

事实上，从此，侵华日军一蹶不振，湘西会战成为中国抗日战争最后一场大规模敌我对决。

尽管如此，大半个中国仍然被日军占领。因此，华中对日反攻也在紧张筹划中。作为湖北省主席兼任第六战区副司令长官的王东原，与省府一班人马，各自东奔西突，协调调度军地人财物，部署对华中日军的大反攻。

尽管日军已感风雨飘摇，去日不多，但依然在各处负隅顽抗。

7 月初，陆军总司令何应钦便来到恩施视察，同时将第六战区司令长官孙连仲调第一战区主事，升任第一战区副司令长官孙蔚如为第六战区司令长官。

何总长在恩施机场听取了湖北军政负责人对于华中大反攻的相关各项准备工作情况汇报，以湖北省政府为主，全力配合第六战区反攻机宜。

王东原当即召集省府委员举行例会，决定设立"湖北省政府行政督导团"，以长江为界，分为南北两团，对正在修建的飞机场、公路等战时设施，以及各地配合反攻的有关事项进行深入考察，及时整改，并慰问民工，了解民情。

刘公武担任江南督导团团长，7 月中旬从恩施出发，对长江南岸的来凤、巴东、长阳、宜都、枝江、松滋、公安、沙市、荆州、石首等地进行考察。

1945 年 8 月初，美国人向日本本土广岛、长崎两大城市先后投下两颗原子弹。闻风而动的苏联红军，立即越境向东北日军发起了大进攻。

刘公武先后从广播里得知了这些振奋人心的消息。

8 月 16 日，考察行程结束，正在返回恩施途中，夜宿宜都一古庙。

睡到半夜，有人梆梆梆敲门，刘公武不知何事发生，一跃而起，一名随扈兴高采烈地说："长官，小鬼子投降了！日本天皇向全世界广播了《投降诏书》！刚刚宜都驻军那边打电话来说的。"

这消息实在太突然，刘公武有点将信将疑，便问道："落实了吗？"

随扈说："落实了，绝对真的！昨天，也就是15号晚上，天皇就向全世界广播了，只是我们到今晚才知道。"

刘公武一听，顿时惊喜不已，说："太好了！太好了！终于熬到头了！"

说着，刘公武泪流满面。

急令赴汉，筹办受降接管

1945年8月15日，日本天皇发表《投降诏书》，宣布在海外作战的三百三十万日军放下武器，无条件投降。

美联社在这一天向全世界发出电文：最惨烈的死亡与毁灭的汇集，今天随着日本投降而告终。

刘公武与江南督导团一行人，16日晚获知这一消息，大家全部不再睡觉，庙里僧人都随着他们一起跑到宜都大街上，和欢呼胜利的人们，一起高呼口号，载歌载舞。

刘公武下令，督导团连夜返回恩施，省府必定要立刻部署受降和接管武汉的相关事务。说走就走，刻不容缓。

一行人马到达第六行政督察区所在地三斗坪（时为宜昌政府临时驻地，今属宜昌市夷陵区），欲借第六行政督察区专员公署稍事休息之后，再乘车返回恩施。

刘公武在专员公署打电话给王东原主席汇报工作时，王东原高兴不已，说："你这电话来得及时，我正在找你，你立即带你的人马奔赴武汉，作为湖北省政府接管武汉的先遣负责人，迅速筹办接管事务。保持及时联系，省府任命文件很快发过去。"

刘公武领着一队人马，在三斗坪候船准备沿江东下，奔赴武汉。

恰逢此时，湖北省邮政局长许季珂乘一艘邮轮从上游下来，他建议刘公武一行乘邮轮去武汉。也许，这本就是王东原的安排，只是他没必要跟刘公武商量而已。

这当然好了！邮轮设施齐备，便于众人食宿，且邮政局率先去汉接管，更便于恩施等地与武汉的联络，邮路畅通，则沟通联络畅通，交通畅通，办事顺畅，一举多得！

不过，许季珂局长说："从宜昌到荆州这一段水路，日军曾经有过江面封锁，因为国军西撤没有扫雷，我方和敌方沿江布下的水雷，到处都是，常常有人船毁人亡。咱们这次去武汉，可以说是宜昌到武汉的首航，风险不小啊！"

刘公武听了，哈哈一笑："冯玉祥将军说过，飞机扔炸弹，跟天上鸟儿拉屎一样，落到谁头上那是因为他倒霉！胜利之师，喜气团身，哪还能碰上倒霉的事呢？"

刘公武一番话，引起大家一阵爽朗的笑声，"启航，开船！"

邮轮起锚之后，一路劈波斩浪，孤帆挺进，如入无人之境。

浩浩长江，自从 1943 年 6 月鄂西会战结束，国民党军沙宜大撤退之后，宜昌至武汉就航路中断，船只绝迹，两岸对峙，有如隔世。故而此次首航，必定为南北两岸大众所瞩目。

夕阳西下，邮轮即将驶入沙市码头。刘公武站立船头，遥望北岸荆沙，大堤之上，街巷之间，人头攒动，彩旗招展。人们汇集江边，一俟邮轮靠岸，码头上顿时欢声雷动，鼓乐齐奏，鞭炮齐鸣，刘公武见此情景，感慨万千，泪满双颊。多年来压抑于铁蹄下的人民，终于有了发自内心的喜悦和欢呼！

踏着群众欢呼的节奏，刘公武一行下船上岸，父老乡亲一个个热泪盈眶，争相与大家握手，拥抱，仿佛久别重逢的老友，无比亲热。

一路上，只见人山人海，摩肩接踵，所有的人都喜气洋洋，笑容如阳光般灿烂。沙市商会的代表将刘公武一行接到商会住下，而一起跟随的民众，在街上还久久不愿散去。被这种场景深深地感染，刘公武便带着大家，又走进了沸腾的人群。

陌生的面孔，洋溢着亲人般的笑脸，他们拉着政府人员的手，问长问短，不厌其烦，仿佛相互之间久绝于世，而今又见了天日，难抑万般激动。

刘公武和他的一众随行人员，有的竟然被感动得号啕大哭，泣不成声，刘公武深知，这就叫喜极而泣。

入夜，刘公武躺在床上，万端感慨，一齐涌上心头，久久无法入眠。

第二天一早，刘公武率众前往荆州古城。途中，他们看到一队尚未缴械的日军迎面而来，依然扛着三八大盖，全副武装，昂首阔步，依然一副威风凛凛的样子。刘公武见了，不禁眉头深锁，冷眼相视。领队的日军军官见此情状，感觉不妙，于是立即下令日兵背着枪支，缓步行进。

行至荆州城东门口，城门两边仍是双岗，一边是日军，一边是伪警，随行人员及向导上前与之交涉，日军闻言，即刻伸出大拇指，说："大大的长官来了。"刘公武未予理睬，令随行人员张贴湖北省国民政府的安民告示，日伪军一旁垂首而立。

刘公武与众人步入城内，只见屋宇零落，破旧稀疏，残壁断垣，满目荒凉，原有街道已不可辨，多处荒草萋萋，一片废墟。刘公武不禁感叹：古城雄姿，而今安在？

第三天清晨，邮轮离开沙市顺流而下。长江水面开阔，浩瀚无涯，天气晴朗，远望江天一色，令人神清气爽。

船至岳阳城陵矶，暂作停泊，刘公武站在船舷边，向不远处的江边码头望去，发现岸边躺卧着几个半裸女子，有如僵尸般一动不动，神情落寞，不言不语。刘公武意识到，这些人多半是日军的随军营妓，也就是后来被称作"慰安妇"的女子。日本军队不仅从侵占的国家如朝鲜、中国、越南、菲律宾等国劫持妇女充当慰安妇，也挑选本国妇女派往前线部队。这几个女子有点像日本女人，也许是无处收容，流落于此。

再看城陵矶码头，一片死寂，不见人影，刘公武寻思，这就是我的家乡？

刘公武无心登岸，令邮轮起锚开航。

8月22日上午，刘公武一行从游轮上已能远远地看到雾霭中的武汉三镇。邮轮越靠近北岸，越能清晰地看到汉口江岸，杂草丛生，垃圾成堆，人迹寥寥，满目凄凉。

船靠码头，刘公武便看见老朋友袁雍远远地在码头上向他招手。

袁雍是刘公武在湘鄂赣边区工作时的同事，湖北大冶人，时任国民党中央第六届监察委员、国民党汉口市特别党部主任委员。受王东原委派，乘车从恩施先期到达汉口，为刘公武一行人的到来作办公、食宿方面的先期准备。

老朋友见面，分外亲切，尤其在此胜利时分，更是毫无拘束。

袁雍说："老兄终于来了！那鄂东的李石樵也在这里像当家做主一样，说由他主持接管事务，怎么办？"

李石樵是国民党元老级人物，1892 年出生，湖北浠水人，保定军校第六期生，北伐时期就做到了李宗仁第七军的参谋长。抗战期间，因被蒋介石疑为与新四军有勾连而受冷落。此次来汉"搞接收工作"之前是鄂东行署主任，他主动电告王东原，提出去武汉主持接管事务，对于这样的"老同志"提出如此要求，王东原心里明白其意图，"搞接收"是一个揽财捞钱的"好机会"。王东原没有明确表示反对，以不置可否示之，实际上就是认为，谅他也折腾不了啥。

刘公武对袁雍说："我们做我们的，先把接管事务搞一个整体梳理，形成一个工作日程，至于具体的接管工作，王主席他们过来了，自然有相应的单位具体执行。我们是省政府明确派遣的，怕什么？他李石樵要搞什么，得有文件吧？鄂东行署盖章的文件总不可能在武汉颁行吧？"

袁雍说："明白了。"

袁雍带着刘公武一行，住进了汉口黄陂路 45 号，也就是汪伪政府的"湖北省政府驻汉办事处"。

第二天，刘公武吩咐手下说："办事处的牌子要挂起来，有这个现成的就行，但要刷新一下，新牌子虽然跟老牌子名称一样，但要知道，不仅是油漆剥落显得旧了，而且有'伪'气在上面，所以必须刷新。"

刘公武作为第六战区敌伪物资接管委员会委员，担任湖北省政府驻汉办事处主任，同时要求，包括下属负责联络各方的干部，马上印出名片，用来四处发放，可资联络。

当日下午，汪伪政府"湖北省省长"叶蓬求见刘公武。

毫无疑问，叶蓬是大汉奸。年轻时，他跟李石樵是保定六期的同学，仅凭这一点，王东原也不敢委轻易派李石樵担任接收大员。

叶蓬因为其柔而有余，刚而不足，军校毕业十多年都只混了一个团长。1931 年，蒋介石为奖励叶蓬在中原大战中劳苦功高，让他筹备武汉警备司令部，却并未明确要他担任警备司令。于是，叶蓬的老上级夏斗寅便趁机将他调到第十三军当少将参谋长，一下子让上校团长叶蓬进入了"高级将领"行列。

1932 年 3 月，夏斗寅当了湖北省主席，叶蓬便顺理成章地当上了武汉警备司令。1938 年武汉沦陷，本质上就是一个文人的叶蓬，觉得乱世不能从军，就脱离军队，做生意去了。

1940 年汪伪政权在南京新鲜出炉，叶蓬被汪精卫召去做了"军事委员会常务委员"。1943 年 4 月，叶蓬以汪伪政府"陆军部长"身份去日本觐见天皇，发表了《矢忠日本》的媚日讲话，留下无法抹去的罪恶污迹。

1945 年 3 月，叶蓬被汪伪政府任命为"湖北省省长兼中将保安司令"。

对叶蓬的一贯事迹，刘公武也略有耳闻，只是刘公武心目中的汉奸形象都有点狰狞猥琐，面目可憎。未料甫一见面，这叶蓬竟是一副书生模样，文质彬彬，谨言慎行。

叶蓬本就是保定六期同学中有名的文才和书法家，自然其作派和形象就不那么趄趄武夫了。

无论如何，刘公武对这种在日本人那里卖身求荣的角色，就算他形象再好，也无法让他有半点好感。于是，刘公武嘱咐叶蓬，接管方面的具体要求，这两天就会行文送达，只需按照文件规定的交接要求做好准备便可。

叶蓬唯唯诺诺，迅即告退。此后，刘公武也再未与之见面。1947 年冬，国民政府审判机关以叛国罪将叶蓬判处死刑，在南京枪决，成为国民政府第一批处死的大汉奸。

刘公武在武汉三镇的第一任务就是要求全省各地迅速发布安民告示，安定社会。一方面要安定民众，安定工商各界平稳运行，保障民生，防止与伪省政府或日军发生冲突；另一方面利用伪政府机关部门官员和团体组织，安定各自原有人员，令伪政府各机关部门对原有文件资料、档案等，绝不允许随意销毁、散失，要求配合国民政府，保障接管工作顺利进行。

8 月 30 日，第六战区长官部成立的汉口前进指挥所主任谢士炎少将，从恩施飞抵汉口，从办事处接手了有关日伪军方的协调联络工作。

刘公武老友，中央社湖北分社主任徐怨宇随前进指挥所谢士炎一起到达了汉口。徐怨宇一下飞机，就直奔刘公武的省府驻汉办事处，当即住进了办事处附近的黄陂路 18 号。徐主任以办事处为主要消息渠道，让手下人跟踪采访。有关接管工作方面的报道，及时与刘公武进行沟通交流。

刘公武每日去往各重要部门进行巡视，了解情况。接管工作的分派逐渐理顺，并形成具体方案上报。刘公武便将主要精力放在敌伪物资接管工作上，同时代表省府兼顾各方协调联络。把三青团湖北省支团部的工作基本上交给了支团部书记刘先云之后，刘公武便一心考虑如何为省主席王东原到汉后的所有工作做好铺垫。

原驻武汉日军被限制在军营中，等待解除武装。刘公武在巡视中发现。不少的交通要道和码头显眼处，书写着醒目的"忍"字，看上去，显然是日本人新写的。刘公武感觉很震惊，仅这个字就足以看出，日本人仍不承认失败，还心存几分不甘。

徐怨宇也跟刘公武说，他在前进指挥所谢士炎那里，看到一个日本少佐军官向谢士炎汇报驻军情况时，一边号啕大哭，一边说："要不是天皇的圣旨我们不得不服从，我们日本军人是不会失败的。"果然，没两天，就听说这个少佐竟然剖腹自杀了。

从种种迹象来看，日本军人或侨民中那些有着较强军国主义意识的人，不甘失败的情绪此时特别浓烈，必定影响到武汉尚未撤走的为数众多的日侨，刘公武担心，租界里相对自由的日侨，每日里还在大街上来往，有的依然继续做买卖，社会上武汉民众逐渐归来，有仇日情绪者不在少数，万一发生摩擦，就可能引发新的中日冲突。他要求徐怨宇在这方面配合做些安定民心的报道，同时，与警察局积极沟通，必保辖区内不能发生任何冲突事故。

刘公武正在考虑并着手处理这方面问题，汉口市政府日德侨民管理处处长戴仲民来找刘公武，请他去日租界向一批等待遣返回国的日侨作一次讲话。刘公武欣然应诺。

9 月 4 日上午，也就是驻华日军在南京正式向中国政府签署投降书之后第一天，刘公武来到了汉口日租界。

四百多名日侨静静地在一块空旷的草坪上站着，秩序井然。日本国驻汉总领事担任临时翻译。刘公武走到一个临时搭成的讲台前，神情威严却不失礼节，向众日侨打过招呼，尽量让大家放松情绪。

刘公武的演讲，从有史以来中日两个民族同文同种的亲善渊源关系开始，进而阐述了共同尊奉的孔孟儒家思想，以及讲道德、求仁义的核心理念。战争给中国人民带来了巨大伤害，同时也带给了日本人民巨大伤害，从今往后，唯有和平，是我们都应当共同追求的目标，国与国、人与人相处，必须遵循"和为贵""不念旧恶"观念。

刘公武的演讲既体现了中华民族文明大国的君子风度，也表达了作为胜利者对于日侨的诚恳激励和真心安抚，和风细雨，温文尔雅。自始至终，数百日侨，鸦雀无声，悉心静听。最终，刘公武祝福众日侨一路顺风，平安归家。人群瞬间便爆发了一阵热烈的掌声。

刘公武因为率先到达武汉，且担任省府驻汉办事处主任，月余时间中，仅接待中训团高级班同学就有不少，如国民党湖北省党部书记长吴大宇、国民党中央宣传部驻武汉特派员王亚明、《武汉日报》社长宋漱石、中统局华中特派员熊东皋、第六战区政治部主任李澄澜等，都与刘公武交往密切，也钦佩刘公武的为人处事，这些人后来都跟着他成为了拥戴王东原的一批骨干力量。

由第六战区主持的华中日军受降仪式，将于 9 月 18 日在汉口中山公园举行。

9 月 15 日，刘公武代表湖北省政府先后迎接国民党军第六十六军宋瑞珂部进入汉口，第九十二军侯镜如部进入武昌。大军进城，武汉民众敲锣打鼓，彩旗挥舞，载歌载舞，夹道迎接，欢迎队伍延伸好几公里。

接着，第六战区司令长官孙蔚如、副司令长官郭忏，以及湖北省政府主席兼第六战区副司令长官王东原，于 9 月 17 日从恩施飞达武汉。

刘公武早已将省主席办公和会议场所布置停当，王东原一到，迅即召集武汉敌伪物资接管委员会成员召开会议，通过了刘公武此前主持制订并由省府修订的接管方案，部署各机关部门立即开展具体的接管工作。

之所以定于 9 月 18 日举行武汉受降典礼，乃为纪念日本人挑起侵华战争的九一八事变，寓意"不忘国耻，今日洗雪"。

刘公武作为三民主义青年团湖北省支团部干事长，被邀参加受降典礼。

这天上午，汉口中山公园，受降典礼会场，布置得庄严肃穆，全副武装的军人于会场周围齐整站立，威风凛凛。

第六战区正副司令长官于会场正前方上席就座，日本驻华中第六方面军最高司令长官冈部直三郎大将，率领其主要军官进入会场，第六战区长官部

1945 年 10 月 1 日，国民党军进驻汉口，民众夹道欢迎

少将副官处长蒋虎志即令冈部交出其所佩战刀，冈部取下战刀，毕恭毕敬地交予蒋虎志少将。这个程序，作为递交投降书之前的一个环节，表示日军接受解除武装。

仪式开始，冈部直三郎趋步向前，肃立于孙蔚如司令长官面前，将投降书双手捧起，呈与孙长官，其余日军官员同时致举手军礼，孙长官从容接过投降书。然后，孙长官向日军宣布受降有关条令和要求，冈部等人垂首肃立静听。完毕，主持人宣布：中华民国政府军事委员会第六战区司令部，接受日军第六方面军投降仪式，圆满结束。

冈部直三郎在办妥有关投降、交接等手续后，作为战犯被囚禁于武昌东湖武汉大学校园。1946 年 7 月押解上海，11 月，因突发脑溢血抢救无效死亡。

受降仪式，简短而庄严，成为武汉抗日战争史上一个重要标志而载入史册。

这个 9 月，全中国以及世界各地华人，乃至遭受过日军蹂躏的西太平洋远东各国人们，都沉浸在胜利的喜悦之中。

武汉三镇，作为曾经敌我对决规模最大、时间最长、摧残最烈的国内大城市，憋屈太久的人们，举着彩旗，喊着口号，踏着废墟的瓦砾，穿过满目疮痍的街道，在断壁残垣之中，对这份用泪水、鲜血和生命换来的胜利的喜悦，别具感慨。

筹谋重建，横遭非难梗阻

历时十四年的抗日战争，漫长而苦难，悲壮而惨烈，中华民族遭受了史无前例的摧残和蹂躏。国家产业凋敝，山河破碎，生灵涂炭，饿殍遍野，数千万民众丧身于战争带来的灾难，无数国民流离失所，家破人亡。三百多万军人为国捐躯，绝大多数客死他乡，尸骨无存。

纳粹的奥斯维辛集中营幸存者埃利·维瑟尔说："战争，没有真正的胜利者，只有受害者。"

如今，战争的硝烟已经散去，和平的曙光正在照耀大地。宽阔浩瀚的长江，波光粼粼，澄碧若练，悠然东去。

王东原和刘公武站在黄鹤楼上，环望武汉三镇，感慨系之，满怀唏嘘。

王东原长长地嘘了一口气，对刘公武说："本来此地三江襟带，三镇相依，八年前，站在这黄鹤楼上，看江上百舸争流，千帆竞发，汽笛声此起彼伏，观两岸树木葱茏，楼宇林立，市场繁荣，人们摩肩接踵，欢声笑语，那是一幅多美的景象啊！"

两千多年前，老祖宗李聃就告诉我们："夫唯兵者，不祥之器。不得已而用之，恬淡为上，胜而不美。

胜而不美，是啊，有啥可美的呢？"

王东原满脸沉重，说着说着，有如自言自语。

刘公武接言道："是的，战争，没有真正的胜利者，无论哪一方，最终，都是受害者。"

王东原说："欢呼胜利，差不多就行了。恢复城市建设，恢复生产，恢复商贸，恢复教学，恢复航运交通，恢复正常的社会生活，才是当务之急。那一片片断垣残壁的废墟，那一个个死寂静默杂草丛生的大码头、大学校、大工厂，就是一块块还在发炎的大伤疤，急需康复啊！"

刘公武说："确实，这方方面面都要抓紧进入实质性工作了。前一段时间，我顺带做了一些调查，除了现在在职的人，有些离开的人可能会随着局势的平静逐步返回来，但这么多年，有不少的人会不知去向，这样，各行各业人才流失必定会很严重。和平建设，人才为要，这是很关键的问题。"

临时驻在恩施的湖北省政府各机关团体，人才结构多为适应战时需要而形成，与和平时期的人才需求大相径庭。刘公武提出这个问题，王东原觉得至关重要。他说："我们要先对全省各行各业各地的人口、产业、人才现状，作一个比较全面的情况摸底，同时把相关的战争损失进行评估，这样省府才有可靠依据来制订城乡建设、产业发展的一揽子计划，根据恢复建设和发展计划，逐步延揽专业技术和管理人才，不可能一下子就能找到一大批各方面人才，得按照轻重缓急，一步一步来，湖南人不是有句俗话说，草鞋冒样，边打边像嘛。"

为了尽快拿出计划，省府决定暂时不搬家，仍在恩施办公，省府以及相关重要部门，则在武汉设立办事联络机构。

王东原认为，城乡恢复重建，是首当其冲的第一要务。他从重庆请出了他的全椒老乡，有着英、德留学和研究背景的城市规划建设大学问家朱皆平教授，领衔组建湖北省战后重建专家团队，从武汉开始，进行全面规划。

刘公武依然负责省府驻汉办事处，总在恩施、武汉两头跑。他想，省府终归迁回武汉，家属们可以先行返回武汉安顿。于是请省政府安排车辆、船只，帮助他搬家。

9月底，刘公武又来到恩施，回家时，他嘱咐秦俊吾做好搬家准备，等省府搬家队通知。还说，他没时间一起搬家，到了汉口如果他不在家，就去找徐怨宇。徐怨宇说了，要是搬家到汉口的话，随时找他就是。

10月初，秦俊吾和花匠老姚、大师傅老范，带着丫头桂香和七个孩子，先坐车到巴东，然后上了同样由省府安排的一艘从驻汉日军手中接管的运输船，一起坐船去武汉。

大船主要是坐人和随身携带物品，因为这艘日本运输船动力大，所以就在大船船体上绑了一条木船，专门用来装大船上装不下的行李家具。

秦俊吾一家，小孩带工人总共十一个人，光是被子、衣服、日常用具用品，装箱打包，总共就有十几大捆。船过西陵峡，因船体绑了木船，超过了正常宽度，被礁石撞到了，船上没有绑稳的东西，在剧烈震动之下散落满江，只能眼巴巴看着漂走，一点办法也没有。还好老姚和老范在放置自家东西时，把被子衣服箱子包裹，用一根粗实的长绳子全部串在一起，结结实实固定在船上，一件都没被震落，但还是被涌起的江水浇了个透湿。

船到宜昌，大家下船休息。正好碰上刘公武在武冈二分校时的一个学生，在这里当县长，他便安排秦俊吾一家住到一个教堂里。在这里"休息"两天，就晒了两天的衣服被子。

到了汉口，一家人先去了黄陂路45号刘公武的办公室，刘公武正在办公室里忙乎，一问，他根本就没有给全家人找个落脚的地方，秦俊吾无奈，只能独自叹息。刘公武说："我不是跟你说了嘛，找老徐。"

秦俊吾说："我到哪里去找他？"

刘公武说："我在就我来找吧。"

等了半天，徐怨宇来了。

徐怨宇是刘公武的老朋友，中央社湖北分社主任，也深得王东原赏识，作为接收工作大员之一，他8月份一到汉口，就住进了黄陂路18号。

徐怨宇是个有心人，旁边的黄陂路19号是一幢两层小楼，原是一个日本洋行经理住的，设施、家具齐全，还有地下室。那时这样的楼没啥稀奇，而如今来说，闹市区有这样的房子，那就是豪宅中的超级豪宅了。他想，作为省府大员，刘公武一大家子住个这样的房子，绝不过分。

在这家日本人准备搬走的时候，徐怨宇就跟负责资产接管的朋友说了，他要留下这房子，有重要作用，不能给别人。刘公武也是资产接管委员会委员，但他这个人，绝对不会自己开口去要这样的房子。

徐怨宇知道，刘公武是个清正廉洁严于律己之人，加上省府一大摊子事，忙得焦头烂额，也没有时间去想房子的事儿。再者，徐怨宇也怕他反对，于是就留了个心眼，没把留房子这事跟他明说，只跟刘公武丢了一句话："嫂子他们哪天从恩施搬家过来，房子的事找我就好了。"

秦俊吾带着全家住进了这个二层小楼，南北漂泊十多年，这是她第一次碰到的最好房子。除了刘公武担心被人诟病，秦俊吾和全家大小都非常高兴。

徐怨宇跟刘公武成了隔壁邻居，此后，只要刘公武在家，他总要过来走

1946 年，刘公武、秦俊吾携刘鄂、刘力、刘佐、刘祁、刘岗、刘平、刘顿在湖北汉口

1946 年，刘公武与秦俊吾在湖北汉口

走，聊聊，也便于他能够及时掌握省府出台的战后重建方面重要信息和新闻线索。

秦俊吾安定下来之后，大师傅老范提出要回河南老家，他说："桂香十五岁了，跟我学做饭炒菜这么久，样样都能拿得下了，再者，这里仅这么一个小小的前院，就算栽点瓜果蔬菜，还不够一大家子吃的。这么些年来，多亏大姐对我这么好，让我攒了点钱，爹娘看了户人家姑娘，觉得还行，老写信催我赶快成家。如今抗战胜利了，我也该回家好好伺候伺候爹娘了。"

秦俊吾听他这么说，觉得也是，不好执意挽留，说了一大堆感谢的话，让老范感动得眼泪都掉下来了。

临走，除了工资和路费，秦俊吾额外还给了点钱，说一来这就算给他新媳妇儿添身衣裳，二来也算表示对他这几年辛勤付出的感谢。

老姚帮他提着行李走到了街上，他去送老范坐火车。秦俊吾和全家人依依不舍地跟老范告别，然后，老范抹着眼泪跟上老姚去了。

1946年初，国民政府正开始筹划对战时机构逐渐进行裁撤，像"战区长官部"这种机构便在率先裁撤之列，同时成立新的军事机构，诸如行营、绥靖区之类，主要用以发动对共产党军队的战争。

但很多军人对这种机构毫无兴趣。不打仗了，尤其是很多高级军官就变着法子想要在政界谋取一席之地。

蒋介石在1943年8月林森因车祸去世之后，接任了林森的国民政府主席职，同时依然是军事委员会委员长、国民党总裁，如此，党军政大权，蒋介石一手掌握。

第六战区副司令长官兼参谋长郭忏，是国民党中央执委，长期跟随陈诚而成为其心腹之人，即使领军，也是在湖北，前后十几年人脉关系网的编织，肯定为王东原所远远不及，在他的一帮子老同事老部下怂恿之下，他盯上了王东原省主席这个位子。

于是，郭忏在国民政府正在积极实施整军之际，趁机向陈诚"控告"王东原，说王不懂湖北政事，用人不当，战后重建效率低下，时超半年，省府迁返还未完成，等等。同时，郭忏还利用其在湖北政界各种关系和影响力，处处给王东原实施新政以难堪。一时间，双方竟至闹得水火不容。

问题反映到了蒋介石那里，蒋介石心里自然非常明白郭忏的意图，省主席位子肯定不可能给他郭忏，但王东原如果还在湖北跟他耗下去，矛盾会越积越深，肯定对于湖北恢复重建十分不利。

这时，湖南那边也反映，省主席、广东人吴奇伟懦弱无能，社会各界大佬们对他极为不满，也在纷纷告状。蒋介石正在想把吴奇伟换个位子，认为吴奇伟还是回军中任职较妥，于是便调他去武汉行营担任副主任，做了程潜的副手。三年后他在广东绥靖公署副主任任上策划起义，投奔了解放军。

陈诚也觉得王东原回湖南比在湖北好，王东原曾在湖南近二十年，可以说是"人地相宜"，因此陈诚向蒋介石建议，将王东原调任湖南省主席。

当时，一心想控制湖南的华中军政长官、武汉行营主任程潜，知道王东原在湖北处处受到掣肘，工作不顺，也向蒋介石提了这个建议。

蒋介石接受了陈诚和程潜的建议，于是，陈诚放出消息，让王东原着手组建湖南省新一任政府委员会。

王东原一向都把刘公武当作亲信之人，在恩施私下与刘公武商议之后，当即派刘公武前往重庆，向陈诚请示省府组阁事宜。

4月初，刘公武带着王东原赋予的使命，从恩施飞往重庆，面见时任国民政府军政部部长兼军委会后勤总司令陈诚。

未料，刘公武将有关情况汇报之后，陈诚说："这事啊，你还得叫王主席亲自过来，有些人，有些事，你不熟悉，没法跟你商量，更不好跟你直接交待。"

刘公武顿时明白，陈诚肯定是要安插自己的人马进入湖南省府班子。

王东原闻讯，只得迅即赶往重庆。

不出所料，陈诚提出，由现任军政部军法局局长、湘潭人刘千俊出任委员和民政厅厅长。刘千俊曾鞍前马后跟随陈诚二十来年，此番让其在国民政府还都南京前，荣膺家乡省府大员而衣锦还乡，也算是给他一个满意的安排。接着，陈诚还提出，由时任长沙市代市长、新宁人李毓九出任委员和建设厅厅长；由时任三青团湖南省支团部干事长、出自黄埔一期的湘阴人李树森出任委员和警务处长；时任湖南省府委员、湘西行署主任、湘乡人毛炳文，则继任委员。

王东原一听，这一拨人，都曾先后跟随过陈诚，都有"土木系"军中的不

1946 年，刘公武任湖南省政府秘书长时的肖像

凡经历，也都是文武兼才，不是老资格，就是高学历，如今，陈部长亲自出面安排，还有啥可说的呢？

除去省主席，另设委员九人，陈诚就指定了四个，差不多占去一半，其余则由王东原自己安排了。

王东原提出，由刘公武出任委员兼省府秘书长；毕业于伦敦大学经济学院，曾在国民政府财政部任职的李锐为委员兼财政厅厅长；现任湖北省政府秘书长王原一出任委员；为照顾地域关系，长期于军中任职的湘西慈利人王育瑛作为湘西代表，出任委员，兼省军管区副司令；曾在美国获得双博士学位的教育界大学者王凤喈，继任委员和教育厅厅长。

王东原整理了名单后，交军政部长陈诚面呈蒋介石批准，1946 年 4 月 9 日由国民政府行政院颁文发表。

返回恩施，湖北省新一任政府委员会，也已由前任中央军校教育长万耀煌组阁完毕，并由行政院颁文发表。

王东原和刘公武、王原一便抓紧进行工作交接，于 1946 年 4 月 27 日一同赴长沙就任。

自 1923 年 7 月二十岁从长沙中学毕业，除了后来几次曾路过长沙，到此时，刘公武已经阔别省城将近二十三年。

而刘公武这血气方刚、风华正茂的二十三年，曾经漂洋过海，亡命天涯，异国独闯；曾经凄风苦雨，四顾迷茫，饱尝辛酸；曾经南征北战，涉险濒难，勇履雄关；曾经训军理政，主辅相兼，责任自担。也曾落寞彷徨，也曾风光无限，也曾踌躇满志，也曾遭遇非难。

如今，作为和平年月国民政府最高行政机关任命的省府大员，刘公武纵然年富力强，对自己信心满满，却丝毫没有衣锦还乡的愉悦和轻松，只有倍感前路坎坷、任重道远的忐忑。

第六章　战后重建

省府膺职秘书长，全心辅佐王主席

恢复重建，力促计划实施

1946年4月下旬，王东原正式走马上任湖南省政府主席。第一件大事，当然是组建党政军警以及各职能机构、市县班底。

刘公武作为省府秘书长，一应大小事务，协调联络，发令颁文，无一不经手过场。刘公武想找个擅长文牍的人来做省府秘书处主任，于是，他写信给正在浙江新昌县当县长的张云襄，未料张云襄那边也是恢复重建忙得不亦乐乎，一时走不开。刘公武只得另寻他人。

湖南省府的资深秘书巴壶天（1905—1987）虽然与王东原同为安徽人，但两人并无私人交情，且巴壶天先后在安徽、贵州、湖南诸省政府就任秘书乃至秘书长，与王长官交集不多。巴氏1937年便在湖南省政府担任主任秘书，长期为薛岳所用，故而王东原对于是否重用其人，还有些犹豫。未料，这巴壶天却是一个从不依附任何派别，心思专一于诗词文章之人。没过多久，刘公武了解到其为人处事真诚厚道专注尽责之作风，便提议启用巴壶天担任省府主任秘书。

省府十大委员及其分工，已由国民政府行政院颁文发表，板上钉钉，除了主管事务可略作调整外，王东原并没有多大腾挪空间，而省府党政军警以及各职能部门要员遴选和职位安排，按理基本上可以按照他自己设定的计划就位。

可事情并不那么简单。

长沙因为省府所在，诸项工作必须迅速进入正常运转。李毓九作为抗战胜利后第一任市长，此时已膺省府委员兼建设厅长之职，故而即行任命中训团门生汪浩为长沙市市长，以安首府局势。

王东原每日里便走马灯一般约见各方人士。而日程安排，迎来送往，乃至地方要员的食宿车马，刘公武事必躬亲，唯恐半点差池，毕竟是新官上任，对于可能担任部员"阁僚"或地方"诸侯"的各位大神，不得不小心伺候。

当时，整个省府及其要害部门的人事安排，无论陈诚安排的人，还是王东原新揽人马，一个最大特点就是三青团方面人才占据了优势地位，从而一改前任省主席吴奇伟以CC派（即国民党中央党务体系，当时被人称为"中央俱乐部"）为主的局面。这样的话，预想往后实际运作中，存在的问题可能主要在于三青团内部派系之间的矛盾，未料，仅仅人事安排的"党团之争"便把王东原弄得焦头烂额。

陈诚指定的人选，往往出自"土木系"。"土木系"是陈诚派系的别称。陈诚发家始于1929年任第十一师师长，1930年晋升为第十八军军长，十一，十八，分别组成"土"和"木"二字，此后，依附陈诚而晋升的将领，被人称为"土木系将领"。军队系列中，有着"土木系"渊源关系的将领形成一派，随着时间推移，有些将领逐步散入地方政府，而"土木系"的渊源依然存在。

王东原虽无太深的派系渊源，但在用人方面，必定也有亲疏远近之分。

在政治方面，他主要倚仗自己曾任中训团教育长而跟各派系骨干分子所建立的"师生关系"，依托这层关系，可以用来协调、化解党政工作所涉多方面矛盾。如此，王主席具有他人不可比拟的优势。

陈诚和王东原曾长期主掌中训团，在各期党政班、高级班中，与他们形成师生关系的军政官员涉及各派，于是其中的各个派系人物便形成交叉关系。虽然中训团本身没有明显派系，但由于"师生关系"的存在，也就在某种意义上具备了一定的派系色彩。需要靠着"师生关系"依附陈诚、王东原等人的，就有仇硕夫、赵可夫等，而王原一、刘公武、刘修如、莫萱元、姚雪怀、李少陵、汪浩、萧训等人，基本上就形成了以王东原为核心的"中训团系"。

王东原上任之初，参加过中训团党政班、高级班的学生，便专门在省党部礼堂举行了一次中训团党政班湖南同学联谊会，欢迎王教育长荣膺湖南省主席，祝贺刘公武、王原一和王育瑛三位中训团曾任长官新履省府委员。

这次参加联谊会的中训团湖南同学就有二百多人，这些人分布在省府党政军警以及市县重要岗位，作为与三王一刘有着"师生关系"的庞大团队，他们在湖南的作用不可小觑。

在军警方面，王东原主要依靠自己发家的第十五师旧部，来支撑和巩固自己的地位和权势。王东原在第七十三军掌军多年，尤其是与其第十五师有渊源关系的将校官员，派系色彩非常明显，这些人，别的派系基本上不会理睬他们，投奔王东原是他们的最佳选择，譬如陈为韩、杨敏先、梁祇久、丁廉、陈申传、张干群等一大批出自第十五师的将校军官。所以，王东原自任省保安司令之后，这些人大多就被安排成了诸如副司令、参谋长、处长、保警总队长，或者分发省内各地任保安司令、警备司令、保警大队长之类。

后来，出自第十五师的这些人，联络起来在长沙荷花池新建一栋楼房，成立第十五师驻长沙办事处，筹建"什伍工厂""什伍农场"，不仅有湖南的第十五师旧部，还动员在其他地方的第十五师人员，筹资捐款，在岳麓山赫石坡修建"十五师公墓"，常常在某次战役纪念日或时令节日于此聚集，举行祭扫纪念活动。所以，第十五师旧部的团结一心由此可见一斑。

尤其值得一提的是，王东原还把自己的住所，建在赫石坡第十五师公墓处，以便与旧部袍泽朝夕相处，亦表示对牺牲袍泽的追念和对往日情谊的守候。王东原此举，在感情上深深地影响了其旧部各级官兵，从而获得旧部官兵更加死心塌地的维护和支持。

尽管如此，王东原这个人在整个国民政府各个派系中，仍被大家公认为没有明显归附于哪一派别。而其实，以第十五师旧部为基础延伸到他触手可及的中训团学生队伍，王东原自己就已经打造了一个独特的派系。只是这个派系的影响仅限于湖南省内某一段有限的时间，故而并未有太大的现实影响力或历史影响力。

站在蒋介石或者陈诚的角度来看，王东原派系色彩不明显，对他仕途也有一定好处，从湖北郭忏控告王东原一事就可看出，1932 年就担任过第十八军少将参议的郭忏显然属陈诚"土木系"将领，他控告王东原，是出于个人利益在地方权势争夺中的表现，陈诚心里明白这一点，所以他不会因为郭忏的"控告"而打压忠于他且亦属他自己中训团系的王东原。

因此，只要不出现强大到诸如程潜、唐生智等可以影响蒋介石决策的湖南籍势力介入，王东原在湖南的地位，其他人基本上无法撼动。

问题就怕出在内部。

譬如，陈诚指定的省府委员、警务处长李树森，在王东原手下一众第十五师旧部眼中，就是一个"外人"。李树森长期把控湖南保安处、警务处，或者保警处，自薛岳主政湖南后期始，李树森便一直是处长，独掌全省地方武装大权。李树森出自第十八军，有陈诚作靠山，就是薛岳也只好对他忍让几分。

此次王东原安排众多旧部进入军警界，倘若来自李树森的掣肘干预太多，大家施展不开拳脚，摆不开场面，他无法跟旧部弟兄交代。于是，思前想后，王东原决定采取一种与众不同的方式，来改变李树森把控地方军警的局面。

王东原声称，全省保安和警务要实行统一指挥，因此必须将警务处改为保警处，然后成立"湖南省保安司令部"，保警处便成为了保安司令部下属机构，王东原自任省保安司令，具有省府委员身份的李树森，自然不好再让他任保警处长，于是王东原任命李树森为省保安副司令，并说由李树森主持工作。而实际上，保安司令部人财物的调遣安排，都有相互制约的制度，不能一个人说了算，凡大事还得请示保安司令王东原，这样，李树森大权旁落，基本上就成了空头保安副司令。面对此种境况，李树森于心不甘，却又无可奈何，心里有别扭，此后，王东原总会有需要他经手的事，那就到时候再说了。

1946 年 4 月 29 日，省府在举行"总理纪念周"之后，召开了省政府委员会扩大会议，王东原提出了施政十大要领：

> 安定民心，拯救灾荒；伸张民权，健全机构；整饬官箴，严肃风纪；注重建设，增加生产；扶助企业，增进福利；整顿交通，恢复秩序；复兴教育，分区设学；振兴文化，崇尚文明；编纂史志，永铭英贤；讲究卫生，健康体魄。

以此为原则，王东原召集专家学者，分赴全省各地，与当地政府一道，踏勘考察，调查研究，以图迅速制定出围绕湖南战后恢复重建的纲领性文件。

王东原在安置党政军警各机构人选的同时，把在湖北就请出来作省府特别顾问的城市建设专家朱皆平教授及其所组建的规划设计团队，全数调来湖南，结合省内专家学者在全省调研考察所获数据资料，于 1946 年年底之前制定并出台了《湖南省建设计划大纲》。

其他各行各业，则都到处遴聘招揽人才，建立专家顾问队伍，力图保障战后恢复重建工作的质量和速度。

朱皆平教授是王东原老乡，安徽全椒人，让他唱主角，湖南没人了？于是，仅仅这件事，王东原就招来不少非议，说他做恢复重建这么大的规划，湖南专家学者都成了配角。

刘公武毕竟是湖南人，各方对于新任省主席的飞短流长，更方便从不同角度听得到，他觉得有必要跟王主席简要汇报一下听到的某些言论，好让他有些心理准备。

也许，官场上有些事就是这样，尤其新到一地主事，重要的事，主导者首先肯定找"亲信"，不熟悉的人，他第一担心能力，第二担心信用。与其去担心，还不如直接任用熟悉的具备足够能力与信用的人。亦因此，省府机关报《国民日报》的社长，就是王东原从湖北带过来的安徽全椒老乡丘良任，丘良任也是公认学识渊博、有能力、扎实肯干的学者型媒体人，没有复杂的社会关系，一到湖南就能全心全意为新政府服务，又有何不可？

王主席面对各种非议，坦然处之，他跟刘公武说："一个人，纵然万分真诚，毫无私心，也难免碰上各种'飞镖'和'绊子'。包括公武你，也是我带过来的，不要管他。关键看最终效果，看咱们为恢复重建做了什么事，让事实来证明就好了。"

刘公武说："主席所言极是。我的意思就是对于各种非议，我们有所了解，也许对促进工作更有好处。"

历史事实证明，王东原确实怀着万分真诚，在为湖南的战后恢复重建殚精竭虑，鞠躬尽瘁。六七十年之后，许多文史专家，通过大量史料，已经充分证明了这一点。

朱皆平（1898—1964），1924年毕业于交通大学唐山学校，获得卫生工程学士学位，1925年赴伦敦大学就读市政卫生系，专攻城市规划与卫生工程，并系统学习了医科的微生物学，1927年到法国巴黎大学专攻微生物学和公共卫生，并在巴德斯学院从事水微生物专题研究。1930年归国，先后担任江苏省建设厅工程师，交通大学唐山工学院教授、土木系主任，以及国民政府高级顾问等职，曾与茅以升、竺可桢、李四光等人一起被聘为中训团高级班专家讲师，后随王东原就任湖北省、湖南省府高级顾问，主持制订了武汉、长沙恢复重建规划，以及以战后恢复重建为核心的《湖南省建设计划大纲》。

朱皆平被后世誉为"近代中国公共卫生工程与城市规划的先行者"。

朱皆平教授主持推出的《大纲》，详细制定了各项具体建设事业的实施办法、完成期限及注意事项。譬如，开发沅资流域，发展矿业和农业资源，修建城陵矶港，修筑湘黔铁路，发展航空和工业运输。建设岳阳、常德、长沙、株洲、衡阳、芷江城市链，并使之各具特色。《大纲》对工业、矿业、农业、交通、文化、教育各个方面，作出了具体而详尽的复苏与发展计划。

譬如，为开展市县乡示范运动，指定浏阳负责"合作示范"，永顺负责"剿匪示范"，郴县负责"卫生示范"，邵阳负责"乡村工业示范"，溆浦负责"国民教育示范"，安仁负责"农田水利示范"。还专门任命仇硕夫为全省"示范市"衡阳市市长，任命李少陵为全省"示范县"安乡县县长，开展市县全面性示范建设。

还譬如，以恢复和发展教育为主，恢复或兴办各级各类学校，重点建设南岳文化区。在长沙和衡阳分别筹办克强学院，在长沙筹办省立音乐专科学校，省会长沙新建多所公立中学，结合各地实际情况，批准新办一批私立中小学。

省府成立"湖南省文化复原建设委员会"，由湖南省教育理事会理事长、著名文化学者、教育家彭国钧担任主任。刘公武被任命为文化复原建设委员会委员，负责省府与各市县文化复原事务的立项、协调、联络、人财物支持等工作。

文化复原建设委员会聘请专家学者开展调研论证，提出复原方案。如，其中"文献委员会"着重展开"文物整理运动"，修纂省志、县志，编印"湖南丛书"。

丘良任（1912—2000），作为毕业于上海中国公学文学院中国文学专业的年轻学者，曾受教于胡适、白瑜。虽身处新闻媒体行业，此时，他出于一种对湖南省文化复原计划的满怀热情与专业敏感，针对文物保护、遗址修复、纪念设施修建等，提出了在突出湖湘文化特色的同时，必须与中国传统文化之关系源流密切相结合的重要建议。

建设各类抗战纪念设施，如芷江受降城、岳麓山抗战烈士公墓、常德抗战纪念园等。曾专门为衡阳保卫战纪念设施建设作出专项规划，在衡阳市整体建设"衡阳抗战纪念城"的基础上，修建"胜利公园"、衡阳抗战博物馆，完善

丘良任像

建设南岳忠烈祠以及南岳各类抗战纪念设施。

王东原虽仅主政湖南两年零两个月，因刘公武悉心辅佐，全力协调，充分团结并发挥省内各界专家学者各自专业特长，使之对于湖南战后恢复重建和未来发展发挥作用，其规划设想，合乎实际，全面细致，科学完善，切实可行，影响深远。

王东原晚年远在美国加州养老，1990年底，他受邀为民革湖南省委和华容县合作编纂的刘公武纪念专辑《华容之子》写序，在回忆担任湖南省主席期间诸事时写道：

我回湘时，疮痍未复，又遇特大洪水，千万农民，哀号泽国。因此，如何善后，如何重建，以慰三湘父老喁喁（yóng，拥第二声）之望，这是我受命以来苦苦冥想的问题。当时决定当务之急为经济建设，而经济建设又以疏浚湘资沅澧四水及整理洞庭湖、加固湖滨堤防为先，故成立沅资规划委员会及洞庭湖整理工程处，礼请在外著名之湘籍水利专家王恢先、周宗濂、李荣梦诸先生主持其事。到任伊始，即邀同诸专家亲赴各流域踏勘规划，而省政府日常公务，则多由公武主持，余但视成而已……惜国事其非，无暇施展，有负三湘父老待我之厚，期望之殷，四十多年来，耿耿于怀，无时或释。

消弭争端，力求派系平衡

抗战胜利之后，蒋介石国民政府为表示继续实施孙中山关于建国之"军政、训政、宪政"三段论，认为和平建设，即将进入第三段"宪政时期"，于是，将战时各省设立的临时参议会，以"行宪"名义，正式改为"参议会"。各县在成立县参议会时，推出一名省参议员，集合组成"省参议会"。

1946年4月前，前省主席吴奇伟主政时，各县的省参议员已经选毕，定于1946年5月5日召开湖南省第一届参议会成立大会，未料成立大会尚未筹办，吴奇伟便离任而去，王东原新任，又得了解情况，筹办会务，于是便将会期推延至5月15日。

离参议会成立大会尚有十余天时间，此时，围绕湖南参议会议长竞选，各候选人之间，便上演了一出精彩的竞逐大戏。

参议会是重要的民意机构，对于政府决策的立项，政策的实施，起着至关重要的作用。王东原意识到应该趁此全省各派政治势力大集中的好时机，获得其中更具影响力的政治势力对于政府的有力支持，对其实施庞大的湖南战后恢复重建计划，具有特别重大的意义。

1946年4月23日晚，王东原到任当天，就宣布成立"湖南省参议会筹备处"，委派何振纲（曾在中训团担任过总务处长）主持开展工作，作为省府与参议员沟通交流、掌握情况、支持竞选、联络感情的重要渠道。

当时，宣布参加省参议会议长竞选的有四人，分别是，现任省临时参议会议长赵恒惕，国民党湖南省党部主委张炯，湖南大学校长、三青团湖南支团部常务监察胡庶华，国民党元老、抗战时期湖南省府委员兼赈济委员会主委仇鳌。

在办公室，王东原问刘公武："公武，依你看，这四个人你会选谁？"

刘公武笑了笑，说："赵恒惕。"

王东原问："为什么？说说你的理由。"

刘公武说："他们四人虽然各有所长，年龄相差也不太大，都是湖南省政界具有较大影响力的实力人物，但具体比较起来，赵恒惕更有优势。

第一，赵恒惕民众基础比他们强。20 年代初他作为民选省长，在湖南实行'联省自治'就建立了扎实的民众基础，抗战这几年又担任省临时参议会议长，更是巩固了这种民众基础，县选省议员在他任下完成选举，这本身已经形成了其他人无法具有的优势。

第二，赵恒惕有李树森的支持，三青团这一方面力量不存在多大阻碍。

第三，赵恒惕与唐伯球搭档，唐伯球无可匹敌的财力给予赵恒惕的支持，又成为其他人无法企及的一种优势。

第四，赵恒惕学识、资历跟其他人的差别不太大，但他的从政经验以及在军政界数十年积累的人脉关系资源，包括主席您的支持，则是其他人无法与之相比的。"

王东原哈哈一笑，说："可别把我扯进去了，在我眼里，谁都不错。"

刘公武会心一笑："嗯，在下明白。"

王东原继续问："能不能帮我分析一下其他几个人？"

刘公武说："其他几个人，我了解得也不是太多，但根据掌握的一些情况来看，张炯的优势要大一些，他还具一定能力与赵恒惕抗衡。"

王东原插言道："哦，这个我有兴趣。"

刘公武说："张炯作为省党部主任委员多年，党内资源积累深厚，同时也有着几十年政界经验，尤其他主掌党务系统，对主流舆论系统的把控张弛有度，甚至可以在某种程度上左右民意，仅这一点，就对他具有推波助澜的作用，这不是赵恒惕具有的民众基础所能比拟的。这是张炯的最大优势。但是，他选择的竞选搭档李国柱，资历与财力、社会影响力，都难以与唐伯球相抗，据说在政治立场上也被人抓住了什么小辫子，尤其这种事，浑身是口都说不清，甚至越抹越黑。"

王东原点了点头，说："有道理。那仇鳌老先生和胡庶华校长呢？就没有一点希望吗？"

刘公武说："有点难。先说仇鳌老先生，六十七岁，年龄最大虽不是软肋，但影响民众观感，再者，老先生虽然资格最老，却长期游走政学边沿，除了同盟会的老皇历，似乎并无瞩目经历与可资炫耀的成就，党政军团都缺乏扎实可靠的新生力量背景，尤其被人拿住道不清说不明的某些事情做文章，对他非常不利。我猜测，他会放弃。"

王东原说："有了真正的资本，年龄也不影响观感，你前面不就说了张炯吗？他俩一般大。"

刘公武说："那倒也是。看起来，这所谓'观感'，其实还是来自于资本。还有一个胡庶华胡校长，刚六十岁，在四人中他最年轻，在学术界、教育界，乃至实业界，颇享名声，政界虽有经历，但影响有限，他还曾做过三青团湖南省支团部副书记长，但三青团这一条线显然已经被李树森掌控，李树森作为赵议长的老部下，绝对不会拿来去支持胡校长的。我估计胡校长也难得坚持下去。"

王东原笑着说："看样子，咱们俩想的差不太远。无论怎样吧，咱们省府给他们做好服务工作就是，都是响当当的潇湘雄才，谁能当选，毫无疑问都是三湘人民之福。"

不出所料，仇鳌老先生和胡庶华校长，各自没折腾几天，就偃旗息鼓、自动放弃了省参议长竞选。

于是，赵恒惕和张炯两班人马，想尽千方百计，各显神通，到处拜票，把个长沙城闹腾得热闹非凡。

1946 年 5 月 15 日，湖南省第一届参议会成立大会如期举行。总票数一百四十四票，最终，赵恒惕和唐伯球组合，得票八十二票，张炯和李国柱组合，得票六十二票。赵恒惕当选为湖南省参议会议长，唐伯球当选为副议长。

党方张炯对此结果，本就十分不满，未料李树森还在选举完了之后，继续鼓动赵恒惕和唐伯球，带领一帮唐伯球用股票形式吸引的投票人，一起加入了三青团，以图强化三青团在省参议会的影响力。李树森这一招，对省党部来说，无异于火上浇油，惹恼了省党部一众大佬。

张炯认为，赵恒惕、唐伯球作为国民党资深人士，堂堂一省议长和副议长，两个年近古稀或者年逾花甲的老同志，不仅带头违反党内纪律，而且明显违反三青团团员年龄界限的规定，简直是可忍孰不可忍也！

于是，张炯将此状况，控告至国民党中央党部，请求惩处违规违纪者。当时，由于三青团大有独立山头对抗国民党的势头，在全国各地，无论年龄资历派系，毫无顾忌争夺人力资源，形成一股强大的政治势力，别说湖南张炯，就连国民政府一号大佬、亲任三青团团长的蒋介石，对此也甚为挠头。

国民党中央面对全国各地都有出现的这种现象，又如何能只处罚湖南一省呢？最终，也就听之任之，不了了之。

由此，也迫使蒋介石下定决心，开始考虑党团统一策略，欲图以此根绝党团之争，但涉及问题千头万绪，不是说一句统一，就能顺利统一那么简单。

而让王东原感到不太爽的情形，就是李树森作为湖南三青团台柱子，似有从背后掌控省参议会之势，对于王东原一方诸侯而言，这个问题可不是小事。

倘若省参议会为三青团把控，将来省府在战后恢复重建各个方面，省府相关决策的实施与执行，必将受其掣肘和制约，尤其是李树森个人权欲在王东原新任后受到某种程度打压，他如能把控参议会，王东原想，于公于私，此种现象出现，既是对省政府权力的挑战，也会形成对于省府工作的极大不利。

根据国民政府相关规定，省府对参议会秘书长一职，有提名呈请权。时任湖南省公医院院长、省孤儿院院长曹伯闻，曾于抗战前在湖南军政界颇有声望，如今退出政界，除了潜心医术和社会公益，还同时参禅修佛，大有"跳出五行外，不在三界中"之象。曹伯闻不具派系色彩，且与王东原是故旧深交，故而王东原出面请其出山，还真给了面子。于是，参议会秘书长便由曹伯闻坐镇。

如是，赵恒惕是衡山人，唐伯球是桃源人，曹伯闻为长沙人，湘南、湘西、湘中，地域关系也因此得到了平衡。

三青团势力在当时的省参议会占据了主要地位，他们把王主席推荐进来的曹伯闻当作"外来者"，总是想方设法给曹伯闻上眼药，削弱曹伯闻的影响力，甚至搞到控告曹伯闻私设"俱乐部"、搞小组织活动的地步。

这个所谓"俱乐部"，曹伯闻对外说是几个对于参禅论道颇感兴趣的同好，隔三差五小聚，坐而论道而已。其实就是王东原手下王原一等人经常出入曹伯闻家中，让李树森的眼线发现之后，写控告信直接点出了几个人名字，都是省府有关人物，这也就明摆着故意要让王东原难堪。

王东原深知此中缘由。明面上有法有据，省参议会内部事务，省府无权也不得干预。于是，对于控告的事，他也就不敢多言，只得任由他们让曹伯闻单独主管参议会行政事务，其他事务也就无法染指了。自此，王东原不敢再对曹伯闻委以其他重托，安插曹伯闻到省参议会，基本上就等于白忙活了。

王东原虽然在湖南有着二十多年的军政经历，亦可谓"树大根深"，但有一点全中国都是相通的，那就是"强龙斗不过地头蛇"，安徽人王东原，在湖南本地人眼里，无论怎样他都是外地人。即使他拥有各种军政资源，算得上"强龙"，但也成不了"地头蛇"。果然，后来碰上程潜那种具有"地头蛇"特质的"强龙"，他就只能乖乖被连窝端。此可为明证。

王东原此时境况，虽暂无程潜那般"地头蛇式强龙"可忧，却有李树森、张炯之流"纯地头蛇"之虑。于是，王东原又跟刘公武嘀咕上了。

王东原有些严肃地对刘公武说："公武啊，你都看到了，他们费尽心思削弱曹伯闻，很明显就是针对我。如此下去，总不是办法，全省恢复重建计划就要全面实施，倘若三青团利用省参议会，到处插手，不会是好事啊。你看，还有何对策可以化解这种窘境？"

刘公武说："这几天我也在考虑这事，如果三青团揽权不滥权，当然是好事，关键在于李树森那个得意的样子，并不是想要跟省府积极配合，而是表现一种掌握了某种约束权的得意姿态，这才是最危险的。"

王东原说："正是啊！他三青团能做到权为民所谋，权为民所用，不夹带私货，那当然是好事了。关键完全不是这么回事啊！不尽快想辙，等到省县都定了盘，把恢复重建计划全盘发布出来，那就开弓没有回头箭了，三青团这么毫无顾忌地上下插手，难免多少会要给咱裹点乱，那时省府就被动了，就只能任其自然了。"

刘公武说："这样吧，省参议会有几个人是中间派，岳阳县省参议员杨遗谟（杨任严）是我中学同学，跟我在新加坡教过书，在武冈二分校和湘鄂赣边区一起做过政治部副主任，我先找他商量一下。让老杨去争取省参议会这几个人，然后再由他们分别去联络那些具有中间派色彩的省参议员。他们联合起来，形成中间势力，一起反对党团插手参议会事务，这样肯定能带来比较积极的效果。您呢，找一下莫萱元书记长，跟他见个面说说，他这个省党部书记长，有点被架空，如果能扩展他一点权力空间，您这是帮他团结一部分自己的势力，他会很高兴的。我有机会也找他聊聊，我知道，莫萱元基本上没问题。

如果莫萱元把省党部几个强硬分子拉了过来，则可以化敌为友，这样，冲破三青团把持省参议会的局面，就有可能达成目的。

另一方面呢，党部和参议会中，咱们信得过的有些人，怀才不遇嘛，您这边也可量才适用，让他们发挥自己的聪明才智为恢复重建做贡献。怎么样？"

刘公武说到这，王东原哈哈大笑，说："公武，好好好！我都听明白了。只要把主要矛盾化解了，打掉了拦路虎，搬走了绊脚石，团队是要有人去带的，这个都好办，到时你给推荐人就好了，我相信你。"

刘公武很快赶赴岳阳，跟杨任严密商后达成了一致认识。

刘公武在此期间的闪转腾挪，上下斡旋，为王东原成功打压三青团在省参议会的强势地位，为王东原摆平诸多麻烦，铺平道路，可谓竭心尽力，鞠躬尽瘁。

杨任严顺利说服了省参议会几个朋友，莫萱元也争取到了省党部几个强硬人物。王东原还将原任省党部书记长的武冈县省参议员林世增，安排为省政府设计考核委员会副主任，又安排杨任严为省设计委员会委员，都享有优厚的专职薪金待遇。另有不少参议员被安排为省政府参事或参议，并让他们领取按月支取的"车马费"，表示一种礼遇。

王东原在其官邸按月轮次邀请这些省参议员享用家宴，名义上是他作为政府主事的负责人向他们征求意见，请他们提出建议，其实就是联络感情，强化依附关系。当然，这些参议员们也都是地方英才，确实能为省政实施具备评头品足和出谋献策的能力，最终结果，皆大欢喜。

也许，这就是官场生态的本来面目，无可厚非。

妻儿返湘，力斗险风恶浪

且说那天下午去岳阳，刘公武在杨任严办公室商妥了王东原所托事务之后，本想立即返回长沙，无奈老杨说："我们兄弟俩很久没见面了，难得这机会，住一晚再走。因为还有省参议会一个应酬，晚餐不陪，晚上咱哥俩好好叙叙旧。"

当晚老杨到宾馆跟刘公武见面，彻夜长谈叙旧。在说到家庭时，杨任严问：“弟妹和孩子们都在长沙安顿好了吧？”

刘公武说：“还没来得及呢。”

杨任严说：“你这人就是，只顾自己，养那么多孩子，你就是给点工资，写几封信过问一下，这样不行啊！我给你一个建议，这次回了长沙，就好好安定下来，都人到中年了，赶上了和平日子到来，还让老婆孩子在外飘荡也太不合适了，你也得好好地安个营、扎个寨了。”

刘公武说：“是啊，老兄说得对，我对家庭顾及得太少了，是得安定下来了。”

杨任严说：“抓紧吧，别把他们扔那里不管不顾的，像你到修水一样，一去一年多，家都不回，那么多孩子，都交给弟妹，很难的！你这毛病得改一改了。”

刘公武说：“好，听老兄的！多谢老兄关心，这么多年闯来闯去，也真是搭帮了像老兄这样好弟兄的无私帮助。”

当晚，刘公武就给还在汉口的徐怨宇打了电话，请他帮忙安排他家属搬家的事，徐怨宇满口应承。

次日一早他又给秦俊吾打电话，商量搬家的事。秦俊吾说你先把长沙那边房子找好，别弄得一大家子搬过去，又得到处去临时找房子。

刘公武答应好，秦俊吾怕他转身就忘了，说：“你别光说好好好，我会盯住你的。”刘公武哑然一笑，说：“好，你多盯住点好。”

刘顿正在武昌文华中学读初中二年一期，秦俊吾请在武汉做生意的岳阳老友杨作洲照顾，也跟徐怨宇打了招呼，让刘顿读完这个学期再转长沙。

秦俊吾记得1933年元月刘公武把她和刘顿从北平送到汉口撒手不管独自返回北平，还是四哥福林帮忙，用木帆船送她回的华容，当时就是因为带东西太多坐火车转来转去不方便。

想想现在，除了刘顿暂时不走，身边孩子就有六个，花匠老姚、丫头桂香加自己，九个人，尤其是，徐怨宇劝她把家具带走，他打算等秦俊吾搬走之后，拿这房子作为他中央社武汉分社的办公室，居家的家具都得处理，还不如全部搬走。因为日本洋行老板房子里的这一套家具，可都不是一般的货色，如今有钱都买不到。

徐怨宇知道秦俊吾也舍不得这一屋子好家具，就跟她说："处理，还不就是贱卖，或者干脆就让人拿走了？完了你到长沙还得花钱置办新家具，质量款式，肯定还没法跟这些家具比。"

徐怨宇那么一说，秦俊吾更觉得把家具搬走有道理。可是，行李，家具，人，还不得一节火车车厢？想来想去，坐火车肯定不方便，所以决定这次也坐船走。省钱不是主要的，关键是省麻烦。

秦俊吾对徐怨宇说："徐主任帮我这么大忙，我怎么报答你呢？"

徐怨宇说："嫂子，你这就见外了，公武兄对我的关照，我这辈子还报答不过来呢！何况你走了，你看，你这院前院后，辣椒，茄子，黄瓜，各种蔬菜，都长起来了，我都白捡了！"

秦俊吾呵呵笑起来，说："徐主任可真会开玩笑。我们家刘顿还得请你费心关照呢，你是大学问家，他服你徐叔叔。"

徐怨宇说："嫂子和公武兄的事，就是我的事了，刘顿那孩子那么听话，你就放一百个心吧。"

杨作洲听了秦俊吾跟他讲了坐船的好处，于是帮着找了两条比较大的木帆船。一条船装家具，一条船装人。

装完船之后，杨作洲看这形势，心里不踏实，一问老姚，就是一大旱鸭子，不仅不会水，更不懂驾船，万一船老大有个啥事，完全插不上手，搭不上言。

杨作洲久经风浪，也成了老把式，他瞧着这两只船，摇了摇头，对秦俊吾说："不行，我得跟你们走，你这省府大员太太，一屋子小姐公子，万一有个差池，我老杨吃不了兜着走！"

秦俊吾听了扑哧大笑："那敢情好！求之不得，反正我也不怕麻烦你。"

于是，杨作洲决定自己亲自送秦俊吾一家人回湖南。

杨作洲到底是做生意的，他看到两条大帆船人和物都装得不多，还有点轻飘飘，从汉口到长沙，一千多里呢，一路风浪难免，不用点东西压舱，那可不行。于是，老杨提议买一批黄豆带到长沙去，这时节，北边黄豆到湖南又能卖好价钱。他负责卖掉，把这租船的钱赚回来，还足有盈余，到长沙租房子的钱也有了。秦俊吾不禁对老杨的生意经大为佩服。

两三吨黄豆分别装到两条船上之后，两条船看上去稳实多了。

5月间，正是长江流域的丰水季节，尽管老杨是个老江湖，但狂风大雨说来就来，一路飘摇颠簸，他也很担心这次航程的安危，而最担心的就是这一大群孩子。还抱在手里的刘鄂正在出疹子，秦俊吾光是照顾手上这个孩子就够她累的了，还有六岁半的刘岗百日咳还没好利落。

为此，开船之前，老杨召集大家开了个会，包括两位船老大，还特别叫过来九岁多的刘力和八岁多的刘平，他俩毕竟年龄大点，也懂事了，多少能帮看着点弟弟妹妹。

老杨反复一再强调的就是，这趟千里航程，路途遥远，风浪难免，所有大人的关键任务，就是把孩子们照看好！掉一个到江里，就是一个大麻烦！安全是头等大事。晚上尤其要注意，大人们要睁着眼睛睡觉！

两条船一大早从汉口开航，下午三四点到达汉水支流河汊口一个小镇的时候，船老大说要上岸去买盐，于是靠岸停船。刘力和刘岗要跟着去玩，老杨嘱咐船老大带好俩孩子。未料，船老大买盐回来了，孩子却没跟回来。船老大还以为孩子先回来了。无奈，老杨自己跑上岸，找了半天，才把俩小子揪了回来。然后，老杨又为此专门开会，再次强调安全问题。

一来二去，天都黑了，江上风浪越来越大，老杨建议不能黑咕隆咚的顶着风浪走，就在这歇一晚。

第二天一大早，看到江面上漂过来一些木板杂物，还有木盆草席之类，老杨说，这肯定是有船被大风浪打沉了，还不晓得人怎么样。见此情景，秦俊吾不禁倒吸一口凉气，庆幸还好昨晚没走，躲过了这场大风浪。

过了洞庭湖，进入湘江，一路逆水行舟。在湘阴水段，还得请纤夫拉纤。一条船两个纤夫，拉着船靠岸边走，走着走着，大风浪又来了！

纤夫往江边拉，船老大得调整风帆往江中走，要不然太靠江边就可能触礁，这样，等于纤夫和船老大互相之间较着劲，船体就自然地往江边偏，船身几乎侧翻，坐在船舱里面的人，都得拽住舱里固定的东西才不至于人仰马翻。

好长一段水路都这样，这船一会儿平，一会儿斜，孩子们一会儿拽住啥，一会儿被颠得松开，弄得满舱滚。到晚上睡觉了，秦俊吾更是心惊胆战，她找了一根绳子，把几个孩子的脚拴在一起，生怕万一翻船，或者哪一个滚出去了，这样也好拽着绳子，成一串都能给拉起来。

一路担惊受怕四五天，好不容易安全到达长沙。

刘公武请还未去衡阳就任市长的仇硕夫（仇鳌的侄儿，中训团学员）帮他找到荷花池的几间房子，安顿了全家。

秦俊吾跟刘公武说了这一路的惊险，未料刘公武却说："火车汽车你不坐，偏偏要贪图便宜，自找风险，怨谁？"

秦俊吾顿觉万般委屈，无以言表，只好默不作声，独自抹泪。

赈灾救济，力惩官场腐恶

战后恢复重建，光写在纸上，那都不是难事。真正付诸实施的时候，摆在面前的问题成片成堆，那才最让人头疼。

战时流落异乡的人们，逐渐回到自己家乡或者城市。城乡民众，理应可以安然过上和平宁静的生活了。

然而此时，农村田土荒芜，作物无收；城市物资匮乏，缺衣少食。尤其是王东原初任之际，湘北大涝，湘南大旱，饥民哀号，饿殍扑道。

5月初，甫一上任，王东原就陪同一众水利专家视察湘北，回到长沙，大致理顺党政团关系、平衡参议会权力之后，6月又往湘南的衡郴永实地考察。

王东原仅仅走了衡山、衡阳、祁阳、零陵、邵阳几个地方，就发现很多农民碗里盛的是草，锅里煮的是草，没有几个人吃得上称为"饭"的食物，蔬菜都很少，肉食更是稀罕物。尤其在衡阳街头，还看到有人争相出卖幼儿，且一个孩子还值不了一石米。王东原在街头抚摸着脖子上插着草标的孩子，心酸难抑，泪眼婆娑。

王东原对这些孩子的父母或者兄姐说："你们把孩子带回去吧！别把亲骨肉卖掉了！我会想办法让你们吃上东西的，就这两天，就这两天，求求你们，好不好？"

谁家哪怕有一丝丝办法，也不会想到要把孩子卖掉啊！王东原深知这些穷苦人的难处，至少，他看到了这情景，就必须想办法，尽量挽回。

他嘱咐衡阳地方官员，卖孩子的穷苦人，一定要率先保障救济，这两天你们先想办法别让他们饿着。请你们千万要注意，不能让任何一家人卖儿鬻女，骨肉分离！

之所以说就这两天帮他们这帮穷苦人解决吃饭的问题，因为他自己有一定把握，才敢这么说。

原来，王东原到衡阳时，联合国难民救济总署代表哈利逊上校正在衡阳视察，王东原便趁机与湖南救济分署署长余籍传一同向哈利逊陈述湖南灾情，以及农村惨象，哈利逊深表同情，并表示他要把湖南灾情列为全国第一，增拨救济粮食和物资。当时，联合国和美国的救灾物资，在很大程度上缓解了湖南城乡灾民急需。

1947 年元月，联总驻湘办事处主任、美国人何福民即将归国之际，王东原代表湖南省政府，请何福民带给美国总统杜鲁门一封感谢信，并赠送中国古画一幅，权表三湘灾民敬意。

1946 年夏天湖南发生旱涝灾害导致的大饥荒，震惊全国乃至全世界，全省各地有不少地方在拿到联合国和美国，或者全国各地支援的救济物资之后，那些掌握物资发放权的官员，背着省府或地方政府，以结合战后、灾后重建的名义，搞起了所谓"以工代赈"，在灾民中强征苦力，就是说，修一条路，召集民工来修，不发工钱，而以救济物资代替，而修路其实另有拨款，那些官员便从中谋私。

尤其可恶的是，连"以工代赈"还要万端克扣，致使民工日食难饱饥肠，夜宿难避风雨，病死拖死者不计其数。

有了大量的救济物资，各个官僚部门都来伸手，盗用各种名义，瓜分物资，乃至转卖市场变现分赃。三青团各级团部和国民党各级党部，是组织物资派发的主要部门，而产生贪腐最严重的也就是团方和党方各级官员。

三青团省支团部，率先开例，以物资变现得来资金，在长沙中山公园建起了一栋楼房，名之为"青年馆"，又以解决活动经费为名，将此青年馆用作经营饭店，赚取利益，中饱私囊。

省党部则有人紧步后尘，修建了一所名曰"社会服务处"的馆所，亦用于旅馆餐馆经营。

有此省里部门开例，诸多市县则纷纷仿而效之，以修路、建校、办收容、做公益等繁多名义，求取救灾救济物资，然后变现，黑心透顶的则什么公益项目都成空话，钱财被瓜分进了各自腰包。

此类现象出现之后，全省多地爆发灾民暴动，逼迫地方政府查处侵吞救灾物资的贪腐官吏。为此，王东原以省主席名义多次颁文，严令各地保障救灾物资必须分发到灾民手中，以任何名义侵吞救灾物资者，严惩不贷。新闻媒体对此予以广泛宣传报道，收效显然差强人意，只是在某种程度上产生一点震慑和抑制作用，聊胜于无。

1946 年下半年，城市的恢复重建和经济发展明显优于农村乡镇，也因此带来了诸多矛盾和问题。

长沙开明汽车公司投资，在长沙市区开通公共汽车交通后，大量人力车夫失业，人力车工会屡次要求关停开明汽车公司未果，于是人力车夫们聚集大街上，横道拦车，当众砸毁开明公司正在行驶的公共汽车。警察到场维持秩序，引起警民冲突，警察竟然对人力车夫人群开枪，当场打死三人，打伤十余人，造成了一个震惊全国的血案。

还如私立民国大学生产部购置木工机器，以机器锯木代替了手工锯木，机器锯木既快又好还便宜，比手工锯木平整光滑，这样，便导致当时大量的锯木工人找不到活干，锯木工人又群起闹事，自发聚集，深夜跑到机器锯木厂把机器捣毁。

诸如此类事端，时有发生，弄得有关部门左右为难，不知如何处置，省府也为此大伤脑筋。

这是社会生产力进步跟思想意识落后的矛盾，经济社会发展进步太快，政府根本就没有意识到会导致民众群体事件。但其中官僚和资本家们互相勾结，利用资本和权势，只顾牟利生财，不顾民众生计，也有着不可推卸的责任。

对此，刘公武建议省府采取门槛准入机制。政府不仅绝对不能行文反对体现社会进步的行为，反而应该积极支持，鼓励工商业人士多方面投资，提高社会生产力。但是，要有序发展，不可盲目上马，政府必须发挥引导作用。刘公武认为，对有关机器化大生产涉及影响成批手工或低效率生产者的活计，可能导致发生矛盾冲突的情况，要求那些主张机器化生产的投资者，尽可能采取措施，在解决问题、化解矛盾前提下，进行投资建设可行性分析研究，向政府有关部门提交立项请求，并获得相关的科学论证和特许权批准之后，方可正式投资上马。这样，一方面能抑制或者降低群体事件发生的几率；另一方面，万一有群体事件发生，政府也有应对预案，不至于措手不及。

王东原对刘公武的建议完全认可，便要刘公武组织有关人士，研究讨论，针对这一方面情况，拿出一个制度性的文件来，尽快颁发下去。

当时，党政军团，乃至农工商民教等阶层领衔人士，很多人的认识水平还处在抗战前的程度上，如今，恢复重建也好，社会发展也罢，各种新的矛盾冲突不断涌现，给政府也带来了不少新的课题、新的挑战。省府通过不断调整完善政策措施，逐渐减少乃至杜绝了更多危及生民大众利益的极端现象发生。

然而，以李树森为首的湖南省三青团系，基本把控了全省警务系统，对于省府政策条令的执行实施，总有些阳奉阴违，偷工减料，警察队伍普遍思想观念落后，手段野蛮原始，经常造成警民冲突，敲诈勒索，肆意殴打，滥抓滥捕时有发生，导致民怨极大，各种控告不断，王东原对此甚感头痛。

为此，刘公武献计，寻求驻军帮助。刘公武说："如果等待李树森去提高警察素质，有点妄想，干脆另辟蹊径，把一些警务方面事务尤其是宪警这一块单独分离出来，实行军警合作，另行运作。当然，这也不过是当前特殊时期的权宜之计。"

王东原听后，觉得有道理，于是，他亲往湖南驻军第二十七集团军司令李玉堂司令部，与李玉堂商量对策，李玉堂闻此诸多事端，深感忧愤，当即同意与湖南省政府联合成立"省会军警督察处"。由该集团军副总司令蒋伏生兼任处长。长沙市警察局长刘协德被撤换，由原军统长沙站主任李肖白取而代之，担任副处长。由此统一军、宪、警指挥，自长沙开始，查处有关涉贪、涉腐、涉黑、涉共各种大案要案。王东原和李玉堂联名颁布告示，并诏令全省。

然而，随着救灾救济工作的结束，此一机构后来逐步发展到以防止共产党渗透为主要任务。军警督察处的运作，看上去平复了更多社会乱局，其实，还是官场内斗的另一种表现，得罪的是官场中更多的权势者，这样，也就为王东原后来在湖南近乎被驱逐，埋下了祸端。

"滨湖洲土案"是刘公武新任后经手在王东原支持下办理的一桩控告案。这个案件最后不了了之，就是官场内斗的一个结果。

所谓"滨湖洲土"，就是洞庭湖周边的滩涂荒地，通过修筑挡水围垸，围出能够用于耕种的土地。修筑围垸是需要具备足够资本的，没有足够资本的人，难以涉足。但洞庭湖有公修围垸，有私修围垸，因为年代久远和战乱迁徙，使得有些围垸最终权限不清，有权有势的人，就趁机圈地占垸，据为己有，出租放佃，牟利颇丰。

刘公武是洞庭湖区华容人，对滨湖洲土开发利用、占据牟利等方面的内情略有耳闻，却不知涉及何等高层人士。新政府就任不久，省府接到多起控告，隐约提到真正的洲土大王，乃为曾经主掌省政的耆宿大佬。刘公武寻思，控告人可能也是道听途说，故而对于耆宿大佬也没法指名道姓。

无论如何，刘公武对此深感不平，于是，针对所收控告信函状文，他想要拿第四行政督察专员（亦称常德专署）沅江人黄雄国开刀，以儆效尤。故而刘公武向王东原提出建议，派员深入调查，由省府专案整理洲土，对非法所占，收归省府，用于兴办滨湖农场，或者开设官办农业企业，还可为省府拓宽财源。

王东原欣然采纳建议，经刘公武推荐，当即派省府设计委员会委员萧训（湘乡人，曾为中训团高级班二期学员）担任湖洲土地视察团主任，带领一干人马，前往岳阳、常德、益阳进行巡视调查，重点目标实际上是第四行政督察区专员黄雄国。出发前夕，刘公武代表王东原，与萧训一起，在省政府召开新闻发布会，形成舆论，为萧训壮行。

萧训在滨湖中心区巡视一个半月，收集了大量第一手资料，掌握了许多官员侵占洲土大垸的内情，掌握了第四行政督察区专员黄雄国利用洲土使用权，敲诈勒索、仗势敛财的行径，且有比控告信更加深入细致的事实掌握。

看过萧训的《报告》，刘公武方知赵恒惕、何键等人就是传言中的耆宿大佬，他们才是真正的滨湖洲土大王。

1946 年 12 月中旬，省参议会第一届二次大会召开，萧训调查滨湖洲土的事在参议员中传开了，洞庭湖周边，市县众多，省参议员中侵占洲土者不乏其人，这些人便在会议期间大肆起哄，声言要对省府提出质询案，向省政府示威，实际上就是威胁王东原和刘公武。

参议长赵恒惕在一边用置身事外人士的口吻，对王东原说："这些人你得罪不起啊！"

王东原听懂了，实际上，这就是赵恒惕对他的一种警告。

王东原此时方才彻悟"地头蛇"的真正含义。会后，他不无感慨地对刘公武说："算了！羊肉没吃上，倒沾上一身臊，公武啊，搞不得了！搞不得了！只要我们一动黄雄国，常德、益阳、岳阳所涉的整个洲土黑幕，就会被掀开，当然，我们根本等不到掀开的那一天，至少，目前，凭你我之力是掀不开的。有人不会给我们机会了。"

刘公武满怀失望地看着王东原，长长地叹了一口气，说："就这么看他们恣意妄为？"

王东原说："你说怎么办？就算舍去整个恢复重建计划都别搞了，局势本就那么乱，啥破事的责任都可往省府推，他们参议会随便抓住一件事，搞一个联名质询案，我们就连说话的机会都没有了，怎么搞？公武啊，没办法了，收手吧，咱们都省心，搞不过他们的。"

就这样，萧训费了一肚子劲搜集到的资料，调查掌握到的违法事实，以及写成的长篇《报告》，一大摞文稿，从此束之高阁，无人问津。洲土整理，更是无从谈起了。

上下协调，力兴湖湘教育

耳闻目睹乃至亲身经历了诸多官场腐恶之事，刘公武对王东原宏大的战后恢复重建计划能否有效实施，表示了极大疑虑。

身边没几个堪可倾心交谈的挚友，刘公武有些郁闷。杨任严远在岳阳，即使平时跟他在一起，也难得说几句话，老杨也是个埋头做事的人。刘公武不禁想起当年在华容查处张云卿一伙的那种舒爽劲头来。他拿起笔，又写信给张云襄，催他快回来。张云襄和袁芸雪都是让人不寂寞的角色。

1947 年 1 月，张云襄辞去浙江新昌县县长职携家带口回来了。可这时合适的位置没有了，刘公武请示王东原之后，安排张云襄做了省政府参事，算是有一个拿工资的地方，再兼任省府秘书长助理，协助刘公武工作。然后张云襄自己跑东郊杜家山安了家。

春节时，回华容过年的袁芸雪，邀了杨任严一起到长沙刘公武和张云襄家里拜年，说他在军队搞政工越来越没意思了，"剿共""绥靖"成了主题，没谁理睬这一套了。刘公武欢迎他回湘参加恢复重建。

袁芸雪便说，除非搞一个有自主权的县长当当，否则没意思。

刘公武说："你就错了！这个时候，县长不好当，下面很复杂，你这性格，得罪了人，都不晓得自己怎么个死法。"

杨任严也附和刘公武，说："公武说得在理。如今这时局，地方的复杂程度可不比军队啊，你想都想不到。"

当晚，袁芸雪跟杨任严住在长沙北门的一个旅馆。袁芸雪说："这么多年过命的兄弟，我想，公武会考虑的。"

杨任严还是劝他别惦记什么县长之类，搞个校长都比县长强。

袁芸雪说："别提那什么当校长了啊！在武汉当校长，到新加坡当校长，在部队里搞军事培训还当校长，都当得恶心了！反正公武也主张我回来，没有县长可当，那，兄弟也没法做了。"

后来，杨任严把这话转给刘公武，刘公武只好苦笑，虽然他知道袁芸雪的话没必要计较，却可见他心里还就赖上"县长"这个职位了。

袁芸雪没多久就真辞了部队回湖南了。正好湘西桑植县要换县长，刘公武推荐了他。

没想到，袁芸雪屁颠屁颠地跑桑植上任去了。

果然，在桑植本来平平安安搞了快一年的时候，袁芸雪碰到一个案子，有人供出，以前跟过贺龙的一伙人在策划暴动，并且拿出了名单，袁芸雪令县里团丁照单抓了三十几个，后惊动省府，调查后发现，原来是有人与那些人结了仇，买通了其中两个人作出假供，制造了这么个案子。

确定了是假供，那就把错抓的人放了，然后再将那个出钱的角色捉拿归案，便可了事。可人刚放，两个作假证人不知被谁暗杀。袁芸雪难逃嫌疑，差点掉坑里，在桑植待不下去了，无奈，刘公武又想法子，于 1948 年初春，改调袁芸雪回华容当县长。

刘公武要袁芸雪回华容做好两件事：第一是设法把警察局长徐上达撤掉，这人在华容骄横跋扈，作恶多端，民愤极大。第二是修一条"华岳"公路到岳

王凤喈像

阳，进出华容就要方便很多。前者容易，后者因缺乏资金，只挖了华容县境内路基，就到 1948 年夏天了。这时，省府换了人，刘公武又被挂起，无职无权。袁芸雪也搞不下去了，于是跑到长沙，在杜家山张云襄家旁边建了两间房子，当起了"草庐寓公"。

刘公武辅佐王东原主政湖南，总想能为家乡父老造福谋利，也不枉自己做过一任省府大员，最终，让刘公武能够引为心安且可福泽后世之事，乃全力协助教育厅长王凤喈（jiē）恢复重建湖南教育。

王凤喈，湖南湘潭县人，生于 1896 年，1920 年北京高等师范毕业后，任教于长沙明德中学、省立一师，1925 年创办晨光大学，1926 年往上海与吴稚晖、蔡元培、李石曾等筹办国立劳动大学，任教务主任。1930 年底赴美国芝加哥大学教育学院深造，先后获得教育学和哲学博士，并出版著作《读书心理学》。1934 年回国，先后在中央大学、中央政治学校担任教授兼教务主任等职。1938 年被选为湖南省参议员，1943 年在湖南省国民参政会参议员任上，膺省府委员兼教育厅厅长，期间出版《中国教育史》，作为大学教材。

王凤喈是国内一位公认学养深厚、潜心国民教育事业的大学者、教育家。

在任湘省教育厅长之初，乃抗战烽烟四起之时，王凤喈奔走省内各地，帮助解决师资、经费、校舍诸问题，尽最大努力保障各级各类学校能够正常上课。抗战胜利后，他正在拟具全省教育恢复重建计划，省府便换了人马。

王东原到任第三天，作为续任省府委员兼教育厅长，王凤喈便前往省府专题汇报全省教育恢复重建计划。此时，王东原正是忙得焦头烂额，但他给了王凤喈足够的时间，让王厅长向他和刘公武口述他的恢复重建计划。嗣后，王东原嘱咐刘公武，令他全力配合王厅长，尽省府所能，支持全省各级各类学校的恢复重建工作。

刘公武在上海复旦大学学的就是教育学专业，又十余年专注于军中教育事务，故而对王凤喈所订《计划》详案饶有兴趣。《计划》顾及战后各级政府财力不济，便提出了切合实际的具体解决办法，且宏微不遗。刘公武深感其用心良苦，颇为钦佩，他认为，扎实认真配合王凤喈做好全省教育恢复重建，是一件泽被子孙、福延万民的功德大业，不可须臾有误。

无论哪一行哪一业，恢复重建需要的就是资金。具体到人，王凤喈主持教育方面恢复重建需要钱，王主席主持省政则掌握钱。这两人中间，刘公武作为省府委员、秘书长，又被王东原当着王凤喈的面说了"全力配合"，自然其所发挥的作用，绝对不可小觑。须知当时恢复重建，要钱的部门和项目，可是多如牛毛，唯湘省教育之恢复重建，堪当全国楷模。

此后两年时间里，王凤喈凡遇到经费、用地、用人等方面难题，刘公武便要他径直到省府找自己，然后一起再找王主席，刘公武则从中竭力相帮。王主席这里当然是一路绿灯，而涉及财政民政各部门，乃至各市县，刘秘书长总是不遗余力，多方协调，千方百计为王凤喈打通各种关节，铺路架桥。

从1946年5月王东原所主省府上任，到1949年初王凤喈辞职，这两年多时间，全省所有公立、私立学校，逐步恢复旧观，且有缺少诸如体育场、图书馆等教学和活动设施者，一律增加新建。

除了所有学校悉数恢复之外，还在省府和省内主要大城市，新建了五所省立中学，在长沙新增了女子师范学校、音乐专科学校。

在长沙，以及衡阳东洲岛和江东新建"克强学院"，整合了南岳的湖南工业专科学校、衡阳的湖南农业专科学校和长沙的湖南商业专科学校，在克强学院名下，分别设立农、工、商三所专科学院，保障专业教师以及相关设施逐步到位。1950年之后，克强学院成为湖南分立多所大学的前身。

同时，王凤喈主持批准了全省各市县新设一批私立中学，责成各市县根据实际情况，新增公立或私立小学，尽可能保障所有的孩子都能够接受正规的教育。

1949年初，王东原被以近乎驱逐的方式离开了湖南之后，王凤喈的全省教育恢复重建计划基本完成，尚未完成部分多为新增设施，由于对旧军阀重掌省政失去信心，王凤喈便黯然辞职，亲往刘公武府上作难舍告别之后，离开了湖南，先去广州，再赴香港，1950年去了台湾。

王凤喈曾在香港与友人颇为得意地谈起自己在湖南从事战后教育恢复重建工作所取得的成就，说抗战期间三年多和抗战后两年余的时间，前后担任湖南教育厅长六年，后两年做的事情赛过前四年好多倍！和平当为首要之因，而提到王东原和刘公武、胡庶华等人，则言之"亦需要省府能有如此看重教育且敬业为民的好官吏"。

王凤喈去台湾后，专事教育史和教育研究，1965年病逝于台北。

购置南园，力图安居乐业

1946年12月中，"滨湖洲土案"被无奈搁置，刘公武从某种程度上，看透了官场腐恶的诸多深层原因，尤其看清了平时大家都以为清正廉洁的行省耆宿大佬，原来其内里也是如此难堪。众多官员，连救灾救济救命的物资钱款都敢侵占贪污。而这恢复重建，必定涉及大量钱款动用，又可保谁能够见财不起歪心呢？现实的残酷，往往把良善之人的美好愿望，碾成一地鸡毛。

刘公武专门去找了萧训，跟他说："老兄啊，我拉你进来，让你白辛苦一场，还要受无端委屈，真是过意不去啊。"

萧训说："这有什么呢？你和王主席一番苦心，还不是为了老百姓？贪腐当道，你我都无可奈何哦！"

言毕，萧训也是一阵长吁短叹。

刘公武摇摇头，说："哼！为老百姓，这块虎皮谁都晓得要拉起来，可背后的勾当都暗无天日。就说粮库券的事，那可都是老百姓的血汗啊，他们哪个又真正为老百姓着想了？"

萧训说："你看吧，粮库券这个事没完，还会闹的。不过，当前这物价飞涨，除了按照券面给粮食，还看得见一点实在的东西，要是还本付息给钱的话，就算省里他们肯发下去，到了老百姓手上一把花纸头，也买不了几粒粮食了。可目前到哪里弄粮食去啊？总之，是个麻烦事。"

萧训牢骚满腹："据说要兑付的粮库券总共价值有二百多万亿吧？听起来吓死人，撒下去就是胡椒面，拿一亿金圆券，也就能买回一石谷子。如果真有能人，也能真心诚意为民众利益着想，把粮库券这笔钱用来办点实业，增点值，等经济形势好起来，兴许老百姓能多兑一点东西，这样也不是不行。关键问题在于，交给党团这帮人，他们有几个不是叫花子烧火，都往自己胯里扒咯？我估计，到最后，这笔钱会是连鬼花子都冒得哒！"

刘公武说："这事啊，最终结果怎么样，主席也无能为力，他一样怕得罪人。"

萧训说："可以理解，老王一个外地人嘛。嗨，管他呢！你说，我们谁又有这个能力呢？算了吧，我只要每天有二两酒喝起，就心满意足哒！哎，齐耀荣回来哒，跟他喝二两去！"

刘公武说："你怎么知道他回来了？"

萧训说："这次巡视到华容，他请我喝酒了，说这两天回来。"

刘公武说："下班了，那就走吧。我那里还有两瓶酒，我又不喝，你拿去算了。也算这次怂恿你去白忙乎一顿，给你一点微不足道的补偿！"

萧训说："哈哈哈！到底是大秘书长，大气！走咯！"

齐耀荣是华容县县长，湘潭人，黄埔六期毕业，抗战时期在四川自贡等地，担任过多年的军统主任，是个爽朗豪气之人。他被安排到华容当县长之前，听说省府委员兼秘书长刘公武是华容人，专程去荷花池刘公武家里登门拜访过。

齐耀荣看到刘公武临时住在别人的房子里，就说自己在三公里刚刚盖了个两层小楼，楼下一层还空着，说："刘委员要是不嫌弃，就住我那里去，反正空着也是空着。"

秦俊吾住进荷花池这房子里不久，桂香就染上痢疾，病来得急，两三天人就拉得脱形了，到湘雅医院都没救过来。那么乖巧又勤快的孩子，跟自己这么多年，秦俊吾完全把她当成了亲生女儿，一下子说没就没了，秦俊吾痛哭了好几天。也因此，秦俊吾对这个房子产生了一种不祥之感，虽然她不信神鬼，但心里有个结，总想着要换个地方。

听齐耀荣这么一说，秦俊吾第二天就跑去看房子，结果非常满意，当然租金照付，秦俊吾脑子里，从来就没有过想占别人一分钱便宜的念头。

1946 年 7 月初，刘顿还没回来，秦俊吾在荷花池住了仅仅两个月，就搬到了三公里齐耀荣家小楼的一楼去了。

齐耀荣家里老婆和俩孩子四个人住楼上，他在华容任职，一个月难得回来几次。

小院子有前庭后院，花匠老姚又有事可做了。

临近年底，年中回河南去结了婚的花匠老姚，在长沙也待不住了，说他也跟老范一样，得回家伺候爹妈去。

秦俊吾这几天心情不太好，因为老姚坚持要走，挽留不住，秦俊吾说接他爹妈和媳妇过来，定居长沙算了，他都不肯。祖祖辈辈都是农民，靠的就是那两亩三分地，故土难离。秦俊吾也能理解，只是一下子感情上过不去。

刘公武听萧训说齐县长回来了，要跟他喝酒，就想起老姚也喜欢喝二两，于是，在街边店里买了点卤菜，就跟萧训一起回到三公里家中，叫上齐耀荣和老姚，齐耀荣家厨师又给炒了几个菜，两家人就在刘公武家里开了两桌，热热闹闹吃开了。

秦俊吾从不喝酒，也举起酒杯，说："今天，咱借这机会，就给老姚兄弟送行了！兄弟可记得常来长沙看看我们，你这些侄儿侄女，跟你可亲呢！哪个都舍不得你走。"

秦俊吾说着说着，喉头都哽了，眼泪噗哒噗哒淌了一脸。

老姚几杯酒下肚，也泪眼婆娑地说了很多动情的话，连刘公武都忍不住掉了眼泪。尤其是刘顿、刘力、刘平，还在一旁呜呜地哭起来了。

萧训有些被这场景感染，端着酒杯站起来，对老姚说："老姚啊，你真成了刘家的亲人了，刚刚刘委员一路上跟我说起你，赞不绝口，那么多年兵荒马乱，他家这么多孩子要养大成人，老是那么颠沛流离，居无定所，光靠秦大姐一个人肯定不行吧？"

萧训比刘公武都大了三岁，叫秦俊吾"秦大姐"，这是就着老姚的话头来的。

秦俊吾点头说："肯定的！老姚，还有老范，任劳任怨，无私付出，为我们家作出了巨大贡献！"

萧训说："花匠哎，听到没有，秦大姐都认可你的巨大贡献。要我说，你不止给刘委员秦大姐一家作出了巨大贡献，也为国家作出了巨大贡献！国家建设需要人哪，这么多孩子都长大成人了，那都是国家未来的人才啊。这个贡献，比你舍了命去打鬼子的贡献还要大！来来来，我们得为你干杯！也祝你顺心如意，回去也多养几个孩子，多子多福嘛！哈哈！"

齐耀荣说："虽然跟老姚相识不久，他这份厚道真诚，勤劳朴实，实在是非常难得！咱们一起，为他干杯！"

刘公武和秦俊吾也站起来，向老姚举起了酒杯，刘公武说："老姚，谢谢你！"

老姚端着酒杯，站起来说："多谢长官，多谢秦大姐！多谢美言！各位长官，我是个粗人，就会干点粗活，都是搭帮刘长官和秦大姐看得起，收留了我，我才有今天。我一个大头兵，真上了前线，还不知这把骨头扔在了哪个荒山野岭，刘长官和秦大姐，是我的大恩人哪！这个大恩大德，就算今世难报，来世也要报啊！不多说了，祝各位长官步步高升，事事如意！我先干为敬了！"

听着老姚一番言语，萧训寻思：唉！官民关系都有刘公武这个样子，哪还会有什么矛盾咯。

花匠老姚走后，从小就喜欢种花的秦俊吾，亲自打理家里的盆栽花木。在侍弄花木和买卖盆栽花草过程中，秦俊吾认识了长沙花木行业里一些行家的手。

秦俊吾认为，无论如何，今后再离开长沙的情况应该不会有了，可以考虑长期安居的问题了。趁这时房子不贵，新房子建不起，哪怕置办一处旧宅老院也不错，至少有一个真正属于自己的家。于是她就请花友们帮她留意房源信息。

祖上做过左文襄祠花匠的一位花友，在左文襄祠废墟西侧花园旁，闲置有一栋二层木结构旧楼，想要卖掉。秦俊吾得到信息，便立即跑去现场考察。

这是一栋非常完整的坐北朝南二层木结构独院，只是看上去年代有些久远了。前面有大门，一个砌有檐顶的门洞，主楼两侧砌着高高的叠檐风火墙，屋顶全部青瓦。进门左侧有一间门房，右侧是围墙，形成一个门庭小院。秦俊吾想，也许就是有这高高的两堵风火墙，挡住了"文夕大火"，才让这座木房子安然无恙吧。

踏上五步台阶，通过小门厅，进去就是一个天井，四周都有房间，天井西北角和东南角开有通二楼的楼梯，楼下门厅对面是一间大堂屋，可以通过天井的甬道直接走过去。天井里散落着一些干枯盆栽，破碎的花盆，显得有些杂乱。抬眼看去，楼下楼上都有檐廊相通。走上楼梯到二楼，除了四周外墙和室内隔墙青砖砌成，梁柱、门窗和室内地板、廊檐，全部采用木料。从梁柱、门窗剥落的油漆，以及楼梯和檐廊地板被磨秃的印迹看，秦俊吾感觉这座房子跟自己年龄差不多。

下了楼，到西北角楼梯间，有一个后门，往里还有第三进，是一个长条形的庭院，东西檐廊连接着靠北东西向的一排四间平房，是厨房、厨师房、保姆房和一间杂屋，东边檐廊通往主楼的一个大餐厅，里面可以宽松摆三大桌酒席。看起来建房的主人有一个人丁兴旺的大家庭。

这排平房东侧，有一条平房与围墙之间形成的走廊，通到后门，平房后面还有一块用蒺藜刺作篱笆围起来的小菜园，有水池，粪池。东边就是文夕大火毁掉后的左文襄祠废墟和一大片花园，可以看到花园里的水池假山，长满了杂草青苔。

整座房子没有什么华丽的雕饰，揣测可能是一般的商人所建。秦俊吾看了房子，又把价钱谈到四百大洋，一切都非常满意。稍作整理之后，全家人便搬进了左文襄祠旁边这座独门小院。

终于有了属于自己的房子，秦俊吾又琢磨着要给这个独院取个名字。她想，公武是湖南人，自己是河南人，都有一个"南"字，于是，就以"南园"

作为这个木楼独院的名字。

外大门上方原就有一块砖砌的题匾，字迹剥落几乎完全看不清楚了，于是用洋灰修整好，抹上石灰，刮得平平整整之后，秦俊吾用松烟墨亲自书写了"南园"两个行楷大字。

搬进新家南园没多久，过了春节刚一个月，1947年2月21日，秦俊吾生下了第三个女儿，一众儿女排队，这孩子已经排到了第八个。

因为生在南园，秦俊吾就给取名叫作"刘南"。刘公武特别喜欢这个小囡儿，经常用华容家乡对女孩子的称呼叫她"小姑儿"，后来，哥哥姐姐们也都跟着这么称呼。

一人拉扯八个孩子，如今的人想都不敢想！吃喝拉撒穿住用，起居病痛闹打玩，孩子们的事，刘公武基本不过问，有空在家时也大多坐在书房里做自己的事，除了偶尔逗逗抱抱毛毛，其余时间就是自己看书，写东西。而秦俊吾，不仅管着这一大帮孩子，家里其他一应事务，也是她操心费神。

老大刘顿1946年暑假从武汉回来之后，下学期便去雅礼中学读初三，可是武汉文华中学的教材跟雅礼中学的不一样，文华初三的很多东西，雅礼初二就都学完了，雅礼初三都要学高中的知识了。秦俊吾了解这个情况之后，决定干脆让刘顿从雅礼中学的初一读起，免得后来跟班不上，所以，刘顿在雅礼中学读到1949年上学期才初中毕业。

1946年5月刘力随母亲从武汉回到长沙，插班进入湖南一师附小就读二年二期，直到1949年小学毕业。这期间，每逢寒暑假，秦俊吾都送刘力去岳麓书院一位老先生那里学习四书五经，让他比较系统地了解中华传统文化。正好杨作洲的儿子杨继华在湖南大学读书，秦俊吾就拜托杨继华照顾一下刘力，几乎整个暑假，刘力就吃住在湖南大学学生宿舍和食堂。

到1946年秋季入学时节，刘平将近九岁，刘岗正好七岁，于是秦俊吾将姐弟俩一起送进了湖南一师附小启蒙。

刘公武在省府上班，有一辆美式吉普作为专车，名叫"张振兴"的司机，是醴陵人。开始，刘公武租住三公里齐耀荣房子的时候，按规定，张司机每天早晨提前半小时开车过来，接刘公武上班，然后这一天人车都由刘公武支配，但刘公武还是经常自己走路上下班，他觉得走路不仅锻炼身体，还更自由自在，这困难时期，至少还省了油。

后来全家搬进了南园，秦俊吾要张司机退掉租住的房子，在南园楼上腾出一间正屋给他，要他把在老家的妻子接过来，免得夫妻两地分居。张司机要给租金，秦俊吾坚辞不受，说："房子空着也是空着，你方便了，你们刘秘书长工作不就更方便了吗？你只管住着就行了。"

张司机感激不尽，看秦俊吾接送孩子上下学，或者过江去岳麓书院，或者外出办事，就提出开车送她，却被秦俊吾拒绝，她说："我给你方便，绝不为图你开车给我们家方便，公私分明，这点一定要搞清楚，咱不要因小失大。以后都这样，这车是公家的，你没啥不好意思的，你做好你该做的勤务工作就好了。"

不仅秦俊吾绝不动用公车，就连孩子们坐顺风车她都不允许。张司机对秦俊吾夫妇充满了感激和钦佩，与全家人相处犹如亲人。1950年下半年镇反运动时，已被安排到外地工作的张振兴，不知从哪里听说刘公武被当作反革命分子枪毙了，夫妻俩闻讯就急急忙忙赶往长沙，买了些水果去抚慰秦俊吾。两人到家后，一看刘公武好好的，高兴得哇哇直哭。

1946年7月，国共军队全面开战，国内又起动荡，凋敝尚未复原，萧条迅即到来，物资奇缺，物价飞涨，货币贬值，人心惶惶。

秦俊吾请了保姆照顾孩子，她要用自己的能力来对付这个突如其来的经济危机。她寻思，多苦多乱多艰难的时候都挺过来了，安好了自己的家，有土地，有脑子，有双手，心勤手勤脚勤，啥都不怕。花草买卖不好做了，市场上紧缺的就是吃的，种菜养鸡之类，请个好帮工还不容易？武汉物资相对丰富一点，那边有杨作洲，这边有"刘复兴号"的兄弟们，这些生意伙伴，个个靠得住，做一点物资流通买卖，也不用担心什么。

南园的小菜园，加上左文襄祠花园闲置的土地，都给栽种上能用来填饱肚子的红薯、土豆、萝卜之类。

这个南园，除了不好养猪，秦俊吾把在祁阳山川塘的生存之道在长沙复制一遍，至少解决自己家里这点经济危机，算不得啥大问题。

学潮纷起，力保学子无虞

抗战结束后，国共双方便开启了以政治、军事为核心主题的各种谈判。1946 年 1 月 10 日，由国民政府召集，在重庆召开了国内各党派的"政治协商会议"。参会人员为：国民党代表八名，中共代表七名，民盟代表九名，中国青年党代表五名，无党派代表九名，共三十八名代表。会议从 1 月 10 日开到 31 日整三个星期，中心议题就是"政治民主化""军队国家化"。最后，会议通过了《政府组织案》《国民大会案》《和平建国纲领》《军事问题案》《宪法草案》五项决议，否定了国民党一党专政体制，约定了 5 月 5 日召开"制宪国民大会"。

由于国共争端等各种原因，"制宪国民大会"会期一再延迟。如果从最初决定召开这个会议的 1936 年算起，都已经推迟了十年，而年初政协会议商定之后，又一再推迟，临近年底了，国民政府主席蒋介石认为，再也不能推迟了。于是，蒋介石国民政府决定于 11 月中旬孙中山诞辰日，召开"制宪国民大会"。

针对国共争端，美国总统杜鲁门特派马歇尔将军出面调停，亦最终遭遇失败。

1946 年 8 月，三青团中央在庐山召开"三青团第二次全国代表大会"，刘公武作为三青团中央常务干事参加会议，并被选为三青团第二届中央监察委员会监察。11 月 2 日，刘公武被国民党中央公布为参加"制宪国民大会"的二百一十名直接遴选代表之一。

1946 年 11 月 15 日，"制宪国民大会"开幕。到会代表 1701 人，超过法定代表总数 2050 人的四分之三，于是，"中华民国政府制宪国民大会"召开。蒋介石作为时任国民政府主席致开幕词。

开幕式结束后，各代表团分头讨论"宪草"（即政协会议拟订的宪法草案），逐款逐条，逐字逐句，商议斟酌，对这一"国家根本大法"，参会代表大多心怀虔诚，悉心体会，提出意见和建议。

正式会期三天，为 11 月 23 日至 25 日，会议通过了由张君劢起草，王宠惠、吴经熊、雷震修改的《中华民国宪法》。

1946 年，刘公武在南京参加"制宪国大"

　　这部宪法分总纲、国民大会、总统、行政、立法、司法、考试、监察、中央与地方权限、地方制度、选举罢免、创制复决、基本国策、宪法之施行及修改，共十四章一百七十五条。新宪法从法律上否定了国民党的专政和蒋介石的个人独裁；对人民自由权利的规定废除了法律保障主义做法；缩小了国民大会权力，客观上限制了国民党利用国民大会垄断国家政权；一定程度上限制了总统权力。

　　国民党认为：所通过之宪法，亦即根据共产党与各党派共同参加之政协所定原则，及宪草审议会根据该项原则所制成之宪法草案，中共实无理由加以反对。

　　拒绝参加会议的中共认为：蒋记国大通过的独裁宪法，其主要部分与政协原则相反，限制人权，总统独裁，是法西斯宪法。

　　其他参会各党派认为：新宪法"百分之九十八来自政协宪草"，11 月前，是国方打共方，11 月后，则是共方打国方，而国方不想再打，共方却已是积愤填膺，非打不可。

　　早在 1945 年 2 月美英苏三巨头召开雅尔塔会议之后，基本确定苏联将进攻东北日军的信息发出，美军飞机接二连三地轰炸日本本土的消息不断，毛泽东凭着敏锐的政治嗅觉，嗅出了日本人即将失败的结局。1945 年 6 月 10 日，

1946 年 12 月 9 日湘省国大代表联欢留影，二排右起第九人为刘公武

毛泽东在中共七大上指出：从我们党，从中国革命的最近将来的前途看，东北是特别重要的。如果我们把现有的一切根据地都丢了，只要我们有了东北，那么中国革命就有了巩固的基础。(《人民日报》2006 年 8 月 23 日,《中国共产党新闻·史海回眸》)

　　而两个月之后的 8 月 9 日，广岛、长崎两颗原子弹的硝烟未尽，苏联便出兵东北，为后来中共军队成功夺取东北，可谓提供了"千载一时之机"。

　　苏联出兵东北之后十八个小时之内，朱德连发七道命令，八路军挥师出关，挺进东北。苏联红军受中苏条约限制，只能对中共暗中相助，延安方面亦命令出关部队"让开大路，占领两厢"。11 月中旬，十一万八路军部队开进了东北，毛泽东电令东北局：我党现时在东北的任务，是建立根据地。

　　毛泽东的意图是，即使与国民党一起来建立联合政府，共产党也必须增加手中筹码，只有迅速全面占领东北，手中才有一个超级大筹码。

　　再者，中国共产党革命的目标是"推翻反动政府"，建立无产阶级新政权，打碎一个黑暗腐朽的旧世界，建设一个明亮鲜活的新世界。已然强大的中共革命队伍，跟蒋介石腐朽政府谈判，是给了他天大的面子，蒋介石却看不明白。

　　中共在东北气势雄伟，且全国各地到处都是共产党军队游击武装，可蒋介石在 1947 年 3 月 15 日于南京举行的国民党第六届中央执行委员会第三次会议

上，还在信心满满地说："中共全面叛乱，政治解决的途径已经绝望，政府为捍卫国家统一，保障人民安全，当然不能坐视变乱而不加制止。"

3月17日，参谋总长陈诚向大会作军事报告，放出豪言："'剿匪'绝对自信，绝对有把握。如果真正作战，只需要三个月，即可击破共产党军队主力，政府用兵之目的在于平定叛乱，非至共产党全部解除武装不可。"

陈诚一连两个"绝对"，又进一步提振了蒋介石剿灭"共匪"的信心。

全国各地各阶层民众，已然受尽日本侵略者挑起的战火烽烟所带来的万般苦难，因而，坚决反对战争，热烈盼望和平。

中共为了动员全国各阶层人民反对蒋记独裁政府，在各大中城市，发起了群众运动，学潮率先涌起，紧接着工人罢工，商人罢市，集会游行，请愿抗议，此起彼伏，反独裁，反内战，反饥饿，反迫害，愤怒的声浪，一浪高过一浪，社会动荡随处爆发。

为此，国民政府于1947年5月18日颁布了《维持社会秩序临时办法》，严禁十人以上的请愿和一切罢工、罢课、游行示威活动，并授权各地政府采取"必要措施"进行"紧急处置"。

湖南原本有个处置社会紧急状况的省会军警督察处，后来发展成为党、政、军、团、宪、警联合的特种会报秘书处，这是专事秘密对付共产党和动乱策源人物的一个特别机构。在1946年中成立后，经常处置紧急状况，错抓错杀了不少人，刘公武对此一机构的滥捕滥杀、无法枉法行为，深感不满。

1947年入夏，湖南学生与国统区其他地方一样，掀起了反战怒潮。

5月31日下午，王东原叫来刘公武，递给刘公武一份蒋介石的密电，密电称：中央已获取可靠情报，长沙市的大学生，将于6月2日举行"反饥饿，反内战，反迫害"的示威游行，此系"奸党"策划指使在全国各地统一发起的行动。电报要求各地在6月1日拂晓前，将各大专院校所有"奸党嫌疑分子"实施抓捕，并遵照《维持社会秩序临时办法》进行处置，勿得违误。

王东原说："公武，你多次跟我说了，那个'特种会报'错捕错杀了不少人，我也对他们没有了信心，你看这事怎么办吧？按照这个《临时办法》来搞，还是没把握啊，湖南大人物也不少，咱们又搞不清哪个在背后策划，谁是共产党，他脑门上又没写字。"

刘公武说:"是啊,那么多特务,他们查到了谁是共产党,还不早就抓了?学生老师大呼隆出来,抓谁去?"

王东原连连点头:"正是啊!你看,去年昆明霍揆彰制造的'闻李事件',冷不丁把闻一多、李公朴给暗杀了,惹恼了蒋介石,霍揆彰到今天还下不来台,咱们可不能再惹出这种事。公武,教育界你最熟悉,还是你来想办法吧,只要他们不上街游行,就万事大吉。"

刘公武想了想,对王东原说:"行!这个,我来想办法,尽量做到让他们不上街游行。"

当晚,刘公武电话邀约国民党省党部书记长莫萱元、三青团省团部书记周天贤、省教育厅厅长王凤喈、省府社会处处长刘修如、长沙警备副司令陈申传,急速赶到左文襄祠自家住处,言称有王主席交办之紧急事务需要立即商议处置。

大家火速到来,刘公武出示了蒋介石密电。大家都认为立即抓人没有把握,抓错了也无法交代。于是,大家商议后,刘公武总结了五条行动要点:

一、由教育厅立即召集各中等以上学校校长紧急会议,严格责成劝导学生复课,取消集会游行。

二、由警备司令部于6月1日夜半后,指挥宪兵警察,将所有停泊湘江西岸的大小船只,押靠东岸,自6月2日天亮起至午时后,实行封江,断绝两岸交通,阻止湖南大学及西岸其他学校学生过江。同时,市区内加强巡逻,巡视中等以上学校活动,制止学生上街游行。

三、由省府通令各机关,将所有执行勤务的兵警所持枪支一律收缴封存,兵警一律徒手执勤。

四、国民党省党部、三青团省团部加强督饬各校党团组织,反对上街游行。

五、省府社会服务处负责防止工商社团受到波及,制止参与或声援学生游行活动。

大家讨论至深夜方散。然后,一切照密商办法各行其是。

6月1日,长沙各报转载了中央社通稿,称南京中央大学学生决定六二不游行。华北学联亦决定停止六二活动。同时,报纸还刊发了北大校长胡适发表的讲话：不游行是为最合理智、最聪明的决定，一方面可使地方当局省却麻烦，另方面可替青年避免无谓的冲突。

午饭时分，刘公武回家吃饭。一进门，秦俊吾就着急忙慌地迎上来说："胡庶华校长刚刚来找你，你又不在。他说湖大学生开辩论会，本来准备复课，可学生杨继华跑上台一鼓动，学生们又来劲了，都要继续罢课，过河游行。胡校长查到杨继华的保证人是你，所以专程来找你，要你想想办法劝阻杨继华。"

这个杨继华，是岳阳杨作洲的儿子，寒暑假还帮着照顾在岳麓书院学四书五经的刘力呢。

刘公武一听，叹气道："这孩子也真不让人省心。"于是立即派人寻找杨继华。

下午，刘公武在办公室又收到消息：已有少数湖大学生过河在四方塘青年会举行记者招待会，要求声援"三反游行"。湖大学生对《中央日报》刊发假消息不满，准备在游行时捣毁长沙中央日报社。还有，长沙市三青团区团部阻挠学生运动，游行学生将实施报复；要迫使沿街商铺一同罢市，以声援学生运动；湘雅医学院学生将组成担架队，随时救护冲突中受伤学生，等等。

刘公武闻言，顿感坐立不安。他立即将有关情况，通报各方，做好充分应对准备，并反复叮嘱，最重要的一条，就是不能出现任何形式的暴力冲突！

晚上十点，王东原电话告知刘公武，湖大学生杨继华等三人到他家，要求政府不要干涉游行，他们愿意担保游行秩序。王东原劝告他们不要游行，被他们拒绝。王东原心想，刘公武不正要找学生领袖吗？于是便跟杨继华他们说："省府已全权授命刘公武秘书长处理游行有关事务，你们去找他好了。"

没过多久，杨继华果然只身来到刘公武家，说要借上海《文汇报》看看，刘公武趁机便和他谈起胡庶华、王东原所告情况，他均认可。此时，中统湖南站站长、省党部调查室主任韩中石来电，说要立即抓捕湖大去找王东原主席的那几个学生代表。刘公武说："此事主席已交我办，如果你要拿人，那就由你负责好了。"韩中石听后，说了声"听你的"就挂了电话。

刘公武趁势对杨继华说："电话是中统韩中石打来的，要立即逮捕你，你说，我怎么办？"

早闻传言被中统军统之类特务机关抓住，会被弄得人生不如死，杨继华毕竟还是个孩子，这会儿也吓坏了，哭了一阵，他说："国民党大势已去，还有什么搞头？"

刘公武说："我还不晓得大势已去，可你这样做，对你有什么好处？对大家有什么好处？有些具体的形势背景你们又搞不清楚，只一个劲跟着瞎起哄，这样搞会坏事的，孩子！"

杨继华叹了口气，问道："叔，我听你的，你说怎么办吧？"

秦俊吾站在一旁，满脸愁云。刘公武说："这样吧，你五婶陪你去书院坪省立医院，就说今晚在街上被汽车撞了，急急忙忙黑灯瞎火的，也没看清什么车。就这么说，免得他们又到处去查车。"

杨继华点了点头，表示同意。刘公武当即叫人备车，秦俊吾陪着杨继华去了书院坪省立医院，先找到院长、刘公武的老朋友鲁厦平。秦俊吾悄悄跟鲁院长说了情况，请他帮忙，鲁院长二话没说，亲自动手，把杨继华包头缚脑、捆脚扎手地搞了一通，把病历啥的又都准备妥当。秦俊吾临走再跟杨继华如此这般叮嘱一番，方才离开。

6月2日一早，刘公武闻报湖大学生杨继华发生车祸住院，当即以官方身份驱车去医院看望。在病房，刘公武看到杨继华满身绷带一副颓丧模样躺在床上，得知有湖大学生已来医院看望过，刘公武便说了几句官话表示慰问，然后与杨继华相视无语。

数天之后，秦俊吾跟来到家里的杨继华说："你五叔这一辈子，对什么事，对什么人，都没做过假，没撒过谎。其余的我就不多说了，你去想想吧。"

杨继华说："婶，我明白，委屈我叔了。继华无以为报，唯有满腔爱国之心。"

秦俊吾一听，想想也好笑，自己也曾满怀激情反军阀反内战，也曾自己给自己烧脑，大概这就是年轻人该有的样儿吧。

在木楼里住了几天之后，杨继华奔宁乡参加了湘中游击队。

刘公武从医院回到省府，刚进门，就有长沙市警察局长李肖白电话来报："湖大学生私自找了几只小划子，正在西岸江边集中，准备分批过江，如何处置？"

刘公武闻言大惊，此时正逢夏汛，湘江水流湍急，学生驾小划子，开什么玩笑！于是要李肖白立即调派一只小火轮一起过江劝阻。

小火轮驶近纺纱厂附近岸边，岸上学生群集，旗帜飘扬，号鼓齐鸣。学生们见小火轮来到，不问来由，几个学生便如下饺子般扑通扑通往江里跳，泅水过来攀船。刘公武、李肖白等大声阻止其他学生往江里跳，然后把船上的救生圈往泅水学生那边扔，救生圈扔完了，又把船上几条木凳子都扔到江里，让泅水学生扶着，然后把游到船边的学生拉上船，靠岸后又将他们送上岸。

这个场景，把刘公武吓出了满头大汗。这可开不得玩笑，万一淹毙了哪怕一个学生，这都是不得了的大事啊！

刘公武站在船头，用喇叭筒喊话："同学们，我是省政府秘书长刘公武，受王东原主席派遣来跟大家见面的。今天有报纸报道，武汉大学昨天有学生与军警发生冲突，导致了严重的死伤事件，重庆、天津、广州都有不幸事件发生，我们都是湖南人，都有子女在学校读书，不论谁遭遇意外，都将永成遗恨。你们这船太小，抵不住这夏汛水势，非常危险！请千万不要作无谓的牺牲，大家有什么要求和愿望，请在这里跟我说，我会如实向政府方面转达！"

学生们一个个早已是神情亢奋，热血喷涌，刘公武说什么他们也听不进去了。只见几个学生熟练地划起小船，就往江中漂，小船上有学生大声对刘公武喊道："我们不会跟军警发生冲突的，你只要管好你的军警，不要阻拦我们游行就行了！"

刘公武无奈，只得令小火轮慢慢地跟着几只小船，看它们安然漂过江面。然后，他离船时，要李肖白局长派几个水性好的人，在小火轮上做好学生护卫，万一还有学生过江，必须绝对保证不出人命。所有小木船一待靠岸，便立即收缴，不准返回西岸再去接学生。

尽管如此，这一天仍然有三千多学生参加了游行，除了克强学院院长曾约农把他的学生劝阻住了，待在学校上课没出来，湖大、一师、湘雅以及其他几所大专院校，还有一中、明德、兑泽、兴华等中学学生，都打着旗帜、横幅参加了游行队伍。游行到省府门前，学生代表求见省政府负责人，刘公武便率胡庶华、王凤喈等人，与学生代表面对面在省府会议厅进行了对话，对学生代表要求一一作答。然后，学生代表保证有秩序游行，不发生任何暴力行为。

由于刘公武事先做好了交待，学生喊口号，就让他们喊去，军警们不可随意干涉。只要不发生暴动，他们爱咋喊就让他们喊，军警帮助维持秩序便可以了。结果，集会游行自始至终有序进行，一直持续到夜幕降临，许多学生才陆续离去。

一场可能出现对峙乃至冲突的突发学潮，既没有政府军警的过分压制，也没有游行学生的过激举动，大家最后都相安无事。

事后，刘公武向王东原汇报了处置学潮的前后过程，王东原听后，沉吟半晌，意味深长地说了一句："人心换人心呐！"

"动员戡乱"，力争乱中求稳

早在 1946 年下半年，活跃于湘鄂西边区的中共游击武装鄂豫边独立游击支队，支队司令李人林经常率部袭击鄂西南地区各县地方保安部队，且不断发展壮大，虽然人枪仅四百余，却让鄂西南地区各级国民政府闻之胆战心惊，视之为巨大威胁。

1947 年 1 月，国民政府令国民党军整编第七十二师、第六十六师各一旅以及湖北省两个保安大队，对李人林的游击支队实施"围剿"。迫于形势紧急，李人林于 1 月 22 日正值春节期间，率部化装成国民党军部队，袭击了江陵县郝穴镇之后，渡过长江，进入了长江南岸的公安县，击溃公安县保安大队之后，又迅速南下，进入湖南澧县、石门一带活动，部队名称改为"江南游击纵队"。

湘鄂边另一支游击队由王定烈率队进入湘西龙山县，编入湘南游击纵队，作为第二支队，王定烈任支队长。到 3 月中，李人林所部游击纵队发展到了三千多人马。

国共和谈过程中，国共两方部队不断发生摩擦，国民党军出动三十万大军向中原地区中共部队发起进攻。李人林接到上级命令，要求他带领江南游击纵队，转战湘鄂西地区，利用游击战术，针对就近国民党军主力部队，制造各种袭扰攻击，牵制国民党军主力，并在湘西北造成解放大军即将南下的声势，因而，澧县、石门、慈利、桑植、龙山、大庸、永顺、沅陵等县，不断向省府告急。湘西北地区各县政府，风声鹤唳，草木皆兵。

3月中旬，正在南京参加国民党六届三中全会的王东原，接到湘西士绅舒光宝请求派兵救援的急电，王东原即转刘公武，着其与保警处长李树森、湘西出身的省府委员王育瑛共商解决办法。

李、王二人都对刘公武说："哪里有兵可调啊？湖南本就防御空虚，我们能想出什么解决办法来？"

刘公武不禁哈哈笑出声来，说："李副司令，王长官，堂堂两大国军中将，都叫苦为难，莫非我还能拿出兵来？"

李树森说："我总不能把长沙的保安、警察拉过去吧？充其量能给湘西那边保警下个命令，让他们舍命抵抗，至于命令有不有用，天晓得。王长官，这个事还得您出马才行，湘西那边都是您老部下，只有您去，才能一呼百应，我配合您，好不好？"

王育瑛呵呵一笑："老长官顶个屁用。要人没人，要钱没钱，要枪没枪，棍棒石头拳头跟人干呢？舒光宝也是山穷水尽了，才直接找王主席。"

两人互相推诿，纠缠好些天都没动静。后来，王育瑛了解到，国军第五十二师第三十三旅一部，第二〇七师一部，还有从四川调过来的第一六四旅全部四个团，已经对李人林江南游击纵队发起"围剿"攻势。此时，王东原又允诺王育瑛，让其率省保警总队的第八、第十五两个大队一千余人参加"围剿"。

借口做准备，一拖再拖，王育瑛才于4月中旬率部赶往石门磨石隘。未料，李人林游击队闻得王育瑛率保警队来袭，事先在磨石隘设下埋伏，把毫无应对之策的王育瑛保警队打得七零八落，仅仅被李人林游击队俘虏的就超八百人！王育瑛幸亏跑得快，要不然也成了共产党军队游击队的俘虏。上千条枪和十多万发弹药全数"送"给了李人林的游击纵队。

王育瑛逃到袁家渡，集合了不到一百人的残兵败将，惶惶若丧家之犬，赶往石门县城，声言不报此仇决不罢休。于是，又集合慈利、石门、澧县等县保安部队，与国军参与"围剿"各部商讨对策，准备对李人林游击队发起大举攻击。5月初，忽接信报，李人林游击队正分散往北撤离，王育瑛下令追击。

实际上，李人林游击队接到命令，是去往江北诱导国民党军大部队"围剿"，以便牵制更多的国军部队。王育瑛他们以为李人林害怕国军大部队"围剿"，正往北逃跑呢。于是，他重整队伍进行"追击"，最后连游击队一根毛都没打着，就"大获全胜"，"将匪部悉数追逐出境"。

王东原从南京返湘后，川黔湘鄂绥靖区副司令傅仲芳在沅陵成立了"川黔湘鄂四省边区清剿指挥部"，按照武汉行辕主任程潜制订的"清剿计划"，又分别成立两个江南警备区，江西为江南第一警备区，湖南为江南第二警备区。王东原任武汉行辕江南第二警备区司令，统一指挥驻军宪警。内容其实还是外甥打灯笼——照旧，并未增加一枪一卒，无非是多挂了一块空牌子。

国民党军在东北华北连吃败仗的消息不断传来，王东原也慌神了，哪怕给自己壮胆，这战备工作必须得做啊。

王东原跟刘公武商量，说要订立"湖南省防剿方案"，实行"全民皆兵"。王东原把自己的构思一股脑说完，要刘公武召集相关人员讨论方案细则和具体实施措施。

湘西、湘北为"进剿区"，部署主要兵力，结合民兵组训，可以主动进攻和剿灭来犯之敌。湘中、湘南为"防剿区"，主要以保甲编组、构筑据点碉堡为主，在防御中剿灭来犯之敌。而保警系统，则急需充实警力，提高战斗力；对于民众，则要加强政治宣传，组织情报网络。

王东原亲自前往湘西，巡视了澧水、沅水、酉水沿线十五个县，到石门后，召集"进剿区"各县，举行了绥靖工作会议。

1947年5月初，王东原去湘西巡视时，将省府政务一把交由刘公武主理。

5月6日午后没多久，刘公武在办公室稍微打了个盹，便开始批阅一大堆文件。忽报省府机关报《国民日报》记者胡人章紧急求见。

胡人章是黄埔武冈二分校十七期毕业的，跟刘公武是师生关系。最初总是叫刘公武"老师"，后来刘公武说，最好不要在工作中体现私人关系。

胡人章急匆匆跑进来，气喘吁吁。刘公武说："先喘口气，别着急。"说着，给胡人章倒了一杯水。

胡人章说："我刚从邵阳回来。遵照您的指示，我没去专员署，直接找了徐县长还有警局的朋友，徐县长前天上午已经通过在医院救过来的金店店员，掌握了很多具体情况。"

原来，5月4日早晨，刘公武正准备去上班，就在家接到邵阳打过来的好几个电话，说当日凌晨，邵阳市发生了"永和金号惨案"。刘公武根据几个来电判断，认为邵阳县县长徐君虎所说的情况比较可信。他当即要《国民日报》社长丘良任安排记者胡人章火速赶往邵阳，胡人章是武冈分校出来的，在那边有人脉关系，去了之后，先找邵阳县徐君虎县长了解情况，再进行秘密采访。胡人章接令便立即动身赶往邵阳。

刘公武到办公室后，又给徐君虎县长去了电话，让他配合胡人章做好调查采访，并注意保护胡人章人身安全。

胡人章 5 日深夜结束采访，6 日凌晨从邵阳赶回长沙，在颠簸的车上眯瞪了几个小时。一到长沙，就给丘良任社长打了个电话，家都没回，丘社长要他直接赶到省府，把这两天得到的情况，向刘公武秘书长详细汇报，并求取下一步指示：

"5 月 3 日晚上九点多，湖南省第六行政督察区（因设署邵阳，也称邵阳专署）机要秘书傅德明与科长王雪非，带枪闯进邵阳永和金号，把店里几个店员全都召集起来，说金店有人通共，要他们老实交代谁是共产党。

本就没有的事，店员被问得直发懵折腾老半天，傅德明其实就是想耍一下威风，镇一下场子。于是，傅德明把带去的一包安眠药拿出来，说这是美国进口的'真言丸'，每人十颗，通通逼他们吃下去，以此强迫他们说实话。

然后他拿枪指着，王雪非分药给每个店员，除了一个负责保险柜的店员没吃药，其他店员都被逼着吞下十颗安眠药。然后把店员关进店堂侧面一间铁栅栏门的小房子，很快几个店员就被安眠药麻翻睡过去了。

傅德明和王雪非逼着没吃药的那个店员带他们去金库，把保险柜里金银珠宝劫掠一空，然后把开保险箱的店员用匕首扎了十几刀给杀死了。

傅德明和王雪非在金店店堂放了一把火，然后带着一箱子金银珠宝走出大门，再把大门反锁，从从容容地离开了金店。这时已是 4 日凌晨两三点了。

有一位店员在吃药时趁傅德明和王雪非没注意，用手抹嘴吐出七颗药抓在手里，还比较清醒，开始也装睡，实际他都亲眼看到了所有情况。后来这个店员等傅德明他们走后，大声呼救，被邻居发现动静，跑到街上大喊'救火'。没多久，街坊邻居、警察、消防队，先后赶过去灭火，救出了还睡得死死的那几个店员。

早晨五六点钟还在救火，徐县长就赶到现场，见到了那个没被麻翻的店员，了解了情况。没一会，傅德明带人到火场，发现那个店员便把他抓走了，现在还被他们扣着关在专署。

　　前天上午徐县长就找被救醒的店员了解了他们醒着时候的情况，跟那个被抓走的店员所说的完全一致。

　　还要说一下就是：其中一个金店学徒也是吐出了三四粒药，醒得早，慌乱中跑进火场被烧死了。

　　直接损失就是，金银珠宝被劫掠一空，店堂被烧塌，一个学徒店员被烧死，开保险箱的店员被杀，金银珠宝的具体数额大家都不清楚。

　　徐县长根据店员所述情况，认为第六行政督察区专员孙佐齐是背后指使者。他打电话告诉孙佐齐，说是傅德明干的，要抓捕傅德明和王雪非，孙佐齐很神气，还反赖是徐县长干的，把徐县长给气坏了。

　　徐县长还在深入调查，估计这两天就会直接来省府报告。徐县长告诉我，据店员说，傅德明和王雪非，多次去过金店敲诈勒索，还偷偷抓过三次人，就跟绑票一样，店里知道他不敢怎么样，就没拿钱去赎人，果然，傅明德他们威胁被抓的人没有结果就给放了。没有达到目的，于是，傅明德财迷心窍，干脆直接动手抢劫，放火烧店，企图杀人灭口。

　　目前来说，情况大致就是这样。"

　　刘公武说："辛苦了！辛苦了！这个傅德明什么来路，清楚吗？"

　　胡人章说："傅德明是孙佐齐带过去的，原来跟着孙佐齐在军统搞过多年，听说这人心狠手辣，骄横得很。"

　　刘公武说："哦。这事发生到现在，我已经好几次打电话给王主席了，他已令省府组织调查，表示一定要严办凶手。话是这么说，我知道他有忌讳，毕竟他跟孙佐齐在湖北共事多年。比如，徐县长说孙佐齐是后台的那些话，昨天下午我电话跟徐县长了解到了，我也在电话里跟王主席说过。王主席说确实涉及孙佐齐，就得小心，说孙是陈诚提拔起来的，又是前省主席吴奇伟的人，吴奇伟现在是武汉行辕副主任，是程潜要过去的，说明这事跟程潜、陈诚，多少都会搭点关系。所以，王主席反复叮嘱，要我先把省里的新闻报道把握好。省府派专案组过去了，等结果出来再根据情况决定做不做详细报道。"

胡人章说："可是，发生这么大的事，社会上都已经传开了，议论纷纷，《国民日报》作为省府机关报，肯定不能没有任何报道。要不然，还不得被人骂死？"

刘公武对胡人章说："人章，别着急啊。是这样，不带猜测，也不带立场，但要有严惩凶手的态度，你弄一个简短消息，明早见报。

至于详细的报道，你再注意一下邵阳那边新情况，都落实好，写一个长篇报道发外面去。省内报不了，省外报，来了那么多记者，都被孙佐齐封锁，得不到真实情况，徐县长也被警告不允许随便见新闻记者。那么，我们就借助外面报纸的力量，报出去！这样，形成了全国性的大众舆论和社会压力，一方面让王主席能够有理由下决心，严厉查处此事。这样一来，咱们报纸简单报道了，态度有了，也让王主席好下台，说明省府没有袒护谁。另一方面，让吴奇伟也好，程潜、陈诚也罢，都不敢顶着社会舆论插手此事。"

胡人章连连称是，说："我马上去办，今天下午把短篇长篇都拿出来，晚上我跟丘社长再来找您。"

刘公武说："好，晚上到我家去吧。"

晚饭后没多久，《国民日报》社长丘良任与胡人章带着长短两篇稿子，着急忙火地来到了南园，找刘公武审稿。

三人字斟句酌，一直到午夜才敲定稿子。接着，胡人章又急急忙忙跑回报社安排往外发稿。

结果，从 5 月 8 日开始，国内好几家报纸都发出了长篇报道，甚至英国《泰晤士报》，日本《读卖新闻》《朝日新闻》等国际媒体，都在显眼位置转载报道了"邵阳永和金号惨案"。

迫于舆论压力，加上邵阳县徐君虎县长深入调查掌握了大量事实和铁证，湖南省高级法院责成省检察署和邵阳地方法院严密侦办。

6 月 27 日，邵阳地方法院举行公审大会，判处傅德明死刑，判处孙佐齐、王雪非等人有期徒刑十到十二年不等。

后来孙佐齐不服判决上告，省高级法院复核认为，孙没有现场作案，缺乏证据证明他参与了抢劫杀人，他自己也没有承认，且其他证言不足缩罪，可担放任部下滥权作恶之渎职罪。1948 年 3 月，邵阳县法院按照省高院核示，重审孙佐齐，撤销原判，改判三年有期徒刑。

1949 年邵阳解放，孙佐齐被释放。因当地群众强烈要求惩办孙佐齐，自以为安然无恙的孙佐齐，被军管会重新抓捕，于 1951 年枪决。

王东原迫于陈诚和吴奇伟的压力，几次与刘公武就将孙佐齐作为案犯处置问题，发生争执。王东原认为孙佐齐基本上是一个文人，杀人越货的事他干不出来，且反共很坚决，只能说他任用傅德明用错了人。判他罪，会让陈诚大失面子，也会让他王东原以后日子难过。最终，刘公武帮王东原出了不少主意，尽量帮他化解难堪。但这事也让陈诚、程潜等人，作为后来驱逐王东原的背后推手，有了某种理由：不是湖南人，搞不定湖南的事。

乱世之所以乱，就是谁都想趁乱捞取某种利益，最后越搞越乱。国民政府的"动员戡乱"就是如此。

1947 年春夏，整个中国已经够乱的了，因为力求在"制宪国民大会"谋取一定席位，蒋经国把持的三青团，总在想方设法独立建党，于是与 CC 派发生巨大矛盾和争斗。三青团各级团部干部，基本上同时都是国民党骨干党员，这些人中，又有很多担任专职的三青团干部，当然就跟着蒋经国一起闹独立了。

为此，国民党中央忌惮蒋大公子地位权势，敢怒不敢言，只好动员吴稚晖、居正等一众元老不断找蒋介石控告三青团挑起矛盾，制造分裂。蒋介石无奈，只得答应尽快实施"党团统一"，并将陈诚、蒋经国召来，责成他们抓紧时间，在国大代表选举工作全面铺开之前，全部完成党团合并前期准备工作。

1947 年盛夏，刘伯承、邓小平指挥的解放军晋冀鲁豫野战军四个纵队十二万余人，在鲁西南突破黄河防线，向郑州绥靖公署所属第四绥靖区（设署山东菏泽）刘汝明部国民党军发起进攻，激战月余，国民党军损失四个整编师六万余人。

此后，国共之间，战役规模越来越大，国民党军损失越来越惨。

听到这些消息，王东原也是心慌意乱，千头万绪，都不知从何做起了。他召开了全省治安会议，在原来设想"全民皆兵"的基础上，又不断花样翻新，设立各种机构，组织各种地方武装，譬如成立"省保安警察集训总处"，各县成立自卫总队、乡保自卫队；恢复设立省保安司令部，自任司令，李树森和陈为韩任副司令；建立长沙、衡阳、常澧三个警备区，分命蒋伏生、欧冠、王育瑛担任警备区司令……

真是名堂搞尽，当时就有人议论，王主席是要走到哪，哪儿都能听到"防""剿"二字，他才能心安，至于是否有用，他似乎并不追究，反正只要天天在做，到处在说，就当是筑起了"防剿"的铜墙铁壁。

1947 年 7 月中，王东原正处在忙乱烦恼于"防剿大业"之际，新设行政省才两三个月的台湾，社会治理和经济建设成就斐然的有关报道，常常见诸报端，引人瞩目。时长沙中原建筑公司董事长、湖南工业会理事长、实业家陈云章在一次省府召集的会议上提出建议，由省府组织省政府要员、业界精英以及相关专家学者，作为"湖南省经济建设赴台考察团"，前往台湾省考察学习，他山之石，可以攻玉，必将有利于推动当前恢复重建。

王东原很爽快地接受了陈云章所提的建议，欲图暂时乱中求静。

王东原热心考察台湾，则带着自己一点小心思。3 月在南京开六届三中全会时，国民党军在北方已经吃了好几个败仗，王东原跟几个同好小聚，一起说悄悄话，说到万一中共得势，今后何处是退路，有说川西青藏的，有说广东海南的，有说台湾港澳的，最后，大家都觉得还是台湾好安身。已去台湾任职的军政官员中，有不少是他中训团的学员，如今有机会，当然要先去看看，跟学生们见见面也好。

王东原要刘公武会同陈云章等人就考察内容、人员、经费、行程、日程等事项，做一个计划和预算，能去就尽快动身。

1947 年 7 月下旬，湖南省赴台经济建设考察团成立，王东原任团长，刘公武任秘书长，陈云章、蒋崑等十余人参加。（笔者遍翻现存史料，这个"赴台考察团"并无详细记载，只是参与者有过三言两语提到。）

7 月底到 8 月 24 日，前后大半个月，王东原带领考察团十余人，参观考察了台北、新竹、台中、南投、嘉义、台南、高雄、屏东等十多处城市乡村。在台北，台湾省主席魏道明，以及警备司令彭孟缉、专卖局长任维钧等故旧部下，热情接待了考察团一行，魏道明专门介绍了台湾省城乡规划建设、工农商各界产业发展情况。

1947年8月14日，湖南旅台同乡欢迎湖南省经济建设考察团莅台合影纪念，摄于台中市。省政府秘书长刘公武（后右三），长沙市市长蒋琨（后右四），湖南省政府主席王东原（前左四），湖南省工业会理事长陈云章（前左六）

　　刘公武从南京中央军校开始，到特训班、武汉分校、武冈二分校、游干班、中训团，十数年任教，可谓"桃李满天下"，且这些人都是颇具影响力的军政界人士。此次台湾之行在决定之前，时任台湾警备司令的彭孟缉即在与王东原和刘公武信函往来时发出了热情的邀请。

　　出自刘公武门下且于军内任职的各级将校军官数以万计，王东原主事中训团数期，每期百十来人乃至数百人，且皆高级官员，也是遍及全国。光复后的台湾，国民政府先后派遣许多军政官员赴台接收和管理军政，其中自然有不少人是他们的学生。闻知老师赴台，众学生纷纷互相转告，故而王东原和刘公武带领考察团每到一处，都有学生热情接待，堪胜亲人，甚至包办食宿和出行游玩一应事务。

　　在屏东鹅銮鼻，刘公武到镇里买了一幅椰林风光壁画，和一个通体洁白造型奇特的海螺壳，以作纪念，还专门给妻子秦俊吾挑选了一串珍珠项链。

　　陈云章在1990年写的一篇怀念刘公武逝世两周年的文章中写道：

1947 年 7 月，刘公武与友人于台南最南端的鹅銮鼻掺望太平洋

我们所受到的台湾省当局及各界的接待，其情况之盛，确是很动人的。这首先当然是王主席本身地位的影响，但也很明显看出，与公武交游之广是分不开的。无论走到哪一处，都有他的朋友在等他。当时政界里政治派别壁垒森严，同派相引，异派相斥，各友其派，公武则不如此。

"国代"选举，力倡明哲保身

1947 年 8 月初，国民政府就已颁文催促各省积极筹备第一届国民大会代表选举工作。8 月 15 日，王东原一行人正在台湾考察之际，湖南省成立了第一届国大代表选举事务所。

从台湾返回长沙后，刘公武便紧锣密鼓地督办全省的"国大"代表选举筹备工作。同时，他自己作为三青团中央监察委员会委员，被指定为华容县代表候选人。

9 月初，与刘公武后来同为国民党中央监察委员的刘文岛来到长沙，主持

刘文岛像

成立"湖南省党团选举指导会报"并自任主席，将王东原、赵恒惕、张炯、刘千俊、莫萱元、刘业贻、刘修如、陈大榕拉进来作为委员，针对当时正在准备党团合并前期工作却仍然存在的党团派系争斗局面，特地前来湖南平衡党团两大隐形阵营的关系。

王东原、张炯、李树森三人，分别代表政府、党部、团部，三方会衔，以"会报"名义发出密令，责成各县县长、县党部书记长、正在进行"党团合并"前期甄核工作的原三青团县分团部干事长，消除所有隔阂，保证将已经核示的候选人，负责发动群众选举出来，任何人从中作梗，造成党团损失，都将予以严厉追究。欲求以此保证以国民党为核心的党政团三大"主力"，在第一届国大上占据主导地位。

且说这中央大员刘文岛，到长沙公干却闹出一个"玩弄女性"的"丑闻"来，被长沙小报《晚晚报》记者给登报示众了。对此，刘文岛在长沙当着省府、党团和参议会一众高官大发雷霆，要《晚晚报》发行人蓝肇祺向他认错，并在《中央日报》公开道歉，被蓝肇祺当场拒绝，说有人亲眼所见，并非无端捏造。在场的刘公武，对蓝肇祺此举，甚感佩服。

刘文岛为此感到遭受莫大羞辱，耿耿于怀，待湖南国大代表选举事务全部了结，返回南京后，他便立即向内政部状告《晚晚报》及其发行人蓝肇祺，称此报有通共嫌疑，且捏造事实无端造谣污蔑国府要员，应着即予以查封。

《晚晚报》报道刘文岛"玩弄女性"一事，实为一大误会。刘文岛在长沙住朋友家，朋友的两个女儿都敬仰大名人刘文岛，有如粉丝碰到偶像。有一天两个孩子陪刘文岛上街游玩，盛装打扮，同坐一辆马车，她俩一边一个，跟刘文岛格外亲热，路上有人看见了，就以为刘文岛在长沙不务正业，玩弄女性，投稿《晚晚报》作为花边新闻登了出来。

刘文岛，湖北武汉人，1893 年出生，清末民初追随孙中山参加辛亥革命，1913 年流亡日本就读早稻田大学肄业，1918 年入读法国巴黎大学法学部，至 1925 年获得法学博士。回国后曾任湖南省长公署顾问，与赵恒惕有此渊源关系。后经蒋介石介绍加入国民党，此后一直任军政高级文职，曾先后被国府派任德、奥、意全权公使，曾有在德国斗酒灌倒希特勒的传闻。早在 1937 年就晋升国民党军陆军上将，在民国政学两界，都享有相当不错的口碑。

刘文岛因其才华横溢和坚决反共而获得蒋介石信任，亦因经常当众顶撞蒋介石，令蒋介石难堪，在国民党中央和国民政府都具有非同一般的影响力。国府内政部接到刘文岛的控告，自然不敢造次，于是还真给湖南省府发来了一个立即查封《晚晚报》的文令。

刘公武拿到内政部文令，便知此事非同小可，当即电话召来省府机关报《国民日报》社长丘良任，与之商讨对策。

刘公武说："丘社长，你作为省府对全省新闻界行使管理之责的官员，拿这个文件去通知《晚晚报》，要他们停刊整顿，让他们暂时停一段不出报，我就好回复内政部，已责令停刊。过几天，等这事敷衍过去了，再让他们申请复刊，你把这个意思告诉蓝肇祺，他申请复刊的时候，我会劝王主席批准的，让他放心好了。这样，就比把这文件交给警察局好处理多了。"

丘良任跟蓝肇祺也是好朋友，一听刘公武如此之言，甚为钦佩，便应承一定遵嘱办理。《晚晚报》遵令停刊没多久，蓝肇祺邀请丘良任和中央日报社社长段梦晖一起，拿着复刊报告去找王东原，王东原当即批准。因为，王东原虽知刘文岛"丑闻"言过其实，但他对刘文岛在湖南的过分傲慢作派，也实在是看不过去。

刘公武凭着自己敏锐的政治嗅觉，看出来蓝肇祺、段梦晖都不是一般人物。刘公武寻思，自己虽然无法参与到他们的行列中去，也就尽自己所能帮他们一把吧。

确实，《晚晚报》蓝肇祺大革命时期就加入了中共，此时秘密加入了民盟，积极配合湖南中共地下组织，采取多种方式揭露国民党的独裁腐败，并在报社以编辑、记者名义，安排了多名中共党员。中央日报社社长段梦晖，跟蓝肇祺的经历如出一辙，后来成为民革地下组织成员。1949年夏秋之际，他们两人几乎同时参与了湖南和平运动，段梦晖还一度被白崇禧下令抓捕入狱。

1947年10月，国共战事已进入白热化状态，中共中央发出"打倒蒋介石，解放全中国""将革命进行到底"的口号，华北遍布国共战场，解放大军捷报频传，河北石家庄被攻克，从南京到各级国民政府，全国一片惶乱。

时近10月中旬，按照工作日程，刘公武得回华容参加"行宪国大"代表选举了。此时，随着三青团并入国民党，他的代表身份也产生了变化。

三青团中央团部根据团长蒋介石指示，进行了近半年的团员大甄核。这次大甄核，主要是将不可靠的团员淘汰出去。全国原有155.25万团员，仅有60.87万参加这次甄核，损失团员近六成。尽管团方已失去蒋介石的信任，但党团矛盾却一点也没消停，湖南大庸县甚至发生了暗杀与武斗的恶性事件。

这些情况，更让国民党元老居正、吴稚晖、戴季陶等震怒无比，也促使蒋介石下定决心加速实行党团合并，进行"党团根本改造"。

1947年9月，国民党六届四中全会暨中央党团联席会议决定，经甄核合格的三青团员，登记成为国民党党员，宣布三青团正式并入中国国民党。

从此，一个存在了近十年，影响波及全国的新兴政治团体，一夜之间烟消云散。

刘公武作为三青团中央监察委员会委员，则被推荐担任国民党中央监察委员会委员。刘公武原本就是三青团中央提名的团方国大代表候选人，此时便变成了由国民党中央圈定的华容县党方国代候选人，他又是省府秘书长，属于党团选举指导会报的党政两重身份候选人，作为必选代表，其相关指令早已传达到所涉县党政双方，县里按指令照办便是。投票，无非就是一个走过场的形式。为防有人从中作梗，提前回华容，联络感情，平衡关系，获取民心，也是一个必不可少的环节。

再者，之所以一定得去华容县走这个过场，乃因刘公武是被指定的华容县国大代表候选人，必须经过"投票选举"这一道法定程序，且这个程序必须大张旗鼓，必须看上去充分显示"民意"。

自从1927年6月马日事变后被湖南省政府当作"通共分子"通缉，刘公武逃离华容，至今已阔别生养之地二十年有余。此次回乡，刘公武心觉分外忐忑，乃因久别故里，如今却以省府大员身份而归，父老乡亲，县乡吏员，必当以"衣锦还乡"视之，乃至家乡建设诸多方面寄予厚望重托，故此，刘公武依然谨慎自嘱，此番返乡，须得恭敬礼奉，不可丝毫懈怠。

当年，他是国民党县党部主任委员，却被省政府通缉而仓皇逃命。如今，还是这个国民政府，他却要以省府大员身份招摇于彼时逃离的府衙街市，且要代表数十万家乡人民乃至数千万湖南人民，走进参议国是朝政的国府朝堂。刘公武暗自思忖，不禁万千感慨，而置身此种国共战火纷起之时思之，又难免有几分滑稽之意。世事风云变幻莫测，有谁能不随这波诡云谲，飘荡沉浮？而自己，作为一名对这个国家、对这个国家的人民，尚怀几分忧思的一省大员，唯有殚精竭虑，尽责履职，而至无愧家国，可获些许自我安慰矣！

无论怎样，刘公武还是非常严肃地对待此次返乡之行。首先，他洗印了二百多张四寸的半身照片，准备签名发赠全县党团要人、县省参议员、各乡镇长以及机关团体主管人士、社会名流。其次，备足宴请这些人士所需席资。

秦俊吾尽其所能，为丈夫悉心做好了她能做到的返乡准备工作。

1947年10月30日，刘公武将主理公务转托主任秘书巴壶天，并发文知达各局办委。几乎提前一个月，也不带随员，仅邀了张云襄，两人坐火车到岳阳，杨任严请他俩吃饭，留他俩住了一天。三人一起感叹了大半个晚上的时局世事，第二天一早，刘公武和张云襄便坐船奔赴华容。

两人坐船过洞庭湖，进华容河，靠近三封寺北河渡时，只见码头上彩旗招展，锣鼓喧天，鞭炮齐鸣，高高举起的大横幅扯得笔直，赫然一行大字：

热烈欢迎省府刘委员公武先生荣返家乡！

学生和乡亲们拥挤在码头上和道路两旁，完全一派夹道欢迎的隆重盛况。

刘公武一脸疑惑，对张云襄说："搞什么名堂？"

张云襄仔细看了一会，说："华容人民欢迎你呢。"

刘公武说:"肯定是杨任严做的好事!他打电话给耀寰校长了。"

张云襄不禁哈哈大笑:"不错不错!我老张也沾点光!遗谟(杨任严字)做得对,竞选嘛,就得造点声势。"

刘公武说:"竞什么竞,就我一个人!"

张云襄说:"你就感谢他吧!他要在岳阳跟你说了,你肯定义正辞严地阻止他,那他还不敢打电话了。其实,你还不是要发相片,请吃饭?这个跟你那个,是一个意思,造势嘛,他没错!上岸咯!走吧!"

县长齐耀荣、县立一中校长张耀寰,还有县参议长、县党部干事长、县警察局局长等,一大帮人,个个春风满面,迎上前来,跟刘公武一一握手。震耳欲聋的鞭炮声中,大家知道都在互相客气,互相寒暄,就是听不清说什么。

锣鼓鞭炮一路响个不停,到得东街"刘复兴号"门前,只见两名全副武装的警察持枪护卫在大门口,刘公武顿时脸一沉,站在那里一动不动,指着两名护卫,对齐耀荣说:"这是干什么?赶快撤掉!"齐耀荣立即上前叫两名持枪警察赶紧退下,跟刘公武嘀咕:"我叫警局不要搞,他还是搞了,我有什么办法?"

华容河两岸站满了民众和学生,与"刘复兴号"隔河的县立一中门口,师生们还列队站在那里,敲锣打鼓,摇旗呐喊。刘公武笑容满面地对着师生们,挥动双手向大家致意。

齐耀荣赶紧从一个警察手中要过来一只铁皮喇叭筒,向对河师生喊道:"老师们,同学们,请大家静一静,静一静!省府秘书长、刘委员公武先生,离开家乡二十年,今天荣返故里,我代表华容县政府及机关团体和各界人民,向刘委员表示热烈欢迎!"

人群里顿时爆发出一阵热烈掌声。张耀寰校长对齐县长附耳说:"请公武先生给师生们说几句。"

齐耀荣举起喇叭喊道:"老师们,同学们,父老乡亲们,让我们再次以热烈的掌声,有请刘委员给我们训话!"

张耀寰俯身对刘公武说:"刘委员,请!"

刘公武说:"这个,我什么准备也没有啊。好吧,那就说几句。"

刘公武举着喇叭,向师生和民众发表了主题为"处事为人,应奉明哲保身"的即兴演讲：

什么叫"明哲"？明，就是懂得，明白，清楚。哲，就是智慧，道理，知识。什么叫"保身"呢？保，就是保护，保全，爱惜。身，就是自己，自己的生命，自己的人格，自己的职责。

"明哲"才能"保身"，"明哲"是为了"保身"。"哲"不"明"，则"身"难"保"。

同学们，作为一个学生，一定要明白自己的任务，自己的职责，那就是，用知识来丰富自己的头脑，用锻炼来强健自己的体魄，用认真读书，用勤于思考，来完善自己的人格和思想。做到了这些，你才能成长为一个对于国家，对于人民，对于社会，对于家庭，有用的人。你才能很好地为国家建设，为经济发展，为社会安定，作出你应有的贡献。

对于工人、农民、商人、教师来说，同样是一个道理。在这个国家中，社会中，每一个人，每一个群体，各自担当着不同的角色，从事着不同的工作，大家都能够兢兢业业、精益求精地从事自己的工作，这个社会才会形成一个完整的、安定的结构。

一个农民想当工人，可以，但你得学好了工人的本领，才能发挥好工人的作用。一个学生想成为一个教师，你也得学好了教师的本领，才能上讲台，才能把正确的知识，深入浅出地，乃至风趣幽默地讲解给学生听，培养出优秀的学生，唯有如此，大家才会认可你是一个优秀的学生，一个合格的教师。

国家和平，社会安定，需要每一个人都能够"明哲保身"，在校读书的学生，尤其如此。因为，你还没有具备任何一个社会职业所要求的本领，你还要学习，还要吸收知识和思想的精华。当然，如果你看到教室漏雨了，学校食堂伙食太差了，学科老师讲课太马虎了，你可以向学校当局反映，可以要班长，或者要学生代表，去找校长解决这些问题。假如，一而再、再而三地反映，校长根本就不负责任，不理睬，不解决问题，这种情况下，咱们的班长们，学生代表们，甚至老师们，可以向学校当局集体请愿，如果这个校长没有能力解决问题，师生们便可要求更高当局撤换校长。而不是动不动就罢课，动不动就游行示威甚至采取暴力行为，这样做的结果，只能加深矛盾，引起更大的对立，甚至引起完全无谓的牺牲。对立了，大家说话就都会带着火气，带着愤怒，公说公有理，婆说婆有理，就会产生大家都无法"明哲"的情况，不能够"明哲"是很可怕的，谁都不买谁的账，谁都不服谁的气，最终，学校就不成其为学校了，还谈何读书成才呢？还谈何"保身"呢？

从小里看，往大里说，按照一种既定的程序去办事，去有效地解决问题，就是"明哲保身"的一种表现。

大家可以结合时局去开动脑筋，一个国家，经济社会的安定和发展，是不是也应如此？有问题，有矛盾，可以提出来，大家面对面商量解决。

今天，我回家乡来，参选国民大会代表，就是希望，如果，我选上了这个代表，我就有机会把人民对国家建设、经济发展、社会安定等方面提出的意见，发出的呼声，想出的办法，作为民意，向政府高层决策者，直接反映，提供参谋，促使政府正确决策，完善决策。我必须要明这个哲，所以，我同样希望我自己，能够发挥好一个政府官员，一个民意代表，所能发挥的作用，为民众造福，为大家造福，这样，我才能保这个身，并且，我就可以说，我刘公武，也做到了"明哲保身"。

刘公武的演讲，很巧妙地不带任何政治色彩，既点明了当前的局势，启迪

1946 年 11 月召开的"制宪国民大会"上，湖南代表合影，二排右二为刘公武

大家的思想，又表达了自己的意愿，说明了此行的目的。刘公武话音刚落，华容河两岸，欢声雷动，掌声如潮。刘公武从掌声和欢呼声中，感受到了家乡人民对他演讲主题的理解和接受，甚感欣慰。

在华容将近一个月时间里，刘公武穿梭于官吏士绅之中，往来于城乡街衢之间，发表演讲，申明大义，贴近民众，了解民情，取得了很好的效果。

趁休息的空档，在二哥刘巨楼一家人陪同下，刘公武前往父母与大哥、四哥、六弟和长秀等亲人坟头，一一进行凭吊祭奠，了却了多年未了的心愿。

11月21日至23日，在全国统一的选举日里，由于有齐耀荣、张云襄、张耀寰等一众挚朋好友的全心协力，所有选举程序顺利完成，刘公武成功当选为中华民国第一届国民大会代表。

第一届国民大会，相对于1946年11月召开的"制宪国民大会"，此次大会，参会所有代表将投票选举总统和立法委员，行使《中华民国宪法》规定的权力，故而也称"行宪国民大会"。

国大代表选举结束之后，中央通讯社率先报道，称：中华民国约二亿五千万选民，凭其自由意志之抉择，选举国民大会代表。而西方媒体报道，实际官方收回的有效选票，仅二千万余张。当时，因为中共方面拒绝参加国民大会，整个东北已为共产党军队控制，山东、陕西诸省，国共战火正酣，因此，全国尚有近八百个县市选区未能举行投票，有些选区亦因国共产党军队拉锯争夺而延迟选举。

11月中，刘公武还在华容忙乎"国代"选举时，省政府会同省参议会、国民党省党部联名成立"湖南省戡乱动员委员会"。设立这个委员会的目的，一方面是为省内那一大堆围绕"防""剿"所设各种项目的实施，解决经费问题；另一方面，则是为完成国民政府因日益升级的前方战事不断加码的粮饷征收任务，组成一个意欲更加具有效率的多方联动机构，或者相互制约机构。

1948年2月底，湖南省民政厅厅长刘千俊因患肾结石病住院，在湘雅医院做手术时，伤口感染而得败血症，抢救无效而不幸去世。

3月7日，省府调刘公武补缺民政厅厅长之职，并成为湖南省动员戡乱委员会委员。令省府委员王原一兼任秘书长。然仅两月余，王原一坚辞秘书长之

1948 年，刘公武接任湖南省民政厅长后，与家人在影楼合影留念

职（原因未知）。此时，经刘公武力荐，王东原同意，让秘书主任巴壶天接任省府秘书长。

　　刘公武履职民政厅长期间，正是国民政府即将召开国民大会之时，脱离了省府秘书长"大小事务，无事不问"的忙碌境地，刘公武进入了一个自主性相对稍强一点的部门，尽管依然很忙，但有其主任秘书廖佩之倾力相助，刘公武顿感身心轻松不少。

参议国是，力谏总裁逊位

1947 年 12 月 24 日，圣诞节前一天，全国各地业已选出的国大代表悉数呈报，总共选出代表二千零四十二名，超出了应选代表总名额三千零四十五名的三分之二。那些因故延迟选举的选区，一直到国民大会结束前一天，还有代表呈报或前往南京报到，实际最终选出代表为二千九百六十一人。

于是，国民政府确定于 1948 年 3 月 29 日举行中华民国第一届国民大会（行宪国大），暂定会期为二十天。

国民政府同时宣布，1947 年 12 月 25 日，《中华民国宪法》正式生效。为此，蒋介石于 12 月 21 日在中央广播电台向全国发表了"行宪讲话"。

"行宪国大"即将举行之前，国民政府副主席兼立法院长孙科、北平行辕主任李宗仁、武汉行辕主任程潜、国民政府监察院长于右任，都报名参与副总统竞选，为此，他们各自在自己的势力范围开始了"竞选"造势活动。

程潜（字颂云，尊称颂公）倚仗自己是国民党元老，军政界人脉广泛，在湖南、河南、湖北等地人气旺盛，加上诸多旧部纷纷劝进，他便属意湖北省参议长何成浚、国府元老、战略委员会委员贺耀祖牵头主持，成立了以一众亲信大佬组成的助选团，这些人尽心竭力，四处奔波，宣传造势，筹钱募款，抬轿子的比坐轿子的更卖力气。

3 月 8 日，刘公武新履湖南省民政厅长第二天，程潜以视察江南防务为名，从武汉来到了长沙。

程潜的日程安排得特别紧，王东原和刘公武等省府一班人马，便忙得脚板冒烟。

9 日上午，程潜接见省会党政军大佬，下午接见各公法团首长，然后是省府晚宴，紧接着又是绥靖座谈会。

10 日上午九时，由省府召开湖南省各界欢迎大会，王东原亲自主持，并致欢迎辞。王东原说："颂公在国家是革命的元勋，在湖南是我们的家长。"这话让程潜听了，甚觉受用，但光说好听的，程潜并不买账，贺耀祖早就跟王东原使了眼色："关键是筹集竞选经费，还得请王主席多多费心。"

大家都心知肚明，王东原所谓"家长"一说，不过是用来称呼"地头蛇"

程潜单人照

的雅号而已。既然是"家长"，在此竞选副总统关键时刻，不带头多孝敬一点，无论如何不好交代，程颂公随便在他那一大帮部下里弄一个人来，就可以将王东原取而代之。这一点，正是王东原此时的最大软肋。贺耀祖助选团这帮人，这时候就得牢牢抓住王东原内心深处那一团无言的恐惧，诈上一大笔。

果然不负所望，王东原将此事交付省府委员王原一和省银行总经理张干群办理，两人四处奔走，求神拜佛，终于在省建设厅和省钱粮处等部门单位，为程潜竞选筹得一百二十亿元（法币）。建设厅和钱粮处出现的两个大窟窿，王东原还没想出用什么招数来填补。

3月21日，湖南省参议长赵恒惕率第一批湖南国大代表抵达南京。先期随程潜抵达的湖北省代表团团长、湖北省参议长何成浚，作为程潜助选团第一干将，在中央饭店举行盛大宴会欢迎湖南代表团，表示两湖代表一定要携手同进，坚决支持程颂公竞选副总统。

一周后，刘公武和其他代表一起赶赴南京。作为国民党中央监察委员，他第二天参加了国民党中央临时召开的国民党中央执监委员联席会议（亦称中央扩大会议），讨论总统候选人提名问题。

1948 年 4 月 15 日第一届国民大会湘籍全体代表摄影，于国大会堂门首

蒋介石主持了这次联席会议第一次会议，并首先发言。蒋介石说："本次国大，主要议题就是选举总统和副总统，国民党作为执政党，候选人都由国民党提出。"

他说："近一段时间，我在庐山待了几个月，思考了很多问题，我认为，我们选出的第一任总统，首先应该了解宪法，认识宪政，确保宪政制度；其二要富有民主精神及民主思想，且为一爱国之民族主义者，根据宪法，实现三民主义，建立民有、民享、民治之中国；其三，要忠于戡乱建国之基本政策；其四，深谙我国历史文化和民族传统；其五，对当前之国际情势与当代文化有深切之认识，借而促进天下一家理想之实现，并使中国成为独立自尊的国家，处于国际大家庭中之适当地位。"

然后，蒋介石非常恳切地表示，他是不符合这全部条件的，所以，请大家按照这个条件，提出总统候选人，他自己愿意心甘情愿地协助总统，为国家和人民利益工作。

听了蒋介石这一番谦卑而诚恳的发言，与会者不少人深受感动。大家都意识到，按照他提出的这些条件，只有胡适具有提名资格。刘公武也是深受蒋总裁发言感动的与会者之一。

此前，蒋介石确实通过面谈，通过信函，力劝胡适接受提名，参加总统竞选，自己愿意协助他做好国家的工作，蒋介石表示愿意担任行政院长。最后，胡适对蒋介石说："听从蒋先生的决定。"

至于当时乃至后来多种传说，各种揣测，称蒋介石故意虚晃一枪，玩花招，意在欲擒故纵，树立自己不可动摇之地位。此说，虽有其推论之理由，然似乎并无太多足以服人的事实依据。

蒋介石自愿退出总统竞选的消息传出，立即一石激起千层浪。

首先是陈立夫、陈果夫掌控的 CC 派，率先发难，放言如果蒋总裁不当总统，CC 派将拒绝与政府合作。

然后是黄埔系一众紧密追随者，宣称他们将不会服务于蒋委员长以外的任何总统，甚至威胁，如果不是委员长当总统，他们宁愿投靠共产党。

其次是吴稚晖、戴季陶等几个国民党元老及其追随者，大声嚷嚷："如果劳苦功高的蒋主席不当总统，谁堪当此重任？如果执政党最高领袖不当总统，必将引来亡党、亡国之祸！"

当晚，各派领军人物纷纷求见蒋介石，意欲力谏收回宣示。然他拒绝接见任何人，闭门谢客。

于是，众人又去找宋美龄，宋美龄见此情状，不禁有些慌乱，立即去见蒋介石，被蒋介石训斥："你不要管！你不要管！我不是早跟你说过了吗？"

刘公武听说了这一切，深感此一众人，实在俗不可耐。他去找白瑜时，看到贺衷寒和何浩若（湘潭人，国民党中央常委）也在他房间里，于是问他们对此情此景作何感想？

贺衷寒说："难以捉摸。热闹一阵，总会有个结果的，咱们不用操心，说多了，还不知就得罪谁了。"

白瑜笑了笑，未作言语。他想，今天的刘公武，已不是过去那个需要耐心开导的刘公武了，言多无益，还不如说点别的。

何浩若拍拍刘公武肩膀："贤弟不必多愁善感，车到山前必有路。"

刘公武苦笑着摇摇头，深深叹了一口气，认为总裁之良苦用心，有人懂而不言，有人不懂却胡诌八扯。

第二天下午，中央委员扩大会议继续召开。孙科担任会议主席，宣读了中常会提名蒋介石为总统候选人的决议案，付诸讨论。孙科读毕，全场鸦雀无声。

刘公武见此状况，举手要求发言。孙科说："请刘委员到发言席。"

刘公武在发言中说："窃以为中常会此一决议案，有违总裁意愿，实为不妥。众所周知，吾辈同侪，投身革命，赴汤蹈火，舍身忘死，尽皆谨遵先总理遗训，追随领袖，为实现三民主义戮力同心，不懈奋斗，尤以先总理建国方略所制军政、训政、宪政三阶段为吾党之根本目标，循序渐进，达致今日革命成功，实行宪政，正是国民党结束专政还政于民之大好时机。"

刘公武刚说到此，忽有座中一人站起说话。刘公武见是中央常委、上海参议长潘公展（字千卿），便问道："敢问干卿先生有何见教？"

潘公展大声说："见教不敢。刘委员反对中常会决议案才是不妥。国民党总裁为我党最高领袖，如今非常时期，领导举国军民剿灭乱党，非总裁无有胜力者。刘委员那些大道理，就不要在这里给我们上课了。"

潘公展这架势，就是要赶刘公武下台啊！刘公武笑了笑，心中明白，国民党六大选举开票之事，刘公武当场怼过他，今天，潘干卿这是找茬报复来了！

刘公武侧身问会议主席孙科："孙主席，我还说下去吗？"

孙科点点头："畅所欲言嘛，说吧。"

刘公武继续说："总裁雄立我党最高领袖，今天是，明天亦是，将来还是。然总裁昨日当着在座诸位，情词恳切，公开宣示，并非戏言。总裁此举，众人尽感其胸怀宽广，功成不居，领袖之风，浩然贯云。干卿先生说得好，如今非常时期，而总裁依然是万众拥戴之领袖，倘若退居后台，则更利吾侪同人遵领袖思想，循领袖智慧，而于扭转危局，岂非益胜居于风口浪尖？"

刘公武说完便向大家鞠躬致意。此时，会场略为寂静了几秒钟，突然间，全场爆发出一阵热烈的掌声。刘公武从讲台上走下，当场便有孙蔚如、王陵基等人迎上前去，与刘公武紧紧握手，以致敬意。

坐回座位，身旁的宋希濂又紧紧地握了握刘公武的双手，满怀敬佩地向他不断点头，轻声说："老兄啊，你说得太好了！太好了！"

蒋介石历来就是一个注重实权的人，而宪法规定，总统仅仅为礼仪上的国家元首，他最初宣示不参加总统竞选，主要原因应在于此。坚决主张提名蒋总裁的 CC 派首脑们以及一众元老、黄埔追随者，也都意识到了这一点。于是，他们联名七百多名代表，发起了一项《请制定动员戡乱时期临时条款案》，决定赋予总统以特殊时期的紧急处置权，而不受宪法相关条款或规定程序的限制。如此，几个派系人物再劝蒋介石参选总统，他也就答应了。可见，有无实权，才是关键，故前番宣示，应非作秀。

《请制定动员戡乱时期临时条款案》，在总统选举完毕之后，经大会以多数同意而表决通过，形成正式决议交付立法院制订临时法律条款。而后来，一直到蒋介石离世十多年，才由蒋经国宣布结束"戡乱时期"。

竞选嘛，至少得两人吧？蒋介石首提胡适，遭众人嘲笑，胡适自动退出，然后蒋介石再提居正，居正觉得蒋介石拿自己一个年逾古稀的老头子当陪衬，便觉几分羞辱感，确定他为总统候选人第二天，他就请病假回上海睡大觉去了。

4月19日，蒋介石以二千零四百三十票当选总统，居正虽人不在会场，却也得了二百六十九票，自此退出了政坛。

副总统选举最热闹。候选人有六人，国民党就提了四人：李宗仁、孙科、程潜、于右任。还有无党派莫德惠，民社党徐傅林。按照选举条款，六人中，必须有一人超过法定投票半数，才能当选。结果，第一次投票，无一人过半数，前三名李宗仁、孙科和程潜，进入第二次投票，又无一人过半数，且三人都没有谁提出退出选举。

蒋介石属意孙科，于是单独找程潜，要他放弃选举，把他的票数让给孙科，承诺补偿其竞选费用，被程潜婉拒。蒋介石碰了一鼻子灰，十分不爽。

桂系大佬黄绍竑给李宗仁出主意，要他以退为进，联合程潜一起宣布退出竞选，声明选举受到了不正当的压力，暗指蒋介石劝退程潜。

孙科一人无法竞选，被迫宣布退出竞选。

此种情形之下，大会不得不宣布暂时休会。然后，蒋介石想方设法疏通李、程二人，劝其参加第三次投票选举。当然，总统亲自出面劝说，还是要给面子的。

4月28日，国大进行第三次副总统竞选投票，结果，三人还是无一人超过半数。李宗仁一千一百五十六票，孙科一千零四十票，程潜仅得五百一十五票而被淘汰。

当晚，围绕程潜这五百多票，李宗仁和孙科助选团，拉开了热闹非凡的抢票大战。程潜安排邓介松应付孙科助选团，安排唐鸿烈应付李宗仁助选团。孙科亲自去找程潜，两人相谈甚欢，却把三百多名来支持孙科的两湖代表冷落在酒店，等孙科赶到大厅，已经被李宗仁助选团生拉硬拽拉走了一百多人。就这一下，决定了孙科败选的命运。

4月29日，国大代表进行第四次投票选举副总统，李宗仁一千四百三十八票，孙科一千二百九十五票！大会宣布，李宗仁以相对多数当选副总统。

验票完毕，宣读结果，蒋介石差点没当场昏过去。然而，其毕竟乃非凡人物，瞬间便调整到最佳状态。他步履轻快，笑容满面，走向李副总统。这是作为领袖，奋斗大半生，率领亿万追随者，用鲜血和生命凝成的中华民国历史崭新篇章，此时应有的——新任总统满怀热情与当选副总统亲切握手——这样的历史镜头，怎可或缺？

孙科在台下五味杂陈，欲哭无泪。

如果孙科不耽误那一会，那一百多人就算保住七十多张票，后来的历史又不知该怎么写了。

两千多年前的先贤就告诫人们，"风起于青萍之末"，从小灌饱了洋墨水的孙科大约没有领会到。

此次国大召开，两湖诸多军政大佬于南京碰头，先后传出来一些让人听了心里无法踏实的议论，正在逐渐瓦解王东原继续主政湖南的决心和信心。

而程潜程颂公副总统梦的破碎，颂公本人可能很快就过了那坎儿，没当太大回事，却更加令王东原本就隐约感到"浪成于微澜之间"的几分担忧，已然于他心海，波涌浪腾。

家长劫道，府酉黯然离湘

该来的总会来，谁也躲不掉。

1948年两件大事，第一件当然是上半年"行宪国大"的召开，第二件便是下半年国共之间的辽沈战役。

两件大事看似不相关，其实内里联结却是千丝万缕。影响的结果，便是整个军政系统，发生了结构性的势力范围自动大调整。

李宗仁当选副总统之前，是北平行辕主任，主掌华北军政大局，坐镇中南海居仁堂，虽有某种困虎笼中之感，却也能号令华北，乐得逍遥自在。

李宗仁选上了副总统，便立即辞去了北平行辕主任。未料，蒋介石觉得无人取代李宗仁，便索性将北平行辕撤销了。

此前，桂系的影响尚限于李宗仁、白崇禧和黄绍竑伸手可及的势力范围。从此，桂系的无所顾忌，便如"萍末之风"，日渐晕染成了"狂风恶浪"。

华北国民党军本就派系凌乱，有李宗仁这样一个功勋卓著的元帅级总头管着，多少还有点畏惧，一瞬间撤了行辕，也就更加各自为政了。而华北国民党军正面临着共产党军队的随时大进攻，宛若一盘散沙，后果可想而知。

再说程潜。颂公竞选副总统被淘汰之后，李、孙都盯着他两湖的那点选票。而颂公答应孙科，全力相帮，让邓介松一下子带来三百多名两湖代表到孙科的"领地"龙门酒家，而被李宗仁助选团重金买通，跑去重庆安乐厅的只有大约二百人。龙门酒家这三百来人，就是孙科的在握胜券。

这当口，孙科大战三轮所遭遇的劣势，眼看就要逆转，让孙科对程潜感激不尽，立刻有道不尽的知心话跟颂公倾诉，且倾情承诺，倘若他一当选，便将竭力推举颂公出任行政院院长。

在龙门酒店大厅等着孙科驾临的两湖国代，见孙科并未如约而至，牢骚怨言便开始弥散。一边观望的李宗仁助选团探子，顿感机会到来，立即叫来一帮人，冲上前去，不管三七二十一，甜言蜜语，加重金许诺，一下子就拽走一百多个。

如此一来，结果便可想而知了，孙科自己没当上副总统，也让颂公接踵而来的行政院长梦，顿成幻影。尤其是，更让蒋介石恨了一辈子。

颂公啥都没捞着，竞选经费还丢进去一百多亿！武汉行辕主任，说你有权，有天大的权，说你没权，谁都不理睬，你也无可奈何！长期追随出生入死的部下们，不是乡党，便是学生，这帮人早在南京开会时，就嚷嚷开了，"湘人治湘"，矛头对准王东原，王东原总有几个亲近人在那边，话一传过来，心里不打鼓才怪！

王东原还有点侥幸心理，陈诚向着他。他把湖南省的动员戡乱做好了，不仅陈诚，兴许还能伴着蒋介石的伞，给他遮点雨挡点风。

王东原的去留，直接影响着好不容易扎起台子来唱戏的这一大班子人，自然也包括省民政厅长刘公武在内。

一嗣国代大会结束，刘公武在南京处理完一些未了事务，5月11日就赶回了长沙。他在南京也听到了很多风言风语，这都不是小事，肯定得跟王主席好好嘀咕嘀咕，磋商一下应对之策。

1948 年 4 月，刘公武正在南京开会，王东原以"动员戡乱委员会"名义，召集省府各厅处局、省保安司令部、长沙警备区司令部、宪兵第十团等单位，举行了一千余人参加的"全省剿匪公约总宣誓"，王东原亲自领读誓词：

余誓以至诚，遵守"剿匪"公约，绝对拥护国民政府，弥平"共匪"，复兴民族，倘有违背誓言，愿受严厉处分。

然后，所有宣誓人大声念出"宣誓人 xxx"。在国民党军败报频传局势下，王东原费尽心思组织这种宣誓，除了意图让程潜、让更高地位的蒋介石对他放心之外，也就能发挥一点聊以自慰的作用罢了。

"动勘委"三头目王东原、赵恒惕和张炯，联名签署发布《告全省人民书》之后，又不断联名发号施令，规定清乡口号，刷满城乡街巷，墙头屋角。组织新闻文化界知名人士，成立"动员戡乱宣传委员会"，举办"动员戡乱宣传周"，采用各种形式，宣传"反共救国"主张。

5 月份，王东原计划成立六个保安旅，参议会认为此时扩军，须得大量资金投入，必定影响民生，影响战后重建诸多项目的实施，于是，只同意暂时成立两个旅。新组建武装部队，必须报请武汉行辕先行备案，未料程潜趁此机会，当即调派张际泰为湖南省保安第一旅旅长，命其驻守荆沙江防。然后，程潜回复王东原，这是他为湖南北边门户的安危着想，作出的安排。王东原闻之，怒不敢怒，怨不敢怨，地盘还在自己手上，颂公就开始安插人手了，这来头，实在不妙。

无奈，王东原只得立即动手，赶忙派老部下丁廉为湖南省保安第二旅旅长。王东原心想，本想安两条腿，还未动手，就叫程潜打折了一条，还得担负他那个旅的粮饷后勤保障。

至于资金从何而来，那就只有增加税收，局势动荡，市场萧条，经济危机，生意本就不好做，工农产业元气尚未恢复，公共建设和基础建设所需投入带来的税负，已经压得人喘不过气来，一下子又有各种战时税负呼啦啦如秋风扫落叶刮过来，不单可怜了千万生民，这政府还怎么熬得下去？

这就叫雪上加霜，程潜在湖南的故旧们，对王东原已不只是颇多微词的问题了，直接就借助媒体之笔，公众之言，口诛笔伐，往王东原身上扎刀子。

且说程潜，为了实现一众部下竭力主张的"湘人治湘"目标，更是在如何驱逐王东原这个问题上，用尽了心思。王东原没啥对不起自己的事，像20年代初湖南人驱逐张敬尧那样发起驱逐肯定不行，况且还欠着王东原全力筹措竞选经费这一个大人情呢。

程潜久经沙场，当然不会鲁莽行事。他先去蒋介石那里要了个"长沙绥靖公署主任"之职，紧跟着，为了便于插手湖南军政事务，他保荐得意弟子李默庵接任湖南省政府主席，蒋介石同意了，就等行政院一纸公文发表。

率先放出"湘人治湘"口号的贺耀祖，不满身上仅挂个"国府战略委员会委员"的闲职，那个口号，本就是他出于觊觎湖南省主席这个位子而发端的，听闻颂公推举了李默庵受任，顿生怨怼，于心不甘之际，即刻联名湖南省参议长赵恒惕上书蒋介石，以各种非议发起反对。

贺与赵都是国府老资格，蒋介石不能不有所顾虑，于是暂时压下李默庵。

陈诚近水楼台先得月，消息未出国府，他便以迎合"湘人治湘"的"民意"为借口，保举"土木系"干将，曾任中训团教育长的长沙人黄杰接替李默庵。

刘公武回到长沙，私下跟王东原汇报了自己得来的一些信息，让王东原完全放弃了先前略存的几分侥幸，只是觉得程潜如此不择手段对付自己，着实令人心寒。

王东原明白，走，是随时的事，就是看怎么个走法。转眼已是6月中旬，王东原得知程潜亲自去往南京求见蒋介石，他想，看起来老程是志在必得，必须安排他的人，才会罢休，至于自己，在湖南是绝对不可能待下去了。

王东原找刘公武，想聊聊此事，看如何应对。刘公武认为，尽可能主动一点比较好，可以根据5月底"总统令"的意思，向总统提出自己的想法，至少可以探探风声。

5月底"总统令"的意思是，进入行宪时期，全国各地原派文武官员，未经总统另行任免者，应各仍供原职，照常服务。

这就说明，"另行任免者"，已有不少。如今，明明知道这"仍供原职"已面临摇摇欲坠危局，再不赶快去争取主动，那就只有被动了。

王东原认为公武说的有道理，事不宜迟，赶快动手。

6月22日上午，王东原与刘公武反复斟酌之后，给在南京的蒋介石发了个电报，投石问路，电云：行宪开始，亟应退避贤路。

未料，蒋介石神速复电：拟调兄至中央服务如何？

阅毕蒋电，当日报纸送到了办公桌上。《中央日报》头版赫然一行大字：程潜接任湖南省政府主席。

王东原顿感一阵眩晕掠过头顶！静了静神，他忽然抓起报纸，狠狠一摔！骂了一声！

原来，5月下旬，程潜的左膀右臂邓介松和唐鸿烈眼看李默庵被压下，黄杰即将受命上任，力劝程潜亲自出马，干脆放下身段，自荐自兼，先把省主席拿到手再说，至于黄杰，推荐安排担任长沙绥靖公署副主任便可安顿。

于是，程潜亲自再往南京，面见蒋介石。蒋介石见程潜愿意亲兼省主席，觉得要求不高，同时也合乎蒋介石自己的盘算，便顺水推舟，满足了程潜心愿。

争来争去的这些事，到处都有中训团学生的王东原也大致清楚，唯一没料到的就是，程潜作为"国级元老"，竟然会自己要求亲任省主席。

王东原本想，程潜只是要安排他的人，却未料他老人家赤膊上阵，半路劫道，亲自开抢，实在是欺人太甚！尤其没想到的是，蒋介石算是整个阵营最大的"强龙"了吧？竟然也一样忌讳"地头蛇"。看样子，这阵子的狂风骤雨，蒋介石伞下都没他躲雨的地儿了。

刘公武从地上捡起报纸，展开看了一眼，说："主席你看，颂公昨天就在南京开了记者会，发表了治湘方针。这就说明，他早就动心思了。"

王东原不停地摇头，似乎自言自语地说："看它干啥！我就在想，我待人如亲人，人待我若敌人！可我这人，就不长记性，一辈子也不知道做过多少热脸贴冷屁股的事了。唉！公武啊，可悲呀！咱兄弟俩这性格，都不是混官场的料。"

刘公武说："面对现实吧，咱俩可能天性如此。不过，我觉得，总统回电如此之快，说明他还是考虑了您的去路。既然他这么问您了，应该不是什么闲职。您啥也不用多想了。估计这两天，您的调令也会来了。"

王东原说："忙职闲职都无所谓，公武啊，你跟我也差不多，总把别人想得那么善良。蒋介石要有啥好事，还不早跟我透风了？对这个，我也不抱啥希望。"

刘公武闻之，叹着气点了点头，说："也是哈。放宽点心吧，别想那么多了，生气也不值。反正，这时局，好位子差位子没啥区别，人家认为挂个闲职的那种差位子，对我们这种人来说，没准还是个好事。"

王东原看着刘公武，满脸苦笑说："你倒会自我安慰。可是，公武啊，元勋打马劫道，家长亲自开抢！长不尽的见识呢。"

王东原跟刘公武一阵唏嘘感叹，世道炎凉至此，始料未及。

王东原说："公武，这里一切，只有拜托老弟临时代劳主办了，包括交接事务，也一并拜托，拜托！这交接的活儿，也不是个省心的事，有些人巴不得弄点事，找点茬，搞得你一蹶不振他就高兴了。思来想去，我老王最信得过的只有老弟了，况且你还擅于处理协调各方关系。老弟，那就辛苦你啊！

另外，老弟要是信得过，等我在南京安定下来，管它忙职闲职，到南京来找我。他娘的，这时节，隔段时间不见，就是自己也不晓得站到哪条线上了，更莫说别人。"

刘公武闻之，不禁哈哈大笑，说："没一点办法，汪洋小船，随波漂咯。至于您托付的事，不要客气，您放心，我会尽力而为的。这段时间，您就在家好好休息一下，反正这边也没多少事可管了。我没饭吃了，肯定会去南京找老兄。"

王东原说："那我就回家休息了，趁辞修院长目前还能说上话，也好就着这几天，跟他说说这边人事安排的事，那么多兄弟，不可能都离开，总得要安排两个在省府讲得起话的人吧？"

刘公武笑了笑说：嗯，这个事也只有您有这个关系跟能力去考虑了。

本来代行省主席之职，按常规应托付与省府秘书长，而王东原不然，直接托付给民政厅长刘公武。

由此可见，王东原与刘公武私交之深，事实摆在这里，刘公武无须渲染，略事思之，亦可明了。而后来与王东原分道扬镳的刘公武诸多回忆文章，却对王东原颇多贬责，也许刘公武有其碍于时势政局等方面的难言之隐吧。

1948 年 6 月下旬，王东原接到了调任中央训练团教育长的命令。王东原虽然跟刘公武说了，他走，不要搞什么仪式，低调离湘。但刘公武总认为不妥，便邀集蒋崿、陈云章、刘修如、莫萱元、萧训等到家商量。刘公武说："本来，主席要走了，省府开个欢送会，天经地义，可一则巴壶天是个书生，不敢担事，王原一有些事不顺心，不愿意出面。再者，主席也不愿意搞，说尽量低调。所以，找大家商量一下，总得要搞个形式表示咱们的心意才好。"

蒋崿说："那就由我长沙市来搞，义不容辞。省府不搞也罢，人说人走茶凉，人还没走呢，有的人看人的眼神都变了。"

7 月 1 日，长沙市主持，给王东原举行了隆重的欢送大会，市长蒋崿给王东原授予"长沙市永久荣誉市民"称号。

7 月 8 日，刘公武自行辞去省民政厅厅长职务。

7 月 9 日，王东原签署了"府人字第 06614 号"《湖南省政府训令》：

> 本主席奉行政院午微人电核准先行离湘，兹定本月九日首途，职务派民政厅刘厅长公武代行。除分行外合行，令仰知照。主席：王东原

王东原泪别公武等一众故旧好友，携家眷奔赴南京就任新职。

在悻悻然中，王东原结束了他两年主政湖南的艰难生涯，其力图全面实现恢复重建计划而未尽意，留下遗憾。

第七章 和平运动

倾情故土迎解放，致力和平举红旗

1948年在南京

一、审时度势

湘省改组，奉公之心不渝

1948年6月21日，国民党中央和国府行政院会议，分别批准湖南省政府改组。任命程潜为省政府主席，任命邓介松、邓飞黄、王恢先、陆瑞荣、戴季韬、王凤喈、李锐、李树森、刘修如为省府委员，其中，邓介松为秘书长，邓飞黄为民政厅长，王恢先为建设厅长，王凤喈为教育厅长，李锐为财政厅长。

从这个省府委员班子组成来看，程潜注重知识型专家型官员的配备，除了戴季韬和李树森两位行伍出身的老资格军头，其余都是有着留学美日欧背景的高级知识分子。刘公武看到这个省府班子配备，稍觉几分安慰。

此前，国民政府已撤武汉行辕改设长沙绥靖公署，辖湘赣两省，程潜被任命为长沙绥靖公署主任。

7月24日，程潜自武汉抵达长沙，正式接任湖南省政府主席。被王东原授命代行省主席职权的刘公武，将省府大印移交程潜之后，便开始办理诸多具体事务的交接。每天依然如往常一样上下班。

早在半月前，刘公武就卸下了民政厅长职务，同时又辞去了所有其他兼职，仅有国民党中央监察委员会委员身份，不是自己想辞就能辞的。

民政厅主任秘书廖佩之也辞了民政厅的职，作为刘公武秘书，帮着一起在省府办理交接事务。想到程潜配备的政府委员班子，对于王东原精心组织设计的战后湖南恢复重建计划进一步付诸实施，刘公武抱着较大希望，因此，把前任省务有条不紊地交给程潜班子，兴许可让他们顺利地做下去。

新任省府秘书长邓介松，湘乡人，日本明治大学毕业，先后长期跟随唐生智、程潜，从军从政大多干文职工作，抗战胜利后当过湖南省第一任民政厅长。邓介松是个思维特别缜密、办事非常认真的学者型官员，比刘公武大七岁，说起来还是刘公武在长沙一中读中学时的老师。邓介松也曾耳闻刘公武为人处事低调内敛，不事张扬，办理省务交接过程中，亲身接触，感觉到了眼见为实。

在办理交接事务这段时间里，刘公武目睹了省内有些朋友，见新任省主席就职，纷纷为求自保转而投靠程潜，以谋一官半职，他都表示理解。

只是刘公武心中有梗，不想曲意逢迎而求得攀附。

刘公武心中最大的纠结，在于局势变化，无法预知。除了几个贴心的朋友，偶尔来家闲聊，平日里休息，他几乎不轻易出门，免得走出去碰到这个那个，问东问西。

有一天，张云襄顺道来看他，说："袁芸雪辞了县长之后，到长沙住我家里来了，他情绪似乎有点消沉，这几天，在琢磨到我家旁边建两间茅草屋，计划着做个'草庐寓公'算了。"刘公武听了，忍不住笑起来，说："他这个人就这样，过几天就没事了。叫他不要把什么事放心上，想聊聊天就叫他过来。"

到 9 月下旬，刘公武终于把所有交接事务给弄完了。他要廖佩之去把原来配给自己的那辆吉普车也一并交了，廖佩之说："一部旧车，其实他们也不眼见，有些人不让他干了，就给卖了换钱。"

刘公武说："交了交了，要它干啥，卖了自己拿钱，逗人闲话，有些人是有些人，我是我。你看你这不就是闲话？何必呢！拿回去自己不会开，还得请人，还得烧油，养车，拉倒吧！交了！给他们还有点用。凡属公家的东西，纸都不要拿一张，这是原则问题。"

廖佩之用很严肃的神情，看了看刘公武，连连点头，说："我是真服了，绝对服了。"刘公武一听，呵呵呵呵地笑起来，说："看样子你原来还没服透咯？"

衡山人廖佩之，虽先后在湘潭县和新宁县做过县长，却依然甚少官场气息，更多书生意味。

1948 年 9 月 26 日，适逢周日。这天中午，张云襄、袁芸雪、杨任严这几个老乡，还有刘修如、莫萱元、姚雪怀、蒋崑、萧训、廖佩之等几个在职或者待职的老朋友，十几个人相聚在南园，为刘公武结束省府任职，新任长沙绥靖公署高级参议，同时祝贺刘修如就任省府委员兼社会处长，举办小型聚餐活动。南园地方宽敞，菜食在酒店订了之后，送上家门，在家里，大家更觉自由放松。

酒店送餐食的人刚把菜食摆开，众人就座，刘公武举起酒杯，正准备说话，忽听得院子里传来一阵阵婴儿哭声，紧跟着有人喊："生了！生了！"

保姆跑进来报告，秦大姐生了一个大胖小子！众人顿时一片欢腾，纷纷向刘公武道喜。

刘公武心里紧绷着，这段时间为抓紧办完交接，实在太忙，家里事连过问都没时间，每天累得够呛，回家倒下就睡，一早就走，竟不知妻子今天就生了，难免甚感几分愧疚。尽管如此，他还是笑容满面地感谢大家！

刘修如举起酒杯，说："今天是个好日子啊！咱们刘厅长喜得贵子，荣调新职，双喜临门，可喜可贺，可喜可贺！来来来，兄弟们，咱们一起举杯，为刘厅长夫妇，干杯！"

秦俊吾这天生下了在南园生的第二个孩子，因为生在"南园"，女儿刘南用了一个"南"字，秦俊吾就把这个儿子叫作"刘园"。此时，秦俊吾生下了六男三女共九个孩子，刘园排行第九，哥哥姐姐都叫他"细毛"。

9月27日，刘公武一早起来，便想起要去省府找程潜，还有一件要事必须急办。

5、6月份滨湖十一县遭受特大洪水和暴风灾害，灾情十分严重，当时，他作为民政厅长，明电要求十一县迅速调查受灾详情。6月份收到各县报告，省府正准备统一向国府申请灾情救济，便逢政府改组，然后刘公武又代行省政，办理交接，一直未能付诸行动。而十一县直接救济灾民仅保一时之虞，灾后重建资金与物资紧缺，急需国府援手。

程潜听完刘公武汇报，亦觉事不宜迟，当即叫来新任民政厅长邓飞黄，一起与刘公武商议，决定委派刘公武为湖南省请赈代表，前往南京。一切相关文牍，在刘公武当厅长时，就已准备妥当，重新誊文盖印即可。

刘公武拿了文件，还是上午十点，于是他决定回家拿上行李，马上出发。

刘公武这样做，首先是因为此事是自己开的头，熟悉灾情，灾区灾民确实等着救急。其次，他知道自己除了在政界谋取一席之地，其他事情譬如从教，军教民教已都提不起兴趣，时局也让他根本就不想再做。程潜组建的新班子，让他最初的厌弃心态有所转变，毕竟，自己作为湖南人，只要是个有能力干事的，程潜也不会有过多的排斥心理，在湖南能有个适当位子，比在外飘着要踏实；另外，面对当前时局，他急切地想了解南京方面诸多实情，以利自己对今后出路作出合适判断。

带着复杂的心情，刘公武独自踏上了前往南京的火车。

纵坠迷途，不为官禄所诱

1948 年 9 月底，刘公武到南京后，第一个去找的人，是王东原。

王东原对刘公武此时被程潜派到南京"请赈"，不禁连连摇头，他说："国府当前自顾不暇，国库空虚，湖南还算暂时远离战火的省份，绝不可能还有多大油水往湖南洒，估计根据你请赈的数额，他给你打个一折拨一点花纸头，就相当给面子了，物资就想都别想了。"

刘公武说："这个我也清楚，但我急于来南京，除了办妥这事，更多的是来见见老朋友，也许又要天各一方了，心里放不下。"

王东原深知，公武重情重义，是个值得信赖的好兄弟，就算公武不过来，他也会尽自己所能去帮他一把。既然过来了，帮公武一把，就更义不容辞了。

王东原说："这两天你抓紧把请赈的事办完，然后咱们再来商量后面的事吧。"

7 月 10 日，王东原率家小离开湖南，本来到南京赴任中央训练团教育长，因为陈诚在 5 月份辞去东北行辕主任之后，在上海住院达半年之久，王东原一俟南京安顿妥当便赴上海看望陈诚。

陈诚跟王东原说："安排你去中训团，是因为当时我看湖南那形势有些乱，贺耀祖他们反对李默庵接你，所以我就建议中训团教育长黄杰去接湖南省主席，没想到程潜插那么一杠子，现在，黄杰已经安排任长沙绥靖公署副主席了，马上就会走，但总统想安排湖北万耀煌接手中训团，我也不便异议。另外，就目前状况而言，中训团盘子太大了，十来个分团散落各地，都是行宪之后刷下来的各地一些军政大佬，不好管，前方形势越来越紧，不可能总会养那么多人，总统正在考虑如何整编中训团的事，你别去掺和也好，暂时到总统顾问室搞战略顾问吧。"

就这样，王东原去了总统府战略顾问委员会做委员，也就是所谓的"总统顾问"，同时兼任总统办公室军事组组长。

王东原想推荐刘公武去中央训练委员会，然后再到中训团万耀煌那里兼个职，刘公武婉拒了。开始，他想，如果王东原在中训团，还可以考虑一起干一段时间，结果王东原没去中训团，主管中训团的中训委主任段锡朋，确实很信任刘公武，但段锡朋此时却病重在上海住院，据说很危险。如果去中训委，没几天换了人又搞不下去了，还不如趁早不去。果然，段锡朋于12月下旬在上海去世了。

刘公武还在湖南办理交接扫尾工作时，济南就发生了华北野战军对驻守济南的国民党军发起大规模进攻的事件，一个多星期血雨腥风的战斗，国民党军大败，损失兵力两万多人。

共产党军队进攻济南的同时，国共在东北已经摆开了大阵仗，大战一个多月，直到11月初才结束，国民党军遭受重挫，损失军队近五十万。这就是后来所说的"辽沈战役"。

国民党军在东北、华北接连遭受惨败，当时的南京已经一片恐慌。

刘公武听说张克侠与何基沣11月8日在山东台儿庄一带率部起义，投奔

辽沈战役期间，国民党东北守军在街头站岗

了共产党军队。当然，刘公武当时并不知道张克侠和何基沣两人都是中共方面的长期潜伏人员。

国民党军中将、第三绥靖区副总司令张克侠的起义，强烈冲击了刘公武内心深处那道对于中共的最后防线，他开始深思自己及家人最终的出路。

这次张克侠在后来被称为"淮海战役"的又一轮国共大对决的枪声刚响之时，率军起义，其对于整个国民党军体系的打击是致命的。

刘公武几乎已经预料到这场业已旷日持久的大战即将出现的某种结局。

刘公武忽地感觉，浑身一阵寒意侵骨，似乎又回到了当年察哈尔偏僻山村的山坳上，那个与张克侠凄然告别各奔一方的悲凉场景。他骑在马上独自奔向张家口，在北平城为躲避宪警盘查而仓皇南逃，在泰山，孤独的自己与同样孤独的冯玉祥，无言挥别……

请赈的结果自然不甚理想，刘公武给程潜作了复命，算是对所负公差有了一个交代。

王东原接二连三地给刘公武推荐了好几个单位，刘公武都婉言谢绝了，不是职位好与不好的问题，而是他对前景实在没有任何信心。

邓介松打过电话跟他说，颂公希望他尽快返湘，承当大任，刘公武草草敷衍了事，就是不回长沙。

有一次，王东原告诉刘公武，程颂公的手下不好当，他也是搞军校出身的，学生在哪个派系的都有，就是少铁杆，其实自己和刘公武也一样。

刘公武说："我跟你不一样，你带过那么久的军队，譬如第十五师兄弟们就跟你很铁嘛。"

王东原说："快别说那第十五师了，我真是无颜无面了，如今啥也没有，弟兄们七零八落，唉！程颂云啊，耍了我一把，很长时间我都蒙在鼓里！"

王东原说了一个故事，让刘公武甚觉诧异。王东原说，最近，根据可靠消息来源，1946年4月，他离开湖北去湖南，这当中最初就是程潜做的文章，结果，到最后这文章也是他画的句号。

王东原说："程潜早在1946年'制宪国大'召开之前，就策划要竞选副总统。开始是撺掇蒋介石把我跟吴奇伟对调，他跟人说，把我安排去湖南，可以帮他搭台子，吴奇伟是他自己的人，到湖北主政，他的行辕能得到很好关照。

将来竞选副总统如果成功，两个粮食和兵员大省都可以掌握在手中，如果竞选不成功，他继续做行辕主任，也有这两个大省肯定都会买他面子。未料蒋介石却把万耀煌安排去做了湖北省主席，让程颂公的如意算盘跛了一条腿。加上后来副总统败选，行辕撤销，成立绥靖公署，程潜回湖南做'家长'的心思越来越迫切。于是，咱们这一摊子就成了牺牲品。"

刘公武听了，觉得程颂公真不愧久负盛名的"老谋深算"之王，王东原说："像老弟这种没有半点心机的人，怎么能去他麾下任职呢？"

到了 10 月底，南京的深秋已有点寒气逼人。刘公武本想回长沙算了，可是在与长沙朋友通信和电话闲聊中，总传来一些令人不快的信息，于是，他便打消了急于返湘的念头，准备继续在南京观望一段时间。

本来，王东原省府班子费尽心血开始实施的湖南战后恢复重建计划，已经有了一些起色，程潜接任后应不至于撇开原计划重来一套。未料程潜上任几个月了，一直在做的就是他自己认为的两件大事：清除异己，扩军征粮。各地官吏趁此机会疯狂捞取不法利益，弄得湖南老百姓苦不堪言，雪上加霜。现在都在社会上传开了一首童谣：想中央，盼中央，中央来了更遭殃。迎程潜，接程潜，程潜来了更可怜。

刘公武对程潜的新任省府班子，本来还觉得重用了不少高级知识分子，应该会有点令人安慰的消息传来，结果却大失所望。

转眼到了 12 月中旬，北平天津那边又告急了，共产党军队围困平津，却围而不攻，是否出现长春的情况，谁都无法预料。这时，新疆主席张治中回到了南京，跟王东原见面时，王东原又迫不及待地给张治中推荐了刘公武，张治中说："约公武见个面吧，很久没看到他了。"

王东原安排张治中跟刘公武在家里见面，老朋友了，自然少不了一通久别重逢的热乎。张治中热情邀请刘公武随他前往新疆，出任新疆国民党省党部主委。刘公武闻言，说："承蒙文白兄厚爱，小弟感激不尽！然以小弟当前状况而言，实在无力担此重任。"由此，刘公武也就婉拒了张治中的邀请。

12 月底，刘公武给在长沙的刘修如（省府委员兼社会处长）打电话，了解长沙最新情况，刘修如说："据闻程潜有心搞和平运动，至于具体他到底怎么想，有什么目的，也不是太清楚，感觉飘忽不定。"

刘公武说："昨日白健生向总统发电主张和平谈判，并外称要通电主和，目的在于逼总统退位，由桂系统掌全局，所以，他们主和的葫芦里卖的什么药，大家都很清楚。"

刘修如说："是的。前几天，白长官派人来湘，说两湖一家，要颂公与他一起行动，颂公似有犹豫不决之状，为了应付，还是派王原一和黄士衡去了武汉。无论他们怎么做，为了湖南，我们也要有所行动，所以，以省社会处名义，陈云章、彭国钧等人牵头，发起成立'湖南和平促进会'，目的在于尽我们所能，推动和平，让湖南避免兵燹之灾。初拟计划你是委员会委员，正准备征求你的意见呢，因为属于社团，在职政府部门官员不能参与社团，这样正合我意，做个旁观者，可能看得更清楚一点。"

刘公武说："无论什么社团，都不要去做派系之争的牺牲品，和平促进会之类，要有些实质性工作才好。至于我能做什么，肯定尽力而为。今天上午我接到程主席电报，还说要我赶紧回长沙，绥靖公署扩军整军，需要一个政治部主任，要我去，我觉得这个时候，搞什么政治教育，已不合时宜。"

刘修如说："那就看你了，你要不愿意干，回来再当面跟颂公去推掉嘛，但是，推动和平事业，大家都认可需要你。"

这样，刘公武成为了湖南最早成立的"湖南和平促进会"发起人。

刘公武想，"和平促进会"能够发挥什么作用，目前谁也说不清，总之，大家有这份热情，总比坐视不理要好。而他当前最大的困惑，还是一个何去何从的问题。他想再去跟白瑜单独聊聊。

"行宪国大"被选为立法委员的白瑜，作为坚决反共却深谙时局的兄长，依然在刘公武心中占据了相当重的分量。

看着眼前垂头丧气忧心忡忡的五弟，白瑜已经提不起揶揄的兴头。当年与今日，时势颠倒，天地迥异，何去何从，何靠何依，白瑜对自己能否给公武提出合适的建议，在很大程度上已失去了信心。尽管如此，白瑜还是对刘公武说了很多交心交肺的话。

白瑜说："五弟，你不想再接国府任何委任状这个想法，有你的道理，我能够理解，你可以坚持，但要随机应变，不可因此而得罪于人，也就是说，你要拒绝，也得有说得过去的理由。至于你说一家子那么多人，这都不是问题，只要想走，有的是办法。问题在于，你想不想走，想往哪个方向走！这是关键。

你考虑过再去南洋吗？那里应该是最安全的容身之所。"

刘公武摇了摇头，说："嗯，考虑过，也打听过了。在那边，确实也有不少朋友。可是，听说国内对出境官员，现在控制很严，尤其是国府在职的军政官员，都在控制名单上。我带一大家子，总不可能偷渡吧？"

白瑜迟疑了一会，说："也是，你还有请赈代表、绥靖署参议挂着，程潜还要你搞什么绥靖公署政治部主任，要我说，回去后，把能推掉的最好都推了。当然，具体的主意还得你自己拿。我呢，就给你几句警示之语，希望对你有用。"

刘公武说："当然，之所以来找哥，也就是这意思呢，哥的心明眼亮，从来就不同常人。"

白瑜苦笑一下，摇摇头，说："五弟啊，我又哪里心明眼亮咯！不过可能直觉比你稍微灵敏一点罢了。按照当前这个局势，国府撑下去应该还能撑个两三年，可是，桂系这些人，总在作死，李宗仁一帮人，极力鼓动某些人，逼总统退位，来势汹汹，结局难料。一个国家，陷于兵燹乱局，首脑机关却离心离德，争权夺利，互相掣肘，各自为政，各种搅局，层出不穷，这样的国家，这样的军队，有了这样的领导集团，能打胜仗才见了鬼了！"

白瑜闭着眼睛，手握拳头，在桌子上当当当地敲着，一副悲愤难抑之状。然后，继续说："所以，这样搞，我估计一年都撑不下去，甚至半年就全完蛋。这就是我预测的时局发展趋势。"

刘公武点点头，觉得自己说白瑜"心明眼亮"真是没错。

白瑜说："搅局的人作死，下面将领大多各求自保，美国人对确实已经乱成一锅粥的国民政府也失望了，从而形成了今日危局。但有一点，最终，美国人最终会醒过来，绝不可能支持共产党，但我预测，等到美国人醒悟，对国民政府来说为时已晚。所以，台湾作为最后栖身之地，将会得到美国人的保护，问题不会太大，我跟总统顾问室也是这么说的。如果哪天开始往台湾撤，我这个人是不会落后的，因为，实在是没法待了，也看不下去了。

你看，我说半天了，还在铺垫。说你吧。五弟在国民党系统里，主要从教，你从没向共产党开过一枪，并且你培养的学生国共两党都有，也可以说为共产党作了贡献，这是其一。其二，这几年从政，在湖北、湖南，你辅助省政，做的是战后恢复重建，为老百姓办事，军警宪特都不涉及，跟共产党不存在什么怨怼。其三，回溯你的人生经历，大革命时期以及后来出国、抗日、军教生涯，说起来，你还有不少共产党'战友'，何坤，罗喜闻，还有像冯玉祥夫人，张克侠，成仿吾，尤其是成仿吾，共产党里面的教师爷呢，这些人都明摆着是共党的人，还有几个跟你有过交集的，都有不同程度的共产党背景，多年前贺衷寒就跟我透露过，只是他不想去多事而已。这几个人，根据我的判断，他们不敢去台湾。"

刘公武听着，额头都冒汗了，说："哪几个？"

白瑜看着刘公武的样子，不禁哈哈大笑，说："你也不要紧张，这不是帮你分析退路嘛？哪几个人就不需要说了，你有感觉的基本上就是了。再说了，你又是国军方面高级将领，政府高级官员，加上你又没有做过任何过分的事情。因此，就算你留下来不走，也应该不会被怎么样，万一有怎么样的情况出现，凭你的为人处世，我刚说过的这些人士，多少能帮你说几句话吧？"

白瑜说："我几次跟你说过嘛，家父当年反复告诫我，不可从政，宜以教书为主，可兼参议参事之类闲职，中国官场，积习太深，毁人容易。而你如果决定留下，将来，请你一定记住：你一个搞国民党政治的，连教书都不要考虑，淡泊政治，任何政务官职，更是不可有半点谋取之心，扭转乾坤之事，轮不到我等吏员之辈。革命为了什么？通俗一点说就是为了大家都能安居乐业，作为社会最小细胞的家庭，和睦安宁，温馨快乐，便是最终目标。

乱世当前，远离官场。无论何时，家庭妻儿之平安稳定，皆为首要。五弟今年四十五岁，十余年便过花甲，倏忽之间，便是老年，人生苦短，莫再折腾。当喜俊妹确非常人，知书达理，贤惠能干，任劳任怨，聪敏练达，儿女赖其养育成人，而你，则需担起教育成才之责，将来子孙满堂，坐享天伦之乐，夫复何求？"

话说至此，白瑜叹息不已，停了半晌，然后一字一顿，异常严肃地说："五弟啊，我白瑜倾此肺腑之言，警策之语，因我行遍美欧，穷经迄典，国府纵许之高官，亦不为所动，别看我悠闲无事，其实，我的时间，大多用之于潜心深研马列共产思想、苏俄历史，五弟所言'心明眼亮'，实则源于其所感所悟，复以自身理智与经验判断而来。除五弟之外，未曾就此与他人吐露只语片言。今当离别之时，见五弟犹疑难决，此心尤痛，方予倾诚相告，唯望五弟，谨记于心！"

白瑜言毕，双唇紧闭，泪光闪烁，顿感五味杂陈，百感交集。忽然，白瑜掩面伏案，啜泣不已。

刘公武闻言至此，且见白瑜伏案痛哭，禁不住随之潸然泪下，他走上前去，扶住白瑜，泣言道："大哥教诲，公武必当铭之五内，时时引以警策。今此一别，天各一方，还望大哥善自珍重，计图长远。"

白瑜缓缓站起，望着眼前的刘公武，久久凝视，泪如泉涌，欲言又止之时，紧紧抱住公武，拍了拍他厚实的背脊，然后放开双臂，对刘公武说："长远何计？且求保当前，乃为首要。今日一别，何时才能相见，谁可知之？如有机会，唯望保持联系，音讯互知。"

相互静默许久，白瑜异常沉重地说："五弟保重！"

回到住处，刘公武辗转反侧，伴随着长一声短一声的叹息，万端图景在脑海中翻腾奔涌，一夜未能合眼。

一大早，王东原派人来叫刘公武，说邀公武同往上海，与几位共同的老朋友小聚。刘公武匆匆收拾行李便登上了王东原的汽车。

车行路上，王东原告诉刘公武："陈诚在台湾养病已愈，即将就任台湾省政府主席，如果老弟此时携家去台，必定能安排一个恰当职务，希望老弟认真考虑，速作决断。今天去会见的几位朋友，也是一起会商这个事情。"

刘公武说："老兄容我想想。"

王东原大声吼道："你个木鱼呢！还想什么想？我现在想去还去不了呢！"

刘公武无言以对，一路上默不作声。

在坐落于上海云南路的扬子饭店，豪华包间里，一众出自中训团的军政官员，跟刘公武都是熟面孔，贺衷寒就不用说了，中训团五期高级班的马树礼，在星马柔佛州教书时就是好朋友。马树礼现在是国民党中央党部秘书长，也是今天聚餐的东家，他马上要去台湾就任新职了。

席间，大家都在感叹当前局势，刘公武除了随声附和一下，谈到其他话题就一言不发，贺衷寒问他："公武，去不去台湾，你怎么不表态呢？"

刘公武叹了口气，说："哪个有我那么多孩子啊？万一台湾待不下去了又怎么办呢？"

贺衷寒说："看你这话说的，好像就要你一家人去台湾似的。"

坐在旁边的王东原说："你这个人呐，什么都好，办公家的事比办自家的事要认真得多，雷厉风行，一到自己的事了，就优柔寡断，前怕狼后怕虎。这是个毛病呢，公武啊！"

大家你一言我一语，七八个人，都在劝刘公武，他就是不表态，说自己没法走，走不了。王东原对着刘公武耳朵，轻声却狠狠地说："你就是找借口，莫非你有别的想法？"

刘公武苦笑一下，也不回复。

王东原见状，站起身，说："各位，我先退了，还得去办点事。"然后又对刘公武说："公武啊，好自为之！"说完头也不回就走了。

贺衷寒说："公武，赶快作决断，没有时间跟你磨叽了，你怎么就这么油盐不进呢？"

除了马树礼，大家都先后告辞离去。马树礼坐到公武身边，一番规劝，刘公武横竖不为所动。

马树礼无可奈何地摇摇头，说："老兄啊，留下来多不容易呢！你还不清醒？"说完，马树礼告辞，刘公武带着行李出去送他，然后借口说还约了一个老乡，他在大厅等一等。于是，马树礼带着几分遗憾，也离开了酒店。

刘公武坐在大厅里，发了一阵呆，感觉心里空落落的。他知道，王东原彻底生气了，独自走了。此时，他也不想见其他任何人了，决定坐火车回长沙。

在火车站，排队到售票窗口买票的时候，发现身上带的钱已不够买到长沙的票，于是顺口说："买一张坐票到杭州。"

到了杭州，他左想右想找谁呢？有哪个在杭州呢？半天也没想起来，无奈，只好决定再去南京，在南京，同学，学生，那就多的是了。再去找白瑜，实在不好意思说什么了。

在南京火车站旁边没多远，有一个中训团高级班的同学余纪忠，祖籍江苏武进，辛亥乱世之时父母返回家乡。他出生在武进时，民国建立，全家人很快回到南京，实际上他就是南京人，比刘公武小了七八岁，原来跟陈诚在东北行辕当新闻处长，行辕撤销之后，一直在南京待职。余纪忠于1948年去台后，一生致力于报业，成为台湾新闻界泰斗级人物。

余纪忠正在家里跟人谈出售自己在南京的两套老房子的事，准备卖了之后就动身去台湾，他七十多岁的老母亲不懂这些，一直唠叨，埋怨儿子把百年祖产都卖掉，真是不想活了。

一看刘公武找上门来，余纪忠便拉他到书房，一个劲地劝他同去台湾，刘公武只得应付说："唉！不管去得成去不成，我都得先回长沙，总不能丢下老婆孩子一个人走啊。正好晚上有一班轮船，跟你借点路费，我就赶船去。"

余纪忠说："那也是，那你就赶紧回去准备吧，我也不留你了，没准一觉起来，老共就站家门口了，现在是一天一个新形势咯！"

余纪忠说着，拿出一把钞票，数也没数，说："老兄，拿着吧，咱俩还有啥借不借的，赞助！哈哈！"

刘公武拿过钞票，蘸点口水正要数钱，余纪忠说："数什么数啊！嫌少是吧？那再来一把！我正卖房子呢，人家压价，我少退半步，都加倍回来了。"

余纪忠说着，一把扯过钞票，塞进了刘公武的行李包中。

刘公武顿时傻眼，只好忙不迭地说："感谢兄弟，感谢兄弟，这钱我肯定是要还的！必须还的！"

边说边提起包，就跟逃命似的赶快离开了余纪忠家。

余纪忠追在后边说："慢点，来得及！"

叫了黄包车送到江轮码头，刘公武立即就去买了当晚轮船票。他想趁独自一个人，在江轮上吹吹这冬夜的凉风，好好静一静，思索一下回湘之后，到底何去何从。

毅然返湘，回家走错家门

1949年元旦午后，刘公武从武昌乘坐的火车，到达长沙。

刚出站口，就听到报童此起彼伏的叫喊声：

"停止战争，恢复和平，蒋总统《告全国军民同胞书》！"

"蒋总统发表元旦献词，国军向共军求和！"

刘公武在火车上已经听到中途上车的旅客说，他们在广播里听了蒋介石的新年献词，说有点像"乞和书"，总统还自我检讨之类。

刘公武买了一份报纸，他得自己亲眼看看蒋介石到底说了些啥。在车站马路边坐上人力车，刘公武对车夫说："去左文襄祠，南园。"

展开报纸，看到蒋介石承认自己"领导无方，措施失当，有负国民托付之重"，"只要共党一有和平的诚意，能作确切的表示，政府必开诚相见，愿与商讨停止战争恢复和平的具体方法"，"个人进退出处绝不萦怀，而一唯国民的公意是从"。

看到这些，刘公武不禁悲从中来，心酸难抑，眼前涌现出蒋介石满脸颓丧被逼无奈的落魄之状，而桂系大佬则一个个面露狰狞，其状可憎。

淮海战役紧急关头，蒋介石数次命令白崇禧增援徐州国军抗共，白却按兵不动，称已调华中主力五个军加一个整编师驰援徐蚌，全部被击溃，如若再调重兵，除非放弃华中。并以此为由，主和停战，要求"总统"退位。今日桂系之嚣张跋扈，来日必将葬送行宪所成之年轻新生的国民政府。

刘公武长长地叹了一口气。

为了国家的和平，为了抗日的胜利，为了今天实行的宪政，千百万英烈献出了鲜血和生命，自己也为之奉献了全部的青春年华。同时，刘公武深切感悟到，手中掌握枪杆子的人，为了权势与利益，挑起内斗，遭殃的都是可怜的老百姓。

刘公武在不断的长吁短叹中，脑海里翻腾着纷乱的思绪，扯不清理还乱。

"先生，到了！"人力车夫站在刘公武旁边，推了推他肩膀。

"哦哦，哦，到了，好，好好。"刘公武仿佛从一种缥缈恍惚的冥想中醒来。

南园大门紧闭，刘公武走上前去，叩击门环。一会儿，有个女人来开门："先生，请问您找谁？"

刘公武抬头看了一眼门头，是"南园"没错啊！

"我住这里呢，你是？"刘公武一脸疑惑。

"哦！您是刘先生吧？"女人笑起来，说："您家已经搬到百善台去一个多月了，夫人说了，您回来可能会到这里来。"

离开长沙将近一百天，刘公武在南京，各种应酬，各种思想斗争，内心纠结，千头万绪，从头至尾就如做了一场梦。前面一个月还打过两次电话问问妻子，嫩毛毛咋样，读书的孩子们咋样，后面两个多月，没打电话没写信，对于家里人来说，他就跟在人间蒸发了一般。

秦俊吾还没坐完月子，就开始收拾新房子，打水泥，刮墙壁，布置房间，每天起早贪黑地忙，到 11 月十几号，全家人就从南园搬到百善台新家去了。

其实，9 月下旬离开长沙之前的事，刘公武都知道，只是听凭秦俊吾一个人在忙乎，他还曾被秦俊吾拽着拉去百善台看过两三次。最后一次是 9 月初，秦俊吾拉着刘公武去看已经圆垛（房屋主体建成开始搭顶梁称为"圆垛"）的新房子，秦俊吾在门楼上嵌了块麻石门额，刻了两个老大的字：秦楼。

刘公武一见，哈哈大笑，笑得秦俊吾一头雾水，问他笑啥？

刘公武说："你知道什么叫青楼吗？"

秦俊吾说："知道啊，那跟秦楼有什么关系？"

刘公武笑着说："我不记得在哪里看到过一副对联，那里面就有'秦楼楚馆，柳巷花街'，说的就是一个地方，欢场声色之所。"

秦俊吾一听，说："啊！那你怎么不早说？"

刘公武说："你啥时跟我说过啊？"

秦俊吾说："没说过？凿了凿了！奇了怪了，没跟你说过？凿，凿，凿！"

秦俊吾赶忙叫来石匠，叫他把那两字凿了，然后刮上石灰，抹平完事，啥也不写了。秦俊吾还嘟囔："真是吃了饭没事干，你个青楼就青楼，叫什么秦楼咯！"

此后，刘公武再没去看过，没想到这么快就搬了家。

早在 1947 年七八月份，因为发现南园这座木楼有三大缺陷，秦俊吾就觉得，这个南园不能再住下去了。

第一，主楼地板和内墙，全部采用木料，隔音不好都不说，地板老化，一楼地板很多处开始腐朽，楼下楼上所有地板下面，都积满了灰尘。关键是，因为电力供应不正常，经常停电，家里总备着煤油灯和蜡烛，孩子们嬉戏打闹，煤油灯泼了几次，地板着火，秦俊吾吓得魂飞魄散。这么多孩子，总有管不过来的时候，万一又出点问题，那就不得了。

第二，主楼东西两侧，高高的风火墙挡着阳光，除了中午前后，太阳能照到天井，上午下午院子里没有一点阳光，加上四周都是廊檐，每间屋子从早到晚都是暗沉沉的，采光、通风，都不行。

第三，一楼阴浸还潮湿，地板下塞满了灰尘，上面漏水下去，和下面吸潮上来，那些灰尘就成了储存水分的载体，一年到头湿乎乎的都不说，还有老鼠到处咬洞，在里面攒窝下仔。天气暖热时节，小虫蚂蚁恣意繁殖，很是烦人。

这三大缺陷，不是花钱就能弄得好的，就算一时弄好了，过几年又返本复原，还不如另外找地方建个新房子。还有一个原因没有确证，不好明说，但几乎成了秦俊吾一定要搬走的关键原因，据与她交往的花友说，1944年6月日本人占领长沙之后，这个房子被汉奸和鬼子用作特务机关，谁知道在这里面冤死多少人，想都不敢去想。

秦俊吾跟丈夫说了自己要找地方另建新房的想法，却只听到刘公武回复了一句话："你去找吧。"

也不问有没有钱，怎么建房，这些事似乎跟他都没有关系。秦俊吾也没多说啥，丈夫就是这样一个人，十多年了，除了工作，家里其他一切，他都不会主动过问，跟他说了他也极少建议，一句话打发：家里一切你做主。

秦俊吾打算凭着自己的能力，张罗建新房子的一切事务。

首先是找钱的问题。秦俊吾在岳阳教书时买的房子，托杨作洲在照看，每年出租有点进项，杨作洲全部给留着，这次，她要杨作洲帮她把房子卖掉。然后，又写信给星子县城帮着出租照看力园的朋友，请他把力园卖掉。她又把从武汉带过来的家具也处理了一些。两处房子和部分家具、闲置物件作价处理，加上平时有杨作洲、"刘复兴号"兄弟配合做点买卖，攒下的钱比卖掉两座房子还多得多。不到半年时间，东拼西凑，秦俊吾竟然凑足了八千大洋。

其次是找地方的问题。在凑钱的同时，秦俊吾四处找地。后来在左文襄祠北边两里路左右的百善台，找到一块别人准备建工厂的空地，由于时局的影响，工厂没法建了，正想出手，秦俊吾花了一千块大洋买下其中一亩多地。

地买下来之后，秦俊吾又跟刘公武说准备开建了，结果，他又是一句话：你去建吧。

秦俊吾也无可奈何，本想跟丈夫分享一下找到了一块好地的快乐，他却没有任何反应。自己干吧，不说了。

秦俊吾丈量了宅基地，记下各种数据，先是设计房子草图，秦俊吾读河南女师学的是美术，房屋设计也接触过，这些除了要花时间，都不是难事。砖瓦木材水泥各种耗材用量的计算，还有上下水怎么处理，用电、用水，线路，管道，要多长，怎么走，预算和设计，秦俊吾都是边学边做。

秦俊吾在祁阳合伙做过生意的郭老板，有两个儿子在湖南大学读书，秦俊吾平时很照顾他们，有时周日都喊他们来家里吃饭，郭老板对此甚是感激。郭老板听说秦俊吾要建房子，询问了建房情况之后，便从祁阳发过来两个木排，价格很便宜，其中肯定有郭老板的人情。

到 1948 年 10 月中，经过这一年多的辛苦操劳，秦俊吾终于盖起了一座有楼房、有平房，一共二十四间正房两间车库的大庭院。所有房屋均为砖木结构。东南角为进出庭院朝向东边的大门，还建成了一个小门楼。两层主楼，坐南朝北，上下各七间，主楼东边，也就是进大门靠右边，建了一排十间平房，直通到北头，北头靠围墙建了一间男女分开的厕所。对着大门的西南角建了一个两层小楼，暂时作为杂屋，随时可以辟作车库。

这个工程的后期，在南园和工地之间，秦俊吾挺着大肚子，走过来赶过去。秦俊吾从来就没有喊累叫苦的习惯，回家还要招呼孩子们吃穿住用，里外全都一个人张罗忙乎，实在累了，坐一阵，或者躺一会，稍微有点精神头，就爬起来继续忙乎。

房屋主体工程刚完成，秦俊吾就生了九儿刘园，刚开始坐月子，丈夫又去了南京。月子没坐完，秦俊吾就开始张罗装修。装修很简单，就是门窗刷漆，墙壁刮石灰浆。

一切完工，秦俊吾站在院子里，环视楼房，平房，尽管简陋，尽管累得够呛，可这是自己建起来的家，秦俊吾满满的成就感，也只藏在自己心里，在电话里都没跟丈夫说，她知道，那个当口，跟他说了他也不会有多大兴趣。

11 月中搬家后，秦俊吾又把南园给卖掉，收回一千七百大洋。四百大洋买进，住了一年半，除了维修花了点钱，至少赚了一千二百大洋。

这个家，就是靠着秦俊吾这么支撑起来的。

要不是秦俊吾拽着刘公武去百善台看过两三次，估计等到房子建起来要住进去了，刘公武才知道自己有了新家。

刘公武颓然坐在南园门口，半晌不想迈开脚步。他突然从脑袋里冒出一个问题：一个家都找不到的男人，自己到底是谁？丈夫，父亲，家长，政府官员，静下来想一想，这些角色，按理来说，在他身上，都应该处于"主角"状态啊！可是，如今怎么觉得每个角色都那么模糊不清呢？

刘公武想起了在华容给学生和民众作即兴演讲的场景，开始反思自己：要学生们当好学生的角色，工人、农民、商人、教师，每个人都要尽好自己所承担角色的责任。可我自己到底是什么角色？当面前的"政府"都开始模糊不清的时候，我又是谁的政府官员呢？九个孩子的父亲，有哪个孩子的吃喝拉撒睡，或者学习玩乐，自己操过心呢？妻子哺育子女，操劳家务，持家理财，还有亲戚朋友，人情南北，里外打点，做得那么熨帖周到，自己又何曾过问半句呢？建那么一大片房子，一年多时间里，妻子一个人跑过来跑过去，不是她拽着去看了两三次，可能连哪个方向都搞不清。唉！

突然记起来朋友们闲聊时，每个人都羡慕刘公武，说他太幸福了！家里啥事都不要管。

是啊，身在福中不知福，他能苦着脸走进家门，还要带给家里人烦恼吗？

问题越来越多，看上去越来越复杂，可也在突然之间，他觉得开始有些思路了，心情也变得轻松了。刘公武觉得，想那么多干啥，面对现实吧！白瑜说得好："扭转乾坤的事情，还轮不到自己呢。有这么一个神仙般的老婆伺候着，人家是真羡慕呢！"

他站起来，伸了一个懒腰，又长长地吁了一口气，然后，猛地提起行李，大踏步向百善台自己的新家走去。

屡拒封官，心思全在和平

刘公武回到家里，第一件事就是当着孩子们的面，一条一条地数着秦俊吾的劳苦功高，使劲地夸奖秦俊吾："孩子们啊，你们的妈妈既是一个了不起的妻子，更是一个了不起的母亲！"

秦俊吾突然都觉得丈夫有点不对头了，她在厨房一边给刘公武炒菜热饭，一边问："老刘，出啥毛病了？"

刘公武抱着九儿刘园，边哼哼啊啊地逗着边说："谁出毛病了？"

秦俊吾说："我说你呢，我觉得你有点不正常啊。"

孩子们坐在那里，一个个笑嘻嘻地看着他们的爸爸，似乎个个都想获得一份意外的惊喜，看他们的爸爸到底哪里不正常了。十一岁的刘平对着刘公武耳朵说："爸爸，有什么高兴的事啊，可以告诉我们吗？"

刘公武看了刘平一眼，说："你想知道啊？"

刘平说："是的，我们都想知道。"

秦俊吾把饭菜端到桌上，保姆从刘公武手中接过刘园，抱到一边去了。刘公武对孩子们说："来来来，你们都坐过来，我边吃边跟你们说，好不好？"

"好！"几个孩子，听得懂的，都呼啦一下坐到了饭桌周围。

今天是元旦，读书的刘顿、刘力、刘平、刘岗，还没读书的刘佐、刘祁、刘鄂，都坐到桌边，准备听爸爸讲高兴的事。

秦俊吾抱起刘南，也坐到桌子边。大家都看着刘公武独自在那里笑眯眯地专心吃饭。刘平伸出胖乎乎的小手，在桌子上摩挲着又拍了拍，说："爸爸，我们都坐好了，你可以说了吗？"

刘公武直起身来，伸手抚摸了一下刘平的头，含着一口饭菜，笑笑说："我们家平平是会议主持人了。"然后，他环视桌子四周，孩子们，包括秦俊吾，都坐在那里看着他，这一瞬间，刘公武心头涌过一股无比温馨的热浪，眼泪都要涌出来了。他嚼了几口，吞下口中饭菜，说："孩子们，你们知道今天是哪一天吗？"

"元旦！"几个大孩子异口同声回答。

刘公武说："嗯，元旦。元旦就是一年的第一天，是一年里最新的一天。今天我们全家人，在这最新的一天里，快快乐乐地在最新的房子里欢聚一堂，是不是最高兴的事？"

"是！"孩子们又是齐声回答。

刘公武满面笑容，左手搭到秦俊吾肩膀上，秦俊吾不禁神情奇怪看了他一眼。刘公武说："孩子们，住新房子了，你们高兴吗？"

"高兴！"大家齐声喊道。

刘公武说："是的，这就是我最高兴的事。我要问问大家，盖这个新房子是谁的功劳啊？"

"妈妈！"孩子们丝毫没有犹豫，就齐声大喊。

刘公武站起来，说："对了！全都是妈妈的功劳，妈妈的辛苦，所以，我要告诉大家，我们家的总指挥官，就是你们的妈妈！现在，让我们一起用热烈的掌声，感谢你们的妈妈，为我们全家，建起了崭新的房子！鼓掌！感谢妈妈。"

刘公武带头鼓掌。孩子们跟着拍手，一边拍，一边说："感谢妈妈！感谢妈妈！"

刘公武说："从今天起，我们全家每个人都要听你们妈妈的指挥。孩子们，记住，以后，无论什么情况下，你们都要听妈妈的指挥，这是我们家最大的一条规矩，孩子们，你们记住了吗？"

"记住了！"听着孩子们稚嫩的喊声，秦俊吾眼睛都湿润了。

刘力说："妈妈的指挥要听，爸爸的指挥也要听。"

刘公武看了刘力一眼，说："嗯？还有不同意见啊，在家里，就听妈妈的指挥，爸爸指挥不好。"

秦俊吾说："爸爸指挥得对的，也要听，刘力说得对。"

刘公武说："好，都要记住，关键是要听妈妈指挥，记住了就好，不能忘了。好了，你们去玩吧。"

孩子们散了，秦俊吾对刘公武说："搞什么名堂？发生什么事了？"

刘公武说："谁知道呢，今后每天都可能发生什么事。走，到书房去跟你说几句。"

平时，秦俊吾也有看报纸的习惯，知道国军一败再败，顶不住了。早晨打开收音机，又听到蒋介石发表了令人丧气的新年献词，以后怎么办，她正准备问丈夫呢。丈夫还从没这样，叫到书房去说话，这么神神秘秘的。

刘公武问道："你愿意去台湾吗？"

秦俊吾很干脆地说："不去！"

刘公武说："为啥？这么干脆，舍不得这房子吗？"

秦俊吾说："真正有危险，要这房子啥用？我都想过好久了，关键是，偌大一个中国，蒋介石都守不住，还守得住台湾那个小岛？再说了，过去你还带着共产党闹革命呢。"

刘公武说："这些都没法说，如今是两个阵营的人嘛，说不清的。我的态度是，台湾守得住守不住，都不关我的事，你不愿意去，我肯定不去。

现在程潜似乎有一点要搞和平运动的样子，我准备观察一段时间，看看他的动静，估计他会动员我加入他的政府。而据我判断，目前他附和白崇禧的'和谈倡议'，实际是搞逼蒋退位，这明显是派系斗争，很危险。在我拿不准的时候，我不会接受他委派的任何职务，万一他反共到底，他给的任何官职，都当不得，也很危险。

本来不应该跟你说这些，让你操心，但如今到这个地步了，孩子慢慢都大了，形势也非常紧急，所以你必须知道一些情况，安排家里的事，或者有时配合我一下，都好心里有数。明白吗？"

秦俊吾点点头，说："你告诉了我，我就有分寸了，孰轻孰重，你老婆不说心明眼亮，至少不糊涂。"

刘公武笑着说："嗯嗯，我绝对相信。这段时间，我可能不会怎么出门，修如、萱元、云章、蒋崑他们几个，找我就让他们来家里。每天，你就给我多买几份报纸回来，管它什么报纸，只要有时局消息的，都买，真的假的我自会判断。注意别在一个地方买。另外再去买个收音机，我在书房用，能插耳机的最好。"

秦俊吾说："好，没问题。"

刘公武说："俊吾，辛苦你了！"

秦俊吾一笑，贴着丈夫耳朵说："感觉要搞地下工作了。"

刘公武也贴着妻子耳朵说："差不多。"

就这样，刘公武决定哪里都不去，先在家里研究一段时间时局，跟几个知心朋友保持联系，了解长沙、武汉、南京多方面情况，再作下一步决定。

1月8日，蒋介石照会英美法苏四国，要他们出面，调停中国内战。美国首先拒绝，其他三国亦不答应。

1月14日，中共发布了争取和平八项条件，高屋建瓴，气势如虹。

412

刘公武每日在家，关注着这一切，同时，也收听新华台的节目，尽量收集掌握中共方面的信息。约见同学、朋友、老部下，刘公武和大家交流对时局发展的见解，提出在湖南如何开展和平运动的想法和主张。总之，大家都认可的一点就是，不能让战火再在潇湘大地肆虐，要采取一切可能的办法，和平解决可能面临的诸多问题。

在省社会处那个由 CC 派主掌的和平促进会中，陈云章等社会团体人士几乎就是挂个名，没有发言权，并且他动员六团体开展推动和平的有关活动，还受到 CC 派的阻挠和干涉，于是只得另起炉灶。

1 月 10 日前后，由陈云章等人另行发起省城六团体成立新的和平促进会，陈云章担任主任委员，六团体负责人作为委员，唐伯球虽然没有挂名参与，但默认了陈云章他们新成立的和平促进会，他们自己叫作"湖南省工农商六团体和平促进会"，成立后第一件事便是分别致电蒋介石和毛泽东，呼吁"化干戈为玉帛，拯生民于水火"。社会处认为陈云章他们的呼吁书，把国民政府的公法社团变成了"乱党应声虫"，应予追处。因此，陈云章新发起的"和平促进会"仅仅存在数日，便告夭折。参议长唐伯球出面做两方面人员工作，方使得矛盾有所缓解。

1 月 17 日，蒋介石宣布引退，由李宗仁就任"代总统"。一周后，李宗仁正式就任，桂系倒蒋"成功"。蒋介石依然是国民党总裁，并且，他退隐老家宁波溪口，整个原来的国府系统，主要官员有事都不找李宗仁，而是纷纷去往溪口，求取蒋的指令。李宗仁"代总统"几乎被架空。

在唐伯球、陈云章等人积极主张下，和平促进会发动以六团体（湖南省工业会、省商业联合会、省农会、省总工会、长沙市商会、长沙市总工会）为主，社会各界参与，旨在反对白崇禧的华中"剿总"在湖南扩大征兵征粮的活动，取得成功。促使湖南省政府主席程潜，在 1 月 23 日颁令停止征兵。

也是 1 月 23 日这天，在湖南《中央日报》上，程潜针对中共发布的"和谈八项条件"，公开发表了他 22 日发给行政院长孙科的电文，称"中共所提条件，和谈无从谈起"。

陈云章打电话给刘公武，准备过来聊聊，刘公武说好，要他把参议会秘书长杨任严一起叫过来。

同时，他根据最近掌握的一些情况，觉得有必要跟省社会处做一些沟通，于是，他又打电话给省府委员、社会处长刘修如，请他过来喝茶。刘修如毕竟还是刘公武的"十二盟兄弟"之一。

　　陈云章、杨任严和刘修如，应约先后到达百善台。刘公武告诉他们，前两天，程星龄代表程潜来找他，有两个职务希望他择其一就任，他都婉言谢绝了。其一是绥靖公署政治部主任，他在南京时，在电话里就推辞过，程星龄问他还愿不愿意去，他很肯定地回复他，不会去，并说，都什么时候了，还去搞什么政治教育工作。其二是省财政厅长，他说自己根本不懂财务，无法胜任，于是推荐了蒋崑，说蒋崑是留学法国经济学大博士，肯定行，至于他们怎么安排就不得而知了。

　　大家此时并不知道的是，1948 年 8 月，程星龄从台湾回到湖南，竟是中共湖南省委策反湖南省主席程潜这个计划中的环节之一。程潜就任湖南省主席，本就带着和平解决湖南问题的心思而来。据此，中共湖南省委派出湖南大学讲师、省委统战工作小组组长余志宏，凭借原来在福建就与程星龄建立的交情，先将程星龄从台湾召回长沙，然后再设法安排其进入程潜的党政军班子，余志宏作为中共湖南省委代表，一直通过程星龄来秘密影响程潜。因为一切做得天衣无缝，滴水不漏，即使程潜后来见到了余志宏，却也不清楚其中内情。所以，刘公武与朋友们见面，分析判断湖南形势，总会发现有许多解不开的结。别说当时，就是在湖南和平解放之后，程潜也没能解开所有谜团，因为，有些史料是在程潜去世之后才予以公开，或者有的当事人才说出来。

　　刘修如说："目前情况很复杂，老兄不出山也好，我自己已在船上，只能得过且过。中共把颂公列为战犯公布了，颂公接受记者采访已表明了反共到底的决心，和平谈判很可能越来越难。"

　　陈云章说："肯定会难。我们推动和平，搞点活动都那么难呢。方便的话，希望修如处长提醒一下围着社会处转的那帮人，咱们目标一致，何必处处设阻？我们只做事，别让我们湖南重坠战祸便好，功劳都归他们也无所谓。"

　　刘公武说："我听修如说了，那些人大多来自学术团体，更注重理论阐述，以理论派为主。你们这边团体呢，都是实业家，属于行动派。现在针对矛盾和问题，唐议长都出面了，不是正在改善吗？别着急，修如也在努力。"

刘修如对陈云章说："是的，陈会长，我尽力吧。理论家们，还有一些老人，说服他们可不容易呢。"

陈云章说："怎么不着急啊？陈明仁带兵驻湘，到底是白崇禧要派，还是颂公想要，我们都不清楚，但无论怎样，大军入湘，这是和平行为吗？引火烧身嘛。"

刘修如说："是啊，我也想不明白。我听说的是，颂公想调陈明仁率军驻湘，派人游说白崇禧，白已经同意了。我揣测，颂公可能已对和谈失去信心，想调兵加强湖南防卫吧。"

杨任严说："要知道，陈明仁可是共产党军队的眼中钉啊，他来了，要是被穷追不舍，湖南还不得成为国共的大战场？看上去就是引火烧身，只是我总感觉有些蹊跷，也不知怎么说。"

刘公武说："我想啊，程颂公绝不可能引火烧身。根据这段时间掌握的多方面信息，结合去年程潜入主湖南后的一些实质性政策措施，以及各种场合的发言、表态，还有，他把党政军警和绥靖署五大要职揽于一身，等等，把这一切综合起来分析，我认为，他的目的还是在于想保湖南不起战火。至于他具体怎么想，还需要进一步观察。有了这个判断作为基础，我想，很多事情会逐步明朗。我总感觉，打着和平这个旗子，弄不好就授人以柄，说你通共，甚至投共，就很危险。所以，我觉得，程潜就得一面做给湖南人看，表明他是湖南的'家长'，按常理，哪有家长不顾家的呢？另一面，他要做给南京和武汉看，有些事动作太大，南京和武汉必定会干涉，反过来，如果不表示点态度给湖南人看，民众又对他不信任。这一点你们要考虑到。"

刘修如说："'家长'，就那么一说吧，你还当真。要我说，军阀出身的这些人，迷恋权势都是一个德性，颂公在多少场合都是一副要跟共党血战到底的态度。一个省主席，表了态可得要付诸行动的，他要想玩花活，南京不找他麻烦，武汉都得找他麻烦。"

刘公武呵呵一笑，说："现在武汉、南京成了一路了。各自保留看法，不碍事，修如在职，多注意点层面上的动态，大家一起分析讨论，也好看清形势，不迷路，有时候，当局者迷也难说。"

陈云章说："迷，有时候真的是五迷三道。尤其是大家对'和平'的理解，分歧很大。开始的时候是支持和谈，支持停战，然后是反内战，保湖南。可是，国共不停战，和平从哪里来咯？莫非湖南还能撇开国府，撇开共党，搞局部和平，搞独立王国不成？"

刘修如说："要是局部和平搞得成，划江而治就搞得成，怎么可能呢？自我安慰而已。但是，到底怎么搞法？总不可能靠玩'花活'能把和平玩出来吧？南京武汉各个方面都有特务和眼线，我们这些人，稍不留神，就可能掉哪个陷阱里头。"

刘公武说："修如说得对，必须要小心谨慎。所以，我们需要分析，研究，和平的路怎么走法？桂系如今得逞了，总统退位，李宗仁虽然在国府缺乏号召力，但毕竟掌握一定权力，并且还指挥着桂系一摊子。恰恰矛盾又出在这里，总裁也指挥一摊子，本来就败得一塌糊涂，还两条线指挥，无形中就给了中共军队很多机会。程颂公是元老们里最老谋深算的人，他看得清，可咱们局外人谁能猜得透呢，所以，前段时间，我只好一直采取观望态度，作综合分析研究，观察判断，但不能一直做看客，要找我们适合切入的突破口。"

杨任严说："这段时间，程星龄跟唐伯球唐鸿烈父子俩也老在一起说悄悄话，一般不怎么回避我，我听到他们父子俩在说，颂公越来越优柔寡断了，程星龄说耐心点，事情正在进展中。程星龄不可能说打仗的事情正在进展中吧？我总觉得这个所谓'进展中'有些蹊跷。"

刘公武说："程星龄前不久找我，说颂公要我出任财政厅长，说他代表颂公来找我，他连省府委员都不是，一个党政军联合办副主任，凭哪一点代表颂公？任严说的蹊跷，我觉得最蹊跷的是，颂公到处高调反共，程星龄从不附和，还到处拉人搞和平运动，颂公要是不想搞，程星龄跳出来要你搞，要他搞，要这个那个去搞，那他不是跟颂公作对吗？我看他就是颂公的御用特使，颂公能把他从牢里保出来，他还真就能代表颂公，只有这样才说得通。

我只是觉得，颂公应该要有个公开的态度。我们这个和平促进会，大方向必定是贯彻执行省主席意图的，省主席没有一个明确态度，程星龄就算他满大街喊，搞和平，搞和平，又有什么用？所以，必须敦促颂公至少要有个内部的明确态度，至于他玩花活也好，唱双簧也罢，总不能让我们这些想办事的人迷惑不解。反正我就把我的不成熟的想法提供给你们，兄弟们作个参考而已。"

陈云章说："公武兄说的在理，军统、南京、武汉、共党，哪方面都有耳目在长沙，他们可都是专业特务，我们瞎碰乱撞，稍不留神，那就坏事了，上次我们发给蒋和毛的明电，呼吁和平，差点就出大毛病。只要颂公有了明确态度，我们就好策划具体行动，对湖南有好处的事，我们就千方百计去做就是，对于如何规避风险，也有一个思考的基点。"

刘公武说："是啊。我就一点希望，大家及时关注动态，留心收集信息，推动颂公表态，无论谁都得有个依据才好做，不能贸然行事。至于聊天、交流，到我这里来比较方便，谁过来，都先给我一个电话，莫搞突然袭击。大家都要注意保护好自己。"

3月份，教育厅长王凤喈见风头不对，主动辞职离开了湖南。当世道纷乱到无法平静地安置一张书桌的时候，作为一生专注于学问的学者，他选择逃避这一切，是应当可以理解的。

程星龄又来找刘公武，说颂公有意请他接任教育厅长，刘公武说："颂公真会开玩笑，我过去搞军教，跟这个民教完全是两码事呢，我对民教真是一窍不通，千万莫耽误大事，拜托拜托，另请高明！另请高明！颂公错爱拔擢，还望仁兄转达万分感恩之意！"

程星龄说："感谢的话你自己跟他说吧，我去转达，还不找骂呢？"

刘公武说："那哪能呢？实在是公武无力承担大任，惭愧惭愧！有劳星龄兄屈尊登门，感激不尽！"

程星龄碰了一鼻子灰，自然心中有几分不爽，但他作为程潜与中共方面的第一秘密联络人，这种不爽很快就烟消云散，因为，他早听闻刘公武的不同凡响，几次接触，果然老练稳重。在跟程潜汇报的时候，他也说了，刘公武这个人很有争取的价值。

程潜认可程星龄的判断，说："刘公武的态度是可以理解的，他毕竟是完全的局外人嘛。可以想办法尽量早点争取他，毕竟，黄埔和中训团有一批不小的力量可以受他影响。至于教育厅长，那就找鹤鸣先生（李达）介绍的李祖荫吧，先对付一下，这个人不会坏事的。"

结果，程潜聘用了湖南大学原任校长、法律系主任李祖荫接任省教育厅长。

自从 1949 年 2 月中旬陈明仁率第一兵团五万大军进驻湖南之后这一个多月，刘公武一直关注着程潜与陈明仁之间的相互关系。陈明仁一直都是一副"与共匪不共戴天"杀气腾腾的样子，并且几次会议上直接跟程潜闹翻，让所有人都感觉这两人水火不容。

实际上，陈明仁在第一天到湖南时，就与程潜进行了密会，约定陈明仁以坚决反共的姿态示人，也许陈明仁入戏太深，后来有几次让程潜都怀疑陈明仁是不是在欺骗自己。

而程潜则在有些场合力主和平，有些场合则模棱两可，凡是公众场合、报刊报道、上报公文，则一律表现出一副与共产党决斗到底的姿态。身处省主席高位，这样做两面人，不可能不露破绽，明眼人稍加分析，就可基本准确判断。

刘公武就是这样的明眼人。他通过大量事实分析，如果陈和程这两人真有矛盾，湖南省政府早就翻了天了。可如今平平静静，就说明他们其实并没有矛盾。程潜既然费尽心机把自己的得意门生请进来，绝不可能听任他成为一个给自己上眼药、砸场子的人。故此，刘公武判断，这两人多半是商量好的，在唱双簧，或者叫唱红白脸。

并且，刘公武通过自己的信息渠道了解到，陈明仁五万大军的军需供应可不是一笔小数目，省府相关的部门，从没有哪里发生军地争执，或者供需矛盾，况且，听说程潜还打算把他自己现有管辖的五六个师部队，都编入陈明仁的第一兵团，悉数交给陈明仁指挥。

刘公武越分析，越肯定，加上对程星龄身世的清楚了解，他基本上能够得出结论：陈程二人在联手行动，秘密酝酿湖南和平运动，程星龄充当的角色便是在其中替他们跟中共方面牵线搭桥。

尽管如此，正如程潜跟程星龄所言，刘公武完全是一个局外人。所以，如何介入，刘公武寻思，唯有充分利用自己"湖南和平促进会委员"的合法身份。不为任何别的目的，只愿自己在真正的和平运动中，不要成为了局外人，同时，也争取让更多的人能参与到追求真和平的运动中来，让湖南能够免于战火戕害。

刘公武的心思只是偶尔跟妻子有所吐露，孩子们看到每日在家中像在专心做学问一样的父亲，完全不知道他在研究哪门哪样。

十七岁的大儿子刘顿在雅礼中学读完这个学期，就要初中毕业了，因为受国民党军和国民政府在学校做征兵宣传的影响，他跟四位同学一起报了名，准备去台湾参加青年军。

4月中旬的一天，他回家告诉父母，说第二天就要启程开拔去台湾，刘公武一听，出手"啪"的一声，重重地甩了儿子一个耳光，顿时大发雷霆，骂他："你想去给谁当炮灰啊？"刘顿从没见父亲发过这么大火，瞬间吓坏了，秦俊吾见状，心疼不已，抱着儿子眼泪直流。但很快，刘公武就平静下来，给儿子讲了当前形势，国府内部矛盾重重，贪腐不堪，军队互不团结，各自为政，简直就是自绝于人民，等等，一番耐心开导，让懂事的孩子们都似乎有所明了。

此后，刘顿开始接触另一套新的东西，有一次从学校带回一本《新民主主义论》，上面写着"刘顿"的名字，刘公武见了，也很紧张，他告诉儿子："看这个书没问题，我不反对你看，但要注意保护自己，千万不要在上面写自己名字，现在到处是特务，查到了，给你扣一个'通共'的'帽子'，你满身是嘴都说不清楚，愣头愣脑就会给自己带来无妄之灾。"

1949年4月1日，李宗仁派张治中、刘斐等人组成的国府和谈代表团，前往北平与中共进行谈判。经过十多天艰难谈判，张治中他们在和平协议上签字，发送南京，只等李宗仁"代总统"签字，和平协议即可生效。

未料，李宗仁收到和谈代表团签字的协议之后，明确表示拒绝签字。

很快，中共方面便宣布，解放军即将全面发起向江南的渡江作战。

4月18日，程潜眼看时机成熟，在湖南省政府扩大会议月例会上，发表讲话，公开态度。

刘公武在报纸上看到了程潜公开表明的态度：湖南绝不作备战的打算，并呼吁全国人民，拿出良心来，争取真正的和平，为国家民族留一线生机。程潜同时表示自己愿意以牺牲小我、成全大我的决心，同全省军政人员相勖勉。

当此关键时刻，程潜公开表明"绝不备战"的态度，摆明着主要是给共产党军队看的，就是我们湖南不能成为战场，湖南省政府愿意与中共"和平解决"湖南的事情。

刘公武为自己准确的判断而兴奋，钦佩程潜公开表明态度的勇气，同时，他也知道，南京和武汉方面的压力，乃至各种不可预知的危险，必将紧随而来。

刘公武相信，能为湖南和平奉献力量的人，才是当前识时务的俊杰。

他当即打电话要求拜会程潜。

程潜亦当即回复：次日上午，省府办公室见。

二、身体力行

主动出击，承当和平使命

1949 年 4 月 19 日上午，刘公武前往省府，面见省主席程潜。省党政军联合办公室副主任程星龄，和原武汉行辕中将总参议、现任长沙绥靖公署副主任唐星，两人在座，似乎在一起等刘公武到来。

刘公武只知道唐星原是程潜的心腹爱将，又与白崇禧私交甚笃，此时却并不清楚，唐星已被刘斐向白崇禧推荐作为白与程的联络人，穿梭于武汉和长沙之间，充当着化解白崇禧与程潜之间误会的重要角色。

唐星早于 1946 年在重庆就已与周恩来深度接触，并开始和中共保持联系。程星龄最近才被中共湖南省委介绍与唐星互相了解，故而安排任何介入"和平运动"的重要人员，程星龄和唐星都要进行考察、甄选，以防南京或武汉方面特殊使命人员混入。

尤其如刘公武，有着黄埔军校近十年、中训团一年多、湘鄂两省首辅省政的不凡经历，在军政界上下里外都有着十分广泛的人脉，其作用发挥好了，对于湖南和平运动必然有着不可低估的巨大推动作用，反之，只要哪怕一丝风声从此漏出，后果也是不堪设想的。

寒暄过后，刘公武表明了对程主席昨日讲话的态度，并表示自己早有坚持湖南和平的决心。刘公武说："颂公所言，表达了三千万湖南人民的心声，值此共产党大军压境之时，湖南开展和平运动，对于南方和西南各省，有着特别积极的示范作用和标杆意义。公武作为一个湖南人，希望能为宣传颂公的主张出点力，与唐议长、陈会长和仇亦老他们一起，发动各界，相与呼应，力求湖南上下一致齐心协力争取真和平。"

程潜说："早就想请你出面，主持一方面工作，你总是那么谦虚低调，能主动出山，那就太好了！这方面就请你具体跟仇亦老商量吧，和平促进会这一块主要是仇亦老发起的，仇亦老威望高，人缘广，经验足，主意多。"

唐星接言道："和平促进会需要进行改组，第一是团体名称，尽量慎用'和平'二字，容易产生误会，有人以为要投共，有人以为要闹独立，改个什么好，你们最好和唐议长、陈会长一起商量，要知道'欲速则不达'。第二是组成人员，有些人没时间，有些人起不了多大作用，甚至可能起反作用，我觉得应该考虑以社会影响比较大的党政军学老同志为主。我只是提两条建议，供你们斟酌参考啊。"

程潜说："唐主任这个建议可以考虑。"

刘公武走后，唐星笑着对程潜说："看上去是个做牢靠事的人。"

程潜说："从上次搞交接我就看出来了，原来我也不太了解。"

程星龄说："既然主动出山了，说明他也看清形势了，稳靠厚道的人，向来就不打无把握之仗。颂公，您说呢？"

程潜听出程星龄话里有话，指了指程星龄，说："隔山打牛啊。"

程星龄说："谁敢打您这老牛啊！"

刘公武离开省府，立即奔仇鳌家中而去。

仇鳌听闻公武主动找程潜，要参加和平运动，特别高兴。他认为昨日程潜的讲话有分量，说到点子上了。同时，也认为当前改组湖南和平促进会，很有必要。

经过与唐伯球、陈云章等人商议，4月21日，由陈云章主持召集各界人士会议，大家一致认为，湖南饱经战乱，损失惨重，人民苦难深重，经过三年多恢复重建，略有起色，如若保持湖南元气，决不能再陷战火，重蹈覆辙。会议同意重新成立"湖南人民和平促进会"，推举仇鳌为主任委员，设常务委员若干人，刘公武担任常务委员兼总干事长。

讨论名称时，多数人主张还是要体现"和平"二字，说颂公都公开表态追求和平了，担心什么？众人并不明白唐星的意图，唐星作为白崇禧信任的老将，他太了解白崇禧了，白崇禧的特务、眼线，必定已经密布长沙城，所以，众目睽睽之下，少拉大旗，少喊口号，踏实低调，多做实事，才能少惹麻烦，方可有利大局。后来，白崇禧一到长沙就责令解散和平组织，某种程度也证明了唐星这个担心不是多余的。

当日晚，"促进会"核心成员聚会于唐伯球公馆，唐伯球对新成立的湖南人民和平促进会提出了几点建议。

唐伯球认为："促进会"人员调整了，主旨也作了修正，这都不错。但这个名称跟去年 12 月和今年 1 月中旬成立的机构仍然名称一样，似有不妥，应该与前面机构有所切割。况且，正当国共和谈破裂，中共军队发起渡江作战之际，白崇禧对这种机构特别忌讳，应该考虑改名。这是其一。其二，和平促进会都搞了小半年了，在全省并未形成广泛而深入的影响，让人感觉可有可无，我提议应该站在全省的视角来进行布局，以长沙为中心，辐射全省。其三，我是个搞实业的，喜欢布置的任务，作出的计划，都有可操作性，看得见，摸得着。口号喊得震天响，最后大家都不知道具体做什么，发挥的作用还是值得怀疑。

对唐伯球的几点建议，仇鳌率先鼓掌欢迎，表示赞同。

仇鳌说："唐议长提出的这三点建议，非常契合实际，具有相当好的指导意义。就这三个方面，我提议大家展开讨论，提出各自的想法。"

大家讨论后，认为需要按照全省情况，人员配备考虑地域代表性，湘西方面可以把挂了长沙绥靖公署总参议头衔的陈渠珍拉进来，湘南方面必须把在老家东安办学的唐生智请出山。

刘公武知道仇鳌与唐生智曾经产生过巨大矛盾冲突，嫌隙尚存，未料，仇鳌竟然表示完全赞同。

仇鳌说："孟潇（唐生智字）只要愿意出来，那就必须由他牵总头，对军政这一块的影响力和号召力，非他莫属。我绝对支持他，只是他跟颂公也有些过节，怎么才能请得他出来，我们要认真商量。"

唐伯球说："孟潇先生出山，颂公态度很重要，我先和他交流一下意见再说。"

1949 年 4 月 22 日，"促进会"委员班子继续开会。会议讨论了组织章程，确定以"发挥人民力量，促使湖南免于战祸，安定社会秩序，保全地方元气"为宗旨，结合各方面要求，将"湖南人民和平促进会"更名为"湖南各界争取

唐生智像　　　　　　　　　　　　白崇禧像

和平联合会"，加入"争取"二字，看上去着眼点不一样。委员会提出了"湖南不设防，不备战，湖南人大团结，实行自保自卫"等主张和口号，同时，改推唐生智为主任委员，仇鳌、陈渠珍为副主任委员，刘公武为常务委员兼总干事，常务委员人员扩大到全省各大城市和省会主要社会团体。

　　成立大会召开之后，"争取和平联合会"举行常务委员扩大会议，会议正在进行时，省会学生联合会的代表赶到会场，要求于 24 日举行省会人民群众游行大示威，号召要和平，不要战争。会议当即决定同意学联会的请求，并推派刘公武前往参加筹备工作，准备发动各界人士、社会民众，与学生一起行动。

　　此时，解放大军已渡过长江占领南京，并迅即沿长江往东西两个方向扩大战线，向东威逼杭州上海，向西威胁南昌武汉。白崇禧在武汉接报长沙将举行十万人游行示威，当即急电程潜，称为"湘桂安危"，对乱党分子发起群众示威活动必须严加阻止。白崇禧还密令其布局于湖南的特务对游行示威进行干预，严办乱党首要分子，形成强力威慑态势。

程潜接电后，因为对省内党政军警已经悉数掌握，所以并不慌乱，但为了应付白崇禧，也不得不采取相应措施进行处置。他召来党政军联合办主任兼长沙警备司令萧作霖，立即与刘公武和省学联代表会商，为避免特务戕害学生民众，决定暂停游行示威，改为罢课三天。白崇禧意欲趁机抓出"乱党首要分子"的预谋因此落空。

也在 4 月 24 日，眼看国民政府首都南京已被共产党军队占领，国民党军情势每况愈下，国民党总裁蒋介石在溪口老家发出《告全国同胞书》，重申对共产党军队作战的决心，声称"愿以在野之身，拥护李代总统领导作战，奋斗到底"。此时，蒋介石的号召对于绝大多数人来说，并不能起到任何的"振奋人心"作用，而对于一直尊称他为"校长"的诸多"天子门生"来说，校长的呼吁，便是进军的号角。

25 日晚，长沙绥靖公署十来位黄埔将领，在绥署副主任、常德编练司令李默庵率领下，个个戎装盛服，聚集省府大楼会议室，人虽不多，却一片嘈杂。在大楼办事正准备离开的刘公武，发现了这个情况，感觉有些异常。于是，前往会议室察看。一打听，原来是李默庵和他的部下，一众"天子门生"前来省府，寻求程潜公开表态，响应蒋总裁的《告全国同胞书》。

李默庵看见刘公武，立即把他拉到另一间办公室，一副兴师问罪的样子，说："公武啊，听说你们还准备搞游行大示威，你是不是跟共产党拉上关系了？"

刘公武不以为然地说："你这是什么话？我们是湖南人，应当对湖南负责，地方不能再经战祸而遭致糜烂，所以大家都主张和平，怎么能这么说呢？莫非你就愿意把湖南打个稀巴烂？"

李默庵说："兵来将挡，水来土掩，保家卫国，是咱们军人的天职，总裁发表了《告全国同胞书》，颂公总不能没有个态度吧？"

刘公武说："颂公不是态度非常明确了吗？他说了，无论怎样，湖南绝不做备战打算。莫非你们觉得这不算一个态度？"

李默庵说："形势总在不断变化嘛。"

刘公武说："变化的是你们，湖南还是这个湖南没变，不管你们准备跟谁枪炮对决，湖南都经不起，这一点永远变不了。对不起，我还有点事去！告辞！"

根据李默庵 1995 年写成的回忆录《世纪之履》记载，他在 1949 年年初就与共产党拉上了关系，此时如果刘公武真的拉上了共产党这关系，他应该感到高兴啊，为何私下还要如此责问刘公武？为何还要带领手下一众"天子门生"胁迫程颂公向蒋介石表忠呢？

　　刘公武与李默庵共事多年，李是怎样的一个人，他心中有数。

　　当然，对于远在常德且极少在场面上发声的李默庵，刘公武此时自然缺乏对其具体立场判断的准确依据，只能表现出一切以拥护颂公呼吁之和平主张为由头，来反诘李默庵对他的态度，同时也不希望李默庵和他的一众同僚带给程潜太多压力。后来和平运动关键时刻，李默庵不是坦然面对，而是借故离湘赴港，刘公武从内心深处也表现了"人各有志不可强勉"的理解。而在其后来的回忆文章中对李默庵表达过某种贬责之意，则为应对时势政局之迫，亦当可以理解。

　　根据李默庵、陈明仁等人回忆录综合判断，李默庵看到主持湖南军事的陈明仁反共态度如此坚决，他也觉得心里没底，此时的他，也就迫切需要一种公开的表态行为，来显示自己对总裁的忠诚，从而便于自己在关键时刻如何决定进退。在不少回忆文章中，以李默庵此举判定其反对和平运动，言其在港签名起义纯属投机，种种结论性言词，其实都显得过于武断。

　　为了尽快打发这些"天子门生"离开省府，减轻程潜压力，刘公武很快打电话将情况向唐伯球汇报，唐伯球闻讯，立即驱车赶到省府，直奔程潜办公室。尚在办公室"独坐中军帐"的程潜，见唐伯球深夜来访，问有何要事，唐伯球将刘公武所见情形相告，程潜说："我知道他们来了，挡驾不见，让他们去闹吧，一会就走了，起不了浪子的。"

　　当时湖南的情况非常复杂，中共方面主要的策反对象，当然是湖南省工委余志宏团队针对的程潜和陈明仁，而另外，据知还有好几拨局部策反人员在各自活动。而策反这种绝密活动，即使中共组织内部，也只有极少数直接涉及人员知情，何况各级组织之间，绝对不会相互共享策反信息的。

　　而这些被策反的对象，肯定都会在明面上表现坚决反共，也不会有互相之间的联系，李默庵、刘公武，作为各自不同线路的策反对象，两人即使私自在一起，说话也会是慎之又慎。

此时，李默庵作为绥署副主任，且差点成为湖南省主席，这样一个重量级人物，大革命时期就是中共党员，解放大军逼近之际，中共方面的老朋友肯定不会忘记他。如果是想做做样子，做到位了，便可及时收兵回营，这样，李默庵对于手下几个不知内情的铁杆反共分子，也算有了一个具有某种信服力的交待吧。

此时的刘公武，已然全身心投入湖南和平运动，则是毫无疑问的。

湖南各界争取和平联合会于4月22日组成之后，一方面积极推动各县市建立自保委员会，组织人民武装自卫队，维护地方治安，保护地方财产。长沙市一马当先，率先行动，为全省作出了榜样。

另一方面，大家认为，新推主委唐生智，应当立即迎请出山，坐镇省会，主持和平联合会工作，以便与程潜共商湖南和平运动大计。

在东安老家办学多年并以此为由躲避军政干扰的唐生智，想要请出山来，谈何容易？此次程潜入主湖南之初，就曾放下身段，采取多种办法请过唐生智，希望他能冰释前嫌，到长沙一起共襄大业，而这位老兄不仅一直未予理会，甚至在某些场合还公开奚落程颂公，让颂公概莫奈何。

唐伯球就此议题与程潜面商之后，程星龄又向余志宏征求意见，很快，余志宏将中共省工委指示转达程星龄，由他决定由谁去请。

程星龄嘱由唐伯球牵头，主持商议和协调迎请唐生智的有关事务。

一连两天，刘公武和唐伯球、陈云章，湘东师管区司令蔡杞材，省参议会副议长席楚霖，多次聚会，讨论磋商。为避免唐氏过于介意程潜以及省会官方意图，最终确定由陈云章以省会人民团体身份领衔，偕副议长席楚霖、争取和平联合会常委周翊襄，前往东安，迎请唐生智赴省。

4月25日，陈云章一行出发前往东安唐府，当日晚到达。

寒暄过后，唐生智劈头就问：“程颂云派你们来的？”

陈云章说明情况后，唐生智说：“为湖南三千万人民和平大业，我可以去。为程颂云保驾，想都别想！”

唐程积怨，由来已深，唐生智作为国民党军高级将领中的“倒蒋专业户”，自大革命时期开始至今，先后四次“倒蒋”，其中两次曾邀程潜一起行动，用唐生智的话说“我邀他倒蒋，他敷衍应付，蒋介石邀他倒唐，他跑得比谁都积极"，蒋介石逼得老唐几次逃亡国外，惶惶如丧家之犬。虽然年纪比程潜小了七岁，却是 1935 年同晋陆军上将，老唐胸怀再如何宽广，老程再怎么虚心放下身段，没个第三方搭就的台阶，如此厉害的老唐，如何能让他气宇轩昂地站到老程面前去，而不必低眉颔首呢？

尤其适逢当前局势，解放大潮，波澜壮阔，与中共已然取得联系的老唐，早就心痒待挠，蒋介石邀他赴京，原以为可以从老程那里分一个绥署司令或者省主席给他，却未料蒋介石要他前往浙江衢州担任绥署主任，老唐心系乡梓，萦怀潇湘，此时要他去外省就职，他宁可回家种地。

此番陈云章前来迎请，老唐心里明白，必有老程意愿蕴含其中，如今有了人民团体迎请他出山主事这个台阶，下起来顺溜，自然欣然应允了。

4 月 29 日，唐生智在陈云章等人的簇拥下，从东安火车站乘专列到达长沙，程潜率省府诸位大员和唐伯球议长等人，冒雨亲往站台迎接，且省会各界大佬、长沙民众夹道欢迎，然后还请老唐向省府大员与欢迎群众发表讲话。这场面，着实让寂寞了达十一年之久的老唐，扎实地风光了一把。

一连三天，与程颂公欢聚之后，省府大员，各界耆宿大佬，纷纷拜会问候，尽享各种颂扬捧场，老唐不禁感觉，此番出山，恰逢其时。

5 月 2 日下午，争取和平联合会邀请省会各团体及各界人士，在省参议会礼堂举行欢迎大会，新任争取和平联合会主委唐生智发表演说："湖南人要以天下人为朋友，为救命而团结，能团结，自救则存，不能团结，自救则亡，除了团结自救，没有第二个办法。"唐生智的演讲，获得了与会者长时间的热烈掌声。

紧接着，湖南各界争取和平联合会举行常委扩大会议，商讨会后事务。正逢此时，白崇禧方面对湖南搞什么"争取和平联合会"大肆指责，大家认为"自救"二字最能体现此时"和平"之内涵，于是，第一件事就是将名称改为"湖南人民自救委员会"，仍推唐生智为主委，仇鳌、陈渠珍为副主委，刘公武为常委兼总干事。并统一规定"各县市建立自救委员会，负责编组地方武力，实行自保自救"。

自此，湖南和平解放运动，声势日益浩大，迅即遍及全省城乡。

冲破阻力，发起自保自救

5月上旬，林彪、萧克率领第四野战军十二万大军，作为先遣兵团，南下挺进武汉。华中"剿总"司令白崇禧一方面部署武汉防卫，一方面急切地考虑退路。

5月6日，白崇禧到长沙视察，对于湖南开展的全省和平运动，他说"局部和平无异于投降"，应当"实行湘鄂桂联防进行决战"。

一到长沙，白崇禧就大为不满，指责程潜左右摇摆，每天在程潜办公室气呼呼地走来走去，拍桌打椅，大喊大叫，说"看看湖南，已被赤化成什么样子了！""省政府干什么去了，简直无能透顶"，程潜开始还争辩几句，说明几声，未料更惹得白崇禧越骂越厉害，他干脆就不作声了。

程潜不予理睬，闭目寻思：你小子武汉守不住，跑我这神气来了，你已经换了老子的秘书长、警备司令、民政厅长，老程我不跟你计较，你无非就是干不过共产党了，还不是想借我的道最终滚回老家去？为了大局，老子暂时让着你，倒要看看你能横行到几时！

因此，一连几天，白崇禧声言又要省府撤这个，还要换那个，程潜不吱声，随他便。

自4月份程潜声明"绝不备战"之后，白崇禧就火速赶到长沙，比这时还要气势汹汹，一见程潜就说他要改组湖南省政府，程潜说："那就按你的意思改吧。"

程潜心里明白，白崇禧不把他这个省主席的台给拆了，是不会罢休的。

白崇禧首先解散了程潜的党政军联合办公室，然后立即撤换了萧作霖，把萧作霖的警备司令之职，交给了他认为信得过的陈明仁兼任。

这次，白崇禧又给换了省府秘书长邓介松，叫他自己的人杨绩荪接替，然后又把邓飞黄的民政厅长撤了，准备换上他们桂系的田良骥。

在田良骥未到任之时，程潜找刘公武，希望他能够接任邓飞黄的民政厅长，刘公武此时早已下定决心，不再接任任何政府职务，他婉言谢绝了颂公。颂公见刘公武如此决绝，心中颇有不悦。他本想有刘公武这样一位熟知湖南民政事务的前任厅长接手，可以有足够理由阻止白崇禧把身边大员替换殆尽，也可以避免终日处于桂系监视之中。

刘公武却觉得，这样并不能阻止白崇禧改组湖南省政府，与其对着干，反而可能带来更多麻烦。程潜在后来某个场合就跟陈云章表露了对刘公武不配合他对付白崇禧改组省府的埋怨之情。

白崇禧认为，换了省府几个关键人物，程潜身边有了他的人"监管"，再作啥决策，就不能不考虑他白健生的观感了。当然如当时的民政厅长那样重要的位置，如果让程潜安排人占去了，白健生必定不会善罢甘休，那样，刘公武就成了"老鼠钻进风箱里，两头受气"的对象了。所以，刘公武拒受此职当为明智之举。

白崇禧在长沙大为光火的重要缘由之一，便是唐生智、唐伯球、仇鳌、刘公武、陈云章、彭国钧、周震麟这一帮子人领头搞起来的"自保自救"运动。可是，社团组织不在他领导的范围之内，他没法直接下令撤换其中任何人，5月上旬，他就责令程潜、唐伯球、刘修如他们，禁止"自救委员会"开展任何活动。

唐生智还在长沙待着，"自救委员会"虽然被禁止活动，但换个马甲又冒头，总在让他白健生难堪，所以，唐生智就成了白崇禧的一块心病。

白崇禧知道唐生智之所以能起着很重要的影响作用，倚重的是唐伯球、仇鳌等一众社会名流，所以，6月24日晚，白崇禧专门设宴，邀请唐伯球、仇鳌、彭国钧、周震麟等政学耆宿餐聚，说："孟潇先生领导的湖南自救会，本是一件好事，但如今共产党活动难以预测，自救会将很难避免成为他们的应声虫，我看还是取消的好。"

既然放出风来了，说明白崇禧已经对此事非常忌讳，虽然他明里没有太多办法，但暗里耍动作，一般人就没法防范了。

唐伯球很快把白崇禧这话转告给唐生智。唐生智意识到当前情况绝不可对着干，认为还是暂时退避一下为妥。于是，当日深夜，唐生智在宪兵第十团团长姜和瀛护送下，和李觉一起，连夜经邵阳返回了东安。

之所以唐生智待在长沙，就让白崇禧坐立不安，是因为湖南人民自救委员会被他责令禁止活动之后，实则转入了秘密活动。白崇禧的情报肯定非同一般的灵敏，他虽没掌握秘密活动的把柄，却能感觉到秘密活动正在以"挂羊头卖狗肉"的方式，给他带来不少的压力。

当时洞庭湖滨湖一带发洪水，河湖民众遭受了巨大灾害，有许多灾民涌入长沙，请求赈灾救济，并有饿殍扑道的惨景出现。刘公武见此情形，邀集唐伯球、陈云章、蒋崑等人商议，大家一致同意，将被迫停止活动的湖南人民自救委员会，基本保持原班人马，改名称为"湖南救灾委员会"，驻省参议会办公，仍由刘公武担任常委兼总干事，省会新闻媒体纷纷予以报道。

白崇禧一见这个"救灾委员会"还是那帮人，就明白了咋回事。没辙啊，人家挂牌办公，募捐救灾，总不能再去拆人家牌子吧。

湖南救灾委员会甫一挂牌，便针对白崇禧桂军部队在湖南境内大肆招兵征粮的情况，渲染滨湖灾区灾情，向全社会发出呼吁，号召各界民众动员起来，为灾区筹赈救灾，恢复生产，并提出，湖南粮食自给难足，无法再予供应过境军队粮食，要求客军离境就食，以免军民争食。

白崇禧明知这是针对桂军来的，也无可奈何，湖南确实遭受了水灾，灾民确实需要救济。湖南各界民众在湖南救灾委员会的鼓动下，一直与白崇禧所部周旋斗争，直到桂军最终毫无所获而无奈退却。

早在白崇禧将"华中剿总"搬到长沙之前的 4 月底，看到警备司令萧作霖被撤换，警备武装的指挥权被褫夺，刘公武便与唐伯球、邓介松、程星龄、萧作霖等人一起，在麻园岭萧作霖家中，密商权宜之计。

大家商定，把程潜早就装备好的第三一四师陈达部调驻岳麓山一带，以备万一支撑不济之时，迅速奔赴河西，通电起义，与白崇禧公开对抗。

第三一四师原驻临湘一带，属于程潜报请批准组建的省内五个师保安部队之一，1949 年春节后，程潜令师长陈达率部驻扎在省会河西至宁乡之间，程潜把自己保存了多年的数十把手枪，一次全部送给了陈达，在省府经费十分拮据的状况下，拨付两万银元给第三一四师作活动经费。陈达十分尊重程潜，一来二去，第三一四师就几乎成了程潜的"御林军"。陈达利用自己原在国防部四厅的关系，又设法给全师配备了全副美械装备，于是第三一四师在省内装备的几个师中，成了战斗力最强的一支劲旅。

白崇禧也听说了这个师的情况，总在寻思如何把这支部队据为己有。

6 月中旬，陈明仁想要统一兵权，准备将五个军缩编为三个军，得到了白崇禧的同意，白崇禧趁机下令将第三一四师编散插入陈明仁下属各军，对第三一四师的师团军官大多明升暗降，如陈达升为第二十九军副军长，实际乃为剥夺其兵权。

陈达闻知此情，表示坚决反对，为了抗拒陈明仁收编，陈达自己与中共方面策反人员取得了联系（这里又是一条策反的线），策划单独行动，未料事情败露，被白崇禧派兵围攻，并调飞机轰炸，几个小时就被白崇禧桂军给解决掉了，仅有一个驻河东的团逃过一劫而得以幸存。

程潜闻讯，痛惜不已，但又无可奈何，白崇禧怀疑程潜从中谋划第三一四师叛变，却又未能掌握任何证据，不敢轻易对程潜下手。

程潜从此变得更加谨慎小心，每天就是在办公室里干泡着，看书，静坐，或者写字，消磨时日，任由程星龄、唐星他们联络各方，酝酿举事，自己好整以暇，耐心等待。

刘公武从 6 月中旬"救灾委员会"成立之后，就住进了省参议会三楼，以办公室为家。此时，被白崇禧撤职的邓介松回到了湘乡老家，萧作霖回到了涟源老家（诸多史料都说邵阳老家，涟源人萧作霖似与邵阳并无渊源），程星龄移居到司马里王家菜园蒋崑家中。刘公武在省参议会的住处，靠近省府，也方便随时跟程潜汇报沟通有关事务。

程星龄、唐星和唐伯球几乎每天都要到参议会和刘公武碰头，挂名湖南省特种矿务处专门委员的中共方面联络人士马子谷，还有余志宏，也经常在刘公武住处商议事务或沟通有关情况。此时，刘公武与中共方面联系的线已归于主线之中。

邓介松离开长沙后，蒋崑请辞财政厅长，程潜想要杨绩荪接任，而另找刘公武，请他接替杨绩荪的省府秘书长之职，这样，身边便可少一个"监视"他的桂系人员，唐伯球也力劝刘公武接受，以利颂公摆脱困境，便于内外沟通。

未料杨绩荪坚决不肯就任财政厅长，秘书长一职腾不出来，于是唐伯球回过头来又劝刘公武接任财政厅长，刘公武先前已经推却此职，其所言不懂理财也确实不是一句客套话，于是亦坚辞不受。

有此换人机会，却无合适人选，程潜和唐伯球都深感惋惜。程潜和程星龄则对刘公武坚辞不受颇多怨词，认为关键时刻不晓得他还坚持什么。

其实，刘公武就算接了财政厅长这个职位，也解决不了任何问题，因为此时的财政厅徒有其名，无钱可收，亦无钱可支，而每天登门要钱的部门、单位却门庭若市，往来如织。每个人来的时候都恭敬有加，美言不绝，诉苦不断，走的时候，却恶语相加，骂声不绝，空手而去。而作为厅长，还得笑脸相迎，虚情假意，好言相劝，谎言相诺。刘公武自知完全没有这个辗转腾挪的本事，坚辞不受，实属必然。

1949 年 5 月 15 日晚上，华中军政长官公署副长官、国民党军第十九兵团司令张轸，在武昌贺胜桥和金口镇率部二万余人宣布起义。

16 日凌晨，一听张轸起义投共，白崇禧顿时气得就差七窍流血，无奈，他于当日一早从汉口乘飞机逃离武汉，直奔长沙。飞机发动之时，汉口城东北已是枪炮声大作。

白崇禧早就在长沙布置好了潘正街的一所大院子，作为华中军政长官公署前进指挥部，华中军政长官公署则设署衡阳。

程潜听闻白崇禧飞来长沙，又从唐星那里知道了武汉情况，并且获知他的老部下张轸已率部起义投共。尽管知道白长官目前的狼狈，颂公还是带着某种可想而知但不可显露声色的心态，轻车简从，赶到潘正街，穿过森严林立的护卫队伍，走进大院，在刚刚启用的华中军政长官公署前进指挥部，拜访并欢迎白长官。

出于礼仪，白长官需得回访地方长官方才有显威严与风度。于是，白崇禧带上大队人马，荷枪实弹，威风凛凛，前往湖南省政府。

刚刚返回办公室没多会，便闻报"白长官驾到！"程潜不禁一笑，小子来得可真快呀。

程潜即刻出门相迎，嗬！好家伙，这阵仗！报仇来了呢？

寒暄中，白崇禧说话咄咄逼人，语气中透着几分示威的味道。

程潜还感觉到了此次白崇禧扎帐长沙，不会是前番"改组省政府"那么简单，很可能会把火烧到自己头上来。

于是，紧接着白崇禧果真有了解散自救会，吓退唐生智，收拾第三一四师，一连串的大动作，给程潜来了一个"釜底抽薪"。

还好程潜心里还有一个约定"唱红白脸"的陈明仁打底，尚不至于心慌意乱，手足无措。

5月下旬某天晚上，刘公武刚回家中，秦俊吾告诉他家里来了客人，是他在星子特训班二期的学生袁朴，带着一家主仆五人，想暂避一时。刘公武说："你把老袁带我书房来吧。"

袁朴（字茂松）是湖南新化人，1949年1月底华北"剿总"司令傅作义在北平率军起义时，他是傅作义手下第十六军军长。对于傅作义背叛蒋介石投靠共产党军队，他和第四兵团司令李文（新化人，字质吾）、第九兵团司令石觉一起坚决反对，于是，傅作义出于情义，派专机将他三人送去了南京。不久，蒋介石命李文担任西安绥署副主任和第五兵团司令，李文则应袁朴要求，任命袁朴为西安绥署干训团教育长。5月中旬，共产党军队进攻西安，李文率部逃往四川，袁朴则带家眷逃回了湖南。李文和袁朴是同乡，且从中学一直到黄埔一期乃至后来领兵，两人几乎如影随形，是绝对的铁哥们。李文嘱袁朴返湘安顿好家眷后，速往成都就任第五兵团副司令。袁朴乔装逃到长沙后，辗转打听找到了老师刘公武住处。下午，袁朴一家主仆六人便来到了百善台，秦俊吾跟袁朴也很熟悉，所以先把他们一家安顿在二楼住下。

袁朴一身教书先生打扮，见到比他大一岁的老师刘公武，依然十分敬重。当年在星子，袁朴经常到力园跟刘公武谈天说地，交情非同一般。刘公武说："茂松，成都就别去了，作为颂公门生，要不你去找找他如何？"

袁朴说："老师知道，学生与李文乃生死兄弟，倘若负诺而行，岂不背信弃义，且学生与颂公，二十余年各自江湖，恐难相容。"

刘公武闻言，既知道程潜与蒋介石芥蒂之深，很难任用忠蒋之人，同时，也对袁朴之重情重义深为感佩，他说："茂松如此情义，实在难得，如茂松去意已决，则所托之事，尽管放心，弟妹贤侄不嫌陋室，住多久都不成问题。"

后来，袁朴跟随胡宗南在西南屡败屡战，不久又传湖南程陈生变，袁朴便派人将妻儿接走送往台湾去了，自己则于1950年2月辗转从海南飞赴台湾。80年代末，袁朴闻知老师刘公武仙逝，且知其生前曾与中国台湾、美国诸多故旧保持联系并鼓动他们为家乡作出各种贡献，于是，袁朴亦多次捐资在家乡新化、隆回和西安兴办多所学校，以寄乡情。

5 月 28 日，刘公武闻报长沙警察局长吴利君准备将省会警察队伍全部带走，投奔他舅舅、湘西绥靖区司令刘嘉树，一起反对湖南和平运动。刘公武当即报告唐伯球，并迅即与程潜商定采取紧急处置办法，程潜当即下令撤换吴利君，由省保安司令部参谋长李肖白接任长沙市警察局长，并将手令即传警察局，及时制止了吴利君的叛逆行动。

刘公武与李肖白关系很好，李肖白说："警察局长倒是接下来了，可职务好接人心难收，老兄你得帮帮我！这些警察之所以愿意跟吴利君跑路，就是因为财政困境，薪酬待遇大打折扣，我去了还是没钱，这场面我也会把不住的。"

刘公武一听，便知道李肖白要他帮助搞钱，当即答应全力相助。

刘公武自己肯定没辙，他只有去找唐伯球和陈云章，唐、陈两人赶紧通过工商界筹集到了一万银元，交给了李肖白，李肖白带着钱，于 5 月 29 日安安稳稳把警察局接了过来。

就这样，这个策划和组织湖南"和平运动"的核心团队，终于争取到了几方面的武装力量作为安全保障。李肖白负责的长沙市警察局，蔡杞材负责的湘东师管区，刘鸣球任团长的补充团，在湘军官会的负责人黄雍，最重要的也是武装力量最强的要数姜和瀛任团长的宪兵第十团。

5 月底，在南门外席草田唐星的寓所，唐伯球、刘公武、杨任严、蒋崐、萧训等人，与肩负着和平运动武装保卫重任的这几位重要人物，一起开会商量，就如何确保市区治安，如何防止和粉碎桂系特务对和平运动的监视和威胁，如何保证策划和组织和平运动的各方面人士个人安全和团体安全，进行了讨论研究和认真部署。

面对坐镇长沙的白崇禧制造的各种"白色恐怖"，刘公武和湖南和平运动诸位干将，不得不小心谨慎，步步为营。在这诸位干将心中，他们用来给自己心里打底的，当然不止是几个拿枪带队的武装头目，而是几乎将所有希望寄托在程星龄、唐星以及他们所联络的余志宏、马子谷，和他们背后主持大局的中共湖南省工委，乃至中共中央，毛泽东。

此时，中共湖南省工委特派梁君大和曹寿炎与刘公武、唐伯球等人专线联系，根据地下党组织的安排，刘公武、唐伯球、段梦晖、杨任严、蔡杞材、省党部参议杨宙康、杨盛嘉、陈兴，八人首先组成一个工作小组，人员增减、调配随时听从安排。工作小组继续有计划、有步骤、有组织地开展和扩大和平运动，主要以刘公武家百善台为活动据点。为防止特务跟踪监视，秦俊吾常常出门去院子外边，以拣树枝、找草药为幌子，在屋外巡弋、放哨。

宪兵第十团团长姜和瀛后来也成了这个小组的成员，姜团长看到刘公武帮李肖白解决了薪金方面的应急问题，便说他的宪兵团已经两个月没发饷了，马上第三个月又来了，当前最大问题就是欠薪太久，军心不稳，于是也开口求助刘公武。无奈，刘公武只得又去找陈云章，陈云章将从商界筹得的应变款中拨出五千大洋，交给姜和瀛，应付了当前的紧急状态，巩固了姜和瀛在宪兵第十团的领导地位。

白崇禧坐镇长沙之后，采取进一步的高压手段，迫使程潜下令禁止一切以和平为名义的活动，自救会常委会已作鸟兽散，唐生智和仇鳌先后返回老家，陈渠珍压根就没来长沙接受副会长之职。

刘公武所在的工作小组商定，和平运动不能中止，于是便有了前文所述以请赈救灾作为掩护而成立的湖南救灾委员会，然后又派人将仇鳌从乡下请回来，继续完成自救会的使命。

斗智斗勇，同心应对拆台

白崇禧号称二十万大军自 5 月 16 日从武汉败退进入湖南之后，起初因为大肆招兵征粮而受到湖南民众团结一心的抵制，湖南自救会发起的请赈救灾行动，更使得桂军在湖南感觉一天都待不下去。于是，白崇禧将一部分桂军撤往广西，一部分则布局湘南。设在衡阳的"长官公署"总部，具体部署在湘南、桂北与共产党军队"决战"的具体行动。

此时，国民政府行政院和相关机构，大多已移驻广州，有的还撤往了台湾。李宗仁把"总统府"设在广州。

白崇禧在长沙、衡阳、广州之间，穿梭往来，筹划在湖南与共产党军队进行殊死决战。对于程潜的湘省政府，他几乎完全失去信心，若要湘北湘中率先抗共，只能对陈明仁寄予希望。于是，他便挖空心思想要赶走程潜，夺取湖南省政府控制权。

享有"湖南家长"美名的程潜，在湖南可谓树大根深，影响力非同一般。对于全省各地风起云涌的"和平运动"，白崇禧心知肚明，程潜绝对是幕后默许和掌控者，"家长"若不认可，没人能如此大胆，大张旗鼓地搞什么"和平运动"，若不除此心腹大患，他想在湖南安营扎寨与共产党军队决战，想都别想。而对程潜这等元老级人物，白崇禧断然不敢轻易下手，只有借助国民政府力量，采取"调虎离山"之计，方有除此"眼中钉，心头刺"之可能。

白崇禧从武汉到长沙略事安顿，便频繁往返长沙、衡阳、广州之间，去广州则密会李宗仁代总统，谋划如何让程潜离开湖南。5月20日左右，白崇禧就从广州带回消息，在长沙散布，说程主席即将赴广州就任国民政府考试院长，用以"丢个石头试水深"。当时，此消息一出，社会上确实是舆论哗然。

6月中旬，白崇禧的努力终于有了结果，一纸总统令，发到了程潜手中：任命程潜为国民政府考试院院长。

随着白崇禧对程潜省政权力的不断剥夺，且明里暗里给予的诸多责难非难，以及陈明仁无论大众场合还是小众场合所表现的、让许多人感到不可理喻的"坚决反共"态度，都一步一步地使得程潜显示出某种动摇的迹象，言行上也开始逐渐有所表露，他说"与其这样要死不活，还不如去广州安静"，加上他早在5月上旬就将自己的家人送到了香港，刘公武所在的工作小组，根据此类诸多迹象进行反复研判后认为：事情正在向"事态严重"方向发展。

工作小组通过中共方面联络人梁君大，得到地下党的"指示"：稳住程潜，他不能走。

刘公武和仇鳌、唐伯球、杨任严等，这些真心诚意参与和平运动的一众社会名流，既出于对湖南命运的满怀牵念，也担心自己卷入这场运动之后，进入到一个进退维谷的境地，如果和平运动不能成功，他们将不知归往何处！此时，他们接到中共方面给予的"挽程"指示，无论怎样，都要去试一试。而后，刘公武、唐伯球等人，即使冒着被特务盯梢乃至可能遭受暗害的危险，也必须孤注一掷，采取多方面行动，尽力"挽程"。至于"挽程"行动，无论最终其作用大小，都不应予以否定。

首先，唐伯球、刘公武、段梦晖、蔡杞材、杨任严、蒋崑、杨宙康、陈兴以及姜和瀛等人，先后四五人一起，多次在刘公武、蒋崑或仇鳌家中，密会商议，最终决定由刘公武和杨宙康陪同仇鳌，以地方士绅的身份，前往省府会见程潜，表达恳切挽留之诚意。

仇鳌对程潜说："颂公以家长之身，关系湖南全省安危，一旦离去，地方势必糜烂，不堪设想，诚望颂公顺应舆情，万万不可前去广州接受新职。"

程潜回答说："你们放心，我不会走，在这个时候，我还会去挂这个空头衔吗？"

陈云章的六团体联合会邀约唐伯球、刘公武等人一起，发起了一项给李宗仁发送"挽程电报"的行动。

参与"挽程电报"签名的有省参议会、社会团体、工商与学界名流，刘公武提出应有青年将领签名，除了能够联系到的可直接签名外，如李默庵、宋希濂等驻防外地，仓促之间无法联系，刘公武以自己与李默庵曾有的私谊，愿为代签，同时动员宋仁楚（宋希濂胞兄，曾任武冈县长）代宋希濂签名。

李宗仁接到湖南省各界人士签名的"挽程电报"之后，很快复电湖南省参议会，原则上同意程潜留任湘省主席。虽然李宗仁这个复电，并不具有收回成命的法理作用，至少，此事经湖南新闻媒体报道之后，对于争取时间，维持并推动、促进湖南和平运动，在某种程度上进一步约束白崇禧在湖南的恣意妄为，无疑都具有非常积极的意义。

当然，白崇禧不会因为李宗仁"原则上同意"程潜留湘，而放弃搬去程潜这个绊脚石的行动。一方面，他到处笼络并"努力团结"湖南省地方反共势力，通过单独见面会谈，邀集士绅召开招待会等形式，竭尽心力去做各界社会名流的思想工作，声称"湘桂合作是精诚无间的"，力图让大家对他树立信心。另一方面，在他们桂系的头号人物代总统李宗仁那边，白崇禧仍然千方百计进行劝说鼓动，要李宗仁向程潜施加压力。

7月14日，国民政府行政院秘书长贾景德，代表行政院长阎锡山，从广州来湘赈灾，慰问灾民，名义上如此，实则是奉了李宗仁和白崇禧的旨意，催促程潜前往广州就任考试院长。

程潜在省府礼堂举行了欢迎会，在会上，程潜痛陈滨湖人民受灾严重，饿殍扑道，生灵涂炭，痛苦不堪，政府派来救星，表示深切感谢，然自己作为一个湖南人，不能撇下受苦受难的人民，而独自去安享荣华。程潜说："程某愿与湖南三千万同胞共患难，同生死，以度残年，拳拳此心，请上达广州诸公谅解。"

全场爆发出雷鸣般的掌声，刘公武看到站在程潜旁边的"特使"贾景德无可奈何地摇头不止的情景。

尽管如此，程潜心里总是不踏实，尤其是白崇禧在各种场合发出威胁信号，让程潜觉得危险在一步步迫近，如不辞去这个省主席职务，他知道白崇禧会什么事都干得出来。

唐星告诉程潜："白健生要我劝您去广州，我答应他试一试，至于劝得动劝不动，我说我打不了保票。我知道他是不会善罢甘休的，时至今日，解放大军已经迫近，他折腾的时间也不多了。我想，与其死扛，还不如退一步，以退为进，因此，我给他推荐了刘斐接任，他也同意了。"

4月上旬赴北平谈判的国民政府代表团成员之一刘斐，在北平与中共和谈破裂之后，便取道天津经海上通道到了香港。刘斐曾服务桂系多年，为桂系发展壮大立下汗马功劳，长期以来，"小诸葛"白崇禧不仅对刘斐敬佩有加，且相交甚笃，故而，唐星提议以刘斐取代程潜，白崇禧便当即赞同。其实，此时的刘斐早已被中共策反，在香港接受乔冠华的直接领导，成为了湖南和平运动背后的重要推手。唐星、唐鸿烈将这个情况暗示了程潜，所以程潜也同意让刘斐来接手省主席之职。

但刘斐断然拒绝此一提议。刘斐认为，如果他到湖南就职，白健生必定每一决策都会与他商量，如果同意，那就成了白健生的帮凶，如果不同意，必然引起白健生猜疑，最终结果就是，成事不足败事有余。所以，他绝不可前往湖南任职省主席。他主张由陈明仁兼任省主席是一个办法。

白崇禧见两次邀请刘斐赴湘主事，都被刘斐婉言拒绝，便开始另外物色人选。同时，他见程潜不入圈套，便自己赤膊上阵，直接插手湖南省军政事务。

早在7月初，白崇禧就在省会宣布成立"湖南人民反共救国宣传委员会"，把所有他认为可能有嫌疑的人进行绑架式的任命，任命程潜为委员会主任委员，唐伯球为副主任委员，以桂系几个铁杆反共分子为骨干，还强拉几个报社的社长、社团头目，包括仇鳌、彭国钧、周震麟、陈云章、刘公武等社会知名人士，总共二十多个人组成"常务委员会"，开展"反共宣传周"，勒令长沙各个报社，每天必须刊载由国民党中央宣传部统一发布的"反共文章"。一时间，长沙充满白色恐怖气氛。

白崇禧召集各区市县专员、市长、县长，举行专题行政会议，这个专题就是"反共"，要稳住"反共阵地"，要"与共军作战到底"，要求每个人在会上发言表态。

此时，白崇禧还接奉蒋介石之命，用专机转移湖南政学商各界名流去台湾。唐伯球、仇鳌、刘公武、陈云章、彭国钧、周震麟等几个社会活动分子，因为都曾是党国精英，故而也在名单之列，遭他们拒绝之后，白崇禧亲自上阵，几次三番做工作，甚至软硬兼施，这些人都无动于衷，且有意躲避。对此，刘公武夫妇都在其回忆文章中曾有提及。

白崇禧的华中军政长官公署设有专门的工作组，负责政学商各界名流大佬的"撤退"工作，配有小车、货车和负责搬运、保卫的一个营官兵，以及可随时起飞的专机，工作组由华中军政长官公署政工处少将处长程式主管，程式是刘公武在中训团高级班的同学，"十二盟兄弟"之一，所以他对刘公武的"撤离"格外关心。

从 5 月初开始，这个工作组就派有专人在长沙开始"工作"。

进入 7 月之后，撤退对象重点转移到了刘公武他们这些仍活跃于社会活动之中的政学名流。程式亲自登门，劝刘公武带领一家大小去台湾，刘公武找尽了各种借口予以婉言拒绝，尤其说到他兄弟很多，他跑了会牵累兄弟们，还不如不走，以后充其量就到哪个学校教书或者管管图书之类。

程式无可奈何之余，责备刘公武想得太天真，同时，他也知道，以刘公武的为人，拆开他与他的兄弟们的联结，不是一件容易的事。程式多次上门，说其兄刘巨楼、其弟刘经纬，都可以想各种办法离开大陆，去香港、台湾或别的地方都可以。刘公武总是不置可否，虚与委蛇，一拖再拖。

后来程潜离开长沙了，白崇禧把指挥所都搬到衡阳去了，程式还是丝毫没有放松催促刘公武"撤离"，他打电话跟刘公武说，飞机在衡阳机场待命，要赶紧走了。刘公武知道程式又会登门劝说，于是跟秦俊吾说，只有回避，没有别的办法了。果然，秦俊吾又应付了两次程式派来的官兵，深感头疼。

刘公武径自一个人躲出去了，当时，秦俊吾都不知道他是躲到杜家山张云襄家里，跟张云襄和袁芸雪在一起。刘公武每天都躲在张云襄屋里，要袁芸雪出去帮他打探有关消息。

有一天，一辆吉普车和一辆满载二十多个国民党军官兵的篷布货车，来到百善台刘公武家。程式准备派人强行帮刘公武搬家。

未料，一进家门，只有刘公武大儿子刘顿一个人和几个"亲戚"在家，刘顿则是一问三不知。无奈，一众官兵只好空车离开。

原来，刘公武走后，程式接二连三来家找刘公武，说飞机已经去广州待命了，要坐火车过去才行，公武要是太忙，家属可以先走。秦俊吾看出程式确实是想尽兄弟之谊，真心诚意帮他们一家"撤退"，她担心程式会带人来搬家，要是自己和孩子们真的被带走了，那还不留下公武一人在大陆？所以，她和孩子们都必须赶紧想办法躲避。

秦俊吾找到当时的长沙市长汪浩，要他帮忙想办法，汪浩赶紧联系了民主东街小学的校长，校长说学校放暑假正好有空房子，刘家一家人可以去那里先躲一躲。秦俊吾拿了汪浩写的条子，找到民主东街小学校长，给安排了一间教室，然后秦俊吾赶回百善台，留下老大刘顿和一位华容老乡一家四口给她守家，她自己则收拾了一些生活用品，带上八个孩子，直奔民主东街小学而去。秦俊吾当时想，万一他们把刘顿强行带走了，有程式，还有公武在台那么多朋友，刘顿在台湾也不至于落魄到什么程度。十七岁的刘顿，除非强行绑架，否则他绝对不会跟他们走的。秦俊吾清楚儿子会怎么做。

直到程潜和陈明仁起义之后，解放军进城，秦俊吾才搬回百善台。这样，白崇禧手下人千方百计想要刘公武一家"撤退"去台湾的企图，因刘公武夫妇"斗智斗勇"而未能得逞。

在阎锡山特使贾景德赴湘前三天的 7 月 11 日，中共第四野战军特派员刘梦夕和时任中共华北军政大学总队长李明灏，已经委派武汉大公电池厂老板、李明灏的表弟陈大寰，将毛泽东和朱德写给程潜的密信，送到了程潜手中，并与程潜先后会谈数次，让程潜真正吃了定心丸。所以，在贾景德和白崇禧逼迫他赴穗就任考试院长时，为了进一步迷惑白崇禧，他便表现出一副"老而恋乡"的样子来。

7 月 18 日，当白崇禧还在为如何处置程潜再赴广州与李宗仁秘商之时，解放大军已经占领平江、浏阳、岳阳、湘阴，进驻长沙东北重镇金井。中共方面在此等待程潜派出代表进行和谈。中共中央军委已通过长沙秘密电台将此情告知程潜。程潜业已决定：陈明仁可接受解放军指挥。由于解放大军日益逼近，白崇禧必将很快离开长沙，他会指定陈明仁留守长沙，如此，则可委之代理省主席之职。

而此时，白崇禧也已作出决定，迫令程潜将省主席之职交陈明仁代理。

由此可见，陈明仁能够让敌对双方作出同样的决策，得具备多么高明的"表演"能力与技巧，才能让白崇禧如此坚定不移地笃信自己的"忠诚"！

程潜于7月21日决定"出巡"邵阳，他跟白崇禧说，绥署移驻邵阳，得先去考察一下。临行前，程潜手令省府委员、第一兵团司令陈明仁代行省主席之职，并致电广州国民政府予以真除，正式委任陈明仁。

程潜正要启程赴邵阳，白崇禧赶来为他送行。望着程潜一行的汽车远去，白崇禧终于松了口气，尤其听到陈明仁信誓旦旦必将舍命护湘的豪言壮语之后，心中犹如放下一块大石头。

刘公武的"十二盟兄弟"之一，省社会处长刘修如、省党部莫萱元，随同程潜前往邵阳，到达邵阳后，两人便转道返回了新化老家。8月底刘修如在新化发现自己被列名新化县反动分子名单之首，便决定逃命。在逃往湖北恩施投靠宋希濂途经湘西芷江时，碰到了中训团高级班同学程式，便随他飞赴衡阳，后辗转赴台。莫萱元也随后离开邵阳，独自去了台湾。

1990年8月，八十岁的刘修如在刘公武去世近二年后探亲返湘，曾专程去往长沙凭吊盟兄，看望八十二岁的秦俊吾及其家人。面对刘公武遗像，阴阳两隔，老人家感慨万千，涕泪长流。

程潜离开长沙的当日下午，白崇禧亦收拾藩正街指挥所，率部开往衡阳。

7月22日，陈明仁以代省主席身份召集党政军工商学各界人士大会，申明自己一定"竭诚为桑梓服务，绝不凭个人意气，使长沙人民遭受浩劫，决心以湖南三千万人民利益为利益，个人成败在所不顾"。

紧跟着，陈明仁又召集各军师长会议，分析当前军事形势、湖南现状，表示"在此非常时期，我们必须善于应变，只有跟程颂公走，才有出路"。与会者有心领神会者，有心存抵触者，也有疑惑不解者。

陈明仁这种含糊不清的表态，虽然在当时情势之下只能如此，但也为后来诸多将领叛逃埋下了伏笔。

7月28日，陈明仁派程星龄和他的亲信李君九前往平江与解放军方面负责人金明接触，邀请中共派人进城面商谈判事宜。于是，李明灏随程星龄等进城，准备面见程潜。

程潜当日从邵阳（实际在湘乡青树坪邓介松家）到湘潭，然后于29日晚坐船秘返长沙，陈明仁将其秘密安顿在水陆洲音乐专科学校。

刘公武获知程潜返回长沙的信息后，从杜家山赶到城内衣铺街唐生明家里，探询情况，未料正好遇上李明灏也刚到唐家。老友久别得见，又走到了同一战线，刘公武和李明灏都分外高兴。

刘公武此时方才得到确切消息，陈明仁跟程潜两人确实是在演双簧。刘公武想起最近一段时间，每每在省府遇到陈明仁，都见他对自己视若路人，加上他口口声声"要与共匪决战到底"，让程潜都云里雾里，自然更令刘公武心中疑窦丛生。听了李明灏与唐生明的解释，刘公武豁然开朗，不禁从内心深处升起一股对陈明仁的钦敬之意。

李明灏和陈明仁都是程潜的学生兼旧部，而李明灏又是陈明仁敬重的老师，有这种关系作为双方谈判的基础，结果应是可以乐见的。

1948年4月在南京参加"行宪国大"时，李明灏介绍陈明仁与刘公武认识，只见陈明仁身着长衫，声言自己就是一名普通老百姓，李明灏指着陈明仁对刘公武说："这个傻瓜，前年陈诚把他撤职查办，他还满肚子怨气，现在只有他老婆感谢陈诚，救了他这条狗命。"李明灏意思就是幸亏陈诚撤了陈明仁，要不上个月国共辽沈一战国军大败，还不知生死如何！陈明仁听后哈哈一笑，说："多亏辞修远见，留了我一条狗命当老百姓，蛮好的！"

由此可见，李陈之间，关系亦非一般，缘分更非一般，刘公武寻思，李明灏作为沟通程潜、陈明仁、中共各方关系的桥梁人物，真是有如天赐。

8月1日上午，刘公武随同李明灏一起前往南门外扫把塘章亮基将军老宅（章家大屋）密会程潜，在会谈中，程潜提出，公武可以作为社团和社会各界人士代表参加和谈。刘公武闻言，表示非常乐意接受。刘公武觉得这既是程颂公对自己大半年来全心全意奔走于湖南和平运动的高度认可，也是对自己能力和成就的一种特别嘉赏。

1日上午稍晚，受命于蒋介石，由国防部委派专程到湖南欲图发挥"督战"作用的两位国府大员黄杰和邓文仪，乘专机到达长沙，省主席陈明仁亲自接待，安顿在省府小会议室中，黄、邓除了要求全面了解陈明仁的前线作战部署之外，还要与湘鄂赣边区绥靖司令傅正模会见，面授机宜。

此时，傅正模正在唐生明家中，还不知黄杰和邓文仪正在找他。

陈明仁通过电话传达了信息给唐生明，唐生明领会了陈明仁的意图：不能让傅正模知道黄、邓两人在省府等着与他见面的事，以免节外生枝。

于是，唐生明邀约黄雍和刘公武速来家中，陪傅正模司令打麻将。

黄雍当时已接受中共密令，从上海返回长沙，以组织"在湘军人自救会"为名，配合中共策划程潜、陈明仁进行和平起义。他和刘公武接受了安稳傅正模的任务，立即赶到唐生明家中，陪着傅正模打牌、喝酒、聊天。

一直等到下午两三点，黄杰、邓文仪还没有要离开省府的意思。陈明仁见此情形，也是心急如焚，于是，他绞尽脑汁，与手下众人，当着黄邓两人的面，用电话设计制造了共产党军队攻击机场的假象。黄杰和邓文仪听闻共产党军队打到了机场，吓得两腿发抖。陈明仁抓住时机，进一步制造恐怖气氛，电话命令一定要拼尽全力保障返回广州的飞机正常起飞，等等，折腾老半天终于将已成惊弓之鸟的黄邓二人送去了机场，陈明仁装作害怕，连送都不敢去送，更令黄邓二人加快了逃命的步伐。

下午三点多，唐生明终于接报黄邓二人飞走了。刘公武他们才松了一口气。

此时程潜、陈明仁和中共方面正在紧锣密鼓策划起义，而傅正模还没有参与进来，完全不知内情。如果他与黄、邓见面，他们必定会根据解放军从北往南挺进的形势，直接命令傅正模向前线部队下达调动或作战的命令，那样，必将使得两军在前线展开交火，结果不知会让多少官兵丧失生命！尤其是会给正在策划的起义行动造成多大被动，更是完全无法预料。

湖南和平起义这样一个巨大的行动，就是一项巨大的系统性工程，每一个细节的得失，都可能决定整个行动的成败，同时决定许多人一生的命运走向。就比如，刘公武、唐生明、黄雍他们几个人，拖住了傅正模，不仅改变了傅正模的命运，而且保住了国共两军许多官兵的性命，更为重要的是保障了起义行动的顺利进行。

义旗高擎，身膺和谈重任

1949 年 8 月 4 日，程潜和陈明仁领衔，向中共中央、国民政府、蒋介石等各方，发出了湖南高级将领三十八人联名的起义通电。

上午，在由省府主持召开的新闻界招待会上，省府新闻处长刘伯谦宣读了起义通电。

本来省府嘱刘伯谦在程陈起义通电宣布完毕之后，应当即向中共中央拍发电报，未料刘伯谦却因忙乱疏忽而未及时发出。

中共方面当然获知了程陈通电起义之事，因未收到程陈起义通电之正式电文，故而过了十天仍未见中共方面复电。经查实，乃为湖南方面没有拍发电报。后程潜于 15 日补发，仍以 8 月 4 日 "未支" 电落款。8 月 16 日，毛泽东、朱德联名复电，盛赞程陈义举。

程星龄曾为此事大为光火，要求追究刘伯谦责任，但程陈二人均未理睬。

继而由唐生智、周震麟、仇鳌、刘公武、方鼎英、邓飞黄等人领衔，发起湖南省军政耆宿和各界知名人士一百零四人联名，向全国发出通电，以此响应程、陈两将军率部起义之通电。

此一百零四人中，后来有三十五人成为民革党员，他们大多成为民革中央及湖南省市民革组织领导人物，分别担任各界领导职务。

8 月 5 日，刘公武还参与了程潜和陈明仁发起的湖南军政要人联署通电，旨在吁请西南、西北各省军政官员，迅即采取一致行动，完成全国解放事业。

8 月 5 日傍晚，驻防省会城内国民党军第二三二师师长康朴率部开出长沙市区，解放军第一三八师进入长沙城，以此标志着双方完成换防。解放军进城之时，长沙市民夹道欢迎，敲锣打鼓，庆祝湖南获得和平解放。

刘顿、刘力和一些同学赶到南门口看热闹，兄弟俩同时发现他们的父亲走在队伍前列，引领解放军进城。兄弟俩异常兴奋，一起跑到民主东街小学，把这消息告诉了母亲。

秦俊吾半个多月都不知丈夫去了哪里，一听儿子说他带着解放军进了城，便即刻迫不及待地收拾东西，带着儿女们赶回百善台。当晚，刘公武也回到了百善台家中。

8月6日傍晚，湖南省谈判代表团共五名成员，以唐星为首席代表，领队并代表程潜，长沙绥署副主任唐生明代表唐生智，绥署高级参议、湖南和平自救团体总干事刘公武代表社会各界，第一兵团副司令熊新民和第一百军参谋长刘云楷代表陈明仁，省新闻处长刘伯谦为代表团秘书。

在李明灏引领下，湖南省谈判代表团乘火车前往东屯渡，迎接解放军四野谈判代表团首席代表金明，代表团成员袁任远、唐天际、解沛然、李明灏，成员亦为五人。

在渡口一块空地上，站满了欢迎群众，李明灏把双方代表叫到一起，向欢迎群众一一介绍，最后他才作自我介绍，说："我是搭桥梁的，我叫李明灏。"

当晚，解放军谈判代表团由湖南省谈判代表团引路，进入长沙城。

次日晚，程潜、陈明仁举行宴会，欢迎解放军四野谈判代表团和解放军高级将领。程陈二位，以及双方代表团成员，在非常融洽的气氛中，进行了友好的沟通交流。

可就在欢迎宴会正在进行之际，忽报陈明仁第一兵团有人叛变，第一百军军长杜鼎、第十四军军长成刚、第七十一军军长彭锷等人，先后拖走四个师一个团，向湘南方向逃逸。

陈明仁闻报，甚感尴尬，言语间交织着痛苦和愤怒，且对眼前的解放军将领，面露羞愧之色。金明当即安慰陈明仁："陈司令不必过于介意，毕竟起义这等改换门庭之事，皆为隐秘行事，不可能大张旗鼓，有些人变卦，拖队逃跑，无碍大局，能争取的继续争取，还可让其迷途知返。倘若顽抗到底，不思悔改者，他也是逃不脱的。陈司令能求得今天局面，已然功高勋著，各位都付出了很大努力，作出了巨大贡献，大局为重！请你们继续提出各自的意见，我们能够办到的，一定照办！"

当时亦心有忐忑的刘公武，听完金明一番言语，顿感中共方面将领之通情达理与推心置腹，令人宽慰。

8月8日，在南门外席草田段楚贤私宅之地下室，双方举行第一次正式谈判。谈判主要内容为：

1. 关于起义部队。参加起义的正规部队、保安团队、宪兵团、水警总队、省府警卫大队，编成一个兵团，番号为"中国国民党人民解放军第一兵团"，作为过渡番号。该兵团辖三个军九个师，由陈明仁任司令员，集中在醴陵、浏阳一带整训，整训完成后，改编为中国人民解放军。

2. 关于政府设立。成立湖南省临时省政府，由陈明仁任主席，袁任远任副主席。

3. 关于双方共设机构。将通电起义前设立的"湖南人民临时军政委员会"，改称"湖南人民军政委员会"，由程潜任主任，黄克诚任副主任，陈明仁、金明、王首道、萧劲光、袁任远、唐天际、唐生智、周里、仇鳌、唐星、李明灏担任委员，李明灏兼任秘书长。聘请黄一欧、曹伯闻、王季范、廖启吾、邓飞黄、邓介松、陈浴新、周鳌山、陈长簇、程星龄为顾问。

谈判进行时，白崇禧派出轰炸长沙的飞机，一方面保护叛军将领率军南逃，一方面轰炸长沙城南门外，甚至就在谈判地附近，丢下大量炸弹，造成许多无辜百姓生命和财产的巨大损失。

第一次会议召开之后，熊新民和刘云楷又随一拨部队叛逃。第二次谈判便改由省保安副司令彭杰如、绥署副总司令王劲修接替。李明灏等中共方面人士不同意刘伯谦再担任代表团秘书，于是，程潜便改派其秘书毛注清接替。

第二次谈判地点改在衣铺街乐嘉巷唐生明住宅。

此次谈判主要针对第一次谈判内容逐条逐人落实敲定，并根据第一次谈判会后收集的各方意见和第一兵团叛逃情况，综合考量，增删部分内容，调整军师长职任，然后双方正式达成协议并进行签署。

第二次谈判确定增加段梦晖为湖南人民军政委员会副秘书长，增加李觉、王劲修、魏镇、傅正模为兵团副司令，确定起义部队集中整训地为浏阳。

刘公武被委派协调省政府机关各部做好交接工作。此后三个多月中，刘公武全副身心投入政府各部门工作交接的协调联络事务中。

李明灏多次到百善台与刘公武促膝长谈，对又挺着大肚子的秦俊吾，一个人带大了九个孩子，表示无限敬佩。

李明灏对曾经过继给自己当过几天儿子的刘佐所遭遇的不幸命运，扼腕叹息，因为刘佐名字中带有的这个"佐"字，亦让李明灏体味到一种无形的亲近感和对秦俊吾的感激之意。

李明灏后来婉拒上级安排他担任湖南省政府委员会副主席，他的理由是在湖南有太多亲朋故旧，不利于开展工作，于是主动要求去外省工作。当他被安排去湖北时，他邀请刘公武与他再次一起共事，刘公武亦婉拒李明灏的邀请，声言自己还需要学习，不具备担当建设时期领导职务的能力。而其实，刘公武早已在内心打定了主意，不再出任任何政府职务。

这段时间里，十七岁的大儿子刘顿已在雅礼中学初中毕业，看到报上刊载着地方和军队各种学校的招生广告，他便报考湖南革命大学，不久就见到自己被登报录为备取生，受当时年轻人中那种澎湃激情的影响，刘顿又改变了主意，不想去读湖南革命大学，而想去参军。

父母亲给他的建议是，这个年龄阶段，还是应该继续学习，只有充实了自己头脑的知识，才能更好地为国家为社会服务。于是，刘顿选择报考解放军第十二兵团兼湖南军区军政干部学校。

9 月 9 日，刘顿从军区干校在《湖南日报》公布的录取名单中，找到了自己的名字，附录要求考生二日内到长沙市一中军区干校招生处报到。

刘顿将此消息告诉了父亲，刘公武不禁心里咯噔一下，顺口说了声"好"，之后便陷入了沉思。

刘公武想，自己做了十多年军人，一直恪守着当年逃离华容时，母亲给他的一再叮嘱：千万不要摸枪杀人。他也向母亲郑重承诺，绝对不摸枪杀人。在察北，在南京、星子、武汉、武冈，到祁阳、修水、重庆、恩施、武汉，直到回到长沙，他都有枪，也会用枪，但他平时从不带枪。如果继续在军中，他应在跟随王东原去湖北之时，就已是挂两颗大星的中将了，可他所从事的一切工作，都是努力让杀人者不再杀人，力求让和平之光永沐人间。

他也曾一度想过，自己的儿女，不要跟"兵""军""枪"这些概念沾边，可这时，第一个走出去的儿子，却选择了参军。面对儿子的人生选择，刘公武一时间有些无所适从。

他觉得，儿子年龄虽然不大，但已经初步具备了自立的能力，应该放手让他去闯一闯了，他既然选择了参军，必须认真地跟他聊一聊。

刘公武叫来儿子，说："顿儿，你参军，我支持，但我想跟你多说几句，好不好？"

刘顿点点头，坐到父亲身边。

刘公武说："顿儿，你知道'兵'是什么意思吗？"

刘顿说："刀枪剑戈斧钺之类，杀人之器为兵。"

刘公武叹了一口气，点点头，说："你说得很对。老子说，兵者，不祥之器。这里说的'兵'，从小处看，是说这些杀人的武器；从大处看，则是指战争，指人类的争斗、杀戮。所以，墨子说，兵者，国之爪也。国之爪，有如龙虎狮豹之爪，说明'兵'有两种用途：一是用来防御，面对外来侵犯，奋爪相击，是一种自卫的武器，是正当的，无可非议的；一是用来攻击，攫取和欺凌，是一种进攻侵占的武器，有如日本侵略者，向他国伸出魔王之爪，劫财掠物，夺命噬人，如此则是邪恶的，令人痛恨的。无论怎样的战争，其过程都是充满血腥，充满死亡，其结果都是百姓遭殃，生灵涂炭，所以说，兵者，不祥之器。日本人侵略我们，他也说是为了和平，为了'大东亚共荣'，而他却烧杀抢掠，无恶不作。中国人为了保家卫国，驱倭除辱，数百万烈士血洒疆场，捐躯殒命。最终，军人平民，几千万中国人命丧黄泉，给无数人带来了无法逆转的痛苦和悲伤。

爸爸跟你说这些，就是希望你明白，参军当兵，应成为保家卫国的'国之爪'。最好的状态，当然是大家有事好商量，和睦相处。所以，爸爸和许多同人一起致力于湖南和平运动，避免战火祸延三湘四水，避免兵燹戕害家乡父老，首先是因为无力制止蔓延全中国更大的战火，故而跟随程颂云和陈子良，尽自己微薄之力，亦不枉自己曾为国民政府高级官员。其次，也是尽自己努力兑现当年逃离华容时，向你奶奶，我的母亲，亲口许下的诺言：这辈子绝不摸枪杀人。"

刘公武又向刘顿讲述了自己当年为何向母亲许下诺言的前因后果。

刘公武说："虽然我从军十多年，但我做到了兑现自己的诺言。"

刘顿若有所思地点头，似乎明白了父亲这番谈话的良苦用心。刘顿说："爸，您说的我记住了，我能够体会您对我的期望了，您放心，儿子选择参军，一定努力向您学习。"

刘公武面露微笑，扶着刘顿稚嫩的肩膀，轻轻地拍了拍，说："最好是去学一门救人的技能。"

刘顿认真地点了点头。

刘公武说："明天我去送你！"

9月10日上午，母亲秦俊吾帮着刘顿收拾好行李，刘顿背着背包和父亲一起走到院子里。秦俊吾带着孩子们，一起送他们到大门口，刘顿看着母亲不断啜泣，不禁咬住嘴唇，说："妈，您保重！"刘顿伸手在弟弟妹妹们的手上一路拍过去，表达互相鼓励之意。最后，刘顿默默地拉了拉刘佐的手，用力摇了摇，转身跟着父亲向马路走去，边走边向后面挥手。

秦俊吾站在大门口，泪眼婆娑，望着他们父子俩消失在道路尽头。

路上，父子俩先是埋头走路，一声不吭。忽然，刘顿问："爸，您当兵的时候就没想过上前线打仗吗？"

刘公武说："没想过打仗，我说过不摸枪杀人，不是开玩笑的。我只想当个教官，把官兵培养好，让他们做个有思想的人。这比自己拿枪打仗作用更大。我当兵的那时，还只有你一个孩子，我们一家都跟冯玉祥在张家口，我的任务就是陪他读书，所以，我一当兵就是上校秘书，尉官都没做过。"

刘顿说："我都不记得了。"

刘公武呵呵一笑，说："那时你才九个月呢！"

刘顿说："哦，那么小？爸，你真厉害！一当兵就是上校。"

刘公武说："厉害啥？读那么多书，在新加坡校长都当了两年，冯玉祥先是给我个上校秘书，后来又让我当他军校的上校政治部主任，这都不算过分啊，哈哈哈。"

刘顿说："还是黄埔军校正规。"

刘公武说："那当然。我也不知道共产党军队的军校怎么样，但总而言之，都是讲究纪律的，这点毫无疑问。另外就是修身助人，要有团队合作精神。这么说起来都有点虚渺，其实，就是把每天自己应该做的和必须做的事情，做到最好，哪怕扫个地，叠个被子，穿个衣服，都要认真细致，一丝不苟；还有，能帮到别人的，尽力去帮，不图回报。坚持下去，你就是一个处处受欢迎的人。当然，你选择哪个专业，在那个专业方面的技能，能够高人一筹最好，高不了，也不应低于他人，低于他人，就说明不适合你。只要每个人都把自己分内事做好了，分内责担好了，团队战斗力自然就强了。你说是不是？"

刘顿边走边点头，觉得平时跟父亲交流太少了，没想到，一交流，老爸出口成章，尽是格言警句。

1949 年 10 月 1 日，中华人民共和国成立，并在天安门举行了盛况空前的开国大典，毛泽东在天安门城楼向全世界宣告：中华人民共和国中央人民政府今天成立了！

而此时，湖南长沙虽然于 8 月 4 日和平解放，但依然有湘南、湘西大半个省还盘踞着白崇禧的部队。

时至 1949 年 11 月中旬，驻扎于湘鄂川黔边区的宋希濂所部国民党军第十四兵团二十余万人，因迫于解放军第二野战军的逼近，正准备从鄂西经湘西往四川方向撤退。

解放军驻湘第十二兵团司令萧劲光、政委唐天际找到刘公武，要他与宋希濂的大哥宋仁楚一起去湘西，劝说宋希濂率部起义，投靠共产党。

湘乡人宋仁楚当年在武冈县任县长时，率军袭击土匪却被土匪包围，幸刘公武带领军校官兵前往解救而脱离虎口。比刘公武大八岁的宋仁楚，从此便与刘公武成为至交。

刘公武和宋仁楚领命出发前往湘西。此时的湘西尚属国统区，不仅有本地保安部队，还有国民党军正规部队驻扎，况且到处土匪作乱，故而湘西之行，充满危险。

果然，行至湘西永顺县南端靠近古丈县崇山峻岭之中的王村镇，听闻解放军二野部队正与宋希濂所部发生激战，宋希濂已逃往贵州境内，具体所向，不得而知。无奈，刘公武和宋仁楚只得失望而归。

返回长沙后，刘公武被湖南省人民军政委员会聘任为参议，相当于后来的参事。

按照中共中央军委于 11 月初发表的陈明仁起义部队改编为"中国人民解放军第二十一兵团"的命令，经过一段时间的整编，完成了相应的各项工作。湖南省人民军政委员会决定 12 月 2 日在浏阳举行改编部队的"授旗典礼"。

刘公武被推举参加此次活动。

浏阳县城陈明仁兵团驻地，一派节日气氛，陈明仁主持典礼，宣布了中央军委命令，中央军委委员、解放军四野政治部主任陶铸，代表中央军委向陈明仁授予八一军旗和印章。

改编后的中国人民解放军第二十一兵团，由陈明仁担任司令员，唐天际担任政委，下辖第五十二、五十三两个军。第五十二军军长王劲修、第五十三军军长彭杰如，带领各部副军长、政委、参谋长、政治部主任等将领，与陈明仁一起举手宣誓。誓言曰：

> 我们要在中国共产党、毛主席、朱总司令领导下，坚决执行命令，服从指挥，执行政府法令，遵守群众纪律，爱护人民利益，做到官兵一致，以反对帝国主义、打倒官僚主义、消灭封建势力为己任，忠诚捍卫国家，为建设新民主主义的新中国而奋斗！
>
> 宣誓人 xxx

之后，陶铸、李明灏、金明以及四野总部代表，先后致辞。典礼结束后，陈明仁和唐天际以第二十一兵团名义，向全国发出通电。

参加完兵团授旗典礼，刘公武回到长沙，在百善台家中，此时住满了临时驻扎的解放军战士。因为大儿子刘顿此时已经在益阳成为第十二兵团军区干校的一名解放军学员，刘公武对这些年轻军人有着一股特别的亲近感。因此，他要自己的孩子们把这些战士当作大哥哥，叫他们把自己的桌子、凳子都搬出来，摆到院子里，供战士们学习和休息之用。秦俊吾忙着用铁锅烧开水，帮他们收拾院子、餐余残物。刘公武一有空，就在院子里就着桌椅板凳，泡茶倒水，跟战士们古今中外天南海北，相谈甚欢。

第八章　参事生涯

淡泊荣禄求低调，醇郁情怀建诤言

功成弗居，不争不论不悔

1949年8月，长沙和平解放，刘公武全家都投入到"迎解"、支前工作中，对即将到来的新中国充满着憧憬。

驻湘解放军第十二兵团政委唐天际夫人耿希贤，作为新政府代表，负责接管交通厅。她听说刘公武妻子秦俊吾是河南省立女师毕业的，便坐着吉普车到百善台专门来看秦俊吾这位老乡兼校友。

耿希贤 1918 年出生在河南济源，抗战全面爆发前，在开封省立女师地理专业就读，19 岁毕业后回乡，便参加了中共在晋豫边区领导的抗日救亡运动，1938 年初便担任了唐天际领导的晋豫边区抗日游击支队（唐支队）政治部教育科科长。因给唐支队绘制地形图认识了支队司令唐天际，在组织的撮合下，两人于 1938 年 4 月结成了夫妻。后进入延安抗大和延安大学学习，1941 年被派往山西黎城县任县长，随军南下之前，在山西阳城担任中共区委书记。

初到湖南的耿希贤，虽仅三十岁，却已然是一个善于联系群众有着丰富革命斗争经验的年轻"老革命"了。耿希贤奉命接管湖南交通厅时，隔三差五地到百善台找秦俊吾拉呱，一口一个"大姐"地叫着，跟秦俊吾格外亲热，经常请秦俊吾看戏、吃饭，还介绍工作。有一次，她给秦俊吾发来一个聘约，要秦俊吾去交通厅机关任职，但被刘公武拒绝了。刘公武说："我一向主张女同志的任务就是治理好家庭，养育好儿女，并且我们家这么多子女，没个人主持管理，家里会乱套。"于是，刘公武叫人把耿希贤发来的这份聘约退了回去。

为此，秦俊吾心中甚为不悦，总觉得丈夫的理由不是那么充足，还有别的原因。可是刘公武就只强调那一个理由，秦俊吾要是再叨叨，刘公武就说："你这靠老乡关系进去的，不是招人闲话？过一段时间，换了领导，人家一把又给你撸了，又有什么意思呢？"刘公武在这方面很有经验了，对此感悟颇深，秦俊吾觉得也对。此外，秦俊吾的政治敏感性，相比丈夫而言，自然不在一个等量级，刘公武有他自己完整的思虑。

当时，湖南省组成的新政府和军政委员会，安排了较之旧政府多出三四倍的官员，出自国共者，各占一定比例。即便如此，尚有大量参与了湖南和平运动的旧政府军政官员无法安置。机关职位都是香饽饽，刘公武自己都没想去谋一个啥职位，何况妻子呢？

新任湖南省政府首脑程潜、陈明仁等，请示中共中央，如何安置在和平运动中的诸多有功人员。毛泽东说，省政府和省人民军政委员会，可以分别设立参事室和参议室，对此类有功人员作暂时性安排，今后再视情发挥各自特长作用。总之，要让他们各得其所，各尽所能，为社会主义建设作出新贡献。后来，仅毛泽东、周恩来、刘少奇等，就向湖南推荐了三十多名知名人士作为参议或参事。

刘公武在 1949 年 12 月就已被安排为湖南省人民军政委员会参议，故而在 1950 年 6 月"省参议室"正式成立之时，刘公武自然而然成为当时确定的八十三名参议之一。

省政府参事室亦于同时成立，确定参事为六十名，参事室秘书五名。

1950 年 1 月初，湖南省人民军政委员会成立土改工作队，刘公武受命担任队长，带领一行旧军政人员，前往郴州嘉禾县行廊乡定里村帮助土改。当时，程潜夫人郭翼青也一同前往。他在村里始终坚持与贫雇农同吃同住同劳动，深入农户，体恤民情，调查了解各阶层农民对于土改工作的情况反映和建议要求。

程潜夫人郭翼青从没做过这些事，贫苦农村的状况她甚至都从没见过，对于结合土改工作去做调查研究，她完全摸不着头脑，也吃不了这份苦，刘公武也觉得这个工作她做不了也做不来，日常生活还得请人招呼她，于是，没过多久，便派人将郭翼青送回了长沙。

而刘公武在村里丝毫没有表现出上面来的大官姿态，深受村民欢迎，尤其小孩子们看到这样一个长得颇像外国人的大官，吃住玩劳作都非常随和，一点也不讲究，都愿意亲近他。有一次县里文艺队来村里演出，村里大人小孩都尊他坐前排，刘公武倒也跟大家一起其乐融融。

1950 年 3 月 17 日（庚寅年正月二十九日），刘公武还远在嘉禾帮助土改，秦俊吾在百善台家中生下了第十个孩子，也是第七个儿子。16 日下半夜，也就是 17 日凌晨，秦俊吾突发肚子剧痛，自知腹中孩子即将降生，即遣十五岁的二儿子刘力提着灯笼，去湖南医学院附一医院请人接生。没多会儿，湘雅医院著名妇产科专家胡信德的高徒，也是他的弟媳，赶来百善台，给秦俊吾接生，一直忙乎到天将破晓之时，顺利产下孩子。

后来，刘公武和秦俊吾决定给孩子取名"刘晓"，一来是因为出生于破晓之时，二来则寄予了夫妻俩对于刚刚成立不久的中华人民共和国的无限憧憬与希望。刘晓在兄弟姐妹中排行第十，故而哥哥、姐姐便给他取了一个小名叫"十砣"。

1950 年 4 月底，刘公武的土改工作队在嘉禾县三个多月的工作结束之后，便回到了长沙。

此后，作为参议，刘公武的任务就是参加参议室定期组织的学习活动，也经常参加省市召开的有关会议。

1950 年 9 月，民革中央批准成立民革湖南省分部筹备委员会。时任湖南省人民政府委员谢晋牵头，曹伯闻、程星龄、陈浴新、夏明钢等人参与，筹备组建湖南省民革组织。此时，统战部门和民革组织，都希望省市各级旧政府军政和知识界人员中的国民党党员，能够积极加入民革组织，但对于各人是否选择加入，并无强制要求。因此，当时很多人都抱着犹疑不决的态度，需要登门去拜访，做耐心细致的思想工作，才有可能转变观念登记成为民革党员。刘公武看到湖南最早的民革地下组织负责人之一唐伯球都不在湖南民革组织筹备委员会负责人名单中，心中不免有些想不通。

刘公武知道，自己的好兄长唐伯球，时任中南军政委员会财经委员、省参议室主任，在湖南和平运动初起之前，就是民革的秘密党员，并且唐伯球和唐鸿烈父子俩，在 1948 年春天就接受民革上级组织安排，回湖南组建湖南民革地下组织，较之后来的夏明钢要早得多。刘公武看到湖南民革分部筹委会中，唐伯球是老资格的民革党员，并且是最早受命组建湖南民革地下组织的重要人物，新的民革省级组织筹备，他却并未列名，又看到民革中央主席是由李济深这样一个桂系元老担任，尤其对于"民主党派"这样一个新名词，自己了解不多，他便觉得尚需观望一段时间，待加强学习提高认识之后，再考虑是否选择加入民革。这样的话，也不至于因不了解情况而走错路弯路。由此可见，刘公武是一个毫无投机心理的真正革命者。

直到 1952 年 6 月，刘公武从北京华北革命大学结业返湘之后，他自认为对民主党派在新中国建设中的地位和作用有了比较完整和深刻的认识，才申请加入民革组织。

1950 年 9 月，长子刘顿在益阳的第十二兵团军区干校学习结业，分派到益阳桃花岭中学办的一个文化学校工作了不到一个月，就奉命到安化东坪解放军第三十八军第一一四师第三四〇团下面的连队当见习文书，算是一个最小的军官了。刘顿所在部队给刘公武夫妇寄来一张军人证明书，从此，刘家便成了革命军属。

九岁多的四子刘佐正在读四年级，本来他的眼睛自从三岁失明之后，有一只眼睛还能看到一点光亮，至少能够保证走路不至于瞎碰乱撞，而此时家里生活特别清苦，营养无法保障，刘佐眼睛日渐完全失明，成了一个十足的盲童。经陈云章介绍，刘力把四弟送去益阳桃花岭一所由挪威教会人士主办的盲童学校信义瞽目院继续就读。

原以为刘顿在桃花岭中学当老师，可以就近招呼弟弟，未料，当刘力送刘佐过去的时候，刘顿已经被下放到安化的部队里去了，兄弟俩连面都没见上。但刘力看到这个信义瞽目院似乎还不错，于是就将弟弟寄住在学校，自己独自返回了长沙。

信义瞽目院作为盲童学校，当时还是由挪威人在办，这是一所以前在湖南很有名气的盲童学校，陈云章很熟悉他们，他也是觉得学校办得不错，才推荐给刘公武夫妇的。但是，中华人民共和国刚成立，几个洋人在这里受到很多方面的制约，资金缺乏，生活水平极差，营养缺失，照料无人，刘佐没多久就病得很厉害，学校无奈只得通知家长赶快去学校领回孩子。从送去学校开始，隔了也就个把月，刘力再去接弟弟时，只见弟弟已经瘦得不成人样，几乎奄奄一息了，幸亏及时接回长沙，刘佐才保住一条命。

到 1951 年 9 月，信义瞽目院的挪威人被赶走，1953 年，利用原有教学设施和教师资源，该校被改造成为"湖南省第二所盲聋哑学校"。

1950 年 9 月下旬，刘顿那边部队传来消息，说刘顿已经随军入朝参加志愿军抗美援朝。10 月 19 日开拔的时候，都没跟家里人见上一面。此后，秦俊吾便是每日里提心吊胆，神不守舍，天天买报纸，看新闻，一早起来就打开收音机听广播，多方面了解朝鲜战争情况，她每天看到的都是捷报频传，美帝被打得落花流水。刘公武只是不表露，其实心里跟秦俊吾一样，担心得很，上了战场，枪子儿炮弹不长眼睛的，谁知道结果咋样？

1950年10月10日，针对中华人民共和国成立初期全国各地潜伏或由台湾派遣的特务分子到处开展破坏活动的现实情况，中共中央发出《关于镇压反革命活动的指示》。

从1950年春季开始，以培训教育全国各地高级"旧官吏"为主要任务的华北人民革命大学政治研究院，就开始组织全国各省市的旧政府军政人员开办学习班，第一、二期都是每期半年。人员安排由各省中共省委统战部负责，参议室、参事室和各省民主党派组织推荐，已经连续培训了两期，湖南省的参议和参事都已经培训过一半多，直到1951年春季开始的第三期，才终于轮到了刘公武。从第三期开始，华北革大这个培训班便改为为期一年了。

1951年6月，刘公武已去北京华北革命大学参加政治研究院第三期学习。时任中南军政委员会顾问参议的宋仁楚，去参观长沙市少年宫举办的一个"特务罪行公开展览"，发现展览内容里，竟然有刘公武列名其中。

1951年，刘公武在华北革命大学学习期间，与同学在北京合影，左起第四位为刘公武

宋仁楚赶紧去找他和刘公武共同的老朋友陈云章，把这事一说，陈云章当时就气得跳起来，对宋仁楚说："谁这么缺德，无中生有？这可是要命的事啊！这可马虎不得，我们去找省委统战部！"

陈云章和宋仁楚即刻找到中共省工委主任（省委书记）兼中共省委统战部部长金明，陈云章气愤地对金明说："我们有些同志只做纸上文章，不实事求是，有些人一切从私利出发，把统战工作当人情，对刘公武这样一个兢兢业业为湖南和平运动作出巨大贡献的同志，都竟然敢胡说八道，还给上了展览，这不是给共产党的统战工作抹黑吗！要是按照他们这个逻辑，程颂云和陈子良还不都得杀无赦了？"

金明一听，觉得此事非同小可，他一面叫陈云章消消气，一面叫来主管副部长欧阳方，责成他立即处理好这件事。

结果，当然是展览上的列名以及不实内容被撤下，保住了刘公武的名节。可是，很多人已经参观了这个展览，不良影响传出去了，必然会在某种程度上形成一定阴影。当年给刘公武当过司机的醴陵人张振兴夫妇，在醴陵乡下都能够风闻"刘公武是大特务被枪毙了"的传言，何况长沙其他人呢。

刘公武去华北革命大学学习，是当时在地质部当部长的老朋友何长工给他的建议，然后他自己向湖南省委主动提出要求，而被派往北京参加学习，当时一起被派去学习的，还有毛泽东的同学并被他称为"思安先生"的李思安和毛泽东的校友蒋竹如、刘公武的好友萧训、湖南一师前任校长周世钊等数十人。

刘公武在华北革命大学学习一年多时间，期间一直没有回湖南，当时全国正在开展"三反五反"和镇压反革命运动，刘公武他们这些学员尽管在集中学习，但许多人明明是率部起义或者主动投诚的，却直接从课堂上就被抓走，有的甚至没几天就听说被镇压了，这让所有参加学习的旧军政人员心惊胆战，噤若寒蝉。刘公武也是格外恐惧，尤其当他得知自己都被列入了"特务展览"，幸得陈云章和宋仁楚路见不平拔刀相助，方才脱险，尽管如此，他也还是寝食难安。

因为，陈云章为刘公武两肋插刀没多久，就被长沙市公安局局长王不敏以"莫须有"的罪名抓进了大牢。

其实王不敏就是想，陈云章曾是大老板，听说他用美钞当书签，还把黄金沉在井里，找个借口把他抓起来，应该可以狠敲一笔。未料陈云章宁可坐牢也不拿一分一毫给王丕敏。一年多之后，王丕敏被人举报敲诈勒索，贪污受贿，落得个被枪决的下场。经核查，陈云章纯属遭受无妄之灾，方才被放出牢笼。

在京学习的刘公武听说这些事，不禁有些心神不宁，自己可千万不要有什么事让他们拿来做文章啊！他思来想去，想起自己还有一些国民政府任职时获得的金银奖章、奖状和委任状，收在家中。于是他赶紧写信给秦俊吾，要她把那些东西全部找出来，打包寄到北京。

刘公武将秦俊吾寄到北京的包裹，清点无误之后，一股脑全部上交。此举获得上级表扬，之后，才略有心安。

刘公武曾写信给秦俊吾，要她把百善台的房子捐给湖南省人民军政委员会副主席袁任远，结果，很快他就收到了秦俊吾的回信，辛辛苦苦建的房子说捐就捐了，字里行间，秦俊吾充满了委屈。

刘公武立即给秦俊吾写信，要求妻子配合政府妥善处理此事，同时积极参与社会事务，主动支持政府开展的各项社会运动。此时，夫妻俩还完成了早就想要了却的一桩心愿，1946年秋，刘公武想在华容建一所小学纪念母亲，当时发动旅省华容老乡捐款捐物，募得了部分款项和物资，但建一所学校还远远不够，于是便将钱物结作一笔资金保存起来，后来形势发生变化，这桩心愿一直未了，刘公武在北京学习时，与何长工和罗喜闻谈起之后，他们认为可以将这笔资金用在家乡教育，罗喜闻打听到华容一中要建理化实验室，缺乏器材，据此情况，罗喜闻给了刘公武具体建议。于是刘公武要秦俊吾将这笔钱连本带息算出来，加上自己的捐款一起，总共约值九两黄金，寄给罗喜闻，请罗喜闻托上海朋友购买了全套理化实验器材，于1952年春节开学之前，直接寄给华容一中，建起了当时华容最好的中学理化实验室。此事后来在华容一直传为美谈。

1951年夏，秦俊吾被推选为民主东街军属委员会的军属小组长。搬回百善台之后，又被选为百善台这一片的军属委员会副主任，组织军属们积极宣传"抗美援朝，保家卫国"，发动各界群众捐钱献物，支援朝鲜前线，先后募捐到四百多元现金和各种物资，秦俊吾自己带头，献出了自己家里平常视为宝物的俄国军毯、一支派克金笔和其他一些物资，还在北京"革大"学习的刘公武，将自己心爱的金表都捐了出来。

再说刘公武于 1952 年 3 月从华北革命大学结业前夕，约了在法国结识的"小朋友"、时任天津外事处处长章文晋一道，专程去中国人民大学看望了成仿吾校长。柏林别后再相见，相隔已逾二十年，成仿吾仍很清晰地记得当年就觉得那个长相不像中国人的小伙子给自己留下的深刻印象。

何长工和章文晋都劝刘公武留在北京工作，但刘公武坚持要回湖南。

当时，刘公武学习所在的"革大"政治研究院的班主任，是一个有较大影响力的中共老革命，他与湖南省委某负责人是关系很不错的故交，对于在学习期间认真学习、努力钻研，为人处事真诚朴实的刘公武，有着非常好的印象和相当高的评价。于是，他在结业典礼之后，悄悄塞给刘公武一封推荐信，刘公武可从来没有跟他提出过这样的要求，当时觉得有些诧异，但他还是十分诚恳地对班主任表示了万分感谢。

即使怀揣当时这位"老革命"班主任写给中共湖南省委某领导的八行书，推荐他当参事室主任，可刘公武回到长沙之后，也没准备拿出推荐信来作为资本，而是悄悄把它塞进了家中的抽屉里。若不是秦俊吾在偶然的机会里发现了那封推荐信，刘公武连对妻子连提都没提过这回事。

刘公武认为，一个人想做事的话，当一个普通参事，一样可以发挥作用。

私房充公，一度夫妻闹翻

1952 年 3 月，刘公武从北京学习回来之前，秦俊吾就在考虑，公武不能跟喜欢吵闹的孩子们住在一起，他需要有自己独立而安静的空间。

于是，秦俊吾就在汽车间上下楼的楼道中间拐弯处，架起一张垫高的八十厘米宽的单人床，床边窗户、上二层楼的栏杆中间，分别拦腰固定一块横板，在两块横板之间用几块长板子拼起来搭上去，做成一个宽五十厘米的长写字台兼书架，楼梯还有六七十厘米宽可以勉强过人，要看书写字的时候，就在床上放张椅子，这地方便成了办公室兼书房。刘公武从北京回来后就有了自己的书房，他倒是觉得很受用，就是冬天难受，穿堂风吹过来，烧着炭火烤都没用，冷死人，只能多裹两层衣服。就这样，刘公武在这楼梯间坚持了三年多。

本想等到解放军不住院子里了，就搬到楼房里去，可真等到 1953 年春天军人们搬走的时候，长沙县手工业局又打上了这个院子的主意，说一年出一百块钱租金租下来，刚刚租了一年，1954 年 4 月，长沙市房地局来人说，这个房子原来是军区疗养院，是他们"买来的"，已经成了公房，既然军区疗养院搬走了，这房子就归房地局管了。房地局的人坚持这么说，秦俊吾真是百口莫辩。

就这样，秦俊吾辛辛苦苦奋斗半辈子建起来的百善台的大院子，莫名其妙就变成了"公家房"。

也许是因为刘公武曾经答应过要把房子捐给袁任远副主席，秦俊吾心里那道坎总是过不去，常常跟刘公武闹别扭。

1952 年夏天，很久没收到大儿子刘顿从朝鲜寄出的来信了，秦俊吾根据各种信息判断，极有可能儿子已经牺牲在朝鲜战场了。心里头憋着各种不快，一言不合，又跟丈夫吵了起来。

刘公武总是站在政治高度来理解各种情况和解释各种困难，而秦俊吾成天面对的是家里十多张嘴的吃穿住用一大堆实实在在的问题，且受冻挨饿没钱买菜之类困难，绝对不是多高的政治觉悟就能够解决得了的。

秦俊吾一气之下，带着两岁多的刘晓和四岁的刘园，背上背一个，胸前抱一个，坐上火车去了北京，第一是一定要弄清楚刘顿是不是死在了朝鲜战场，第二是要去北京独自谋生，倒要看看你刘公武怎么拿你的政治觉悟来喂饱你的孩子们。

一到北京，秦俊吾就去找冯玉祥小舅子李连山。抗战时期曾传说李连山牺牲了，其实是改名换姓去了他姐夫张克侠的部队里做卧底，成了张克侠与何基沣之间的联络人之一。中华人民共和国成立后，冯玉祥遗孀、李连山姐姐李德全当了国家卫生部部长，刘公武夫妇才知道李连山原来活得好好的。

秦俊吾在李连山家里住下之后，又去找地质部部长何长工，何长工跟大革命时期华容的老战友罗喜闻、周连三住在一个四合院里。秦俊吾一见何长工，便说请他帮忙弄清楚刘顿是不是死在了朝鲜战场，另外就是要他帮忙找个工作，只要能养活两个孩子就行。

第一件事好办，何长工在军委有直接的关系，一打听，没两天就传过来信息，刘顿没事，只是战场形势紧迫，成天东奔西突，大家都没法写信发出去。实际上，真为这件事，根本用不着来北京，发个电报打个电话就能解决。

只有第二件事何长工觉得有些蹊跷，他与刘公武一直保持着往来，秦俊吾怎么会独自带着两个孩子来京找工作呢？知道不对头，他便应付着秦俊吾，说她带着两个孩子怕是不太好找工作啊。秦俊吾说，李家姥姥答应帮她带孩子，这不是问题。何长工便答应说得等一等，这工作不是说找就能找到的。未料，那天晚上秦俊吾回到李家，李家姥姥说刘园总是站到屋外不肯进屋，哭着要找奶妈。秦俊吾听了心里咯噔一下，心想，这孩子，老娘带着还不行，竟然奶妈比老娘还亲！转念一想，这北方生活环境，接触的人和吃的东西，都很可能让孩子太认生。

第二天秦俊吾便带着孩子住到了罗喜闻家里。毕竟都是湖南人，孩子认生就要好一些。有一天，在财政部工作的杨任严也闻讯赶过来了。

于是，何长工、罗喜闻、周连三和杨任严，四人凑在何长工家里，一起议论秦俊吾的事，说秦俊吾也不给个信就来北京了，肯定有问题。后来，何长工对秦俊吾说，到地质部找个工作不是难事，要她先住几天再说。实际上，他们想跟刘公武取得联系之后，搞清楚他夫妻俩到底怎么回事，刘公武一个人带着七个孩子在长沙，虽然大的都读书了，还有几个待家里的怎么搞？他自己上班怎么办？一开始，大家觉得这夫妻之间的事，还真有点让人挠头，说话不说话，都担心两头不高兴。

最终，他们还是决定打长途电话联系刘公武，刘公武说了实情，也后悔自己不该耍态度，请他们劝秦俊吾回长沙。

何长工他们得到了刘公武的表态，这才放下心来。他们对秦俊吾好一顿劝说，说他们既责怪了刘公武，也说刘公武对自己耍态度后悔了，道歉了。大家这么一说，秦俊吾也心软了，忙不迭地做好回长沙的准备。于是，罗喜闻他们赶紧给刘公武发电报，说一切搞定，尽管放心。

秦俊吾从李家拿来行李，回到罗喜闻家里，打开箱子一看，自己带来的二百元安家费存单和取款印章不见了。一下子钱又没了，秦俊吾又着急上火了。

罗喜闻他们又打电话给公武，要他在家里找找秦俊吾的私章和存单在不在，刘公武说在不在找不找的，都无所谓了，她赶快回来就好，家里他已经招架不住了。这时，秦俊吾在北京已经快十天了。

就这样，秦俊吾折腾一番，又回到了长沙。回家一看，连伙都开不了，家里已经断炊了。秦俊吾觉得这次最大的收获不是自己去了趟北京，而是让丈夫亲身感受到了打理生活的艰难困苦。

秦俊吾刚回来，隔壁最喜欢刘南的黎娭驰就送过来一个彩线小袋子，里面装着她那颗丢失了的小印章。原来，是刘园把她的小印章当作小石子从窗子里往外扔掉了，被隔壁黎娭驰捡到，她发现是秦俊吾的小印章，便织了一个小袋子装起来，送到家里来了。有了印章，存单挂失就没问题了。

没多久，长沙市北区北站路办事处说要聘请秦俊吾当扫盲老师，刘公武听说后，表示非常支持。于是，当年的秦老师又焕发青春站上了讲台。她利用晚上的时间开夜校，教城里那些目不识丁的穷苦人识字读书。到1953年，秦俊吾在文昌阁小学办的扫盲夜校，就发展到了六个班，白天做家务，晚上赶去学校上课，还聘请了好几位老师帮忙，办事处给了秦俊吾一个扫盲夜校校长兼教导主任的头衔。

这年，秦俊吾被推选为北区百善台街道的人民代表，年底还被评为"五好军属"，街道还一本正经地向大儿子刘顿的部队单位报了喜。

秦俊吾在武冈那时，就表现了作为社会活动家的能力，1954年，长沙市南门、北门发起了居委会比赛修马路、开展爱国卫生运动、办红孩子班等一系列活动，秦俊吾发挥自己所长，在办红孩子班这项活动中崭露头角，三个居民组，办了六个红孩子班，通过争取一些在校就读的初高中学生利用课余时间来教课，解决了师资问题，秦俊吾组织的红孩子班，成为了北区的典型，当时各个居委会都组织人员到她这里来参观学习。

募捐，当扫盲老师，办红孩子班，这些事都属于公益事业，需要时间，需要精力，得奖再多，对于改善家庭经济状况起不了一点作用，付出精力去做这些公益义务劳动，甚至还需要倒贴。

当时国民经济发展依然十分缓慢而艰难，物资供应紧缺，刘公武工资也不高，秦俊吾又不能像以前那样自由自在地做点买卖，就是想种点菜，养点畜禽，都没有地方侍弄，况且还没有工夫。在这种情况下，夫妻俩能够让全家十多口人不饿肚子，就已经很不简单了。

当时，中共湖南省委统战部向市教育局推荐了三位省参事、省政协常委的夫人担任教师，即文于一夫人余恒、江和寅夫人张如荣、刘公武夫人秦俊吾。教育局便据此安排秦俊吾到伍家岭小学当老师，每月工资45元。这也是秦俊吾在中华人民共和国成立后获得的第一份正式工作。

到1955年夏天，秦俊吾向已回国在北京防化兵学校学习的大儿子刘顿要了一百块钱，在汽车间后面搭了两间小屋子，一间做餐厅，还架一张床，另一件做厨房，才算稍微松缓一点。刘公武从楼梯拐角处的书房，先是搬进兼作吃饭屋的小房子里，后来随着儿女读书、下乡当知青，成家或者安排了工作，家里房子开始富余，他才有了正屋来作为办公兼书房之用。

这年，十九岁的刘力从湖南一师毕业后，被分配到太平街小学当老师，也能按月拿工资了。老三刘岗从明德中学初中毕业，没考上高中，就寄居在二哥刘力学校里。

1956年落实知识分子政策，刘公武的工资级别定为行政十三级，算作"地师级"高干，工资略有提高，家庭生活才开始稍有改善。

1956年3月，长子刘顿在北京防化兵学校毕业，获得大专学历，被分配到南京军事学院防化兵指挥系当教员。

1956年8月，刘力作为中专师范生报考湖南师范学院物理系被录取。同时，刘岗投考株洲中南第248航空技校铸造专业，也获得录取。

1957年9月，长女刘平从楚怡中学毕业后考上了湖南农学院。在"大跃进"运动开始之前，兄弟姐妹十人中，有四人先后就读大中专院校或者毕业。

儿女们依靠努力学习自谋出路取得成就，既较大程度上缓解了家庭经济困难，也带给了刘公武夫妇心理上巨大的安慰。

刘公武恪守着做好参事不谋他职的原则，在省参事室尽着自己的职责。

在所谓三年自然灾害时期，家里还有五个在读书的孩子，加上夫妻俩，七张口吃饭，这个时候不是收入问题而是粮食供应奇缺，有钱无处买吃的，秦俊吾总是要孩子们放学后到家里四周以及开福区河边的农家菜地去捡菜叶，拿回家之后，秦俊吾便将菜叶攒起来制作酸菜，和面做成窝窝头，或者加到米饭里煮成菜汤饭，勉强充饥。五十岁出头的秦俊吾回想过去，在自己的记

1955年，大儿子刘顿从南京军事学院回家探亲时的全家福
后排左起：刘鄂、刘祁、刘平、刘顿、刘力、刘岗、刘佐
前排左起：刘晓、秦俊吾、刘南、刘公武、刘园

忆中，再怎么困难，也不像这个时候，即使能找到一块地想要种点什么，也被严格禁止。

刘公武这时享受的是高干待遇，还能够不定期得到上面发放的各种券，和定期的食品配给指标《特种购买证》，但他却不接受这种特殊供应，说大家都在过苦日子，自己搞特殊是脱离群众的表现，参事室有些人受他影响，也不接受特殊供应。

后来，参事室领导专门给他们办了一个营养食堂，改善参事们的生活，刘公武被推举看管营养食品，还在这些食品的储藏室里给他设了一个小床铺。为了这些食品的安全，刘公武晚上都不回去，就睡在储藏室里。

看到丈夫突然之间一连几天没回家，干啥去了，刘公武也没给个信。秦俊吾感到奇怪，就跑到参事室去问。路上碰到参事室一个熟人，听秦俊吾说去找刘公武，故意很神秘地跟她说："啊？你都不知道吗，老刘现在发财了，守着他的宝贝，都舍不得回去了。"秦俊吾找到储藏室，见丈夫睡在这个堆满各种食品和罐头的屋子里，地上都摆满了面粉，说："难怪，你发财了就不回去了！"刘公武有些尴尬，只好自我打趣说："就是咯，发财了，又不能拿回去，不好意思跟你说，也不好意思回去了。"

那时，参事室的参事们除了有少数几个人被安排整理一些文献资料之外，多数人都赋闲无事，于是，参事室在离市里三十多公里的张公岭办了一个养猪场，刘公武还被派到那里去养猪，当了几个月猪场炊事员。秦俊吾也没想通，老刘平时煮饭炒菜都不会，还干了几个月的炊事员，真不知他是怎么个"炊"法。结果猪场也就搞了那几个月，估计因为全都是外行，搞不下去就散了。三十多公里，去的时候是穿着鞋走去的，回的时候却是光着两只脚丫子，竟然也是这么走回来的。秦俊吾跟刘公武说："真是好笑嘞，全都是高级知识分子，你们哪个会做这些事咯！"

刘公武一辈子都是这么走过来的，始终秉持一种军人的情怀，绝对服从领导，加之其个人的为人处事作风，上头分派任何事，都是兢兢业业，竭尽全力，毫不含糊。

从1949年12月受任参议，到1981年刘公武七十八岁时被任命为湖南省政府参事室副主任，到1988年10月去世，他的参事生涯共四十个年头，历三十九年。其中1956年被定为行政十三级，也就是所谓的"正地师级"，到上世纪80年代初才被确定为行政十级的"副省部级"。陈云章、蒋崑等朋友，总认为刘公武受到了不公正待遇。刘公武本人对此毫不在乎，也从不追求，真正做了一颗"党叫干啥就干啥"的螺丝钉。

旧时官吏，一道魔咒缠身

1955年4月，参议室与参事室合并为"湖南省人民政府参事室"，直接隶属湖南省人民政府，刘公武成为省政府参事。

对于刘公武之品德才学，在此谨引1943年重庆中训团高级班结业时，一众高级将领教官曹沛霖、李光烈、尹树生、戴钟衡、刘修能等人，给予他的综合评语可资为证：

班评曰：性情淡泊谦和，并具热忱，持己谨严，器宇轩昂，识见深远，学问广博，富有行政经验，有主管才能。

总评曰：有缜密头脑，有实干精神，襟度开朗，有领导组训能力，对政治经济有研究，于行政教育有经验，学识甚佳，做事公正，有条理，有方法，负责认真，老成稳重，唯坚强不足，稍缺刚毅之气。

总评之最后两句所言"缺点"，在更多情况下可以说也是一种优点。纵观刘公武四十六岁以前所历，所谓"坚强不足"，便可言其对于个人利益，不争不论，谦让容忍，退一步海阔天空。所谓"稍缺刚毅之气"，则言其处事平易，以和为贵，化干戈为玉帛，能屈能伸。这都是其投身湖南和平运动之独特优良品性。

故而时任中训团主任陈诚批曰：平，稳，希望任行政工作。

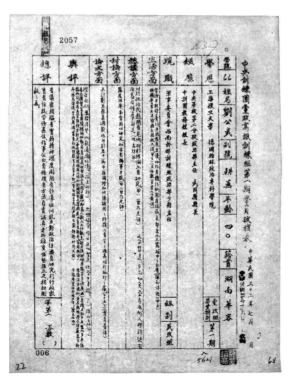

1943 年刘公武参加中央训练团党政高级训练班时的学员报告书中考核表，内容涉及对刘的各方面评价

1948 年底，刘公武还未选择改换门庭，亦未打算走进另一个阵营，他便为自己制定了坚守到底不与僭越的底线原则，亦即他在南京与一众朋友包括白瑜相聚时，许下的诺言："今后无论国共政府，决不再接受军政职任。"

1952 年 3 月从华北革命大学毕业回到参议室不久，民革湖南省委筹备工作正在进行中，刘公武和萧训等人一道，正式申请加入了民革组织。5 月湖南省人民委员会成立，刘公武改任为湖南省人民委员会参事，1955 年 4 月并入湖南省人民政府参事室。

1953 年 7 月，民革湖南省分部召开全省第一次代表大会，正式成立民革湖南省委员会。刘公武被推选为候补委员。

1955 年 2 月，政协湖南省第一届委员会召开，刘公武被推选为委员、常委。1956 年，兼任民革省委社会联系工作委员会副主任。自此，至 1988 年 1 月湖南省政协第六届委员会，刘公武都是担任委员和常务委员。直至 1988 年 10 月去世，刘公武都是省参事室和省政协名副其实的元老。

上世纪 50 年代到 60 年代初，湖南省民革和省政协有关的工作还算相对正常，刘公武在 1962 年 8 月还被派去北京中央社会主义学院参加学习，为时一年整才结业返回长沙。那时，在南京军事学院当教员的刘顿将原来按月寄给家里的三十元，遵母亲之嘱转寄给在京学习的父亲，为此，刘公武跟与他同班同学的广东民革副主委曾会奇（湖南益阳人，曾为国民党军第九十四军副参谋长）打趣说："过去是老子送儿子读书，如今成了儿子送老子读书了。"

1957 年中，在完成第一个五年计划，即将进入第二个五年计划之时，以毛泽东为首的中共领导团队，出现了急躁冒进思想，对各种计划指标不断进行修改并予以大幅度提高，提出不切实际的"超英赶美"目标。在公布计划草案之后，遭到了持有科学发展态度的诸多知识界人士的批评和反对，毛泽东认为这是阻碍社会主义昂首阔步迈进共产主义的保守势力，于是在毛泽东发动下，1957 年 6 月 8 日，中共中央发出了《组织力量反击右派分子的猖狂进攻》的指示，掀起了一场全国性的"反右倾"斗争。

7 月下旬到 8 月初，由中共湖南省委统战部直接联系的省政府参事室，与统战部一起组织了二百多人，集中在盐务局开展学习活动，说是"学习"，其实就是"评右派"。刘公武是参事室的学习组长，组织参事们学习毛泽东在 2

月份发表的《关于正确处理人民内部矛盾的问题》以及中共中央有关文件精神，自然是当仁不让的分内之事了。所有参加学习的人，都要结合自己的思想和工作实践，写出学习体会、感想认识，统战部和参事室，每天都要"评"出几个"右派"。

一开始，大家都把"评右派"还当作"人民内部矛盾"来看，也不觉得有什么好恐惧的，但在中央的"反击右派分子猖狂进攻"的文件传达之后，所有人都噤若寒蝉，感觉"大事不好"。

到8月中旬，在一起开会学习的统战部和参事室二百多人中，就"评"出了七十多名"右派分子"。对此，刘公武心里极不踏实，每天都有如履薄冰的感觉。好在他是学习组长，每天都在为大家学习、讨论、开会做会前会后服务。他带领工作人员，兢兢业业，踏踏实实，尽心尽力，细致周到，准备茶水、打扫卫生，都要亲自到场，再加上他事事处处小心翼翼，也没发表过任何不当言论，因此暂时没有人"提名"将他当作"右派分子"参与评议。但眼看着萧训、蓝肇祺、周翊襄、徐君虎等故旧朋友一个接着一个被带走，接受审查，乃至被羁押，刘公武的紧张情绪日盛一日，惶恐不安。每天回家，都要跟秦俊吾念叨，这么搞下去，哪一天总会轮到自己头上。

有一天，刚一回家，刘公武就对秦俊吾说："有人盯上我了，明天肯定是逃不脱了……"言语间满是悲哀消沉，感觉一副大祸临头的样子。秦俊吾对丈夫说："果真若此，咱也没有办法，只好面对，你放心，我们是患难夫妻，如果你被打成右派，我来养你，这个家你也不要操心，我会把孩子们养大成人的。"

妻子一番贴心话语，给刘公武莫大安慰，他做好了心理准备，迎接第二天最有可能的厄运到来。

未料，第二天，参事室接到上级通知：停止划分右派。这样，刘公武幸运地躲过了"反右"这一运动带来的劫难。

1958年5月，中共八大二次会议通过并发布了社会主义建设总路线，"鼓足干劲，力争上游，多快好省地建设社会主义"。会后，"大跃进"运动在全国范围内开展起来，参事室的老先生们全体投入到大办工业的热潮中。

参事室的参事中很多都是学有所长的专家学者，几个人凑一块儿商量搞这

1962年9月，中国共产党第八届中央委员会第十次全体会议现场

个，搞那个，发挥各自资源优势，开始各显神通。

刘公武跟几个关系较好的参事商量着准备办一个酸碱厂，可是又没有地方，于是，刘公武主动将百善台挤住着全家人的汽车间腾出来，自己到铁佛东街租了两间小房子，把全家人搬到那去。然后，刘公武带着参事室几个人，没日没夜地在百善台汽车间研制和生产酸碱产品，折腾了将近一年，也没有把产品搞出来，最终只好草草收场。

这期间，秦俊吾仍在伍家岭小学当老师。1958年学校办公共食堂，安排秦俊吾兼任伙食团长。大家交的钱不多，每人每月七块钱，要办好伙食委实不容易。好在秦俊吾历来就是善于谋划，理财头脑非同一般，并且自己襟怀坦荡，从不占半分钱便宜，因此，她掌管伙食团，竟然让大家吃得非常满意，连学校校长都喊出了"伙食团长万岁"的欢呼。

不久，学校换了一个女校长，新任的总务老师兼了伙食团长，这个总务老师和校工总是经常一起喝酒，占了大家伙食费的便宜，因此开出来的伙食，也就比秦俊吾那时差了很多。

老师们开始发牢骚，说原来秦老师管伙食，大家只交七块钱，现在交了十块钱，还有学校自己养的鸡鸭没算进去，伙食怎么就差那么远呢？未料，那个总务老师跟别人说："就这么点钱，怎么可能办好伙食呢？秦老师肯定是自己贴进去钱了。"

这个女校长，跟那个总务老师沆瀣一气，要秦俊吾在整风会上发言，说明自己的问题，并作出检讨。秦俊吾觉得真是好笑，这个校长，该管的不去管，该查的不去查，这时的十块钱伙食比她那时的七块钱伙食还差，竟然可以把责任推到她这个前任伙食团长头上来！岂不荒唐透顶？秦俊吾发言便说："第一，我既没有能力贴钱补大家的伙食，也没任何私心占伙食费的便宜，伙食好，只是我秉公办事而已。第二，老师们认为现在伙食不好，学校领导是不是应该深入了解情况，搞清楚原因，把原因归到我身上，岂不是莫名其妙？"

此时也有一件高兴的事，让秦俊吾激动了好几天。1958 年 8 月暑假期间，离家九年未归的大儿子刘顿从南京回家探亲了。那天下午，秦俊吾正在学校准备做新学期开学前的准备工作，忽然，本来待在家里的一众儿女，簇拥着一个高高大大的军人来到了伍家岭小学，平时只在照片上看儿子的秦俊吾，听到满面春风的刘顿叫了一声"妈妈"，那眼泪唰地就涌出了双眼，忍不住抱住儿子呜呜地哭起来，九年了！这会儿，把一个真人揽在怀中，秦俊吾感觉有如梦幻般缥缈恍惚。这个孕育在异国他乡，降生于上海洋场，成长于南北奔波的孩子，也许注定就不是娘身边的人！

这是湖南和平解放之后，一家人难得的团圆，在株洲的刘岗也赶回来与大哥相聚。从 1955 年开始，部队实行薪金制，刘顿在南京军事学院教书，每月工资加补贴，比父亲都拿得多，所以秦俊吾说："该你补贴一些家用了。"刘顿说："应该的，每个月我把一般工资交给家里吧。"刘公武说："不需要那么多，每个月给家里三分之一吧。"从此，刘顿领到工资，按月给家里寄三十元钱，秦俊吾在车库间靠外加建两间小房子，刘顿就额外寄了一百块钱。

送走了大儿子，秦俊吾又回到了她要面对的现实世界。学校的事还没完呢。

那时候，什么荒唐的事都可能随时发生，没理由可讲。秦俊吾的发言得罪了女校长，没多久，这个校长竟然把秦俊吾列进了三位需要辞退的老师名单，不管你教学能力强，不管你深受师生和家长喜爱，这个女校长竟然还要秦俊吾写"主动退职书"。

恰逢此时，家里请的七十多岁保姆走了，孩子们没人管，尤其十一岁的老九刘园非常调皮，居委会反映，在食堂买饭菜，他从来就不排队，还欺负别人家女孩子，经常有人告状告到居委会去了。为了管好家庭，刘公武主张秦俊吾辞了教职回家主持家庭事务，说这是最佳选择。于是，秦俊吾向学校交了"辞职申请报告"之后，就头也不回地回到了家里。

后来，学校老师对伙食问题意见太大，校长无奈，只得进行了调查，结果查出了那位总务老师八个月中就有八十元不对数。食材采购中的问题无法查到，其实这当中的问题肯定更大，要不然，一个月只贪了十块钱也不至于伙食差到让大家发牢骚。学校老师和家长都要求学校请秦老师复职，但秦老师是一个直性子人，既然辞职了，怎么劝她也不会再回去了。

从 1955 年 2 月开始，到 1959 年 10 月，秦俊吾当了不到五年国家教师。此后，回家当了二十年的家庭妇女，直到 1979 年落实政策，成为退休教师，才又享受到按月领取退休金的待遇。

1958 年，十八岁的刘佐从盲校初中毕业之后赋闲在家，在广播里听到各种宣传鼓动，他在家里也坐不住了，坚持要出去工作，不肯在家吃闲饭。于是，经人介绍，1959 年下半年，刘佐进了长沙市民政局下属的一家残疾人福利工厂，学习扭制建筑螺杆，开始成为一名自食其力的劳动者。

1962 年 9 月下旬，中共八届十中全会在北京召开，毛泽东作了关于阶级、形势、矛盾和党内团结问题的讲话，指出在无产阶级革命和无产阶级专政的整个历史时期，被推翻的反动统治阶级不甘心于灭亡，他们总是企图复辟。会议强调，我们千万不要忘记阶级斗争。

此时，刘公武正在北京中央社会主义学院第四期党外人士学习班学习。学校必定少不了组织学员们及时认真学习八届十中全会精神。

刘公武隐约感到其中似有瞄准自己某处要害的内容，况且自己的社会关系资源也总在"旧官吏"这个圈里打转。

1966—1976 年，在"文化大革命"这场"史无前例"的风暴中，刘公武被贴上"国民党反动军官"和"反动官僚"的标签，接受了一场更加严酷的身心"洗礼"。

十年浩劫，困境唯图平安

经过 1966 年 5 月中央政治局扩大会议和同年 8 月党的八届十一中全会，"文化大革命"开始全面地发动起来。

"文化大革命"伊始，参事室、民主党派和政协先后被迫停止活动。极左思潮的泛滥，使得 1949 年前夕走进共产党革命队伍的"旧官吏"，都变成了"反动分子"乃至"反革命分子"，并很快受到不同程度的整肃、迫害乃至残害，湖南省参事室被当作"牛鬼蛇神"的"黑窝子"，受到"连窝端"一般的全面打击。

刘公武被确认为"国民党反动军官"，属于"反动分子"序列，还好他没有任何"反动言论"或行为，故而没有被戴上"反革命分子"的"帽子"。

从 1966 年 8 月中旬开始到年底，四个多月时间内，刘公武便经受了四次"抄家"。刘公武每天都叮嘱秦俊吾，如果有人来家搜查、询问或者办相关的什么事，千万不能发生争执。

秦俊吾在她所写的纪念文章《公武和我永远在一起》，描述了"文化大革命"开始后第一次被抄家的情形：

记得第一次抄家时，是上午九点多钟，二三十个红卫兵（长沙几个中学的学生组成的"红卫兵联合兵团"）冲进了百善台我们家中，一个头头模样的学生把我叫来（当时公武上班去了，几个孩子也出去了），指令我坐在院子里一条石凳上，对我"宣布"："今天对你们家采取革命行动，你要老老实实坐在这里，不要乱说乱动！"然后，他们一伙人就冲进了房子里进行查抄。我昏昏沉沉地任其所为，只听见楼上楼下乒哢乒哢一片乱响，大约过了两个多小时才结束。末了给了我两张什么"查抄物资登记"表，我也没顾上看。这些人离开之后，关上门，我不忍心去看是一副什么样狼藉的场景，坐在院子里呆呆地掉眼泪，等孩子们回来之后，我才和他们一起去收拾残局，才知道红卫兵小将们的"战绩"：楼上十多只大箱子不见了，我母亲给我的首饰箱不见了，甚至连衣服和被面等一些日常用品都不见了！特别是那些大箱子中，有一只箱子装的是齐白石和一些名家字画手迹，鱼、虾、蚱蜢、牵牛花、荷花等，连同箱子不翼而飞。后来"清退"查抄物资，也杳无踪迹，着实令人痛惜。

这以后，红卫兵还来过几次，他们带着锄头、钢钎等工具，撬开地板，砸开墙壁，甚至院子里都挖得坑坑洼洼。其中有一次抄家时，公武正好在家，红卫兵厉声对他说："你还有什么没有交出来？要老实交代！"公武连忙从口袋里掏出自己佩戴了多年的怀表说："现在就只剩下这块怀表了，是我上班用的，你们要吗？"这个红卫兵，二话不说，一把抓过怀表就拿走了。

秦俊吾觉得令人奇怪的是，这些红卫兵在别人家抄家的时候，凶神恶煞，殴打叫骂，是家常便饭，甚至给人挂黑牌子，剃阴阳头，而在她家查抄时，从没有这些事情，每次拿不拿东西，反正折腾一阵就走了。

其实，并非这些红卫兵发善心不欺负人，而是别人家更看重家中财物，对自己合法的财产，往往据理力争以求保全，故而红卫兵登记查抄物资时，受害者往往要求一样不落地都要写上，结果红卫兵们查抄的物资，都要按照登记品类数量如数上交。他们自己得不到便宜，于是就侮辱人出气。而刘公武夫妻则任由他们肆意搜刮，也不清点查抄物资，登记什么不登记什么也不过问，给个条子就完事。这些学生也不傻，有人知道东西好赖，在这里拿走十几个大箱子，绝大多数宝贵物资故意不登记，就被他们私分侵吞了，因此后来"清退"也就没有任何依据。另外，毕竟刘公武是一个还在上班的高级干部，倘若当时就跟他们较起真来，要追查清点抄家物资，他们弄不好会吃不了兜着走，毕竟他们也知道自己是色厉内荏在作恶，是在假公济私，营私舞弊，哪怕他"革命豪情气冲云霄"，较起真来，他们一样会心虚。刘公武和秦俊吾太善良，太憨厚朴实，一方面总尽量把人往好处想，一方面又忍气吞声逆来顺受，所以就有"奇怪"的感觉了。

那样的荒唐岁月，捱过了今天，谁都不知道明天是啥样。"阶级斗争"就是一个深不见底的大漩涡，刘公武夫妻俩领着一大家子十多口，最担心的就是一不小心谁会给卷进漩涡里去。儿女们背着自己这个"国民党反动军官"的"包袱"，随时可能遭人欺负，所以，无论怎样的屈辱，自己和妻子都得忍着，至于那些原来当作宝贝的东西，全都是身外之物，不值得玩命去保，这年月，能平安地活着就算是无比幸运了。

这就是1966年下半年，"文化大革命"风潮狂卷而来之时，刘公武和秦俊吾保持的主要心态，这一切，都只为了儿女们能够平平安安。

在南京军事学院当教员的刘顿，早在1957年划右派时，就被防化学兵指挥系领导指责与旧家庭阶级界限划分不清，被教研室批斗了一个多月，险些划成"右派分子"。1964年，32岁时才和在蚌埠驻军医院当护士、23岁的张伏波结婚，结婚还没半年，刘顿就莫名其妙被军事学院除职下放，要不是父亲刘公武主张他回湖南，他还差点被发配到云南去了。抄家这会儿，刘顿在华容县酒厂的茅草厂房里已经当了半年多的厂长了。妻子张伏波是江苏泰兴人，跟着丈夫来到湖南，语言不通也不管你，就给安排到华容县偏僻的乡下卫生院去当护士，如今挺着大肚子快要生了都没时间休息。

刘力1960年在湖南师大毕业后留校当助教，妻子胡瞬英是他在湖南师大读书时的同学，如今带着两三岁的一儿一女，在长沙县丁家岭小学教书，两口子听闻家里一再再而三地被抄家，一天到晚提心吊胆，彻夜难眠。

长女刘平1961年从湖南农学院毕业后就和同班同学黄发松结了婚，两口子都在湖南农科院工作，女儿快两岁了，虽工作很顺利，但是一天到晚担心父母亲这边，夫妻俩整日惶恐不安。

刘岗靠自己努力，于1958年在株洲248航空技校中专毕业之后，去航空部的南昌工厂当了几年技工，1962年转到陕西兴平县的航空部514厂，考上厂里业余大学，"文化大革命"开始前夕毕业，拿了本科文凭，妻子游华莲在514厂做检验员，生了女儿还不到一岁，两口子在工厂里干得好好的。为了不影响刘岗的工作，家里的事都没敢告诉他，刘公武还嘱咐其他几个子女，不要跟刘岗提起家里发生的事。

刘佐在福利工厂埋头干活，一个盲人，腿脚还不方便，住在厂里，对于家里的事开始不太清楚，后来知道了，也是担惊受怕，心神不宁。

刘鄂和刘南兄妹在偏远的零陵江永县，刘公武不准知情的孩子们跟他俩提起家里的事，两兄妹在那边，反正是当农民，没谁跟他俩去争位子。

高中刚毕业的老九刘园和正在读高一的老十刘晓，作为"反动官吏"子女，肯定没有资格参与轰轰烈烈的革命运动，刘园曾试图参加一个红卫兵组织，被刘公武严厉训斥了一顿之后，也只好老实在家待着。但兄弟俩每次看到赶来抄家的红卫兵小将们威风凛凛地蜂拥而至，就如看见打家劫舍的土匪强盗，看着他们在自己家里翻箱倒柜，砸墙挖地，两个孩子既害怕得两腿打颤，又恨得牙根痒痒，脾气火爆的刘园好几次要冲出去，都被弟弟刘晓给摁住了，哭求哥哥不能冲动，要他记住爸妈的反复嘱咐："老老实实地待着，不可乱说乱动。"

刘晓在市一中读书，学校里不少学生被鼓动"造反"，只要他们认为是"阶级敌人"的师生，便恣意侮辱，乃至随意打骂，刘晓经常被那些"根正苗红"的同学欺负而不敢回嘴还手。刘公武看到十砣身上带着伤回家，以为孩子在外跟人打架了，刘晓说是自己不小心摔跤了，刘公武不相信，便一再追问到底怎么回事，刘晓知道瞒不过了，便含着眼泪说了自己遭遇的情况。一听孩子说是因为"狗崽子"身份被打，刘公武禁不住眼泪直淌，心疼得半天说不出话来。刘公武抚摸着孩子的伤痕，嗫嚅道："这不是共产党要实现的东西，这样的形势不会长久的……"

刘园在 1966 年 9 月，刘晓在 1968 年 9 月，先后被下放到益阳地区的沅江县农场和公社，成为了知青。

家里被抄了一遍又一遍，参事室的人基本上都被管制起来，上不上班没人管了，刘公武便在家里自觉接受"改造"，每天一早就如魔怔一般，拿着大扫把出去扫马路，有时大晚上的，一声不响就扛着大扫把出门去了，独自走到马路上去扫地。往常，刘公武也扫地，却只是扫自家院子，从未走出过大门。左邻右舍都跟刘公武夫妻关系很好，总觉得刘参事有些不对头，一个人默默地在马路上埋头扫地，一副特别认真的样子，于是，邻居们就劝他回家，马路每天都有清洁工人打扫，不需要他一个老人家扫。

刘园性格豪爽，交游广泛，各路朋友都有。因为兄弟姐妹们全都离开家各自一方，所以他总担心父母亲在家被人欺负。有一次，不知道他从哪里喊来几个全副武装的解放军战士，一起坐着吉普车，挎着冲锋枪，比红卫兵更加威风凛凛，他们开着敞篷吉普车，绕着百善台院子外的马路，几个战士站在车上，冲锋枪哒哒哒哒对天上一阵狂射，一边还喊着"革命口号"，绕了两圈之后便扬长而去。这次"示威"之后，刘公武夫妻便待在家里不再出来扫马路，也没人上门找麻烦了。

不久，参事室被"军管"，所有还幸存着没被抓进牢房的参事们，经常被勒令交代过去的"罪行"，一遍又一遍地写交代材料。比刘公武小五岁的省参事室同事饶少伟，曾经是国民党军暂五十四师师长，这支队伍原是刘公武在湘鄂赣边区挺进军做政治部主任时下属的一个支队，因饶少伟参加过衡阳保卫战，被逼着写了好几遍有关衡阳保卫战第十军军长方先觉"降日经过"，一直写到让那些要求他写的人满意，方才罢休。这个"交代材料"竟然被荒唐地认定为确认方先觉降日的首要依据。

刘公武在江西星子做过中央军校特训班教官，这是康泽、贺衷寒等人搞起来的特工人员训练班，于是，有人抓住这一点，逼迫刘公武反复交代罪行，刘公武对此当然十分坦荡，按照实际情况如实写出来，肯定没有任何问题。但是，给国民党特务当过教官，仅凭这一点，在这个特殊时期，也够让刘公武"低头认罪"一阵子的。除了写"交代材料"，白天还要去挖防空洞。这时，物资匮乏，买啥都凭票，四个下乡的孩子还需要支持，刘公武和秦俊吾省吃俭用，因此年过半百的夫妻俩，营养严重不良，身体日渐消瘦，挖防空洞这样的重体力劳动干一天下来，刘公武累得精疲力竭，走路都打晃，回到家里，几乎连说话都格外费力。

1969年9月，刘晓在沅江插队落户整整一年之后，才被批准回长沙看望父母。看着又黑又瘦的孩子，秦俊吾心疼得直掉眼泪，刘公武还不怎么相信在农村里靠劳力吃饭吃不饱。刘晓告诉父母，在生产队天不亮就要出工，天黑了才能散工，每天早中晚都要参加生产队劳动，春插、双抢、秋收等农忙时节，饭都是送到田头吃，一年到头都没有休息的日子。青黄不接的时候，经常还没饭吃，政府救济的也是一些糠头碎米，还要掺进去一些糠饼、豆饼，才能渡过难关。完了到年底一算账，劳作一天才有八分钱，最后结算出来，自己还欠生产队的债。

秦俊吾听了，也觉得不可思议，想想自己那时在祁阳，一家主仆十个人，没田没地没产业，不仅没饿过肚子，生活还过得有荤有素的，现在还有政府，有生产队，竟然一个壮劳力养自己都要饿肚子，真的不知道是怎么搞法。

刘公武说："无论如何，也不止你一个人在那里受这个苦，一个人吃点苦也有好处，不要去计较，出路也好，机会也罢，都要靠自己努力，等出路，等机会，都是等不来的，你要明白这个道理。"

刘晓点点头，他明白父亲的用意。此后，在生产队他积极表现，主动和农

1966年夏，刘公武、刘晓、刘鄂在长沙百善台老房子侧院石桌凳上乘凉

民打成一片，重活累活抢着干，深得农民群众的喜爱。过年时节，生产队农民到长沙总要邀请来家，刘公武夫妻对他们一样热情接待，表现出对劳动人民的敬重。

1971年春节前后，刘公武收到朋友转来何长工写给他的一封信，何长工说他在江西井冈山老区的峡江干校接受劳动改造，得了病快要病死了，家里人被分散下放到不同的地方都找不到人，没人管死活，请"五弟援手相帮"。刘公武读毕何长工的来信，顿感唏嘘不已，虽然自己此时也是困难得不行，但刘公武还是凑了二十元钱，还买了些营养品，派刘力直接送到江西峡江去，要儿子代表他去看望一下老朋友。

后来，政治气候稍微放松一点，先后受到整肃的故旧好友，程星龄、朱皆增、文于一、杜迈之、蔡杞材等人，纷纷找上门来，跟刘公武叙旧述怀，借酒浇愁。刘公武是做政治教官出身的，口才非同一般，所以大家都愿意跟他倒苦水，听他分析形势，展望未来，大家觉得，每次跟刘公武聊过之后，心胸总要开阔许多。

白瑜弟弟白帆没有去台湾，一家人住回了老家华容，他谋了个中学教师糊口，"文化大革命"开始，他被单位开除，郁闷之中夫妻吵架，老婆扔下几个子女离他而去，他从此生活无着，跑到长沙来找活路，偶尔到刘公武这里诉苦。刘公武在酒菜相陪之余还尽自己所能给予他接济，未料白帆却在20世纪70年代初不幸病逝。白帆不如他哥白瑜那么勤勉进取，也没什么造就，只图个生活安宁无忧，却因他哥白瑜而受连累。刘公武找到白帆老婆，耐心跟他们讲白家家史，讲白帆为人处事朴实厚道，是个好人，为了家庭，他尽心尽力，劝她跟儿女们一起好好过，让他们一家得到了重新团聚。

参事室老同事张际泰，是程潜的外甥，当过陈明仁国民党军第一兵团属下的副军长，跟随陈明仁起义后，改编成解放军还是副军长，后来也到参事室做了参事，"文化大革命"开始后不久，他就被遣送回了醴陵老家，全家人无田无地无工作，住的地方都是亲戚关照给借居的，屡次回长沙申诉，倍感冤屈，每次都要找刘公武吐苦水，刘公武耐心劝慰，尽管自己也有一堆困难没得到解决，他还是尽力相帮。

老友蒋崑1957年就英年早逝，刘公武不仅尽力给予其家庭多方面的生活帮助，还总惦记着他的孩子们的成长教育，上班路上经过蒋家门口，只要家里有人，都要上门去看一看，问一问，及时帮助解决困难，督促孩子们的工作和学习。

1971年雷立品在厦门离世，其家属写信给刘公武，言其全家深处困境，衣食无着。这时自己家里也是节衣缩食，十分紧巴，刘公武想寄过去一百元帮助他们，于是跟秦俊吾说："俗话说得好，在家靠父母，出门靠朋友。咱们几十年过来，走南闯北，颠沛流离，虽然主要是你在操持努力，但是如果没有朋友相帮，别说咱们这么多孩子，就是我们自己也会是立品他们家这个情况，如今，人家是看得起我，才写信求助，你说，我们能无动于衷吗？"秦俊吾本就是一个仗义的女子，自然无需多言，对丈夫的义举，自己唯有尽力支持了。

"文化大革命"后期这几年，年近古稀的刘公武没有再受到什么审查、"交代罪行"之类的对待，1971年下半年，其工资恢复到原来水平，生活状况得到某种改善，夫妻俩依然尽其所能，为故旧好友的遗孀和后代，提供生活、学习、工作等方面的帮助。

秦俊吾虽然没有多少个人的"反动"历史问题,"文化大革命"伊始,竟然也有人在百善台的围墙上贴出针对她的大字报,好在秦俊吾为人处事颇受敬重爱戴,邻居们看到有人写秦老师的大字报,都一个个气得吹胡子瞪眼,打抱不平,等人贴完走人了,浆糊未干,那满墙的大字报,就被邻居们撕下来给扔了。因此,秦俊吾在"文化大革命"期间除了这次有人贴大字报还被邻居撕掉的经历之外,没有受到过针对她的其他伤害。

1972年新年开始,中美、中日邦交正常化进入到实质性谈判阶段,国内那种是处都是"阶级斗争"的气氛稍微轻淡了一些,国民经济发展开始纳入国家议事日程。

这年初夏,下放江永县苗圃近九年,二十七岁的刘鄂,凭着他篮球运动员的特长,被招工进入岳阳县五金公司五金批发部做了名义上的仓库保管员,实际上成了岳阳县商业局篮球队队长、主力队员,1976年5月调入岳阳县体校担任专职篮球教练员。

刘鄂走了,妹妹刘南一个人待在偏僻的江永县林业所苗圃,好在姐姐刘平早就介绍她认识了省农科院的年轻同事、大学生李廷基,两人在这年的秋天结了婚,即便如此,也还是直到1975年才离开江永,与丈夫李廷基一起调到了岳阳地区农科所,并且仍然按照知青对待。

老九刘园在千山红农场,老十刘晓在子母城公社,都是沅江农村的知青,本来兄弟俩表现都挺不错,他们各自所在的社队和农场多次推荐招工,或者推荐读中专、大学,可每次推荐都在经过上级部门"政审"之后被打回来,认为"外调材料不合格",尤其是当时的湖南省"革委会"所属有关部门竟然还有"其父血债累累,民愤极大"的无端污蔑之词,白纸黑字签署在意见栏中,令人愤慨。看到这种荒唐透顶的"意见",连平时啥都能忍的刘公武都气得够呛,老刘这辈子,别说亲自杀人或者下令杀人,就连架都从没跟人打过,这莫须有的"血债累累"不知源自何处。有些人就这样,胡说八道,不打底稿。此时此境,又能奈谁何?关键是无辜影响孩子前程,令刘公武悲愤不已。

1971年初夏,湖南省农科院的杂交水稻研究团队在袁隆平等人带领下,去海南种植杂交水稻并进行育种研究。为此,刘晓写信给姐姐刘平,说他在沅江已经学会了很多农事农活,能不能到省农科院找个事情干。刘平丈夫黄发松已经随袁隆平团队去了海南，写了信跟他一商量，黄发松说海南那边正需要人。于是经刘平请示省农科院领导同意，说可以让刘晓去做"科普工"，在有关部门办了手续之后，21岁的刘晓打起背包，奔赴海南，与姐夫黄发松所在的袁隆平杂交水稻研究团队，在海南种了两年杂交水稻。

1973年初春，福建莆田的小学教员李庆霖给毛泽东写了一封长信，讲述知识青年在农村的困苦境况，毛泽东受到感动，回信并给李庆霖寄了三百块钱，承诺要对"此类情况"予以"统筹解决"，于是全国知青开始在各地具体"统筹"之下，逐步有了一些人返城参加工作。

1974年春节之后，海南那边的事初步告一段落之后，大部分人员撤回湖南，刘晓也不需要再去海南了，后经人介绍，去了长沙市经五路小学做代课老师，并在二哥刘力影响下自学物理专业课程，下半年改去长沙市第八中学做物理代课教员，并与人一起开办校办工厂，1975年下半年成为第八中学的正式教员。

不久，刘园进了长沙市自来水公司当工人，并自学水电方面技术知识。

秦俊吾在其回忆录《吾在公心》中感叹道：我的孩子学习成绩都不错，可是由于"家庭出身"的影响，都走过了曲折的道路，由于我们夫妻俩注重从小就对孩子们进行性格培养和品德教育，他们遭受再多磨难也从来没有埋怨过爸爸妈妈，时代在他们人生道路上布撒的坎坷，让他们无一例外地受到了无端的创伤。

1976年6月，刘公武接到湖南省政府通知，参加原黄埔军校代校长、湖南省人民政府参事室原主任、湖南省政协副主席、民革湖南省委原副主委方鼎英的追悼会。一众阔别多年的故旧老友在追悼会上见面，大家都默默无言，心有戚戚然。

刘公武与一位老友悄悄地说："形势在发展，应该会要有所改善了。"其实，这只是一个饱经岁月沧桑的老者，内心深处一种最真诚迫切的祈愿吧。经历了那么多，所有人都只有一种愿望：但愿这个世界，永远不要再有如此荒唐的岁月再现！

古稀耄耋，盈盈报国情怀

1978 年 12 月 18 日至 22 日，党的十一届三中全会在北京召开。全会冲破长期"左"的错误和严重束缚，彻底否定"两个凡是"的错误方针，高度评价关于真理标准问题的讨论，重新确立了党的实事求是的思想路线。会后，中央和省级民主党派机构先后开始恢复组织活动。

1977 年初夏，湖南省人民政府参事室正式恢复，与湖南省文史研究馆合署办公，七十四岁的刘公武和老参事们重聚一堂，怀念众多已然阴阳两隔的故旧老友，老参事们满怀思情，感叹唏嘘，老泪潸然。虽然幸存者们都已一个个年逾古稀，乃至耄耋之年，白发苍苍，皱纹满面，甚至老态龙钟，而老人们重新焕发的报国热情，决不亚于此时的任何一个年轻人。

11 月，刘公武作为省参事室推举的湖南省政协委员、常务委员，出席了湖南省第四届政协会议。

1979 年 1 月，中共湖南省委统战部及其指派的各民主党派省委机关人员一道，分赴全省各地市及大专院校，开始恢复民主党派地方组织和基层组织。七十六岁的刘公武接受省委统战部安排，参与民革组织恢复重建工作。

10 月中旬，刘公武被推举参加在北京举行的民革第五次全国代表大会，当选为民革中央委员。回到长沙之后，民革省委组织全省各地市民革骨干成员开会学习，针对当时部分同志信心不足，对于恢复民革组织活动抱着消极观望的态度，刘公武在会上提出，要在全省民革党员中广泛而深入地开展"解开疙瘩，消除怨气，促进团结，提振信心"的教育活动，迅速将民革基层组织建立起来，完善起来，激发全体民革党员的积极性，让大家满怀热情投入改革开放，把民革组织在参政议政、民主监督中的积极作用充分发挥出来。湖南民革的做法取得了非常积极的成效，湖南省委统战部将此作为典型示范，在全省进行推广学习，有效地推动了全省各民主党派基层组织的迅速恢复建立与完善。

1980 年 2 月，民革湖南省委第七次代表大会在长沙召开。辛亥革命先驱黄兴之子黄一欧被推选为民革湖南省第六届委员会主委，刘公武被选举为民革湖南省委副主委兼组织处处长。7 月，刘公武被任命为湖南省政府参事室副主任。

1981年1月，黄一欧去世，程星龄接任民革湖南省委主委。刘公武被中共中央组织部批准享受副省部级待遇。

政治待遇提高了，政府便要分给刘公武一套四室一厅的新房，还外加各种高干待遇，刘公武一概拒绝，他提出把房子分给有需要的同志。

此后不久，省参事室任命刘公武担任参事室文史委员会副主任、对外联络委员会主任，一方面着手进行对外联络，与台湾以及海外的原国民政府军政学各界人士取得联系；另一方面通过对外联络来促进文史资料收集、整理和编撰工作。刘公武具有黄埔军校、中训团任职的独特优势，自然是参事室负责这方面工作的不二人选了。

联系故旧袍泽，尤其是写信这个事情，刘公武得亲自动手，任何他人都无法代劳。刘公武到处打听去台湾和在海外的故旧老友下落，给他们写信，介绍国家新形势、新政策，邀请他们回祖国大陆团聚，参观考察。同时，对已故老朋友、老同事散落于各地的遗孀和子女，在生活待遇、工作安排等方面给予关注和帮助。

白朝莼（1921—1992）是老友白瑜唯一留在大陆的女儿。1950年，其夫刘天怡为了建设新中国，放弃了即将获得的美国威斯康辛大学博士学位，赶回大陆，与夫人白朝莼一起，被安排在兰州大学工作。1970年，夫妻二人双双被下放到"五七干校"接受劳动改造。"四人帮"垮台之后，夫妻俩为恢复工作奔走求告，白朝莼写信告诉了五叔刘公武，并与丈夫专程到长沙拜访五叔，刘公武通过多方联系，帮助白朝莼夫妇恢复了原职。夫妻俩后来作为甘肃省九三学社社员，不遗余力参政议政，并与刘公武保持着密切联系。

刘公武在重庆中训团的同学兼同事，曾任国民党军青年军第二〇五师师长的刘树勋，晚年定居澳门，1981年回乡探亲，专门到长沙看望刘公武，谈及益阳老家自有住宅权属问题未能得到妥善解决，刘公武主动为他联系有关部门，处理后，他获得了政府五千元补偿。为此，刘树勋感觉国家不仅在经济建设方面政策有了重大转变，政治面貌亦有了很大改善，于是当即决定将这笔款项全部捐作家乡兴办教育的公益用款。刘树勋后来成为珠海市、广东省乃至全国政协委员，依然与刘公武保持着密切联系，一起合作查访联系海内外故旧袍泽、知交好友，为推动两岸往来交流活动，促进内地经济建设和祖国和平统

1984 年，白瑜女儿白多姣自美回国探访刘公武，二人在岳麓山爱晚亭前留影

一，竭诚尽心。

　　挚友张云襄新中国成立初期就回华容办公司，创办了新生公司和机器米厂，未料，1951 年罹患癌症，送武汉医治无效而不幸离世，刘公武对其原配和续弦所生子女，一直待若己出。张云襄去世后，续配夫人谢荔邨坚持要带着六个儿女返回原籍绍兴，刘公武亦自始至终给予多方面帮助，即使自己家里特别困难，他和秦俊吾都不忘给张云襄夫人一份关怀。张夫人在刘公武夫妻感召和鼓励下，不仅将六个子女抚养成人，还使儿女们各自学有专长，张云襄大女儿张荣华在美国取得博士学位，后来成为了国际癌细胞研究领域的著名专家。

　　刘公武多年的老朋友王原一，在重庆中训团时就与刘公武一起同事，并追随王东原从湖北到湖南，一同参与湖南和平运动，1955 年肃反运动中被打成"反革命分子"而身陷囹圄，1958 年惨死狱中。对老友的冤情，刘公武始终记挂于心，为此，他多次找有关部门进行申述，督促平反冤案，洗刷冤情，最终为王原一获得平反。因为王原一儿子在 1949 年去台后一直音讯杳无，下落不

明，刘公武不厌其烦地查找各种线索，前后经过两年多时间，终于找到了王原一年过花甲的儿子。

20 世纪 80 年代前中期，刘公武先后为散落台湾和美国等地二十多位知交故旧提供帮助，与大陆亲人建立了联系。秦俊吾对丈夫说："你对自己都没有对朋友那么关心过。"刘公武回答说："几十年过去了，不少朋友对我已经有了很深的误解，为他们提供力所能及的帮助，首先可以让他们知道，我没有忘记年轻时建立的友情。再者，国家建设以及实现和平统一目标，这些朋友都是不可多得的可以团结的积极力量，都还能够发挥他们的作用，我还在这个岗位上，有什么理由不去努力呢？"

仅仅 1981 年这一年，刘公武就给台海各地故旧好友发出信函一百多封，台湾此时尚未开放探亲，刘公武便通过写书信，寄资料，向朋友们解释政策，讲解形势，打动了不少故旧袍泽，或回乡探亲、定居，或鼓动有能力的子女亲友投资，参与国家建设，或者开展交流互访活动。

1981 年恰逢辛亥革命七十周年，湖南省以政府名义邀请了不少海外人士回国参加纪念活动，故此，刘公武先后接待了不少湘籍归来人士，最先就有从美国回来的老长官李默庵、白瑜的小女儿白媚，定居澳门的刘树勋多次往来那就不用说了，还有台湾政治大学商学院院长任维钧，台湾"驻外大使"何凤山，台湾"国大代表"刘咏尧之子韦灵予，前湖南省国民政府主席何键夫人王仪贞等，刘公武往往在家里设宴款待，自掏腰包，他说在家中接待故旧知交，更显得亲切而温馨。朋友们返回国内，刘公武除了陪他们游览风景名胜之外，还参观考察体现建设成就和崭新风貌的城乡工农业典范，让他们感受改革开放带来的新气象。

刘公武写信联系老友，一开始，也有不予理睬甚至对他嗤之以鼻的，刘公武依然不予计较，耐心与之书信沟通，打消疑虑。

中训团期间的"十二盟兄弟"之一，也是在湖南省国民政府任职期间的同事刘修如，与刘公武交情最深，两人可谓无话不谈。刘修如一个人独自去了台湾，把四个子女留在老家新化，刘公武在 20 世纪 50 年代就尽自己所能关照他们，改革开放之初，为他们落实政策尽心尽力。因为两岸一直无法通信，刘修如对此一无所知，退休后一直定居台湾，还在发挥余热兴办老年公益事业，刘公武通过在美国的朋友转达对他的问候，最初，刘修如非常冷淡，还说"算了吧，道不同不相与谋"。刘公武对此表示深深理解，打听到了通信地址之后，一而再再而三地给刘修如写信，刘修如子女也写信告知了父亲，说刘伯伯自20 世纪 50 年代始就没间断过关照他们，最近又帮他们落实政策，恢复工作，争取待遇，希望父亲能消除误解，尽快返回大陆，当面感谢刘伯伯。刘修如得知此情，对刘公武作为兄长依然满怀真诚胜似亲人的挚情，深为感动。1987年秋，他回信给刘公武，说自己正在筹建台北五指山老年公寓即将告成，返乡还需略待时日，并附诗一首作为返乡承诺：四十离家八十回，乡音无改鬓毛灰，儿孙相见不相识，笑问客从何处来。未料，一年后，刘公武便遽然仙逝，刘修如在台得知噩耗，痛惜不已。1990 年 8 月返陆，专程前往刘家看望嫂子秦俊吾，并拜祭兄台，洒泪灵前。此节前文已有提及，于此不赘。

自 1980 年开始，刘公武作为省参事室对外联络委员会主任，每年都要亲自为对台广播的"海峡之声"电台撰写不少稿件，或者邀请媒体记者出席活动、专题采访，有针对性地反映湖南家乡建设新面貌，在台人士滞留大陆子女的各项成就，湖南省接待返乡海外人士参观考察情况等，在彼岸有关群体中产生了十分积极的影响。1988年3月，台湾"国大代表"周静芷女士在台北去世，此时两岸尚未开放"三通"，她在大陆的子女无法前往台湾吊唁，于是，有关方面帮助家属通过香港转达电话进行商量，决定两岸亲属在台湾举行公祭仪式的那一天，在大陆的子女同时在长沙举行追悼会。刘公武亲自出席悼念仪式，并在仪式上致悼词。当日晚，中新社记者采写的新闻报道便在"海峡之声"电台播出，次日，民革中央《团结报》又予以专题报道。此则报道在海峡两岸产生了很大反响，对于推动两岸"三通"于当年11月份全面开通，起到了积极的作用。

1984年2月，民革湖南省第八次全省代表大会召开，因为程星龄担任省政协主席，徐君虎被推选接任第七届民革湖南省委员会主委之职，刘公武续任民革省委副主委。

作为参事室文史委员会副主任，刘公武在推动文史文献整理、文物保护等方面工作，也可谓不遗余力，尽心尽责。早在1981年5月，刘公武和文于一、萧作霖等，参加了湖南省委统战部和省政协组织的赴成都、重庆、西安、洛阳、武汉的文物保护考察团，考察了各地文物保护情况，后又带着对外开放的主题赴广州、深圳、海南等地考察。每次考察，他组织考察组的老同志们，对如何形成具有实质性意义的考察报告，反复商量，讨论研究，对做好湖南省文物保护、文献文史整理工作，以及使之如何与经济建设、对外开放、招商引资等方面有机结合，提出了一系列意见和建议，为80年代初中期湖南省经济发展，作出了积极的贡献。

这个时期，民主党派和参事室的这些老先生，组织考察团到处考察，绝非游山玩水，揽景观胜，他们每个人都怀揣着一种严肃而真诚的责任感，把出发前制定的考察任务、日程、目标，一定逐项逐日认真落实，圆满完成，不仅如此，还在考察过程中对各地陪同人员或者相关领导，当场指出他们在文物保护、文献编撰、文史研究等方面存在的问题，并直截了当地提出改进意见。刘公武在考察过程中，每次都坚持做好详尽的"考察日记"，仅仅"日记"这一项，先后就写下了十多万字，与之相关的考察报告、调研报告、提案建议、文史资料，也超过了十万字。

1984年5月，全国政协第六届二次会议在北京召开，刘公武作为全国政协委员参加会议，秦俊吾也被邀请作为特邀人员出席。刘公武牵头与几位同界别的湖南委员，联名提交了《关于建设湖南省五强溪水电站的提案》，为湖南经济建设解决能源紧张出谋划策。提案获得国务院高度重视并予批准立项，后五强溪水电站作为湖南省的国家重点建设项目付诸实施。

1985 年 5 月，刘公武和秦俊吾夫妇接受邵阳地委邀请，重返故地武冈，参加云山开发计划研讨会。此次老夫妇二人重访故地，武冈各界人士敲锣打鼓夹道欢迎，犹如当年欢送刘公武的场景，其表现之极大热情，令刘公武夫妇感动不已。有老人听说当年的"太尊大人"回来了，纷纷前往拜访，老人们的亲切与激动之情溢于言表。

在云山开发计划研讨会上，刘公武提出："云山作为风景名胜，其开发与保护，对于武冈的发展至为重要，应该成立专门的云山保护管理机构，选拔年轻的、具备专业知识与能力的同志担起重任。"

刘公武还参加了武冈台属座谈会，在座谈会上见到了知交故旧莫萱元的女儿莫小红，小红两岁的时候莫萱元带她去过百善台，刘公武夫妇都还抱过她。

1985 年，刘公武应邀出席武冈云山保护规划论证会，
携秦俊吾在武冈云山保护碑前合影

1949年7月莫萱元送妻儿回邵阳之后，急切之中独自逃奔而走。此时刘公武见到小红，犹如见到自己亲生女儿，激动得老泪纵横，他说："萱元是我的结拜兄弟，分别多年，天各一方，最近得知萱元于前年在台湾已先我而去，却未料想竟然还能在重访故地之时见到亲人，实在是令人感慨！你们一家生活很好，我就放心了。"

此次重返故地武冈，刘公武夫妻还专程去到云山峰顶，一览胜景。当他在山上看到自己当年亲手树立的"禁碑"，历尽风雨沧桑，虽然已多处字迹模糊，略有损毁，依然屹立，那种亲切之感不禁油然而生。老先生在碑前看了又看，摸了又摸，禁不住泪涌双颊，万端感慨，骤聚心头，声音颤抖着说："快四十年了，这块碑上所镌禁文条令，又要开始发挥作用了。"

民革党员、著名诗人田翠竹先生，也是刘公武在祁阳山川塘和江西修水工作时的老同事，闻知刘公武重返故地，特撰七律一首，以表祝贺，诗云：

旌节当年驻武冈，侵凌日寇正猖狂。

八千子弟持军令，万里江山吊国殇。

旧梦只余霜鬓白，朝暾喜见九重光。

重来倍觉风情好，夹道甘棠尚有香。

1988年9月13日，在民革湖南省第九次全省代表大会闭幕式上，已八十六岁高龄的刘公武主动提出退出领导岗位，被民革湖南省委会聘为名誉副主委。他在闭幕会上向与会的民革同志发表了满怀深情的"临别赠言"，希望民革同志在改革的道路上，直面新问题、新情况，要有忧患感、紧迫感和责任感，勇敢地担负起自己的历史使命，并引用南宋诗人陆游的诗句"死去元知万事空，但悲不见九州同，王师北定中原日，家祭无忘告乃翁"，来表达自己对于早日实现台海两岸和平统一的深切愿望，表示自己即使退休了，还会在有生之年，尽到自己的责任，来促进两岸经贸往来和文化交流。

在筹备召开民革湖南省第九次全省代表大会期间，已过八十五岁高龄的刘公武东奔西忙日夜操劳，会议一结束，他就病倒了。住院期间，1949年去台后首次返湘访问、年届九十高龄的朱玖莹先生，专程到医院看望刘公武。1948

年6月刘公武卸任湖南省民政厅长之后，朱玖莹接任，协助刘公武代行省主席之职，两人便结下深厚友谊。近四十年未曾谋面，老友相见，分外激动，即使医生叮嘱刘老先生不能随便说话，老先生躺在病床上，还是艰难地抬起双臂，紧紧地握住朱老先生的双手，眼含热泪，不无感慨地说："我们都是爱国者！我们都是爱国者！"

10月中旬，刘公武病症转为重症肺炎，引起脏器衰竭，弥留之际，陈云章、徐君虎、文于一、蔡杞材等诸多同事好友前往医院看望。

刘公武夫人秦俊吾在她的回忆文章《公武和我永远在一起》中写道：

> 1988年10月16日，是我和公武分别的日子，晚上二十点三十五分，眼看公武就要走了，我跑到他床前，抱着他的头，用手摸着他的胸口，脸贴着脸，死命地对着他的耳朵大声喊着："公武！公武！你不能就这样走啊！公武……"
>
> 可能公武知道是我在喊他，竟还把眼睛睁开了一瞬……
>
> 公武就这样走了。可他对祖国、对人民的一片赤诚之心，却永远留在人们的记忆中。对于我来说，他仿佛还没死，仍然就在我的身旁。
>
> 参事室和民革的同志对公武十分敬重，什么心里话都愿意向他诉说，他和大家结下了深厚的情谊。公武重病住院后，大家总是隔三差五地去病房探望，都带去些好吃的东西和暖人肺腑的安慰。从公武病危到去世，在病房，不少人饱含着热泪坚守在他的身旁。在他的追悼会上，不少人情不自禁地放声痛哭，甚至跪着向他致哀……

父范母仪，遗世家风堪典

刘公武依依不舍地走了。

"死去元知万事空，但悲不见九州同，王师北定中原日，家祭毋忘告乃翁。"刘公武晚年经常吟诵的这首诗，就是他牵肠挂肚的遗憾。国民革命，平定军阀混战，抗日战争，反击外族侵略，改革开放，追求繁荣昌盛，为的都是中华民族一统天下、国泰民安的终极目标。及至古稀耄耋之年，刘公武只想尽可能联系到知交故旧、袍泽兄弟，渴望着大家能够"一笑泯恩仇，聚首话升平"，事情正在进行中，且日见成就之际，老先生遽然离世，留下诸多遗憾。

与之一起携手度过了五十八个春秋的夫人秦俊吾，强忍失夫之痛，用泪水写下一首七绝，送别夫君：

> 公武辞世伤我心，
> 热泪长流湿被巾。
> 握别遗体音容在，
> 天上人间永不分。

在刘公武去世两周年时，秦俊吾撰写了长篇纪念文章，怀念与丈夫相处的那些忧乐与共的日子。秦俊吾写道：

> 公武和我，从1931年9月结婚至1988年10月永别，在一起整整度过了五十八个忧乐与共的春秋。我们是夫妻，但首先是知己，我了解公武的为人，敬重他的人品。特别是在一些重大的历史转折关头，相信他对生活的选择终不会错。同样，公武也了解我，相信我。我们结婚第二天，公武就坦诚相托，把家庭的担子交给我。我们商量好，男治外，女治内，一个管好家务，教子成材；一个尽心事业，报效国家。从此，我就挑着这副重担，随着他东奔西走，共历时艰，不辞辛苦，把十个孩子培养成材，终于没有辜负他的重托。

刘公武对于子女教育，宽严有度，宽不放任，严不禁锢，与夫人秦俊吾配合默契，保证孩子成长，必须身心兼顾，不可偏废。及至孩子走上社会，悉心引导，精业专学，行端品正，力求不走弯路。

20世纪80年代初，三十出头的老十刘晓在省轻工业学校当临时教员，有些不太安心，朋友拉他一起去办公司，准备弃教经商，刘公武闻知，便专门找老十进行劝导教育，让他专心专意搞好教学，在教学的道路上去寻求自己的发展方向。针对当时党政干部参与经商成风的现象，刘公武多次提出建议，认

1988 年，刘公武、秦俊吾同游岳麓山

为，倘若百官为商，必定败坏社会风气，应该予以坚决制止，刹住歪风邪气。当时，有很多单位找刘公武，请他做"兼职董事""荣誉董事""名誉校长"，他都一一予以谢绝。同时，对于在政府或事业单位任职的子女，提出"禁止令"作为"家规"，要求大家遵照无误。他常挂在嘴边的一句教训子女的口头禅就是：一个鸡蛋吃不饱，一个名声背到老。到老年时，就是跟孙子辈都还三天两头念叨这句话。

1984 年春节，全家团聚于湖南师大刘力家时，刘公武专门召开"家庭会"，结合他在子女家中看到的两幅字画，向子女们吐露了自己的人生感悟。刘祁家里挂了一幅字画"难得糊涂"，刘公武说："你们只看到这四个字，殊不知这四个字后面往往跟着两句话，第一句是'聪明难，糊涂难，由聪明转糊涂更难'，第二句是'放一着，退一步，当下心安，非图后来福报也'，后一句其实把'难得糊涂'四个字的真正内涵揭示了出来，聪明不可能是天生的，关键在于后天学习和社会锻炼，人才会变得聪明，所以，我们要去思考'难得糊涂'四个字蕴含的深意，为什么郑板桥会说'糊涂更难'？说明这个比'聪明'更难的'糊涂'，绝不是一般的装傻，不是一般的糊涂。刘力家里墙上挂着'淡泊以明志，宁静以致远'，'淡泊'，就是对自己喜欢的东西，都需要抱着一种淡泊的态度，不要过于热衷；'宁静'，就是要沉得住气，不要脑子发热。"刘公武就当时他正在奔走协调的为王原一平反的事情讲了一个故事：1949年王原一在韶关一个著名的寺庙里，看到一位一百多岁的老和尚太虚法师，觉得如此高龄实在稀罕，就问老和尚能活到一百多岁是否有什么可以传授的养生之道。老和尚笑着说："养生之道只有三个字，放得下。"刘公武说道："所谓'糊涂'也好，'淡泊''宁静'也罢，其实都在这三个字上面：放得下。怎样才能做到'放得下'？那就是多学习，多读书，学养深厚了，思想丰富了，心胸自然就变得开阔了，面对什么金钱利禄，什么身外之物，就能做到不争，不求，不论，就能做到知足常乐。"刘公武特别嘉赏夫人秦俊吾"明事理，识大体，顾大局"的难得品质，对自己一生产生了非常重要的影响，认为尤其值得大家学习，希望后辈们继承发扬。

刘公武最能够释然和欣慰的，便是秦俊吾为他挑起了家庭重担，十个子女，哺育成人，培养成材，哪怕在最艰苦的岁月里，即使夫妻俩天各一方，秦俊吾独自一人养育孩子，她都做到了让孩子们不致受冻挨饿，不至于荒废学业，是可谓宽严慈厉，张弛有度，强身培德，靡无所遗。

从星岛到杭州，从上海到北平，从岳阳到星子，从武汉到武冈，从重庆到恩施，再从武汉到长沙，期间二十余年，纷乱动荡，颠沛流离，含辛茹苦，忍辱负重，历尽艰险，秦俊吾辗转腾挪，总能傲世独立。而其处世为人，不论尊卑皆真诚友善，不计得失总克己宽人，不阿谀，不攀附，不羡富贵，不慕虚荣，得志时坦坦荡荡，失意时处之泰然。是丈夫的好妻子，神仙眷侣；是孩子的好母亲，劬德高堂；是同事的好朋友，倾心以待；是学生的好老师，率先垂范；是街坊的好邻居，惺惺相惜。

对于刘公武和秦俊吾夫妇，赞以"神仙眷侣"，绝非夸张之词，详阅他们子女整理出版秦俊吾八十岁时的口述著作《吾在公心》一书，从其字里行间，便可感觉这对夫妻相互之间那种言行互应、心性融溶，其自新加坡华侨中学那时的四目相对，到刘公武弥留之际的倾情呼唤，鸾凤和鸣五十八年无间相随。

于此由然，秦俊吾母仪之风，可钦可勉可效，堪当后世之效，来叶之典。

1992年4月23日，秦俊吾在自己亲手设计建造的百善台旧居，走完了八十四年苍莽人生，追随丈夫而去。

子女们将父亲刘公武与母亲秦俊吾合葬于老家华容县桃花山胜峰林场桌儿岩山冲天峰，其上左侧便是刘公武父亲刘子岑的墓茔。

刘公武结伴秦俊吾，携手同心走过五十八个春秋，十个子女，从军从教，从政从商，各有所长，各有所成。

老大刘顿（1932—2004），从1949年参军，奔赴朝鲜前线，到回国再读军校，担任南京军事学院教员，"文化大革命"前夕因"家庭出身"而致夫妻双双被除去军籍"发配原籍"，刘顿在华容县酒厂担任厂长十多年，与工人们一同艰苦创业，打成一片，深得职工爱戴。妻子张伏波（1941—2003）则被分配到偏僻乡村卫生院担任护士。80年代初，刘顿调到岳阳市图书馆工作，后从副馆长职位退休，张伏波调至岳阳市岳阳楼区卫生防疫站任主管护师。

老二刘力（1936—2017），湖南师范学院物理系毕业后留校任教，70年代末任湖南师范学院激光研究室主任、物理系主任，湖南师院改湖南师大后担任副校长。妻子胡瞬英（1936年生）从长沙县丁家岭小学调至湖师大附小，后升至小学高级教师。刘力于1989年获南开大学硕士学位，1996年在中科院生物物理研究所获博士学位，1999年入选中国科学院"百人计划"，成为中科院生物物理研究所研究员、中国通信学会会士和中国光学学会理事。刘力在光波导科学领域以及分子遗传学、细胞生物学等学科先后获得多项研究成果。

老三也是长女刘平（1937年生），自湖南农学院毕业后，与丈夫黄发松（1937年生）都在湖南省农业科学院工作。刘平作为省农科院作物研究所副研究员、中国水稻研究所副研究员，曾主持湖南省重点科研项目"双季大麦吨粮研究"，获1989年湖南省科技进步奖一等奖的第一名；丈夫黄发松作为湖南水稻研究所所长，中国水稻研究所副所长、研究员，所取得的成就更是硕果累累。刘平退休后寓居杭州，将母亲秦俊吾从小教习的美术基础在晚年发扬光大，成为浙江省女画家协会会员。

老四刘岗（1939—2007），自学成才，从航空部陕西514厂工程师岗位调回岳阳机床厂任工程师之后不久，就升任为工厂副总工程师，并任铸造分厂厂长。妻子游华莲（1938年生）作为工厂职工，亦携子女随之走南闯北。

老五刘佐（1940—2018），作为残腿盲人，在盲校初中毕业后要求自食其力，进入福利工厂，70年代初与左利君（1951—1982）结婚。刘佐努力克服残疾缺陷，刻苦钻研操作技术，获得七级技工，1995年在改制后的长沙旭华仪表厂退休。

老六也是二女刘祁（1942—1998），本来在"文化大革命"前考上了清华大学，却因"家庭出身"而被降格录取到湖南师范学院物理系，毕业后被分配到邵阳县的偏远乡村五峰铺中学工作近二十年，丈夫徐定钧（1943—2000）远在内蒙古包头军事研究所，及至80年代中，夫妻俩调至长沙铁道学院（已并入湖南大学）方才解决长期两地分居问题。刘祁在长沙铁道学院数理系任教物理学，因其教学成绩突出而升至教授，徐定钧调长沙炮兵学院升任至督学，然夫妻俩先后未满花甲便罹病而不幸英年早逝。

老七刘鄂（1945—2004），1963年高中毕业，因"家庭出身"问题不准参加高考而成为下放知青。1972年从下放地江永县调至岳阳县商业局篮球队，后调岳阳体校任教练，专业从事体育教学，70年代初与汪展虹（1950年生）结为夫妻。80年代初，刘鄂考入天津体育学院运动系，毕业后返回岳阳，先后担任岳阳体育局副局长，岳阳民革主委、岳阳市政协常委、岳阳市人大常委会副主任，为岳阳市民革参政议政工作作出了杰出的贡献。

老八也是三女刘南（1947年生），1965年高中毕业被下放到江永县。70年代中从江永县返回长沙，与湖南省农科院技术员李廷基（1942年生）结婚后，不久李廷基调岳阳农科所，刘南随夫定居岳阳，进入岳阳农科所子弟学校任代课老师，后就读岳阳教师进修学院毕业，成为岳阳瓷厂子弟小学正式教师，在该校财务科长岗位上退休。

老九刘园（1948年生），1966年高中毕业后下放沅江千山红农场，70年代中期招工进入长沙市自来水公司，后来考入长沙市农业机电学校，毕业后成为长沙二机床厂技工学校教师、长沙自来水公司电气工程师；妻子赵利平（1954年生）作为医生，在长沙轻工机械厂医院工作至退休。抗战胜利60周年后，刘园担任长沙黄埔后裔联谊会会长，为广泛联系黄埔后裔开展促进台海文化经贸交流联谊，竭尽心力发挥余热。

老十刘晓（1950年生），1968年高中毕业便下放到沅江农村当知青，五年的农村生活之后，回到长沙从代课老师做起，到改革开放初期读大学，当湖南轻工学校老师，逐步在教学岗位上获得成就，升任湖南轻工业高等专科学校副校长、湖南省轻工业厅职工大学常务副校长，再到长沙民政职业技术学院院长、教授。同时，在民革湖南省委首先任职秘书长，再任副主委、连续三届主委，民革中央常委；在政协，担任湖南省政协常委、政协副主席，全国政协委员，还担任过湖南省侨联主席、湖南中华职教社主任等多种社会兼职，尤其是在支持和推动湖南抗战文化研究、实施"抗战老兵关怀计划"、抗战纪念设施建设与完善，以及推动全省大学生篮球运动全面发展，主政湖南民政学院多年对于该学院的学科建设与发展壮大，都作出了不可磨灭的贡献，在湖南省"统一战线"领域享有盛名。妻子魏芳同（1951年生）在湖南电视大学中文专业毕业后，在长沙自来水公司中等专业学校任教师，敬业持家，相夫教子，亦有其婆婆秦俊吾之风。

华容前溪官刘，自四十世子岑公一脉单传，育成七子一女，衍迤至今，历七世凡一百五十余年，至四十六世赓续六代，内娶外嫁，子孙媳婿，已然五百余男女。可谓树大根深，枝繁叶茂，家运昌隆，人丁兴旺。

仅四十一世五子刘公武一支，便育成七子三女，皆有后代衍世，嫁娶生养咸计，便有子孙媳婿近百人。尤以承继家训祖德，子孝孙贤，口碑嘉尚，堪称表率。

民革湖南省委前任秘书长、湖南社会主义学院副院长黄自荣先生在秦俊吾口述家史《吾在公心》之"后记"中赞曰：

"积善之家，必有余庆"，我想，刘家的家风家教，是一笔最宝贵的不动产、最悠久的遗产，不仅传承阖家，而且辐射社会，其意义自不待言。

刘公武年谱

生平简介

刘公武（1903.5.11—1988.10.16），派名章仁，字庚舞、耕芜，号允刚，湖南华容县城关镇人。十一岁始读私塾，先后考入长沙明德中学、湖南省立第一中学、上海沪江大学、上海复旦大学学习。民国年间历任黄埔军校武冈分校少将政治部主任、湖北省政府委员、湖南省政府委员兼秘书长、湖南省民政厅厅长、国民党中央监察委员、湖南和平解放谈判代表团代表等职。

1949年后，先后任湖南省人民军政委员会参议，湖南省人民政府参事室参事、副主任，湖南省政协常委，全国政协委员，民革中央委员，民革湖南省委会副主委、名誉副主委等职。

清末民初

1903年 出生

父亲刘子岑（1865—1912），号祖保，祖籍江西安福，乃清初前溪港"移民之复兴"。母亲李汉贞（1871—1929）与刘子岑育八子四女（留七子一女，余皆夭折），刘公武为其五子。

5月11日，出生于湖南省华容县城关镇。

1909年 6岁

4月，长兄刘幼林（1888—1909），同盟会会员，因奔波革命，染疫病故。

1912年 9岁

9月，父亲刘子岑赴长沙为三子刘晃送学费，不幸染时疫去世。

1914 年 11 岁

启蒙于华容县城关镇老私塾戴巨楼，聪颖灵慧，勤奋刻苦，学业精进。

1914 年 12 岁

继续在华容县城关镇老私塾从戴巨楼学习。

1916 年 13 岁

母亲李汉贞购置华容县城东正街聂家巷子西侧门面，扩大"刘复兴"产业，经营南货、布匹，后将店铺生意交付其二子刘巨楼主理。

1917 年 14 岁

高小转入华容县城西白鼎山朱家大屋私塾，师从张松韵。

1918 年 15 岁

2 月，随同乡白瑜、白帆赴省城长沙，入读省立第一师范附设小学，读完高小最后一期。

9 月，考入长沙私立明德中学读书。

1919 年 16 岁

9 月，因明德中学师生反对军阀张敬尧而被迫停办，乃转入省立第一中学第十七班继续学业。

1920 年 17 岁

在省立第一中学继续读书。

1921 年 18 岁

在省立第一中学继续读书。

8 月，奉母命与华容县城关镇女子李长秀成亲，未育子女。

1922 年 19 岁

在省立第一中学继续读书。

1923 年 20 岁

7 月，毕业于长沙省立第一中学。

8 月，独自赴沪，考入美国教会兴办的上海沪江大学，专习英文。对学校要求学生做礼拜、读《圣经》表示不满，遂萌转学之念。

1924 年 21 岁

2 月，自沪江大学自动退学。转入上海复旦大学教育系学习。

春夏，由同学蒋宗文、潘础基介绍加入国民党，因学校不允许学生加入党派，学生中的国民党组织对外称为"复旦民社"。

寒假期间，在南京真公祠湖南会馆陪伴欧阳悟，助力其补习大学考试课目，准备报考上海的大学。之后，两人同赴苏州游玩。

国民革命

1925 年 22 岁

5 月底，作为"复旦民社"成员，组织学生积极参与反帝运动，发生五卅惨案。

6 月，率复旦学生上街游行，发表演讲鼓动民众投身反帝爱国运动。

1926 年 23 岁

5 月，被推选为复旦大学学生会执行委员长，主持了"纪念'五卅惨案'一周年"活动，因此被学校斥为"过激分子"。

8 月，暑假返湘后被学校登报开除学籍，不准返校。

9 月，与欧阳悟组织华容学生游行，欢迎北伐，占领县议会，拉开了华容人民参与"大革命"的序幕。

10 月，任国民党华容县党部常务委员，主持党务。

10 月 10 日，被推选为欢迎北伐军祝捷大会主席，与欧阳悟等组织工农、学生和开进华容县城北伐军部队等四千多人，在城关镇放羊洲召开庆祝"双十节"和"欢迎北伐军祝捷大会"。会后举行盛大游行。

10 月底，在武汉《农民日报》当编辑的袁芸雪向刘公武告知他发现逃亡的华容县议长傅道南在武汉的踪迹，欧阳悟和张云襄即赴武汉，成功捉拿傅道南等三人，在武汉警察帮助下将三逃犯押解到长沙。

1927 年 24 岁

2 月，刘公武去长沙参加由谢觉哉主持的"湖南省审判土豪劣绅特别法庭"对傅道南等三人的审判。

3 月，华容县成立"特别法庭"，刘公武为审判员之一。

在华容县与中共党员蔡协民、欧阳悟、何长工（何坤）等一道，创办农民运动讲习班，带领农民游行示威。

"刘复兴"老板刘巨楼为华容县党部办公以及开展农民运动提供所需经费。

7 月，"马日事变"后，遭到湖南省政府通缉，潜赴武汉，经复旦同学徐文台介绍，赴九江任国民革命军总政治部主办的《革命军时报》编辑。

9 月，成为"通共嫌疑分子"，国内已无立足之地，在四哥刘福林资助下，与华容县党部同人刘开国一道出走南洋避难。

10 月，经复旦同学廖星介绍，受聘前往马来半岛柔佛州的昔加末埠华侨小学担任校长。

1928 年 25 岁

2 月，转柔佛麻坡华侨中学任英文教员。

10 月，发妻李长秀二十四岁去世。

1929 年 26 岁

春季，在家庭资助下，选择赴德国求学。

3 月，入柏林大学德语学院学习德语，后入柏林大学政治专科学院学习政治经济课程。此间，结识共产党人成仿吾（夏乘），参加"马克思主义学习小组"。

10 月底，母亲李汉贞病逝。

1930 年 27 岁

在柏林大学政治专科学院学习。

10 月，红军第六军攻克华容，成立华容县苏维埃政府。四哥刘福林自武汉运回大宗货物，遭到没收，店铺货物亦被全部搜走，刘福林被关押。大哥刘巨楼率"刘复兴"全家逃往岳州避难。

年底，因家庭变故在德国生活拮据困苦，准备东归。

抗战时期

1931 年 28 岁

1 月，因学资断绝，无奈辍学东归。

2 月，途经新加坡，由复旦大学同学雷立品介绍，结识著名爱国华侨领袖陈嘉庚，受聘担任南洋华侨中学第七任校长并兼教务主任。

不久，认识了南洋华侨女子学校教师秦俊吾，两人一见倾心。

9 月 26 日中秋节，在新加坡与秦俊吾结婚。

1932 年 29 岁

1 月，上海发生一·二八事变，秦俊吾先期回国，后入上海美专学习。

7 月，辞职回国，8 月初抵沪，即访老友白瑜。

8 月 26 日，秦俊吾生下大儿子，为纪念他们在新加坡牛顿街结婚，取名为"刘顿"。期间，起居生活得白瑜全家关照。

10 月，携妻儿由上海奔赴北平，与留德同学李连山（冯玉祥大舅子）一起创办北平力资羊毛纺织厂，寻求"实业救国"道路。

1933 年 30 岁

1 月，送妻儿回华容，然后赴张家口，投奔冯玉祥，筹备建立抗日武装。

3 月，秦俊吾被聘担任岳阳县立女中国文教员，兼教美术。

5 月，任冯玉祥组织的察哈尔抗日同盟军总司令部上校秘书。继改任察哈尔抗日同盟军干部学校政治总教官。

8 月，冯玉祥被迫回山东泰安隐居后，与干部学校副校长张克侠率学生军二百余人准备在张北一带开展游击战，被宋哲元派兵围困，遂弃军逃亡。

9 月，从北平返回南方，经山东泰安，专程拜访冯玉祥。

10 月，任国民党中央军校特训班教官。

1934 年 31 岁

1 月，任国民政府军事委员会政治处南京政训班中校政治教官。

6 月，在江西星子中央军校特别训练班任上校政治教官。主讲"德意志民族复兴史"获蒋介石赏识。

1935 年 32 岁

在星子任中央军校特别训练班上校总教官。

4 月，秦俊吾辞教携长子刘顿赴江西省星子。

5 月，生长女刘莲。

6 月，购置鄱阳湖畔一座小楼，刘公武因敬仰邵力子，将小楼取名"力园"。

1936 年 33 岁

1 月，经庐山特训班副主任张与仁保荐，加入中华复兴社。

6 月，女儿刘莲十三个月病夭。

10 月 3 日，二子刘力出生，因居"力园"而取名"力"。

12 月，调任中央军校武汉分校政训科上校科长。

嗣后，秦俊吾独自携刘顿、刘力，自星子县迁往武汉。

1937 年 34 岁

7 月 9 日，出席中央军校第二分校（即武汉分校）举行的"纪念北伐出师十周年"大会，发表抗日演讲，并组织师生联名上告要求撤免阻挠抗日宣传的分校主任刘绍先。

9月，出任"武汉抗敌宣传委员会"主任，举行抗日战利品展览，广泛开展抗日宣传活动。

12月，升任中央军校二分校少将政治部主任，兼任该校国民党特别党部书记长（至1939年2月）。

12月14日，秦俊吾在武昌平粤路生下二女儿刘平。

1938年 35岁

1月，中央军校二分校奉命从武汉南迁湖南邵阳，率队前往考察校址。

3月，中央军校二分校选定武冈县城建设校址，此处军校亦称"黄埔军校武冈分校"。

6月，派副官刘长岑到武昌接秦俊吾母子四人，历时月余，辗转到达武冈。

9月，率领第十五期部分新生，自武昌到湘潭易家湾后，徒步行军至武冈。秦俊吾侄儿秦松峰考入该期步科，编入八总队二大队七队。

11月，将4月创刊的军校《战斗日报》改为军地联办，向武冈县乃至邵阳市社会发行，兼任报社社长。

长沙"文夕大火"后，七弟刘经纬赴武冈云山中学教理化课程，成为当地名师，后创办"抗战无线电训练班"，自任校长。

12月，秦俊吾任武冈分校随军幼稚园主任。

1939年 36岁

1月，与军校主任李明灏等率军校官兵解救被土匪围困的武冈县长宋仁楚。

3月，赴重庆参加中央训练团第一期党政训练班学习，加入三民主义青年团。

4月，兼任武冈县县长。在县长任内，清除匪患，安定地方，发展生产，保护古迹，深得民心。

7月31日，秦俊吾生三子刘冈，后被老师写成刘岗，一直沿用。

9月，四哥福林送儿子刘朗明到武冈，进云山中学读初中。

冬季，以武冈县长名义勒石立碑保护境内名胜云山。

1940 年 37 岁

10 月，离任武冈县长，武冈县各界欢送并赠"万民伞"以示爱戴敬仰。

前往江西修水漫江，任军委会军训部西南游击干部训练班少将政治部主任，兼湘鄂赣边区挺进军总指挥部政治部主任，"三青团"湘鄂赣边区直属区团部筹备处书记、国民政府党政军战地委员会第九战区分会湘鄂赣边区支会委员（至 1942 年底）。

11 月，秦俊吾收养一个十二岁的武冈乡下女孩王桂香。

12 月 17 日，秦俊吾生四子。李明灏求为养子，因其母姓左，乃名幼婴为"李左"。后因保姆离去，四子复还秦俊吾养育，改名"刘佐"。

是年春，刘经纬妻子携女儿到武冈。秋，经纬转二分校任数学教官，直至日本投降后返回华容。

1941 年 38 岁

3 月，兼任修水甫县私立湖西中学校董会董事长，未到任视事。

6 月，兼任重庆中央训练团党政班教务组组长。

是年，于修水漫江与湘鄂赣边区挺进军总指挥李默庵共事，图"党政军一元化"之格局，无奈进展不利。

年底，带领未毕业的"军委会军训部西南干部训练班"（由修水"西南游击干部训练班"更名）第六期学员整体迁往湖南祁阳山川塘，与英军代表团合作训练"中英突击队"，为入缅远征军培训援助力量。

1942 年 39 岁

1 月，任国民政府军委会军训部西南干部训练班少将政治部主任，兼任西南干训班特别党部书记长。

派人至武冈接秦俊吾及顿、力、岗、佐四子与女儿刘平，养女桂香、花匠姚焕春，自武冈转道洞口赴祁阳，住政治部机关。

12 月 31 日，秦俊吾在祁阳山川塘生三女儿，取名刘祁。

1943 年 40 岁

1 月，赴重庆参加"中央训练团党政高级训练班第一期"受训半年。任社团"国父实业计划研究分会"理事，该会不久解散。

3 月，因华容沦陷，四哥福林、二哥巨楼先后逃难至祁阳求生，后福林返回华容途中不慎落水溺亡。

6 月，中训团高级班一期同学姚雪怀、程式、刘公武、刘修如、莫萱元、谷凤翔、李少陵、曹沛滋、杨锦昱、左曙萍、许卓修、包可永，结为"十二盟兄弟"。

7 月，从中训团高级班一期结业。经中训团主任王东原向三青团中央书记长张治中推荐，担任"三青团"中央团部宣传处副处长，并随张治中参加蒋介石官邸汇报等活动。

8 月，参加"三青团"中央团部举办的"南岳青年夏令营"，担任临时总教官。并受蒋介石委托查验业已竣工的"南岳忠烈祠"工程建设情况。

9 月，中训团主任王东原点调刘公武担任"中央训练团党政高级班第二期"主任秘书兼教务组长（至次年 7 月）。"三青团"中央团部职务改任为社会服务处副处长。

是年，秦俊吾偕四子二女居祁阳，生活艰难。得三川塘留守处彭孟缉旅长帮助，佣工老姚和老范协力，因地制宜，开展种植养殖，并与在祁阳的华容人郭老板合伙做农产品买卖，改善生活以补家用。

三岁刘佐因腿疮被零陵教会医院英国女医生治坏腿和眼睛，不幸成为跛腿盲人。

1944 年 41 岁

6 月中，日军攻陷长沙，湘南告危，秦俊吾携子女六个、工人三人，迅即离开祁阳，几经生死，辗转二十余天到达重庆。

7 月，随王东原赴任湖北省政府委员，往返湖北恩施（湖北省政府临时驻地）与重庆之间。

8 月，兼任"三青团"湖北支团部干事长。随后兼任"三青团"中央团部干事会常务干事。

1945 年 42 岁

1 月，兼任"三青团"湖北支团部干事长、"三青团"中央团部干事会常务干事。

2 月初，秦俊吾携全家儿女迁往湖北省恩施。

4 月 23 日，秦俊吾在恩施三孔桥生五子，因在湖北所生，取名刘鄂。

5 月，赴重庆以"三青团"方面代表身份出席国民党第六次代表大会，斥骂中央常委潘公展介入党内派系斗争。

7 月，任湖北省政府江南行政督导团团长，视察江南各县对日反攻准备情况。

8 月中旬，作为湖北省政府先遣负责人，奉派武汉接管政权，兼任第六战区敌伪物资接管委员会委员、湖北省政府驻武汉办事处主任。

9 月 18 日，出席在汉口中山公园举行的中国第六战区接受日军第六方面军冈部直三郎大将及其所部日军投降的受降仪式。

10 月，秦俊吾携家自恩施县迁往武汉，住汉口黄陂路 19 号。

战后重建

1946 年 43 岁

春季，和章士钊等人在汉口相晤。

4 月 19 日，任湖南省政府委员兼秘书长。不久，兼"三青团"湖南支团部干事长。

5 月，兼任湖南灾难急救委员会委员。

5 月，秦俊吾携子女、工人，经水路坐船经长江、洞庭湖、湘江至长沙，一路险象环生。在长沙安家于三公里华容县县长齐跃荣所建楼房。刘顿留武昌文华中学读完初中二年一期。

9 月，赴庐山出席"三青团"第二次全国代表大会，被选为"三青团"第二届中央监察委员会委员。

9 月，兼任国民党湖南省党部第五届执行委员。

11 月，赴南京出席"国民代表大会"。

年底，购得长沙左文襄祠旁边木结构二层楼房，命名为"南园"。

1947年 44岁

2月23日，秦俊吾在"南园"生四女，取名刘南。

2月，兼任湖南省文献委员会委员。

3月，兼任湖南省政府"文化复原建设委员会委员"。

4月，兼任湖南省训练团第二十五至二十七期特约讲师。

4月，批准进步报刊长沙《晚晚报》复刊。

5月，兼任中国军事交通学会湖南分会会员。

7月，当选国民党第六届中央监察委员会委员。

6月2日，在省府接见了湖南省会各高、中等学校学生"反饥饿、反内战、反迫害"游行示威代表，并向游行学生现场作答复。

6月，坚决支持严惩邵阳永和金号惨案元凶，以平民愤。

7月，兼任湖南救灾分署监察委员。

7月下旬，兼任湖南省经济考察团秘书长，负责具体组团随王东原省长赴台湾考察，在台湾前后逗留二十余天。

8月，秦俊吾自筹资金购得长沙百善台一块空地，准备盖新房。

10月，回华容县参选第一届国民大会代表并当选。

10月，兼任长沙中央日报社监察。

年底，兼任国民党湖南省党团干部训练所讲师。

1948年 45岁

1月，兼任中国法学会湖南分会理事、中国社会建设协会湖南分会理事。

2月，兼任湖南省政府员工军训队副总队长。

3月19日，任湖南省政府委员兼省民政厅厅长。

3月，兼任湖南省"戡乱委员会"委员。

3月底至5月初，赴南京参加"第一届国民大会"，提出蒋介石应退出总统竞选，还政于民，并与国民党CC派潘公展发生冲突。

4月21日，被推为湘籍"国大代表"联谊会代表，向蒋介石提出发放地方自治枪械、修筑边区公路和赶铺湘黔铁路等要求。

6月，兼任国民党湖南省党部统一委员。

7月9日至25日，受王东原委托奉派代行湖南省政府主席职务，主理省府事务，主办交接事宜。

8月，任国民党长沙绥靖公署高级参议。

9月26日，秦俊吾在长沙"南园"生六子刘园。

9月27日，被推选为湖南代表赴南京向国民政府请赈湖南滨湖十一县洪涝、狂风灾害。

10月，兼任南京中央训练团教育委员。

12月，兼任湖南和平促进委员会委员。

冬季，秦俊吾修建百善台124号庭园竣工，建成二层砖木结构新楼、一排平房、一座两层四间车库，共计二十四间房，建筑面积三百五十平方米。11月中旬自南园搬入百善台新居。

和平运动

1949 年 46 岁

1月，兼任湖南省土地专门委员会委员。

4月15日，代表长沙绥靖公署宣布：金圆券折合率废止，本日起军饷改发银元。

4月19日，和程星龄、唐星面见程潜，表示完全拥护和平主张。并遵程潜嘱咐，去与仇鳌商量开展拥护和平、争取湖南和平的活动。

4月21日，出席湖南各界人士座谈会，任"湖南人民和平促进会"常务委员兼总干事。次日，"湖南人民和平促进会"改为"湖南各界争取和平联合会"，仍任常务委员兼总干事。

5月2日，任"湖南人民自救委员会"（由"湖南各界争取和平联合会"改名）常务委员兼总干事，联络军政好友，坚持开展湖南和平运动。

5月7日，兼任湖南省政府临时财政委员会委员。

6月16日，任"湖南救灾委员会"常务委员、总干事，并驻省参议会办公，继续开展反对扩军备战、实行"自保自救"的宣传工作。

6月27日，任湖南省水灾救济委员会总干事。

7月中旬，和仇鳌等面见程潜，恳切请求程潜不去广州任国民政府考试院院长。

7月21日，拒绝白崇禧派来的华中军政长官公署政治部主任程式劝促携家赴台湾的请求，为避此种干扰，潜住长沙杜家山老乡家中，转入"地下工作"。

7月29日，到唐生明家探询情况，遇解放军代表李明灏。

8月1日，受程潜委派担任湖南方面和平解放谈判代表。与中共方面谈判代表、黄埔军校原二分校主任李明灏所率解放军四野代表团，谈判湖南和平解放有关事宜。

8月4日，程潜、陈明仁通电起义。

8月5日，参加唐生智领衔发起的响应程陈起义通电签名。晚上，参与迎接中国人民解放军第四十六军第一三八师进入长沙城和入城仪式，长沙数十万群众夹道欢迎解放军入城，长沙和平解放。

8月8日，出席在长沙南门外席草田段楚贤宅举行的解放军四野代表团和湖南军政当局代表团第一次会议。尔后连续多次参加会谈，就湖南省政权机构和起义部队改编等问题商谈并达成具体协议。

9月10日，送长子刘顿参加中国人民解放军。

11月，接受解放军湖南省军区司令员萧劲光、副政委唐天际委托，偕同宋希濂的堂兄宋仁楚前往湘西，以图策动宋希濂率部起义，途中因战火阻隔未成。

12月2日，赴浏阳参加湖南和平起义部队由中国国民党人民解放军第一兵团改编为中国人民解放军第四野战军第二十一兵团的授旗典礼。

12月中，受中央人民政府委任为湖南人民军政委员会参议。

百善台住房主楼和平房被解放军借住。全家挤住汽车间。此后至1953年9月，百善台住房一直为省军区所占用。

参事生涯

1950年47岁

1月9日，任湖南省人民军政委员会赴嘉禾县廊乡土改工作队队长，参加定里村土地改革工作，至4月26日圆满结束。

3月17日，秦俊吾在长沙生七子刘晓。

6月11日，任湖南省人民军政委员会参议室参议。

8月，用黄金九两购全套中学理化仪器托人专程捐赠给华容县第一中学。

10月19日，长子刘顿入朝参战。

1951年48岁

1月，入华北人民革命大学政治研究院第三期二班学习至年底结业。

1952年49岁

2月，任湖南省人民政府参事室参事。

6月，加入中国国民党革命委员会（以下简称民革）。

是年，任民革湖南省人民政府参事室支部主任委员。

1953年50岁

从事参事工作。

7月，增补为民革湖南省委第一届委员会候补委员。

10月，出席民革湖南省第一次代表大会。

秋末，长沙市手工业局租用百善台主楼和平房，年租金一百元。

1954年51岁

从事参事工作。

10月，百善台住房二层主楼和平房被房产局收归公有。

1955 年 52 岁

2 月，任政协湖南省第一届委员会委员、常委。

5 月 20 日至 24 日，出席民革湖南省第二次代表大会。

1956 年 53 岁

7 月，任民革湖南省委会社会联系工作委员会办公室副主任。

7 月 16 日至 18 日，出席民革湖南省第三次代表大会，当选为民革湖南省第二届委员会候补委员。

1957 年 54 岁

兼任湖南省人民政府参事室学习小组组长，参加"反右倾"学习，参事室评议"右派分子"数十人，分别被审查、批斗、下放，乃至关押、劳改、判刑。刘公武侥幸躲过一劫。

1958 年 55 岁

6 月 22 日至 24 日，出席民革湖南省第四次代表大会，当选为民革湖南省第三届委员会候补委员。

投身"大跃进运动"，主动腾出自家住房给参事室开办酸碱厂。

1959 年 56 岁

是年，在湖南省人民政府参事室张公岭养猪农场当炊事员几个月。

12 月，任政协湖南省第二届委员会委员、常委。

是年，及随后三年困难时期，不要国家按规定给予的特殊照顾待遇，多次退回各种配给食品的《特种购买证》。

1960 年 57 岁

9 月 26 日至 10 月 8 日，出席民革湖南省第五次代表大会，当选为民革湖南省第四届委员会委员。

是年，参加民革湖南省委会举行的神仙会。

1961 年 58 岁

从事参事工作。

1962 年 59 岁

8 月，赴北京参加中央社会主义学院第四期学习至次年 7 月。

1963 年 60 岁

1 月至 7 月，在北京中央社会主义学院第四期学习结业。

3 月 27 日至 4 月 14 日，出席民革湖南省第六次代表大会，当选为民革湖南省第五届委员会委员。

7 月，赴湖南省社会主义学院学习一年。

是年，参加民革湖南省委会进行的爱国主义、国际主义和社会主义教育。

1964 年 61 岁

9 月，任政协湖南省第三届委员会委员、常委。

1965 年 62 岁

从事参事工作。

1966 年 63 岁

5 月，"文化大革命"爆发。不久，民革停止活动。

1967 年 64 岁

向何长工专案调查组表示，何长工没有"反动历史"。

1968 年 65 岁

工作处于停滞状态。

从 1963 年开始至是年 9 月，刘鄂、刘南、刘园、刘晓先后成为下放知青。

1969 年 66 岁

工作处于停滞状态。

1970 年 67 岁

热情相待当时落难的朱皆增、石鸣秋、金汉章、程星龄、杜迈之等。

1971 年 68 岁

为厦门病逝老友雷立品亲属凑足一百元，汇寄纾困。

1972 年 69 岁

工作处于停滞状态。

1973 年 70 岁

工作处于停滞状态。

1974 年 71 岁

工作处于停滞状态。

1975 年 72 岁

工作处于停滞状态。

1976 年 73 岁

6 月，参加原黄埔军校代校长、湖南省人民政府参事室原主任、湖南省政协副主席、民革湖南省委副主任委员方鼎英追悼会。

9 月，参加湖南省举行的悼念毛泽东主席逝世活动。

1977 年 74 岁

是年，湖南省人民政府参事室正式恢复活动，参事身份得到恢复。

11 月，任政协湖南省第四届委员会委员、常委。

1978 年 75 岁

4 月，参加民革湖南省委会组织恢复工作并开展相关活动。

1979 年 76 岁

4 月 10 日，出席全国人大原常委、全国政协常委、湖南省副省长、湖南省政协副主席唐生智追悼会。

10 月，赴北京参加民革第五次全国代表大会，并当选为民革第五届中央委员会委员。

是年，出席民革湖南省委会学习座谈会，带头进行自我批评，引导大家解开疙瘩，消除怨气，对促进团结起了较大作用。中共湖南省委统战部并以此为典型，推广到其他党派。

1980 年 77 岁

2 月 4 日至 9 日，出席民革湖南省第七次代表大会，当选为民革湖南省第六届委员会委员、常务委员、副主任委员。

3 月 28 日，出席湖南省原监察厅副厅长、民革湖南省委会委员宋涛追悼会，并致悼词。

6 月 2 日，出席民革湖南省人民政府参事室支部对台工作座谈会。

9 月，兼任民革湖南省委会组织处处长。

11 月 12 日，出席并主持民革湖南省委会、民革长沙市委会联合纪念孙中山先生诞辰 114 周年座谈会。

本年，先后为参加湖南和平起义人员彭国钧（国民党中央监察委员、湖南省教育会理事长）、梁铸球（王东原岳父）、王原一（原民国湖南省政府秘书长）等提供证明，平反昭雪。

本年，撰写多篇对台广播稿，由福建前线电台播出。《忆当年，话统一》一稿，寓理于情，在"爱国一家"节目播出，被评为优秀稿，收入专集。

1981 年 78 岁

1 月，任湖南省人民政府参事室副主任。

5月24日至6月19日，随湖南省政协参观团赴洛阳、西安、延安、成都、重庆、万县、三峡、宜昌、武汉等地参观考察。随后，主动写下了十多万字的视察日记及十多万字的富有建设性的建议、提案和文史资料。

9月2日，出席民革全省基层组织工作座谈会并作组织工作报告。

9月20日，主持民革湖南省委会传达全国"两会"精神报告会。

11月，出席纪念民革湖南省委会辛亥革命七十周年座谈会。

本年，千方百计与美国、台湾的知交故旧取得联系，寄出书信超百封。

本年，先后接待了来自台湾的原国民党中央监察委员会副秘书长白瑜的女儿白媚、原国民革命军青年军师长刘树勋、原民国湖南省政府主席何键的夫人王仪贞等，与他们促膝谈心，设家宴招待，消除疑虑，他们都认为"不虚此行"。

1982年 79岁

6月29日，出席湖南省纪念程潜诞辰一百周年座谈会。

8月，兼任湖南省人民政府参事室文史资料委员会副主任。

11月24日，出席并主持民革湖南省委会组织工作会议。

1983年 80岁

1月，出席民革湖南省委会、民革长沙市委会欢迎新党员座谈会。

3月8日，出席并主持民革湖南省委会、民革长沙市委会联合举行的形势报告会。

3月18日，在长沙受到全国人大常委会副委员长、民革中央主席朱学范的接见。

4月，兼任湖南省人民政府参事室对外联络委员会主任。

4月23日至5月5日，出席政协湖南省第五届委员会第一次会议，当选为政协湖南省第五届委员会常委。

5月10日，出席省政协常委、民革中央团结委员、民革湖南省委委员张际泰追悼会，并致悼词。

6月4日至22日，赴北京出席全国政协第六届第一次会议，并任政协第六届全国委员会委员。

11月22日至23日，出席中共湖南省委召开的党外人士座谈会。

12月22日至30日，赴北京出席民革第六次全国代表大会，并当选为民革第六届中央委员会委员。

12月，在北京受到全国政协副主席、老朋友何长工探望。

1984年81岁

春节家庭聚会，发表演讲，为后辈亲人撰题家训："淡泊以明志，宁静以致远！要做到：胸襟豁达，敦厚自持，气度非凡，有利他人，不争个人长短，不计一己赚怨，勤于思考，善察形势，明辨是非，服从真理，坚持正义，理得心安！"

2月22日至29日，出席民革湖南省第八次代表大会，当选为民革湖南省第七届委员会委员、常务委员、副主任委员。

5月1日，回复在美国华盛顿的原国民党"长沙绥靖公署"副主任李默庵的来信。

5月，出席全国政协第六届第二次会议，与程星龄等就建设五强溪水电站解决湖南能源紧张的问题提案，得到中央有关方面的重视，并很快批准了水电站建设计划。

7月5日至14日，出席振兴湖南经济座谈会。

12月6日，随湖南省政协参观团赴广州、深圳、海南岛参观（至次年1月）。

1985年82岁

春节，与省长刘正、省政协副主席佟英等出席湖南省人民政府参事室新春茶话会。

3月12日，兼任武汉黄埔军校同学会（由湖北、湖南、河南三省黄埔校友组成）顾问（只设一人）。

3月21日，赴北京出席全国政协第六届第三次会议。

5月8日至14日，应邀出席武冈县委和县人民政府召开的保护和开发云山专题规划讨论会。

5月22日至29日，随湖南省人民政府参事室参观团赴岳阳参观。

6月，赴北京参加黄埔军校同学会第一次会员代表大会。

8月，接待已故湖南省人民政府参事室参事蒋崐的前法籍夫人、法中友协会员茄尼斯女士。

10月23日，出席并主持民革湖南省委会举行的欢迎原国民政府驻维也纳总领事何凤山座谈会。

10月，任黄埔军校同学会湖南省联络组成员。

11月26日至12月中旬，随湖南省人民政府参事室参观团赴苏州、杭州参观考察。

12月，任湖南省黄埔军校同学会顾问。

1986年83岁

1月27日，回复在台湾的原国民党湖南省党部委员莫萱元、刘修如信。

3月5日，随湖南省政协考察团在长沙市参观考察（约一周）。

3月，赴北京参加全国政协第六届第四次会议。

10月4日，明确享受副省长级医疗住房待遇。

11月12日，出席民革湖南省委会纪念孙中山先生诞辰120周年大会。

12月下旬，在长沙会见原国民党中央通讯社湖北分社主任徐怨宇。

本年，先后接待原国民党高级将领李默庵、刘建勋、台湾政治大学商学院院长任维钧等海外"三胞"二十八人次，寄发海外信件三十多封。

1987年84岁

3月，赴北京出席全国政协第六届第五次会议。

5月，给在美国纽约的原国民党中央监察委员会副秘书长白瑜寄赠《华容文史资料》八册。

7月11日，回复在美国纽约的原国民党中央监察委员会副秘书长白瑜的来信。

8月，接待前民国湖南省政府主任秘书、台湾大学教授刘琼夫妇一行。

9月下旬，接受《湖南民革》记者采访：坚持改革，反对官僚主义。

11 月，参加在长沙举行的中南地区参事室工作研讨会。

11 月 8 日，出席湖南省政协主席、民革中央监察委员会副主席、民革湖南省委会原主委程星龄遗体告别仪式。

12 月 15 日至 19 日，出席民革湖南省代表会议。

本年，致在台湾的原国民党中央委员会秘书长马树礼信。

本年，和老伴秦俊吾先后七次向华容新县志写信、写稿。

本年，随湖南省政协参观团赴广州参观考察。

1988 年 85 岁

1 月 15 日，出席并主持民革湖南省委会举行的纪念民革成立四十周年大会。

1 月，任政协湖南省第六届委员会委员、常委。

2 月 12 日，出席并主持民革湖南省委会台胞亲属和新成员迎春茶话会。

9 月 8 日至 13 日，出席民革湖南省第九次代表大会，被推举为民革湖南省第八届委员会名誉副主委。

9 月 30 日，在湖南医学院附二医院病房抱病会见从台湾回乡探亲的原台湾"盐务总局"局长朱玖莹先生。

10 月 16 日 20 时 35 分，因病医治无效，在长沙逝世，享年八十六岁。

10 月 22 日，刘公武同志遗体告别仪式在长沙殡仪馆举行。

官方评价

据 1988 年 10 月 23 日《湖南日报》报道：

全国政协、中共中央统战部、国务院参事室、民革中央委员会、北京黄埔军校同学会，中共湖南省委、省人大常委会、省政府、省顾委、省政协，各民主党派、工商联、台联、侨联、各人民团体、省直机关各部门以及刘公武同志生前友好送了花圈。送花圈或发来唁电唁函的有全国人大副委员长、民革中央主席朱学范，全国政协副主席、民革中央名誉主席屈武，全国政协副主席程思远，省委书记、省长熊清泉以及省委、省人大常委会、省政府、省政协负责人。刘公武同志的家乡华容县专程派人送来了花圈。

中共湖南省委书记、省长熊清泉，省委副书记、省政协主席刘正，省委副书记、省人大常委会主任刘夫生等党政负责人，省直机关各部门、省会各民主党派、工商联、各人民团体、在长大专院校负责人和各界人士，以及刘公武同志的夫人秦俊吾等亲属和生前友好，共四百多人参加。

告别仪式由省政协副主席周政主持，省政府参事室主任、省政协常委李国玺介绍了刘公武同志的生平。刘公武同志是我省华容县人。青年时代，在复旦大学读书时，参加了反帝反军阀的"五卅"运动。大革命时期，在华容与何长工同志一道从事过农民运动。"九一八"事变后，刘公武同志投笔从戎，参加冯玉祥的抗日部队，从事抗日活动。以后，担任过国民党湖南省府秘书长、民政厅长、国民党中央监察委员。中华人民共和国成立前夕，刘公武同志回到湖南，协助程潜将军从事和平运动，先后担任"湖南人民和平促进会""湖南各界人民争取和平联合会"等组织的常委兼总干事，协同唐生智、仇鳌等人提出湖南人大团结、不设防、不备战、反对内战、反对征兵征粮、实行自保自救等口号，团结在野的国民党中上层人士，积极从事和平运动，为湖南的和平解放作出了重大的贡献。新中国成立后，为发展爱国统一战线和开展海外统战工作作出了积极的贡献。

党的十一届三中全会以来，刘公武同志满腔热情支持改革开放，对党和政府方针政策的执行，湖南的经济建设和社会发展提出了一些好的意见和建议。在对台和海外统战工作中，坚决执行党的政策，做了大量的有成效的工作。

刘公武同志一生勤奋好学，追求真理，热爱中国共产党，忠于人民事业，工作认真负责，严以律己，严于家教，谦虚谨慎，团结同志，深受同志们的敬仰。

后 记

刘　晓

　　父亲刘公武先生 1988 年往生，亲朋好友纷纷撰文纪念。《湖南文史书系》提出编辑出版一套大型文史丛书，以展现近代湖南的风云变幻，人文荟萃，英才辈出，以及其在中国近代史上的独特地位。符哲文先生收集、整理、编辑父亲的遗稿，同僚故人、亲属的纪念追忆等文字，汇成一册，并请当时在美国生活的原国民政府湖南省主席王东原先生作序，程思远、侯镜如、覃异之、刘大年、章文晋等题词，杜修经、刘修如、徐君虎、陈云章等撰文纪念。

　　思念父亲，其痛惜皆如王东原先生所述："人生天地间，忽如远行客，我已年登耄耋，湘中袍泽，物化殆尽，一想到畴昔与公武共学共事情景，往事历历恍如昨日，隔海遥奠，悲不自胜，诵曹子恒'既痛逝者，行自念也'之句，诚不知涕之何从也。"

　　《诤友——刘公武生平》，作为湖南文史专册系列，由中国文史出版社于 1991 年 1 月出版。

　　时过 20 年，2011 年，由乡贤赵焱森先生发起，湖南诗词协会、湖南省侨联、岳麓诗社和华容县共同举办"公武杯"诗词征稿赛，全国各地诗词名家和爱好者云集，其时，共荟萃诗词 500 多首，且记且念，有颂有思，写实抒情，追往怀远，正是"私者一时，公者千古"。举办单位汇集入围、获奖及特邀作品，作小传《和平将军刘公武》，收集父亲遗稿及纪念文章，一并编辑成书，时任民革中央主席周铁农先生题写"华容之子"四字，湖南省委原书记熊清泉、华容县委书记向伟雄、县长汪涛作序，序言有云："功在国家名不灭，公武先生虽然已逝20多年，但他的爱国精神，高尚品格和历史贡献，亘古不磨。历久弥新，慎终追远，民德归厚，我们在建设小康和谐湖南，加快富民强省的进程中，正需要发扬光大他的这种可贵的精神和品格。"

《华容之子——纪念刘公武先生诗文集》由湖南人民出版社于2011年2月出版。

2023年是父亲刘公武先生诞辰120周年，回首以往，感慨万千，其儿女，乃至众多亲友同志，咸认撰写《刘公武传》，来全面完整纪述一位历经峥嵘岁月，见证非凡历史的革命先辈和高德长者，以志其迹，以承其业，以彰其德，以扬其风，在我们这一辈人正逐渐步入高龄，即将回归大自然之际，越来越迫切和重要。否则，许多弥足珍贵的记忆将湮没在岁月的风尘之中，留下至深遗憾。

这个想法得到方方面面的全力支持。民国史专家陈重阳先生承担了史料的收集工作，他几乎走遍了先父学习、工作、生活的每一个地方，上海、重庆、恩施、修水、武冈、祁阳……从省档案馆到市、县档案馆，历时两年，历经千辛万苦。湖南省档案馆罗碧野先生和湖南省文史馆李跃龙先生在收集资料过程中也给予大力支持。

多年好友范林既为同仁，又是记者、编辑、作家，承担本书的写作重任。为了解历史背景，他阅读了相关传记、书籍数千万字，遍览全部查找到的档案资料，读完先父数百封两岸交往和海外来信，以及种种手稿。为求完整、真实、准确，他殚精竭虑，历时一年半，完成了书稿。

本书定名《华容之子——刘公武传》，请全国人大常委会副委员长郑建邦先生作序，全国人大常委会原副委员长周铁农先生题写书名。谨向为本书出版给予支持和努力的所有人表示衷心的感谢并致以崇高的敬意！

2023年3月